唐山地区先秦时期遗存调查报告

唐山市文物古建研究所
辽宁大学历史学部考古文博学院 编

徐 磊 高 熊 陈 山 著

科学出版社
北 京

内 容 简 介

本书为河北省唐山市先秦时期遗存调查报告，记述了2018~2019年对唐山地区滦河流域、蓟运河流域和沙陡河流域等的调查新发现或者复查的先秦时期遗址相关情况，着重对新发现的城址和典型遗址进行了考古勘探和勘察。新发现的城址对寻找孤竹和令支提供了新的线索。前小寨遗址的勘察为构建唐山地区先秦时期文化发展序列增添了极佳材料。通过对现存遗址的全面梳理，对了解和构建唐山地区先秦时期文化面貌有着重要意义。

本书可供从事考古、历史及相关领域研究者参考。

图书在版编目（CIP）数据

唐山地区先秦时期遗存调查报告 / 唐山市文物古建研究所，辽宁大学历史学部考古文博学院编；徐磊，高熊，陈山著. -- 北京：科学出版社，2025.6. -- ISBN 978-7-03-081925-3

Ⅰ . K872.223

中国国家版本馆CIP数据核字第2025BN5264号

责任编辑：赵 越 / 责任校对：邹慧卿
责任印制：肖 兴 / 封面设计：张 放

科学出版社 出版
北京东黄城根北街16号
邮政编码：100717
http://www.sciencep.com

北京汇瑞嘉合文化发展有限公司印刷
科学出版社发行 各地新华书店经销

*

2025年6月第 一 版　开本：889×1194　1/16
2025年6月第一次印刷　印张：17　插页：18
字数：500 000
定价：268.00元
（如有印装质量问题，我社负责调换）

序

唐山市位于河北省东部，东接秦皇岛市，南临渤海，西邻北京市和天津市，北枕燕山。滦河从承德宽城县入境，经迁西县、迁安市，在迁安市和卢龙县交界处与其支流青龙河汇流，经滦州市，在乐亭县南兜网铺注入渤海。滦河是连接燕山南北和东北地区的重要通道，历史上著名的古卢龙塞道，从幽州（今北京）出发，经无终（天津蓟州区），过遵化，由滦河出塞，沿暴河北上，到平泉，经平岗（宁城县黑城遗址），再沿老哈河北上，到宁城，再向北，到达西辽河（西拉木伦河）流域。再从平岗向东，可到白狼（今喀喇沁左翼蒙古旗自治县），过凌源，入白狼水（大凌河流域），至柳城（朝阳），进入东北地区。古卢龙塞道向西，进入永定河流域，沿永定河，经洋河，进入西北以及内蒙古高原地区；沿永定河，经桑干河，进入山西、陕北地区。古无终道，从卢龙，沿滦河，进入青龙河，从刘家口出塞，进入青龙县、平泉县（今平泉市），折向东北，到白狼（喀喇沁左翼蒙古族自治县），入白狼水（大凌河），至柳城（朝阳），进入东北地区。古滨海道（辽西走廊），向东经秦皇岛，进入大、小凌河流域，进入东北地区；向南过天津、沧州，到达山东半岛。此外，沿辽西走廊还可以过天津，进入海河流域，进入燕山南麓华北平原地区。这些历史通道促进了史前时期环渤海文化与西部黄土高原文化，燕山北部游牧文化与燕山以南中原农耕文化的交流与融合，从而，在唐山与秦皇岛市形成了富有地方特色的历史文化区——冀东文化区。从唐山地区以往的考古发现，可以窥其全貌。

旧石器时代，距今4.8万年的迁安爪村遗址石制品特征与辽宁朝阳鸽子洞遗址出土石制品相近。而距今17500年前后的玉田孟家泉遗址细石器种类和石器打制技术与阳原虎头梁、油房遗址一脉相承。新石器时代，迁西东寨遗址出土陶器与石器属于燕山以北地区兴隆洼文化孑遗。迁西西寨遗址一期筒形罐和石器同样具有兴隆洼晚期文化因素特征。迁西西寨遗址二期筒形罐与燕山南北地区赵宝沟文化因素相近，而泥质陶钵和圈足器则与镇江营二期文化类同。迁安安新庄遗址多为采集品，从筒形罐器型和纹饰来看，应属于赵宝沟文化因素，陶钵类器型则与易县北福地二期文化相似。新石器时代末期，山东龙山文化和河南龙山文化均在唐山地区有所分布，大城山遗址包含诸多山东龙山文化因素，而后迁义遗址一期文化遗存则以河南龙山文化因素为主体。夏时期，唐山地区被大坨头文化因素所占据，同时，又受到燕山北麓夏家店下层文化强烈冲击。商时期，唐山地区属于围坊三期文化因素势力范围，但夏家店下层文化因素犹存，而且中原地区商文化也影响到此地。近年，在滦水张家洼发现早于围坊三期文化遗存，为探索围坊三期文化源流提供了重要信息。唐山地区西周及春秋时期文物遗存发现较少，这可能与该地区开展区域性系统调查工作较少有关。战国时期，燕国统治了该地区，文化趋于统一。

商周时期，在冀东地区还存在两个地方古国，孤竹国和令支国。令支国文献记载较少，地望不能够确定。根据文献记载和青铜器铭文推断，孤竹国地望即在冀东地区和辽西地区，孤竹国都城亦几次迁徙，但都城所在具体方位仍然成谜，探索孤竹城一直是河北考古界关心的学术课题之一。

基于上述因素，为厘清唐山地区先秦时期历史文化发展脉络，建立唐山地区考古学文化序列，探索古代孤竹国历史文化分布、文化属性，2017~2019年，唐山市文物古建研究所与辽宁大学合作联合开展唐山地区考古调查，还对个别遗址进行了勘察，以此次调查和勘察工作为基础，形成了《唐山地区先秦时期遗存调查报告》。该报告收录了176处文物遗存，包含滦河流域96处，蓟运河流域61处，沙河、陡河流域19处，还包含两个城址的勘探成果。176处文物遗存中，从年代上来看，新石器时代5处，商周时期117处，西周时期8处，春秋时期34处，战国时期12处。可以说，此次调查取得的成果是丰硕的，一是厘清了唐山地区先秦时期文化遗存分布情况和遗存范围、保存状况；二是发现了明确的西周时期和春秋时期文化遗存，填补了该地区历史文化发展脉络的空白；三是对唐山地区各县（区）文物遗存，尤其是商周时期文化遗存的分布情况有了全面了解，为第四次全国文物普查工作做好了铺垫；四是虽然没有寻找到孤竹国都城遗址，但为下一步工作提供了很多重要信息。因此，从取得的成果来看，唐山市文物古建研究所无疑做了一件具有前瞻性的基础性工作，为这些具有重要历史和科学价值的文物遗存实施有效保护提供了基础数据。作为一名文物考古工作者，应该向唐山市文物古建研究所徐磊所长及高熊等同行们表达由衷的敬意。借此，也希望唐山市文物古建研究所以第四次全国文物普查为契机，继续推进一些重要遗址的勘察和研究工作，争取在古孤竹国文化研究方面取得突破。

张文瑞

2025年4月

目　录

第一章　概论 ·· （1）
　　第一节　地理位置、环境与历史沿革 ·· （1）
　　第二节　工作概况 ·· （2）
　　第三节　调查、勘探工作情况 ·· （3）
第二章　滦河流域先秦遗址 ··· （4）
　　一　迁安小山东庄墓群（遗址） ··· （4）
　　二　迁安万军山遗址 ··· （7）
　　三　迁安黄台山遗址 ··· （13）
　　四　迁安白塔寺遗址 ··· （14）
　　五　迁安封山寺遗址 ··· （14）
　　六　迁安龙王庙遗址 ··· （23）
　　七　迁安汤辛庄遗址 ··· （24）
　　八　迁安潘营商遗址 ··· （24）
　　九　迁安白家坟遗址 ··· （25）
　　十　迁安刺梅花遗址 ··· （26）
　　十一　迁安潘北梁岗遗址 ··· （27）
　　十二　迁安金山寺遗址 ··· （27）
　　十三　迁安小山子北坡遗址 ·· （28）
　　十四　迁安霍家沟遗址 ··· （31）
　　十五　迁安老哑地遗址 ··· （32）
　　十六　迁安毛家洼遗址 ··· （32）
　　十七　迁安大李庄遗址 ··· （33）
　　十八　迁安西沙坡遗址 ··· （33）
　　十九　迁安孟官营遗址 ··· （34）
　　二十　迁安王李庄遗址 ··· （34）
　　二十一　迁安老牛坡遗址 ··· （35）

二十二	迁安龙头遗址	（35）
二十三	迁安迷人峪南坡遗址	（36）
二十四	迁安一条龙遗址	（36）
二十五	迁安南水域遗址	（37）
二十六	迁安倪屯东北遗址	（37）
二十七	迁安八里塔北山坡遗址	（39）
二十八	迁安养鱼池遗址	（40）
二十九	迁安回辛庄遗址	（41）
三十	迁安半拉山遗址	（42）
三十一	迁安朝阳庵遗址	（43）
三十二	迁安龙山头遗址	（43）
三十三	迁安梁洼遗址	（44）
三十四	迁安邓家坡遗址	（44）
三十五	迁安四道沟遗址	（45）
三十六	迁安沙坨子西北遗址	（45）
三十七	迁安大周庄遗址	（46）
三十八	迁安秀峰寺遗址	（47）
三十九	迁安西新庄遗址	（47）
四十	迁安文里庄北遗址	（47）
四十一	迁安蔡庄遗址	（49）
四十二	迁安蜘蛛山遗址	（50）
四十三	迁安西岸坡遗址	（50）
四十四	迁安小北岔遗址	（51）
四十五	迁安沙坨子东南遗址	（51）
四十六	迁安老窑遗址	（51）
四十七	迁安青沙地遗址	（53）
四十八	迁安马家坡遗址	（53）
四十九	迁安琉璃井遗址	（54）
五十	迁安西南沟遗址	（54）
五十一	迁安坡子遗址	（55）
五十二	迁安流水沟遗址	（55）
五十三	迁安东李官营遗址	（56）
五十四	迁安礓石坡遗址	（56）
五十五	迁安庞家坡遗址	（57）
五十六	迁安北沙坨遗址	（57）

五十七	迁安小山子南坡遗址	（58）
五十八	迁安北桥遗址	（58）
五十九	迁安刘家坡遗址	（59）
六十	迁安北坡子遗址	（59）
六十一	迁安官立口遗址	（60）
六十二	迁安簸箕柳行遗址	（61）
六十三	迁安南白庄遗址	（62）
六十四	滦州后迁义遗址	（63）
六十五	滦州庵子山遗址	（73）
六十六	滦州老站村西遗址	（74）
六十七	滦州鼻子地遗址	（75）
六十八	滦州孙薛营西北遗址	（76）
六十九	滦州钓鱼崖遗址	（78）
七十	滦州候庄村西北遗址	（79）
七十一	迁西贺家山遗址	（80）
七十二	迁西照燕洲遗址	（82）
七十三	迁西马家峪遗址	（83）
七十四	迁西沙岭沟遗址	（83）
七十五	迁西沙岭子遗址	（84）
七十六	迁西白马山遗址	（85）
七十七	迁西白龙山遗址	（85）
七十八	迁西兴城镇东遗址	（86）
七十九	迁西城西峪遗址	（86）
八十	迁西大店子北遗址	（88）
八十一	滦南东庄店遗址	（89）
八十二	滦南莲台寺遗址	（92）
八十三	滦南南窑遗址	（96）
八十四	滦南西张士坎遗址	（96）
八十五	滦南马城遗址	（98）
八十六	滦南肖家河遗址	（99）
八十七	滦南黄家河遗址	（99）
八十八	滦南黄坨砖厂遗址	（100）
八十九	滦南唐坨遗址	（101）
九十	滦南刘家庄遗址	（102）
九十一	滦南吴戴庄遗址	（103）

九十二	滦南肖家河洪党寺遗址	（103）
九十三	滦南小坡子遗址	（104）
九十四	滦南小水坡遗址	（104）
九十五	滦南小松林遗址	（105）
九十六	滦南殷庄遗址	（106）

第三章　蓟运河流域先秦遗址　（107）

一	玉田坨寺山遗址	（107）
二	玉田下坎遗址	（108）
三	玉田小李庄二号遗址	（108）
四	玉田小李庄遗址	（109）
五	玉田峰山遗址	（110）
六	玉田葫芦寺遗址	（110）
七	玉田暖泉河遗址	（111）
八	麦坡村乱葬岗遗址	（112）
九	玉田麦坡村遗址	（112）
十	玉田梅家屯遗址	（113）
十一	玉田仲家山东小山遗址	（113）
十二	玉田仲家山西小山遗址	（115）
十三	玉田峰山墓群	（115）
十四	遵化北山遗址	（116）
十五	遵化郭家场遗址	（117）
十六	遵化南山尖遗址	（118）
十七	遵化高庙遗址	（118）
十八	遵化郝各庄遗址	（119）
十九	遵化洪门寺遗址	（119）
二十	遵化京五营遗址	（120）
二十一	遵化南张庄子遗址	（121）
二十二	遵化乔庄子遗址	（122）
二十三	遵化石家庄遗址	（122）
二十四	遵化塔寺遗址	（123）
二十五	遵化荫家山遗址	（124）
二十六	遵化西峪遗址	（124）
二十七	遵化杨家庄西遗址	（125）
二十八	遵化魏进河遗址	（125）
二十九	遵化胡庄子遗址	（126）

三十　遵化杨家庄遗址 …………………………………………………………（126）
　　三十一　高新区毛家坨遗址 ………………………………………………………（127）
　　三十二　丰南西崔坨遗址 …………………………………………………………（128）
　　三十三　丰润王务庄遗址 …………………………………………………………（128）
　　三十四　路北西刘各庄遗址 ………………………………………………………（129）
　　三十五　丰润张辛庄北遗址 ………………………………………………………（130）
　　三十六　丰润后山坡遗址 …………………………………………………………（131）
　　三十七　丰润古石城遗址 …………………………………………………………（132）
　　三十八　丰润白各庄遗址 …………………………………………………………（134）
　　三十九　丰润黄各庄遗址 …………………………………………………………（136）
　　四十　丰润姜家营遗址 ……………………………………………………………（137）
　　四十一　丰润小南山遗址 …………………………………………………………（138）
　　四十二　丰润苏官屯村东遗址 ……………………………………………………（139）
　　四十三　丰润徐庄遗址 ……………………………………………………………（140）
　　四十四　丰润火东村遗址 …………………………………………………………（140）
　　四十五　丰润王家楼村遗址 ………………………………………………………（141）
　　四十六　丰润区苗圃遗址 …………………………………………………………（144）
　　四十七　丰润杨家营遗址 …………………………………………………………（144）
　　四十八　丰润王官营四台子遗址 …………………………………………………（146）
　　四十九　丰润宋李庄遗址 …………………………………………………………（149）
　　五十　丰润袁各庄遗址 ……………………………………………………………（149）
　　五十一　路北寨子遗址 ……………………………………………………………（151）
　　五十二　高新区七王庄村西遗址 …………………………………………………（152）
　　五十三　高新区七王庄遗址 ………………………………………………………（153）
　　五十四　高新区前冯各庄遗址 ……………………………………………………（156）
　　五十五　丰润饶家头遗址 …………………………………………………………（158）
　　五十六　丰润曹庄子大石山遗址 …………………………………………………（160）
　　五十七　丰润花园村遗址 …………………………………………………………（161）
　　五十八　丰润任各庄遗址 …………………………………………………………（161）
　　五十九　丰润董庄子遗址 …………………………………………………………（162）
　　六十　丰润龟地遗址 ………………………………………………………………（164）
　　六十一　高新区韩家街遗址 ………………………………………………………（165）
第四章　沙河、陡河流域先秦遗址 ……………………………………………………（166）
　　一　迁安田家店遗址 ………………………………………………………………（166）
　　二　迁安张家峪遗址 ………………………………………………………………（167）

三　迁安老庄户遗址……………………………………………………………（167）
　　四　滦州朗石台遗址……………………………………………………………（168）
　　五　滦州铲土地遗址……………………………………………………………（170）
　　六　滦州南赵庄子遗址…………………………………………………………（172）
　　七　滦州南台子遗址……………………………………………………………（174）
　　八　滦州小河湾西北遗址………………………………………………………（174）
　　九　滦州彭塔坨遗址……………………………………………………………（175）
　　十　滦州前小寨遗址……………………………………………………………（175）
　　十一　滦州阚家坟地遗址………………………………………………………（176）
　　十二　滦州樊庄子遗址…………………………………………………………（178）
　　十三　滦州陈山头遗址…………………………………………………………（178）
　　十四　开平后屯遗址……………………………………………………………（180）
　　十五　开平擂鼓台遗址…………………………………………………………（181）
　　十六　开平陈庄遗址……………………………………………………………（182）
　　十七　开平双桥遗址……………………………………………………………（182）
　　十八　开平唐山六十中遗址……………………………………………………（183）
　　十九　开平张家庄遗址…………………………………………………………（184）

第五章　城址的调查与发现……………………………………………………………（186）
　第一节　皇城角古城址……………………………………………………………（186）
　　一　壕沟…………………………………………………………………………（188）
　　二　墙体…………………………………………………………………………（189）
　第二节　牙城城址…………………………………………………………………（190）
　　一　城墙…………………………………………………………………………（191）
　　二　壕沟…………………………………………………………………………（196）

第六章　滦州前小寨遗址勘察…………………………………………………………（203）
　第一节　地层堆积…………………………………………………………………（203）
　第二节　辽金时期遗存……………………………………………………………（205）
　　一　遗迹…………………………………………………………………………（205）
　　二　遗物…………………………………………………………………………（206）
　第三节　战国秦汉时期遗存………………………………………………………（206）
　　一　遗迹…………………………………………………………………………（206）
　　二　遗物…………………………………………………………………………（208）
　第四节　商周时期遗存……………………………………………………………（213）
　　一　遗迹…………………………………………………………………………（213）
　　二　遗物…………………………………………………………………………（217）

第五节　讨论……………………………………………………………（232）
第七章　结语………………………………………………………………（233）
　　第一节　遗址分期与年代………………………………………………（233）
　　第二节　孤竹国与孤竹城………………………………………………（234）
　　第三节　历史文献有关孤竹城的记载…………………………………（235）
后记……………………………………………………………………………（244）

插图目录

图1-1　唐山地区水系示意图 …………………………………………………………（1）
图2-1　小山东庄墓群（遗址）位置示意图 …………………………………………（5）
图2-2　小山东庄墓群（遗址）采集标本 ……………………………………………（6）
图2-3　万军山遗址位置示意图 ………………………………………………………（8）
图2-4　万军山遗址文化层剖面示意图 ………………………………………………（9）
图2-5　万军山遗址采集标本 …………………………………………………………（12）
图2-6　黄台山遗址位置示意图 ………………………………………………………（13）
图2-7　黄台山遗址采集标本 …………………………………………………………（14）
图2-8　白塔寺遗址位置示意图 ………………………………………………………（15）
图2-9　封山寺遗址位置示意图 ………………………………………………………（15）
图2-10　封山寺遗址采集器物标本（一） ……………………………………………（17）
图2-11　封山寺遗址采集器物标本（二） ……………………………………………（17）
图2-12　封山寺遗址采集器物标本（三） ……………………………………………（18）
图2-13　封山寺遗址采集器物标本（四） ……………………………………………（18）
图2-14　封山寺遗址采集器物标本（五） ……………………………………………（18）
图2-15　封山寺遗址采集器物标本（六） ……………………………………………（19）
图2-16　封山寺遗址采集器物标本（七） ……………………………………………（20）
图2-17　封山寺遗址采集器物标本（八） ……………………………………………（21）
图2-18　封山寺遗址采集器物标本（九） ……………………………………………（21）
图2-19　封山寺遗址采集器物标本（十） ……………………………………………（22）
图2-20　封山寺遗址采集器物标本（十一） …………………………………………（23）
图2-21　龙王庙遗址位置示意图 ……………………………………………………（24）
图2-22　汤辛庄遗址位置示意图 ……………………………………………………（24）
图2-23　潘营商遗址位置示意图 ……………………………………………………（25）
图2-24　白家坟遗址位置示意图 ……………………………………………………（26）
图2-25　刺梅花遗址位置示意图 ……………………………………………………（26）

图2-26　潘北梁岗遗址位置示意图 …………………………………………………………（27）
图2-27　金山寺遗址位置示意图 ……………………………………………………………（28）
图2-28　小山子北坡遗址位置示意图 ………………………………………………………（29）
图2-29　小山子北坡遗址采集标本（一） …………………………………………………（30）
图2-30　小山子北坡遗址采集标本（二） …………………………………………………（31）
图2-31　霍家沟遗址位置示意图 ……………………………………………………………（31）
图2-32　老哑地遗址位置示意图 ……………………………………………………………（32）
图2-33　毛家洼遗址位置示意图 ……………………………………………………………（32）
图2-34　大李庄遗址位置示意图 ……………………………………………………………（33）
图2-35　西沙坡遗址位置示意图 ……………………………………………………………（33）
图2-36　孟官营遗址位置示意图 ……………………………………………………………（34）
图2-37　王李庄遗址位置示意图 ……………………………………………………………（34）
图2-38　老牛坡遗址位置示意图 ……………………………………………………………（35）
图2-39　龙头遗址位置示意图 ………………………………………………………………（35）
图2-40　迷人峪南坡遗址位置示意图 ………………………………………………………（36）
图2-41　一条龙遗址位置示意图 ……………………………………………………………（36）
图2-42　南水域遗址位置示意图 ……………………………………………………………（37）
图2-43　倪屯东北遗址位置示意图 …………………………………………………………（37）
图2-44　倪屯东北遗址采集标本 ……………………………………………………………（38）
图2-45　八里塔北山坡遗址位置示意图 ……………………………………………………（39）
图2-46　八里塔北山坡遗址采集标本 ………………………………………………………（40）
图2-47　养鱼池遗址位置示意图 ……………………………………………………………（41）
图2-48　回辛庄遗址位置示意图 ……………………………………………………………（41）
图2-49　半拉山遗址位置示意图 ……………………………………………………………（42）
图2-50　朝阳庵遗址位置示意图 ……………………………………………………………（43）
图2-51　龙山头遗址位置示意图 ……………………………………………………………（43）
图2-52　梁洼遗址位置示意图 ………………………………………………………………（44）
图2-53　邓家坡遗址位置示意图 ……………………………………………………………（44）
图2-54　四道沟遗址位置示意图 ……………………………………………………………（45）
图2-55　沙坨子西北遗址位置示意图 ………………………………………………………（46）
图2-56　大周庄遗址位置示意图 ……………………………………………………………（46）
图2-57　秀峰寺遗址位置示意图 ……………………………………………………………（47）
图2-58　西新庄遗址位置示意图 ……………………………………………………………（48）
图2-59　文里庄北遗址位置示意图 …………………………………………………………（48）
图2-60　蔡庄遗址位置示意图 ………………………………………………………………（49）

插图目录

图2-61	蔡庄遗址采集标本	（49）
图2-62	蜘蛛山遗址位置示意图	（50）
图2-63	西岸坡遗址位置示意图	（50）
图2-64	小北岔遗址位置示意图	（51）
图2-65	沙坨子东南遗址位置示意图	（52）
图2-66	老窑遗址位置示意图	（52）
图2-67	青沙地遗址位置示意图	（53）
图2-68	马家坡遗址位置示意图	（53）
图2-69	琉璃井遗址位置示意图	（54）
图2-70	西南沟遗址位置示意图	（54）
图2-71	坡子遗址位置示意图	（55）
图2-72	流水沟遗址位置示意图	（55）
图2-73	东李官营遗址位置示意图	（56）
图2-74	礓石坡遗址位置示意图	（56）
图2-75	庞家坡遗址位置示意图	（57）
图2-76	北沙坨遗址位置示意图	（57）
图2-77	小山子南坡遗址位置示意图	（58）
图2-78	北桥遗址位置示意图	（58）
图2-79	刘家坡遗址位置示意图	（59）
图2-80	北坡子遗址位置示意图	（59）
图2-81	官立口遗址平面示意图	（60）
图2-82	官立口遗址采集标本	（61）
图2-83	簸箕柳行遗址位置示意图	（61）
图2-84	簸箕柳行遗址采集标本	（62）
图2-85	南白庄遗址平面示意图	（62）
图2-86	南白庄遗址采集标本	（63）
图2-87	后迁义遗址位置示意图	（63）
图2-88	后迁义遗址出土陶器（一）	（64）
图2-89	后迁义遗址出土陶器（二）	（65）
图2-90	后迁义遗址出土陶器（三）	（66）
图2-91	后迁义遗址出土陶器（四）	（67）
图2-92	后迁义遗址出土陶器（五）	（68）
图2-93	后迁义遗址出土陶器（六）	（69）
图2-94	后迁义遗址出土陶器（七）	（70）
图2-95	后迁义遗址出土陶器（八）	（70）

图2-96	后迁义遗址出土陶器（九）	（71）
图2-97	后迁义遗址出土陶器（十）	（72）
图2-98	后迁义遗址出土石器	（72）
图2-99	庵子山遗址位置示意图	（73）
图2-100	庵子山遗址采集遗物	（74）
图2-101	老站村西遗址位置示意图	（75）
图2-102	象鼻子地遗址位置示意图	（75）
图2-103	孙薛营西北遗址位置示意图	（76）
图2-104	孙薛营西北遗址采集遗物	（77）
图2-105	钓鱼崖遗址位置示意图	（79）
图2-106	候庄村西北遗址位置示意图	（79）
图2-107	贺家山遗址位置示意图	（80）
图2-108	贺家山遗址采集遗物	（81）
图2-109	照燕洲遗址位置示意图	（82）
图2-110	马家峪遗址位置示意图	（83）
图2-111	沙岭沟遗址位置示意图	（84）
图2-112	沙岭子遗址位置示意图	（84）
图2-113	白马山遗址位置示意图	（85）
图2-114	白龙山遗址位置示意图	（86）
图2-115	兴城镇东遗址位置示意图	（87）
图2-116	城西峪遗址位置示意图	（87）
图2-117	大店子北遗址位置示意图	（88）
图2-118	东庄店遗址位置示意图	（89）
图2-119	东庄店遗址采集遗物	（91）
图2-120	莲台寺遗址位置示意图	（93）
图2-121	滦南文物管理所记载出土器物	（94）
图2-122	莲台寺遗址采集遗物	（95）
图2-123	南窑遗址位置示意图	（96）
图2-124	西张士坎遗址位置示意图	（97）
图2-125	西张士坎遗址采集遗物	（98）
图2-126	马城遗址位置示意图	（98）
图2-127	肖家河遗址位置示意图	（99）
图2-128	黄家河遗址位置示意图	（99）
图2-129	黄坨砖厂遗址位置示意图	（100）
图2-130	黄坨砖厂遗址采集遗物	（100）

图2-131	唐坨遗址位置示意图	(101)
图2-132	刘家庄遗址位置示意图	(102)
图2-133	吴戴庄遗址位置示意图	(103)
图2-134	肖家河洪党寺遗址位置示意图	(103)
图2-135	小坡子遗址位置示意图	(104)
图2-136	小水坡遗址位置示意图	(105)
图2-137	小松林遗址位置示意图	(105)
图2-138	殷庄遗址位置示意图	(106)
图3-1	坨寺山遗址位置示意图	(107)
图3-2	下坎遗址位置示意图	(108)
图3-3	小李庄二号遗址位置示意图	(109)
图3-4	小李庄遗址位置示意图	(109)
图3-5	峰山遗址位置示意图	(110)
图3-6	葫芦寺遗址位置示意图	(111)
图3-7	暖泉河遗址位置示意图	(111)
图3-8	麦坡村乱葬岗遗址位置示意图	(112)
图3-9	麦坡村遗址位置示意图	(113)
图3-10	梅家屯遗址位置示意图	(114)
图3-11	仲家山东小山遗址位置示意图	(114)
图3-12	仲家山西小山遗址位置示意图	(115)
图3-13	峰山墓群位置示意图	(116)
图3-14	北山遗址位置示意图	(116)
图3-15	郭家场遗址位置示意图	(117)
图3-16	南山尖遗址位置示意图	(118)
图3-17	高庙遗址位置示意图	(118)
图3-18	郝各庄遗址位置示意图	(119)
图3-19	洪门寺遗址位置示意图	(119)
图3-20	京五营遗址位置示意图	(120)
图3-21	南张庄子遗址位置示意图	(121)
图3-22	乔庄子遗址位置示意图	(122)
图3-23	石家庄遗址位置示意图	(122)
图3-24	塔寺遗址位置示意图	(123)
图3-25	荫家山遗址位置示意图	(124)
图3-26	西峪遗址位置示意图	(124)
图3-27	杨家庄西遗址位置示意图	(125)

图3-28　魏进河遗址位置示意图…………………………………………………………（125）
图3-29　胡庄子遗址位置示意图…………………………………………………………（126）
图3-30　杨家庄遗址位置示意图…………………………………………………………（126）
图3-31　毛家坨遗址位置示意图…………………………………………………………（127）
图3-32　丰南西崔坨遗址位置示意图……………………………………………………（128）
图3-33　王务庄遗址位置示意图…………………………………………………………（129）
图3-34　西刘各庄遗址位置示意图………………………………………………………（130）
图3-35　张辛庄北遗址位置示意图………………………………………………………（131）
图3-36　后山坡遗址位置示意图…………………………………………………………（132）
图3-37　古石城遗址位置示意图…………………………………………………………（132）
图3-38　古石城遗址采集遗物（一）……………………………………………………（133）
图3-39　古石城遗址采集遗物（二）……………………………………………………（134）
图3-40　白各庄遗址平面示意图…………………………………………………………（135）
图3-41　白各庄遗址采集遗物……………………………………………………………（135）
图3-42　黄各庄遗址平面示意图…………………………………………………………（136）
图3-43　黄各庄遗址采集遗物……………………………………………………………（137）
图3-44　姜家营遗址位置示意图…………………………………………………………（138）
图3-45　姜家营出土遗物示意图…………………………………………………………（138）
图3-46　小南山遗址位置示意图…………………………………………………………（139）
图3-47　苏官屯村东遗址位置示意图……………………………………………………（139）
图3-48　徐庄遗址位置示意图……………………………………………………………（140）
图3-49　火东村遗址位置示意图…………………………………………………………（141）
图3-50　王家楼村遗址位置示意图………………………………………………………（142）
图3-51　王家楼遗址采集遗物……………………………………………………………（143）
图3-52　新区苗圃遗址位置示意图………………………………………………………（144）
图3-53　杨家营遗址位置示意图…………………………………………………………（145）
图3-54　杨家营遗址采集遗物……………………………………………………………（145）
图3-55　王官营四台子遗址位置示意图…………………………………………………（147）
图3-56　王官营四台子遗址采集遗物……………………………………………………（148）
图3-57　宋李庄遗址位置示意图…………………………………………………………（149）
图3-58　丰润袁各庄遗址位置示意图……………………………………………………（150）
图3-59　丰润袁各庄遗址采集遗物………………………………………………………（150）
图3-60　丰润寨子遗址位置示意图………………………………………………………（151）
图3-61　丰润寨子遗址采集遗物…………………………………………………………（152）
图3-62　七王庄村西遗址位置示意图……………………………………………………（153）

图3-63	七王庄遗址位置示意图	（154）
图3-64	七王庄遗址采集遗物	（155）
图3-65	丰润前冯各庄遗址位置示意图	（156）
图3-66	丰润前冯各庄遗址采集遗物	（157）
图3-67	丰润饶家头遗址位置示意图	（158）
图3-68	丰润饶家头遗址采集遗物	（159）
图3-69	曹庄子大石山遗址位置示意图	（160）
图3-70	花园村遗址位置示意图	（161）
图3-71	任各庄遗址位置示意图	（162）
图3-72	丰润董庄子遗址位置示意图	（163）
图3-73	丰润董庄子遗址采集遗物	（163）
图3-74	龟地遗址位置示意图	（164）
图3-75	韩家街遗址位置示意图	（165）
图4-1	田家店遗址位置示意图	（166）
图4-2	田家店遗址采集遗物	（167）
图4-3	张家峪遗址位置示意图	（167）
图4-4	老庄户遗址位置示意图	（167）
图4-5	朗石台遗址位置示意图	（168）
图4-6	朗石台遗址采集遗物	（169）
图4-7	铲土地遗址平面示意图	（171）
图4-8	铲土地遗址采集遗物	（172）
图4-9	南赵庄子遗址位置示意图	（172）
图4-10	南赵庄子遗址采集遗物	（173）
图4-11	南台子遗址位置示意图	（174）
图4-12	小河湾西北遗址位置示意图	（174）
图4-13	彭塔坨遗址位置示意图	（175）
图4-14	前小寨遗址位置示意图	（176）
图4-15	阚家坟地遗址位置示意图	（177）
图4-16	阚家坟地遗址采集遗物	（177）
图4-17	樊庄子遗址位置示意图	（178）
图4-18	陈山头遗址位置示意图	（179）
图4-19	陈山头遗址采集遗物	（179）
图4-20	后屯遗址位置示意图	（180）
图4-21	摇鼓台遗址位置示意图	（181）
图4-22	陈庄遗址位置示意图	（182）

图4-23	双桥遗址位置示意图	（183）
图4-24	唐山六十中遗址位置示意图	（184）
图4-25	张家庄遗址位置示意图	（185）
图5-1	皇城角古城址平面示意图	（187）
图5-2	G1剖面图	（188）
图5-3	G2剖面图	（189）
图5-4	G3剖面图	（189）
图5-5	墙体1剖面图	（190）
图5-6	墙体2剖面图	（190）
图5-7	墙体3剖面图	（190）
图5-8	牙城遗址勘探示意图	（191）
图5-9	勘探区域等高线图	（192）
图5-10	疑似墙体4剖面图	（193）
图5-11	疑似墙体5剖面图	（194）
图5-12	疑似墙体6剖面图	（194）
图5-13	疑似墙体7剖面图	（195）
图5-14	疑似墙体8剖面图	（195）
图5-15	疑似墙体9剖面图	（196）
图5-16	G1地层剖面图	（196）
图5-17	G2地层剖面图	（197）
图5-18	夯土墙体与G1、G2地层总剖面图	（197）
图5-19	G3地层剖面图	（198）
图5-20	G4西段地层剖面图	（199）
图5-21	G4东段地层剖面图	（199）
图5-22	夯土墙体与G3、G4地层总剖面图	（199）
图5-23	G5剖面图	（200）
图5-24	G6剖面图	（200）
图5-25	G7剖面图	（201）
图5-26	G8剖面图	（201）
图5-27	G9剖面图	（202）
图6-1	TG1地层剖面图	（203）
图6-2	2019LZQH3平、剖面图	（206）
图6-3	辽金时期遗物	（206）
图6-4	墓葬出土器物	（209）
图6-5	H4出土遗物	（210）

图6-6	其余灰坑出土器物	（211）
图6-7	2019LZQTG1⑤和2019LZQT1⑤出土陶器	（211）
图6-8	2019LZQT1⑥出土器物	（212）
图6-9	2019LZQT1⑤出土石器	（213）
图6-10	2019LZQH14平、剖面图	（214）
图6-11	2019LZQH15平、剖面图	（214）
图6-12	2019LZQF1平、剖面图	（215）
图6-13	2019LZQH14出土遗物	（217）
图6-14	2019LZQH15出土遗物	（219）
图6-15	部分灰坑出土遗物	（220）
图6-16	2019LZQF1内遗物（一）	（221）
图6-17	2019LZQF1内遗物（二）	（223）
图6-18	G2出土遗物	（224）
图6-19	2019LZQT1⑦出土遗物	（225）
图6-20	2019LZQT1⑧出土遗物	（226）
图6-21	2019LZQT1⑨出土遗物（一）	（227）
图6-22	2019LZQT1⑨出土遗物（二）	（228）
图6-23	2019LZQTG1⑨出土遗物	（229）
图6-24	2019LZQT1及TG1⑩出土遗物	（230）
图6-25	出土石器、骨器	（231）
图7-1	康熙五十年《永平府志》孤竹城位置示意图	（241）
图7-2	《夷齐志》孤竹清节庙图	（242）
图7-3	《夷齐志》遗冢之图	（243）

图版目录

图版1　小山东庄墓群（遗址）
图版2　万军山遗址范围图
图版3　万军山遗址文化层剖面
图版4　万军山遗址采集标本（一）
图版5　万军山遗址采集标本（二）
图版6　白塔寺遗址采集标本
图版7　封山寺遗址
图版8　封山寺遗址采集标本（一）
图版9　封山寺遗址采集标本（二）
图版10　封山寺遗址采集标本（三）
图版11　封山寺遗址采集标本（四）
图版12　龙王庙遗址
图版13　龙王庙遗址采集标本
图版14　汤辛庄遗址
图版15　白家坟遗址
图版16　白家坟遗址采集标本
图版17　金山寺遗址
图版18　金山寺遗址采集标本
图版19　小山子北坡遗址采集标本
图版20　龙头遗址
图版21　龙头遗址采集标本
图版22　倪屯东北遗址采集标本
图版23　八里塔北山坡遗址采集标本
图版24　养鱼池遗址
图版25　养鱼池遗址采集标本

图版26　龙山头遗址
图版27　梁洼遗址
图版28　梁洼遗址采集标本
图版29　四道沟遗址
图版30　蔡庄遗址
图版31　蔡庄遗址采集标本
图版32　东李官营遗址
图版33　官立口遗址
图版34　官立口遗址采集标本
图版35　簸箕柳行遗址
图版36　簸箕柳行遗址采集标本
图版37　南白庄遗址
图版38　南白庄遗址采集标本
图版39　后迁义遗址
图版40　后迁义遗址出土敛口罐（1999LQT2M7：3）
图版41　后迁义遗址出土陶罐（1999LQT2M3：2）
图版42　后迁义遗址出土陶罐（1999LQT8F1：9）
图版43　后迁义遗址出土陶罐（1999LQT4F1：2）
图版44　后迁义遗址出土陶罐（1999LQT2M5：3）
图版45　后迁义遗址出土陶鬲（2001LQT1M2：4）
图版46　后迁义遗址出土陶罐（1999LQT2M7：5）
图版47　后迁义遗址出土陶罐（1999LQT2M3：6）
图版48　后迁义遗址出土陶罐（1999LQT1M2：3）
图版49　后迁义遗址出土陶罐（2001LQT2H24：3）
图版50　后迁义遗址出土陶罐（1999LQT8F1：10）
图版51　后迁义遗址出土陶罐（2001LQT3H25：5）
图版52　后迁义遗址出土陶鬲足（1999LQT2H12：7）
图版53　后迁义遗址出土陶壶（1999LQT8F1：6）
图版54　后迁义遗址出土陶罐（1999LQT2M5：2）
图版55　后迁义遗址出土陶鬲（1999LQT3M6：13）
图版56　后迁义遗址出土陶鬲（1999LQT1M2：1）
图版57　后迁义遗址出土陶甗（2001LQT4H16：1）
图版58　后迁义遗址出土陶碗（2001LQT1⑥：2）
图版59　后迁义遗址出土陶盘（1999LQT2⑤：24）
图版60　后迁义遗址出土陶罐（1999LQT1M2：2）

图版61　后迁义遗址出土陶鬲（1999LQT2⑤：31）
图版62　后迁义遗址出土陶罐（1999LQT2M7：6）
图版63　后迁义遗址出土陶罐（2001LQT1③：21）
图版64　后迁义遗址出土陶罐（1999LQT3M8：3）
图版65　后迁义遗址出土陶甗箅（1999LQT3H33：1）
图版66　后迁义遗址出土陶器（一）
图版67　后迁义遗址出土陶器（二）
图版68　后迁义遗址出土陶器和石器
图版69　庵子山遗址
图版70　庵子山遗采集标本
图版71　孙薛营西北遗址
图版72　孙薛营西北遗址出土陶壶
图版73　孙薛营西北遗址出土陶壶
图版74　孙薛营西北遗址出土陶鼎
图版75　孙薛营西北遗址出土陶鼎
图版76　孙薛营西北遗址出土陶壶
图版77　孙薛营西北遗址出土陶壶
图版78　孙薛营西北遗址出土标本
图版79　贺家山遗址采集标本
图版80　兴城镇东遗址采集标本（一）
图版81　兴城镇东遗址采集标本（二）
图版82　城西峪遗址
图版83　城西峪遗址采集标本
图版84　大店子北遗址
图版85　东庄店遗址采集标本
图版86　莲台寺遗址
图版87　莲台寺遗址采集标本
图版88　西张士坎遗址采集标本
图版89　峰山遗址
图版90　麦坡村乱葬岗遗址采集标本（一）
图版91　麦坡村乱葬岗遗址采集标本（二）
图版92　麦坡村遗址采集标本
图版93　仲家山东小山遗址
图版94　仲家山东小山遗址采集标本
图版95　仲家山西小山遗址采集标本（一）

图版96　仲家山西小山遗址采集标本（二）
图版97　毛家坨遗址
图版98　古石城遗址
图版99　古石城遗址采集标本（一）
图版100　古石城遗址采集标本（二）
图版101　龟地遗址墓葬
图版102　龟地遗址出土红褐色绳纹陶鬲
图版103　龟地遗址出土金鬓环
图版104　龟地遗址出土绳纹平底鼓腹陶罐
图版105　韩家街遗址出土骨贝
图版106　韩家街遗址出土细石器
图版107　韩家街遗址出土石器
图版108　韩家街遗址出土铜镖
图版109　韩家街遗址出土骨器
图版110　韩家街遗址出土陶鼎
图版111　郎石台遗址
图版112　郎石台遗址标本
图版113　南赵庄子遗址采集标本
图版114　陈山头遗址采集标本
图版115　前小寨遗址
图版116　前小寨遗址出土陶壶（M4：5）
图版117　前小寨遗址出土陶豆（M4：3）
图版118　前小寨遗址出土陶鼎（M4：7）

第一章 概 论

第一节 地理位置、环境与历史沿革

唐山地处华北东部，北枕燕山，南襟渤海（图1-1），毗邻京津，东隔滦河与秦皇岛市相望，北依燕山隔长城与承德市接壤，地处华北与东北通道的咽喉要地。唐山地区依山傍海，地形北高南低，地貌多样，有山地、丘陵、盆地、平原等类型，土壤地按砂质、砂壤、轻壤、中壤、重壤（黏土）五级划分，分布特点为东沙西黏。唐山地区属暖温带大陆性湿润气候，四季分明。气候分成两个大区，分别为温和湿润气候区和温和半湿润气候区。唐山境内水利资源丰

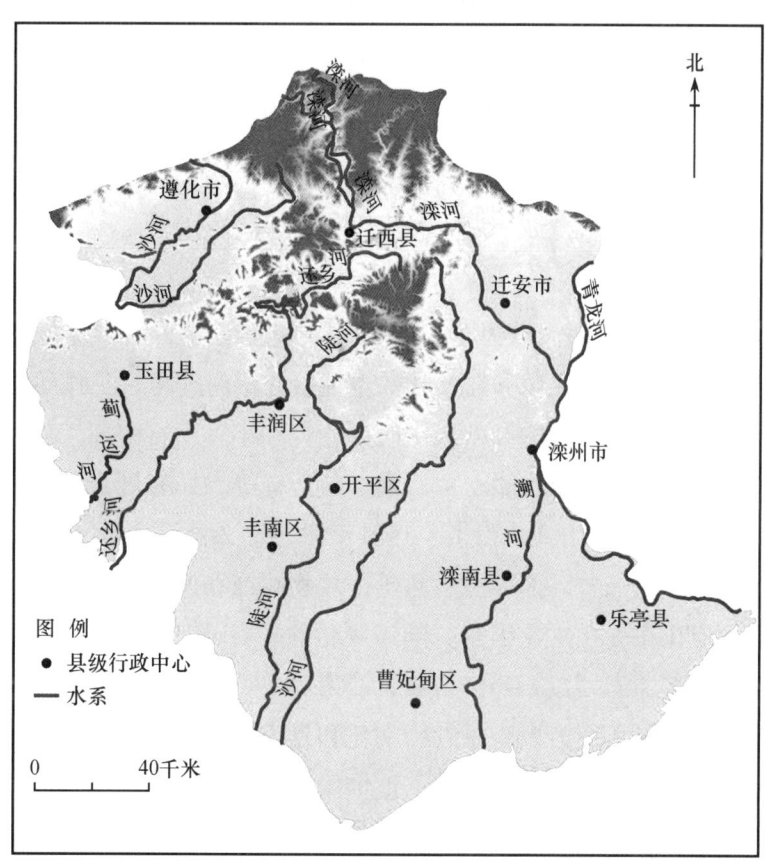

图1-1 唐山地区水系示意图

富，有支流以上河道82条，大多发源于北部山区，最长的河道是滦河。主要河道有6条，即滦河、蓟运河、还乡河、沙河、陡河、溯河；同时唐山地区海洋资源较为丰富，唐山海区东起滦河入海口，西抵涧河口西之洒金坨插网铺，地处辽东湾南端，渤海湾北部，拥有海岸线长334.8千米[①]。距今4万年左右的旧石器时代已有人类在唐山大地繁衍生息。进入新石器时代以后，唐山地区除了本地考古学文化外，还受到其他周边文化影响，例如兴隆洼文化、仰韶文化、赵宝沟文化、红山文化和龙山文化等，不同考古学文化在此交融，形成了独具特色的考古学文化。商周时期唐山地区出现了诸侯国——孤竹国，春秋时山戎在此地活动（齐桓公北伐山戎、刺令支、斩孤竹就是在此时发生的），战国属燕地。秦朝分其地划归上谷郡、渔阳郡、右北平郡和辽西郡，西汉因之。东汉时为右北平郡和辽西郡共治。南北朝时期被鲜卑统治，唐代为安东都护府管辖。辽金时期为平州，元代设平滦路，明代始设永平府，清代分属遵化直隶州和永平府。

晚清以来，唐山成为洋务运动的前沿，洋务派先后创建了开平煤矿、唐胥铁路、机车车辆厂、启新水泥厂等工业企业，围绕着自然村——乔屯村的周边，聚落面积不断扩大，产业不断丰富，人口不断聚集，形成了门类齐全的工业体系，城市逐步发展起来，素有"中国近代工业摇篮"之称。

清光绪二十四年（1898年）乔屯村正式称镇，因其背靠唐山随后改为唐山镇。清光绪三十三年（1907年）唐山镇辖区调整，扩至周边十二个自然村落，面积达到20.95平方千米。民国十四年（1925年）设唐山市。日伪统治时期，"冀东防共自治政府"迁至唐山并设市。1945年唐山全市划分为六个行政区，区下设保、甲。

第二节　工作概况

唐山地区先秦时期文化序列大致为龙山文化、夏家店下层文化、魏营子文化、大坨头文化、围坊三期文化、张家园上层文化和燕文化。本地区先秦时期考古工作始于1952年中国科学院安志敏先生在唐山市贾家山发掘的春秋战国时期墓葬和小官庄石棺墓。1955年河北省文物管理委员会在大城山遗址的发掘，出土罐、豆、鬲、甗、鼎等，还有蛋壳黑陶和白陶片，重要的还有2件铜牌，这些都有山东龙山文化因素。1981年河北省文物研究所[*]在滦南县东庄店遗址调查，发现陶鬲、甗、罐、盆、瓮、鼎、豆、盘等，器物纹饰和风格除具有夏家店下层文化和中原商文化特点外，还有山东龙山文化因素。同年河北省文物研究所对古冶遗址进行发掘，出土了鬲、甗、罐、盆、瓮等，石器以石斧、石镰、石刀为主。1982年中国社会科学院考古研究所对玉田东蒙各庄遗址进行了调查，发现了红山文化和夏家店下层文化遗物。1984年迁安县小山东庄发现一批青铜器，包括鼎、簋、戈、斧、泡饰等，时代为晚商西周时期。1986年遵化县西

---

① 唐山市地方志编纂委员会：《唐山市志》，方志出版社，1999年。
* 2019年更名为"河北省文物考古研究院"，下同。

峪村发现青铜鼎、戈等。1986年北京大学考古实习队在唐山地区进行了系统调查，根据相关出土遗物可判定丰润韩家街遗址属于山东龙山文化。1988年在滦县陈山头村发现青铜鼎、簋、斧和弓形器等。1988年唐山市文物管理处对滦南县东八户遗址进行了发掘，出土鬲、甗、盆、罐等，石器有磨制石斧、石刀和网坠等。1989年遵化西三里村发现商代墓葬，出土敛口折肩罐、陶鬲、杯等遗物。1992年迁安县夏官营镇马哨村发现青铜鼎、簋各1件，其中鼎内有铭文▨和▨字。1998年丰润卢各庄村发现1件商代铜鼎。1999年和2001年河北省文物研究所先后两次在滦县后迁义遗址发掘，出土青铜鼎、簋、戈、弓形器、金臂钏等，遗址时代为新石器时代晚期至西周初期，主体文化面貌为龙山文化至围坊三期文化。2011年河北省文物研究所在丰润施家营遗址发掘出土有大坨头文化相关遗存，还有东周文化房址、灰坑等，器物有鬲、罐、甗等遗物。2014年河北师范大学崔英杰在滦县滦河流域进行田野考古调查工作。2019年唐山市文物古建研究所在滦州市前小寨遗址勘察时发现围坊三期文化房址、灰坑、灰沟等，器物以鬲、甗、罐、盆、纺轮等为主。

2017年唐山市文物古建研究所与辽宁大学合作开展滦河流域（孤竹国）考古调查和勘察，在三次文物普查数据的基础上对先秦时期遗址进行了考古调查和局部勘探，共梳理出遗址126处，详细记录各遗址信息，并将文物标本绘图、照相等。

第三节　调查、勘探工作情况

1981年第二次全国文物普查（简称"二普"），唐山地区共调查发现遗址21处，其中先秦时期文化遗址2处，包括倪屯遗址、小贾庄遗址等。

1990年，河北省文物普查时，唐山地区共计调查各类不可移动文物844处，其中先秦时期遗址72处。

2007年第三次全国文物普查（简称"三普"）唐山市共计各类不可移动文物1321处，先秦时期遗址288处。

2017年唐山市文物古建研究所与辽宁大学历史学院考古系合作开展滦河流域（孤竹国）考古调查和勘察项目，复查先秦时期遗址176处，对现存遗址进行田野踏查，采集文物标本，并对遗址内涵和时代信息进行收录，在局部重点区域进行了勘探和勘察，勘探面积超过10万平方米发现了较多先秦时期遗存。

第二章　滦河流域先秦遗址

一　迁安小山东庄墓群（遗址）

1. 遗址概况

小山东庄墓群（遗址）位于迁安市野鸡坨镇小山东庄北滦河西岸台地上，面积1680平方米（图2-1）。墓群（遗址）紧邻小山东村村委会，周围因取土形成断崖，在东侧、西侧断崖处分别发现文化层，厚0.5～1米，采集有绳纹灰陶残片、绳纹黑皮陶残片、素面红陶残片、素面红陶鬲裆和素面红陶罐口沿等遗物，陶质为泥质和夹砂，根据采集到的标本断定年代为商周时期。2008年被河北省人民政府公布为第五批省级文物保护单位（图版1）。

1983年11月，当地村民在修筑通往大山东庄的公路时，在距村50米、离地表0.5米深处挖出了一批铜器、陶器和金器。1984年8月，一场大雨将修好的路段冲塌，又冲出一些陶器和铜器，唐山市文物管理处闻讯后即派人与迁安县文物管理所的同志赶赴现场勘察。出土地点为滦河西岸第一台地。由于雨水冲刷形成坡地，除地表残留部分人骨外，墓葬已完全被破坏，墓葬大小和器物位置已不清楚。据当地村民反映，由于修路和雨季的雨水冲刷，在10余米的范围内先后三次出土了不少器物，除部分器物已毁坏、散失外，其余大部分出土器物已收集并藏于县文管所。

经后期资料整理共清理出鼎、簋等青铜器9件，鬲、罐等陶器以及绿松石等较多文物，其中鼎、簋内有"乍蹲彝"和"【侯】【爵】乍宝蹲彝"铭文。根据出土文物，可以断定墓主人为商代北方贵族。

2. 文化堆积

第一层为现代生活扰乱层，土质呈灰褐色沙壤土，松软，内含腐殖化植物、细碎陶粒等，深度为0.25～0.3米；第二层为黄褐色沙壤土，松软、纯净、偶见碎小陶粒，深度约为0.15米。第三次层为生土，白、黄褐色细沙土分薄层堆积（图2-1）。

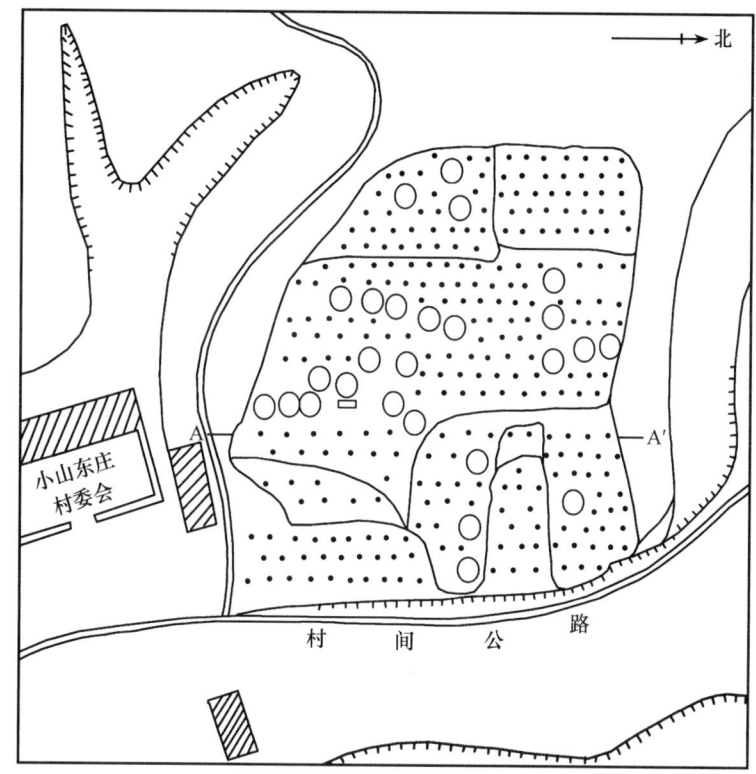

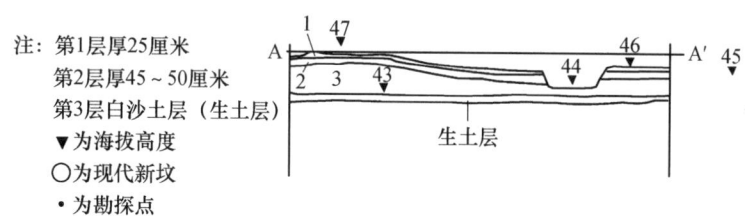

图2-1 小山东庄墓群（遗址）位置示意图

3. 遗迹

H1开口在第1层下，打破第2层，坑内含有红陶颗粒、红烧土，采集到夹砂刻划红陶、夹砂素面红陶。器型应为夹砂刻划红陶罐、夹砂红陶鬲足等器物。灰坑内土质为黄褐色含沙粒，坑底部有白色灰土。

4. 采集遗物

QXSDZ01，鬲足，残，夹砂黄褐陶，内夹杂少量蚌壳粉，器表饰绳纹。通高12.4厘米，宽8.8厘米（图2-2，1）。

QXSDZ02，鬲足，残，夹砂红褐陶，外壁颜色呈现灰褐色，器表纹饰已不清晰，但依稀可以辨认出为绳纹。通高6.3厘米，宽8.8厘米（图2-2，2）。

QXSDZ03，鬲足，残，夹砂灰褐陶，器表饰绳纹。通高7.8厘米，宽8.4厘米（图2-2，3）。

QXSDZ04，鬲足，残，夹砂灰黑陶，残存器表凹凸不平，内夹杂少量蚌壳粉。通高7.8厘米，宽6.6厘米（图2-2，4）。

QXSDZ05，鬲足，残，夹砂灰褐陶，内夹杂有大量蚌壳粉。通高12.3厘米，宽6.3厘米（图2-2，5）。

QXSDZ06，器底，残，夹砂红褐陶，外壁颜色呈现灰黑色，内壁呈现红褐色，器表无纹饰，但是器底饰有绳纹。底径10.2厘米，壁厚1厘米，残高3.7厘米，宽11.8厘米（图2-2，6）。

QXSDZ07，陶片，残，泥质灰陶，表面饰有绳纹处可见一条清晰棱线。残高约5.5厘米，残宽约7.3厘米，厚度约1厘米（图2-2，7）。

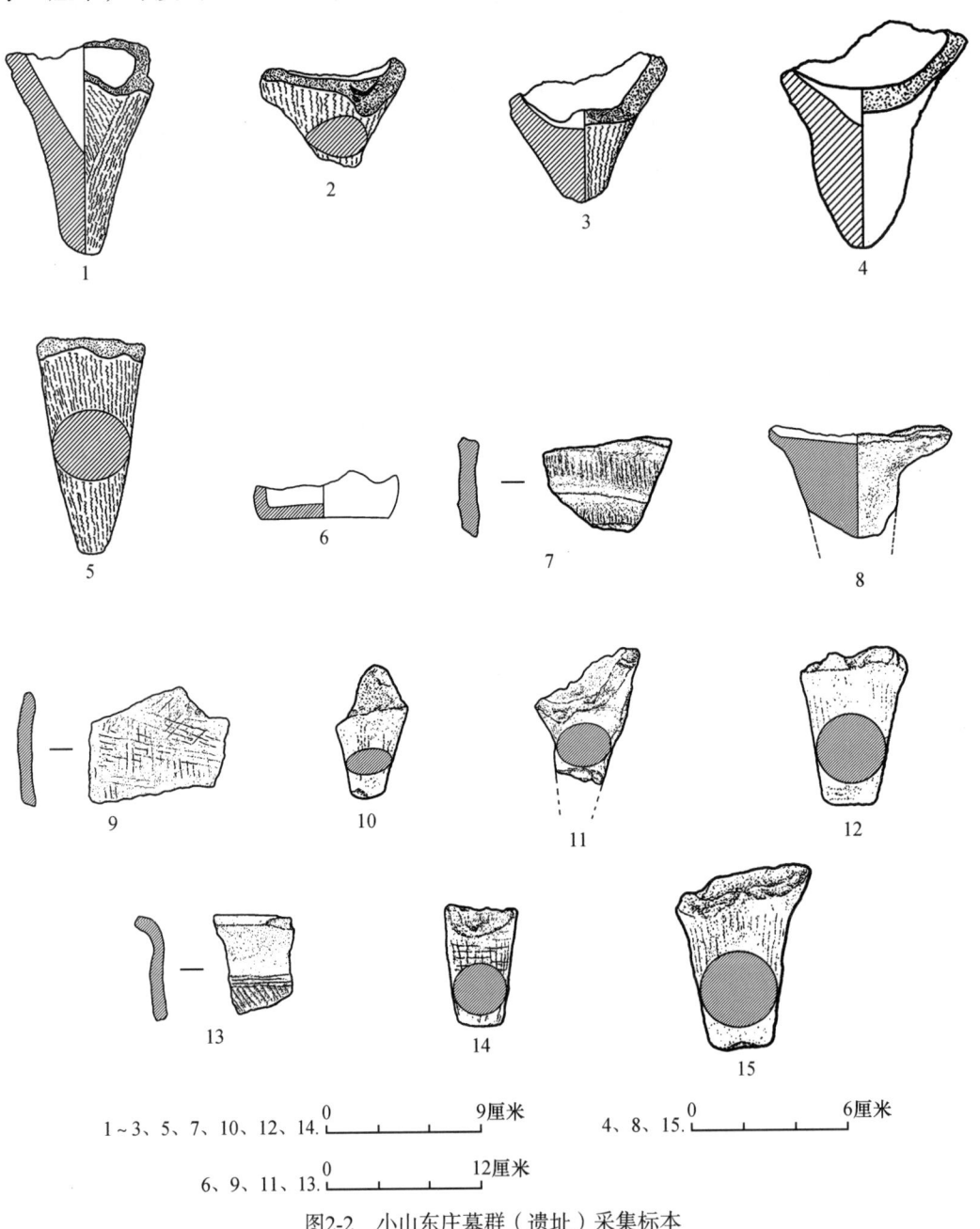

图2-2　小山东庄墓群（遗址）采集标本

1. 鬲足（QXSDZ01）　2. 鬲足（QXSDZ02）　3. 鬲足（QXSDZ03）　4. 鬲足（QXSDZ04）　5. 鬲足（QXSDZ05）
6. 器底（QXSDZ06）　7. 陶片（QXSDZ07）　8. 陶足（QXSDZ08）　9. 陶片（QXSDZ09）　10. 陶足（QXSDZ10）
11. 陶足（QXSDZ11）　12. 陶足（QXSDZ12）　13. 陶口沿（QXSDZ13）　14. 陶足（QXSDZ14）　15. 陶足（QXSDZ15）

QXSDZ08，陶足，残，夹砂红褐陶，呈喇叭形，连接面宽大且薄，有灰黑色痕迹；残高约4.3厘米，残宽3.2～7.1厘米，连接面厚度约0.4厘米，足厚约3.3厘米（图2-2，8）。

QXSDZ09，陶片，残，泥质灰陶，有一定弧度，表面饰有深浅不一的刻划纹。残高约8.5厘米，残宽约10.9厘米，厚度约1厘米（图2-2，9）。

QXSDZ10，陶足。残。夹砂红褐陶，呈菱形，中间宽两头窄，约有三分之一部分内凹，表面饰有浅细绳纹，有些已被腐蚀。残高约7.2厘米，残宽约4.3厘米，厚度0.73～1.4厘米（图2-2，10）。

QXSDZ11，陶足，残，夹砂红褐陶，右高左低，开口呈喇叭形，右侧有一条狭长二次堆塑部分，表面饰有不规则浅绳纹。残高约10.1厘米，残宽约8.5厘米，厚度3.4～7.5厘米（图2-2，11）。

QXSDZ12，陶足，残，夹砂红褐陶，表面饰有绳纹，较为凹凸不平。残高约8.8厘米，残宽约5.4厘米，厚度2.3～5.7厘米（图2-2，12）。

QXSDZ13，陶口沿，残，夹砂红褐陶，斜口，方唇，垂腹略有弧度，表面饰有绳纹与条状纹饰。残高约7.5厘米，残宽约5.9厘米，厚度约0.7厘米（图2-2，13）。

QXSDZ14，陶足，残，夹砂红褐陶，表面饰有网格纹，足底饰有条带状刻划纹。残高约6.8厘米，残宽约4.1厘米，厚度2.5～3.9厘米（图2-2，14）。

QXSDZ15，陶足，残，夹砂红褐陶，呈喇叭状，右高左低，表面饰有绳纹；残高约7.1厘米，残宽约6.2厘米，厚度3～5.4厘米（图2-2，15）。

二 迁安万军山遗址

1. 遗址概况

万军山遗址位于迁安市杨各庄镇万军村北万军山上，距市区17千米（图2-3），海拔79.1米。遗址面积为16470平方米，北部地势陡峭，北侧偏左为沙河，偏右为青龙河，两河交汇于遗址东北。山腰开发为梯田，山顶为平台，青龙河自东北而南，冷口河自西北而南至山脚下交汇于遗址北侧山脚下，遗址南侧紧邻村庄，村南为东西向的大秦铁路。遗址中间高、东北坡陡，西部梯田台层多而缓。山上土质疏松，呈褐色沙土。在遗址西侧断崖处发现文化层，厚1.5米，文化层内涵丰富，有石网坠、石砍砸器、素面红顶钵口沿、之字纹灰褐陶残片、灰褐陶底、刻划细纹灰褐陶残片、刻划粗纹红褐陶残片、绳纹红褐陶器底、素面红陶鬶、堆纹灰陶甗腰、弦断绳纹红陶罐肩、灰褐陶鬲足等遗物，陶器的陶质为泥质和夹砂。根据采集的标本断定该遗址的年代包含为新石器时代和商代（图版2）。

1990年3月，河北省文物局组织的文物普查队在迁安境内普查时发现此遗址。遗址面积约15000平方米，文化层东薄西厚，厚约1～2米，地表散布着大量的陶器残片和石器。陶片多为夹砂褐陶和泥质红陶，纹饰以压印"之"字纹居多，条纹、席纹次之，绳纹素面较少。两侧断崖处暴露有灰坑，内涵丰富。

1992年6月3日至7月4日，河北省文物研究所（以下文中简称为"河北省文研所"）考古队在此进行试掘，试掘面积200平方米，出土文物有盆、红顶钵、鬲等陶器，还出土了大量石器。万军山遗址风景优美，有水有田，非常适宜人类居住，从山脚下的第二台地开始就有新石器时代遗物。地层叠压处向上有夏、商、西周、春秋、战国至汉时期遗物。

1992年河北省文研所在此发掘时还出土了居住址、灶台等遗迹，证明人类在此地曾经久居。遗址的文化内涵与本市安新庄遗址有很多相似之处，器物的形状和纹饰与河北省三河县（现三河市）孟各庄遗址一期出土的同类器物特征基本相同，因此该遗址应属新石器时代遗址。

1992年11月21日迁安县人民政府公布万军山遗址为迁安县第四批重点文物保护单位。

1998年6月26日唐山市人民政府公布为市级文物保护单位。

2007年3月迁安市文物管理所申报省级文物保护单位时进行了重新调查，并建立档案。

2008年10月被河北省人民政府公布为河北省级文物保护单位。

2013年4月被国务院公布为全国重点文物保护单位。

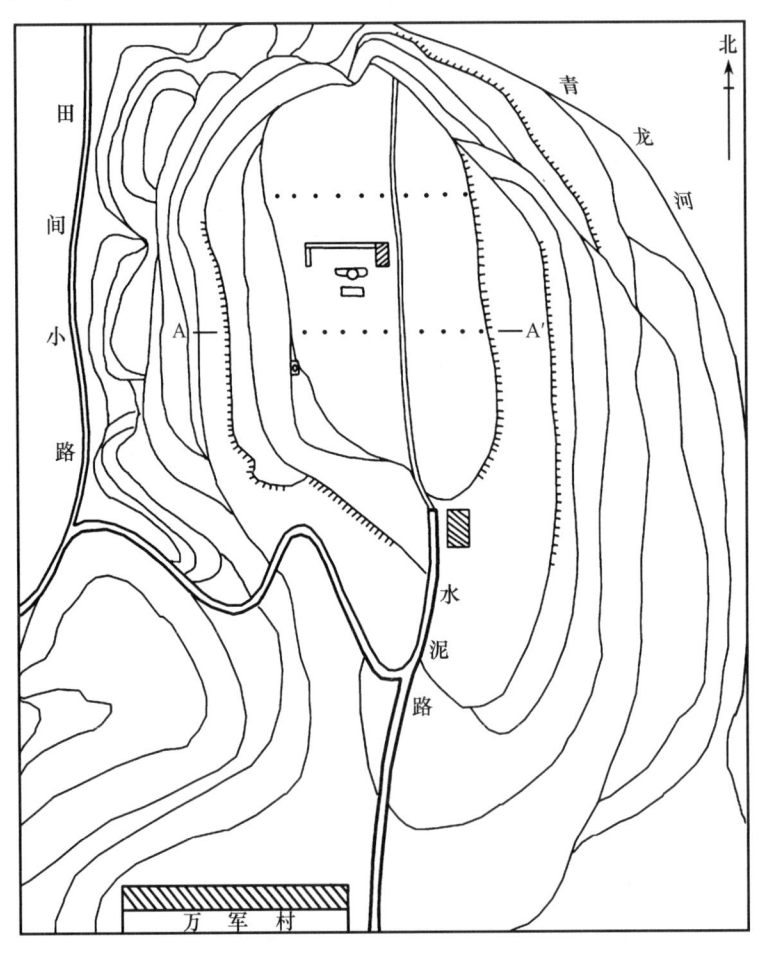

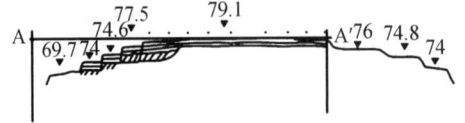

图2-3　万军山遗址位置示意图

2. 文化层堆积

在遗址中心区域西南部第四级台地发现文化层剖面，共分出5层文化层（图2-4；图版3）。

第1层为耕土层，厚0.15~0.2米，土色灰褐色，内含有植物的腐根。

第2层为辽金元时期文化层，厚0.2~0.3米，浅灰褐色，土质较硬，包含有石块、灰陶砖、瓦、红陶片。

第3层战国秦汉时期文化层，厚0.2~0.3米，含沙灰褐色，土质较硬，夹砂红陶片、灰陶片、灰陶砖等。

第4层商周时期文化层，厚0.3~0.4米，深灰褐色土，内含物有夹砂粗绳纹陶片、夹砂素面红陶片、夹砂细"之"字纹灰陶片、素面细灰陶等。

第5层为新石器时期文化层，厚0.2~0.3米，黑灰褐色沙质土，土质较松软，内含物为红顶钵残片。

其下为生土层，含粗粒沙灰褐色土。

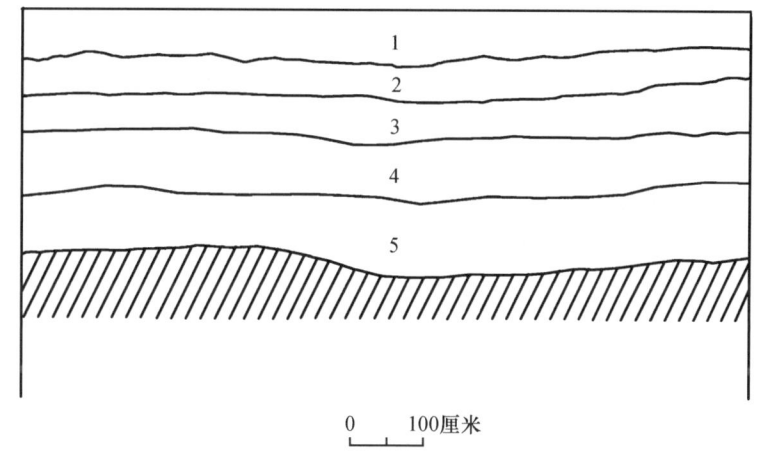

图2-4　万军山遗址文化层剖面示意图

3. 采集遗物

（1）陶器

通过调查，采集陶片共30片，陶质以泥质和夹砂为主。陶色有灰、红、黄褐、红褐。陶片纹饰可见素面较多，兼有之字纹、指甲纹、刻划纹、锯齿纹、绳纹、压印纹等（图版4、图版5）。

陶器底，残，夹砂红褐陶，底部略微向上弯曲、素面。残高约2厘米，残宽约12.3厘米，厚约1.6厘米，计算可知底部半径约为7厘米（图2-5，1）。

陶器底，残，夹砂红褐陶，底部略微向上弯曲，表面饰有竖条状刻划纹。残高约3.6厘米，残宽约11厘米，厚度约2厘米，计算可知底部半径大约为4.7厘米（图2-5，2）。

陶器底，残，夹砂黄褐陶，底部略微向上弯曲，表面饰有细密的短竖条状刻划纹。残高约8厘米，残宽约4.3厘米，厚度约2厘米，计算可知底部半径大约8厘米（图2-5，3）。

陶器底，残，泥质灰陶，底部保存完好，略微向下弯曲，素面。残高约3厘米，残宽约7.8厘米，厚度约1.8厘米，测量可知底部半径约3.5厘米（图2-5，4）。

陶器底，残，夹砂红褐陶，表面饰有之字纹。残高约5.6厘米，残宽约12.7厘米，厚度约2厘米，计算可知底部半径大约7厘米（图2-5，5）。

陶器底，残，夹砂红褐陶，表面纹饰因侵蚀严重模糊不清，可能为之字纹。残高约4.2厘米，残宽约7厘米，厚度约1.4厘米，计算可知底部半径大约4厘米（图2-5，6）。

陶器底，残，夹砂灰陶，平底，素面，垂腹。残高约6.5厘米，残宽约5.1厘米，厚度约0.8厘米，底部半径约3.5厘米（图2-5，7）。

陶口沿，残，夹砂灰陶，方唇、敞口、鼓腹、素面。残高约5.3厘米，残宽约7.5厘米，厚度约0.5厘米，计算可知口沿半径大约5.1厘米（图2-5，11）。

陶口沿，残，夹砂红褐陶，方唇，敞口，折腹，颈部饰有左斜线状疏松绳纹，折腹折处饰有压印纹，向下饰有密集右斜方向绳纹。残高约13.6厘米，残宽约16.1厘米，厚度约1厘米，计算可知口沿半径约16.4厘米（图2-5，12）。

陶口沿，残，夹蚌壳粉灰陶，圆唇，垂腹，素面。残高约5.2厘米，残宽约6.6厘米，厚度约0.5厘米（图2-5，13）。

陶口沿，残，夹砂灰黑陶，圆唇，敞口，平肩，口沿微敛，有一条棱线，颈部以上饰有刻划纹，颈部以下饰有交错网格状绳纹。残高约5.6厘米，残宽约10.8厘米，厚度约1厘米，计算可知口沿半径大约9厘米（图2-5，14）。

陶口沿，残，夹砂黑陶，方唇，敞口，鼓腹，表面饰有一圈锯齿状纹饰，下方饰交错网格状绳纹。残高约10.5厘米，残宽约16.6厘米，厚度约1厘米，计算可知口沿半径大约15厘米（图2-5，15）。

陶口沿，残，泥质红陶，圆唇，鼓腹，素面，口沿下方有一条棱线。残高约4.4厘米，残宽约6.3厘米，厚度约0.6厘米，计算可知口沿半径约14.5厘米（图2-5，16）。

陶口沿，残，夹砂红褐陶，圆唇，敛口，斜腹，素面。残高约6.8厘米，残宽约6.5厘米，厚度约0.4厘米，计算可知口沿半径约13.6厘米（图2-5，17）。

陶口沿，残，夹砂灰陶，圆唇，垂腹，表面饰有压印似菱形之字纹。残高约6.7厘米，残宽约7.8厘米，厚度约1厘米，计算可知口沿半径大约23.3厘米（图2-5，18）。

陶口沿，残，夹砂红褐陶，圆唇，垂腹，表面饰有刻划之字纹与压印之字纹。残高约8厘米，残宽约7.2厘米，厚度约1.1厘米，计算可知口沿半径约10.8厘米（图2-5，19）。

陶口沿，残，夹砂红陶，圆唇，垂腹，表面有一略微凸起棱线，下方饰有斜向右的规则刻划纹。残高约8.8厘米，残宽约8厘米，厚度约1.1厘米（图2-5，20）。

陶口沿，残，夹砂灰陶，圆唇，垂腹，表面饰有不规则刻划纹。残高约12.3厘米，残宽约12厘米，厚度约0.9厘米（图2-5，21）。

陶片，残，夹砂黄褐陶，表面约1/3位置有一条棱线，棱线下方饰有"八"字形指甲纹。残高约5.6厘米，残宽约6.6厘米，厚度约0.6厘米（图2-5，22）。

陶片，残，夹砂黄褐陶，表面饰有不规则刻划纹。残高约6.3厘米，残宽约6厘米，厚约0.8厘米（图2-5，23）。

陶片，残，夹砂黄褐陶，表面饰有"八"字形指甲纹。残高约5.2厘米，残宽约4.3厘米，厚约0.8厘米（图2-5，25）。

陶纺轮，残，夹砂红褐陶，呈帽形，上窄下宽，中间有钻孔穿过。钻孔直径约为0.7厘米，上部直径约3厘米，下部直径约4厘米（图2-5，26）。

陶片，残，夹砂红褐陶，整体呈菱形，表面饰有之字纹。残高约6.6厘米，残宽约6.8厘米，厚度约1厘米（图2-5，27）。

陶片，残，夹砂黄褐陶，表面饰有交错分布的短条状刻划纹。残高约5.3厘米，残宽约7厘米，厚度约1.3厘米（图2-5，28）。

陶片，残，夹砂红褐陶，腹片，两侧向内曲，表面饰有月牙形指甲纹和之字纹。残高约10.2厘米，残宽约14.3厘米，厚度约1.3厘米（图2-5，29）。

陶片，残，夹砂黄褐陶，呈倒三角形，表面饰有之字纹。残高约11.5厘米，残宽约8.2厘米，厚度约1厘米（图2-5，30）。

陶片，残，夹砂红褐陶，呈云形，表面饰有细密的月牙形指甲纹。残高约7.3厘米，残宽约9.1厘米，厚度约1.1厘米（图2-5，31）。

陶片，残，夹砂红褐陶，表面饰有不规则交错之字纹，状似菱形。残高约11.7厘米，残宽约10厘米，厚度约0.8厘米（图2-5，32）。

陶片，残，夹砂黄褐陶，表面饰有密集1/4圆角矩形状之字纹。残高约6.8厘米，残宽约9.2厘米，厚度约0.6厘米（图2-5，33）。

陶口沿，残，泥质灰陶，圆唇，直口，溜肩，素面。残高约2.3厘米，残宽约10.1厘米，厚约0.5厘米，计算可知口沿半径大约为9.1厘米（图2-5，34）。

（2）石器

器型有石网坠、石斧、石刻等。

石网坠，残，呈椭圆形，扁平，边缘稍薄，中间较厚，两端各有一缺口。残高约9厘米，残宽约8.1厘米，厚约1.8厘米（图2-5，8）。

石器，残，呈圆形，一面平整一面凸起，四周边缘残损。残高约8.2厘米，残宽约8.3厘米，厚度约1.5厘米（图2-5，9）。

石斧，残，呈长条形，一面打磨光滑一面凹凸不平棱角分明。残高约11.3厘米，残宽约5.2厘米，厚度约2厘米（图2-5，10）。

石刻，残，砂岩，表面有人工凿刻的条框，背面也有带状凿刻印记。残高约6.8厘米，残宽约6.3厘米，厚度约1.5厘米（图2-5，24）。

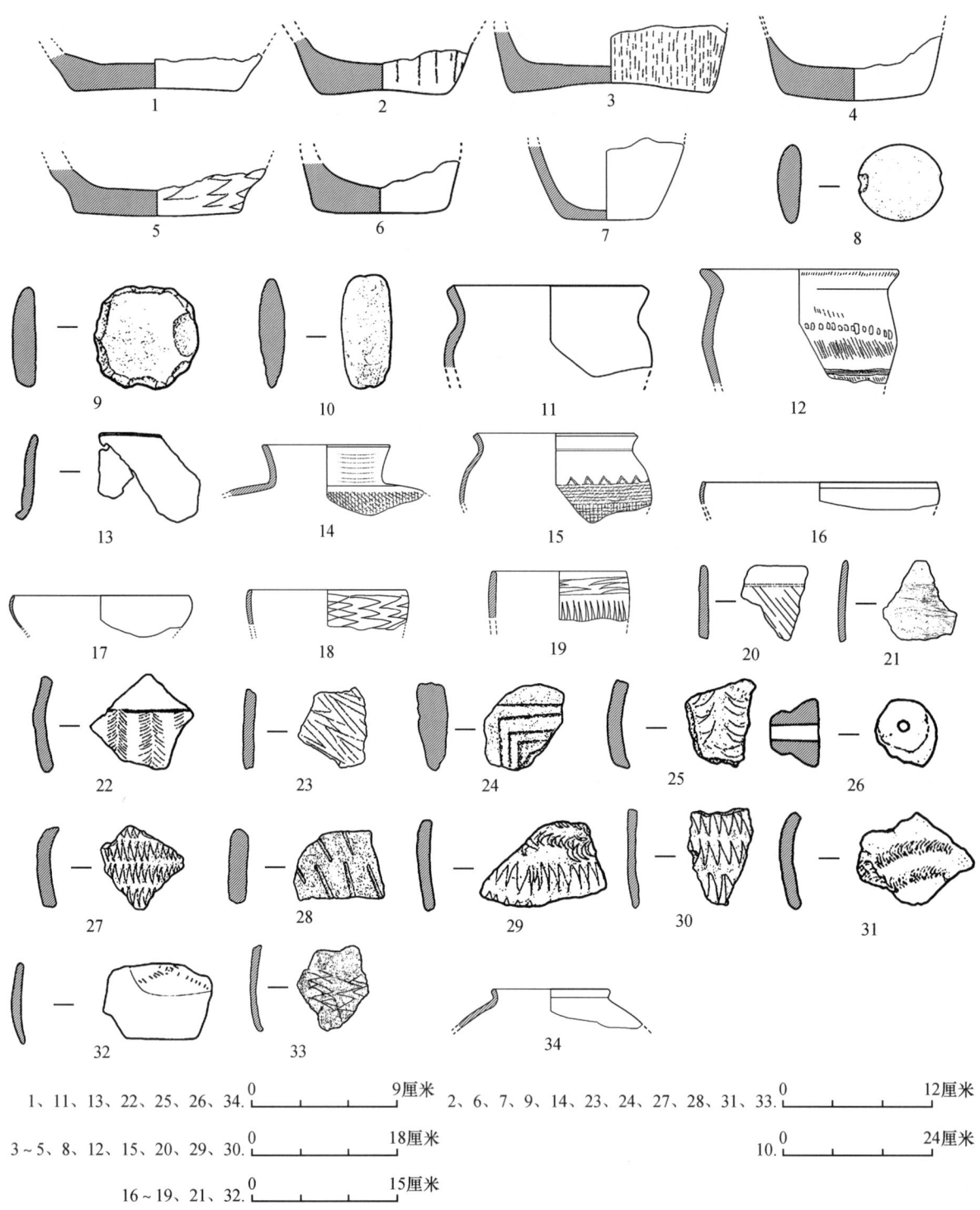

图2-5 万军山遗址采集标本

1.陶器底 2.陶器底 3.陶器底 4.陶器底 5.陶器底 6.陶器底 7.陶器底 8.石网坠 9.石器 10.石斧 11.陶口沿 12.陶口沿 13.陶口沿 14.陶口沿 15.陶口沿 16.陶口沿 17.陶口沿 18.陶口沿 19.陶口沿 20.陶口沿 21.陶口沿 22.陶片 23.陶片 24.石刻 25.陶片 26.陶纺轮 27.陶片 28.陶片 29.陶片 30.陶片 31.陶片 32.陶片 33.陶片 34.陶片

三 迁安黄台山遗址

1. 遗址概况

黄台山遗址位于迁安市永顺街道办事处小李庄西北250米的黄台山公园内的黄台山上（图2-6），山下有草坪、甬道、凉亭、龙爪槐。有水泥路通往山顶，遗址呈不规则圆形，面积36812平方米，有上山小路在遗址中通过，遗址西侧地势陡峭，在断崖处发现文化层，厚1米，采集有素面红陶罐底、堆绳纹红陶甗腰和素面灰陶罐腹等，陶质均为夹砂，根据采集的标本判断年代为商代。

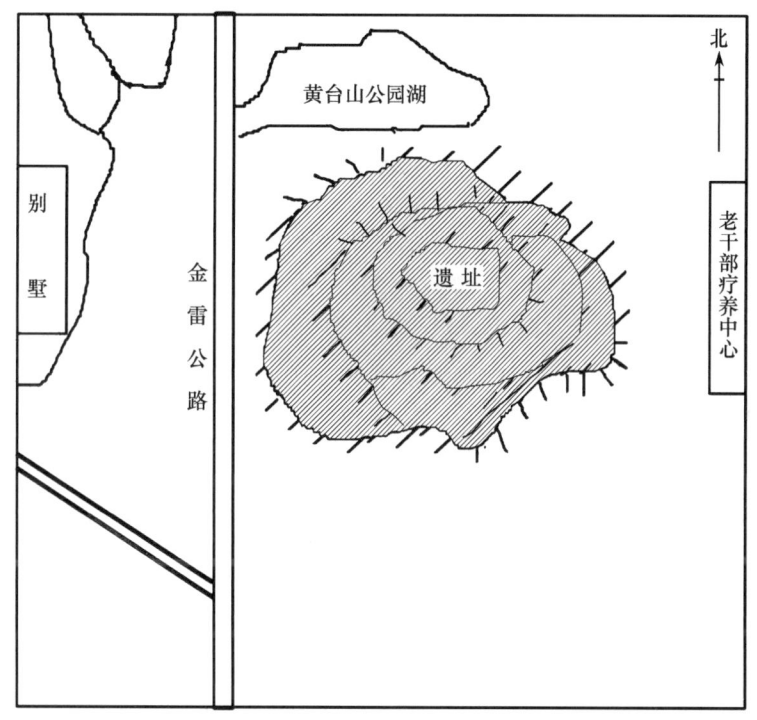

图2-6 黄台山遗址位置示意图

2. 采集遗物

QH01，陶片，残，夹砂红褐陶，近似菱形，表面饰满带状纹饰。残高约3.6厘米，残宽约5.6厘米，厚度约0.7厘米（图2-7，1）。

QH02，陶片，残，夹砂褐陶，表面饰有刻划菱形纹饰。残高约2.7厘米，残宽约4.8厘米，厚度约1厘米（图2-7，2）。

QH03，陶片，残，夹砂褐陶，表面饰有网格状纹饰，中间部分纹饰模糊不清。残高约3.5厘米，残宽约4.3厘米，厚度约0.4厘米（图2-7，3）。

QH04，陶口沿，残，夹砂红褐陶，敞口，方唇，鼓腹，素面。残高约4.4厘米，残宽约6厘米，厚度约0.7厘米（图2-7，4）。

QH05，陶口沿，残，夹砂黄褐陶，直口，圆唇，素面。残高约3.6厘米，残宽约5.4厘米，厚度约1.9厘米（图2-7，5）。

QH06，陶腹片，残，夹砂红褐陶，表面饰有细绳纹。残高约9.2厘米，残宽约12.7厘米，厚度约1.2厘米（图2-7，6）。

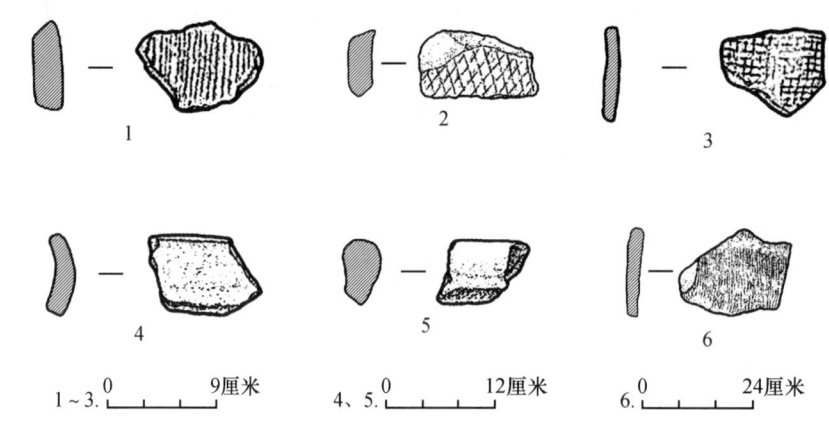

图2-7　黄台山遗址采集标本
1. 陶片（QH01）　2. 陶片（QH02）　3. 陶片（QH03）　4. 陶口沿（QH04）　5. 陶口沿（QH05）
6. 陶腹片（QH06）

四　迁安白塔寺遗址

白塔寺遗址位于迁安市彭店子镇八里塔村东果山坡地上（图2-8），黄褐色沙土，面积约3.6万平方米。遗址文化层不清晰，仅在地表采集到夹砂褐陶、夹砂红陶、石网坠等，纹饰以绳纹为主，有少量的"之"字纹，素面次之，可辨器型有筒形罐、鬲、盆、罐。根据遗物断定遗址年代为新石器至商周时期（图版6）。

五　迁安封山寺遗址

1. 遗址概况

1990年河北省文物普查队调查时发现封山寺遗址，1992年12月5日公布为第四批迁安县文物保护单位，1993年7月被省政府公布为河北省重点文物保护单位。

该遗址位于迁安市建昌营镇前窝子村西南台地上（图2-9），面积1.26万平方米。遗址所在台地四面为断崖，在西侧断崖处发现文化层，厚1.5米左右，采集有石斧、素面红褐陶鬲足、绳纹灰褐陶罐口沿、素面红褐陶口沿、附加堆纹红褐陶甗腰、绳纹红褐陶罐底和弦断绳纹灰褐陶残片等遗物。陶器有鬲、筒形罐、花边鬲，鬲足有尖足和柱足。另有罐、盂、甗、盆、纺轮

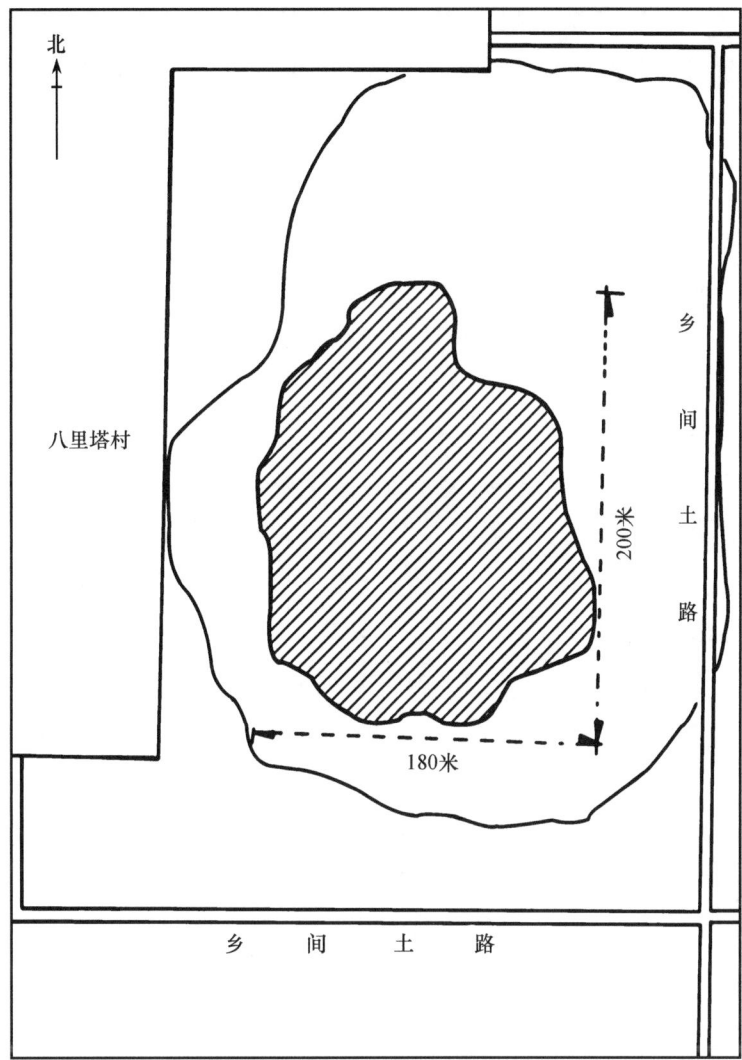

图2-8 白塔寺遗址位置示意图

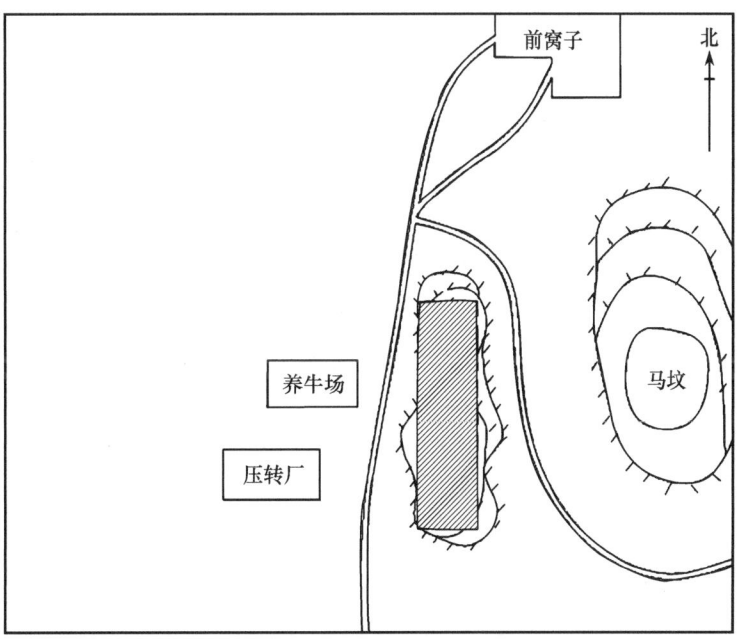

图2-9 封山寺遗址位置示意图

及陶塑动物等。陶质以夹砂褐陶居多，其次为夹砂灰陶、磨光黑陶等。纹饰有细绳纹、附加堆纹、刻划方格纹、弦纹、弦断绳纹等。根据采集到的标本断定遗址年代为夏商时期。遗址现已被开发为农田，至今保存完好（图版7）。

2. 采集遗物

封山寺遗址共有57件标本，其中有4件石器和53件陶片。石器中有3件石斧，1件石杵；陶片中1件陶纺轮，17件为口沿部，2件为器耳部，3件器底，19件鬲足，及9件陶片、1件豆柄及1件鼎足；陶片中，47件都为夹砂红褐陶，2件为夹砂黄褐陶，4件为夹砂灰陶，都含有蚌壳粉；纹饰中，绳纹最常出现，其次是附加堆纹，然后是弦断绳纹，仅1件饰有刻划纹；2件饰有黑陶衣，1件饰有灰陶衣，1件饰有红陶衣（图版8~图版11）。

QFSS01，陶口沿，残，夹砂红褐陶，内夹杂有大量蚌壳粉，上有灰黑色火烧痕迹，直口，圆唇，素面无纹。通高为8厘米，宽为10.2厘米，口沿厚0.6厘米，壁厚0.6厘米，器物复原口径约为25.2厘米（图2-10，1）。

QFSS02，陶口沿，残，夹砂红褐陶，内夹杂有少量蚌壳粉，侈口，圆唇，下部饰有一周弦断绳纹。通高为12.2厘米，宽为15.5厘米，口沿厚1.6厘米，壁厚1.5厘米，器物复原口径约为57.4厘米（图2-10，4）。

QFSS05，陶口沿，残，夹砂红褐陶，内夹杂有少量蚌壳粉，上有灰黑色火烧痕迹，敞口，圆唇，在口沿下及颈部饰有少量绳纹。通高为8.6厘米，宽为10.5厘米，口沿厚0.4厘米，壁厚0.5厘米，器物复原口径约为17.2厘米（图2-10，2）。

QFSS16，陶片，残，夹砂红褐陶，内夹杂有少量蚌壳粉，剖面近似长条形，上部饰有绳纹及一周弦纹，下部饰有刻划纹。通高为7.8厘米，宽为10.7厘米，壁厚0.8厘米（图2-10，3）。

QFSS24，纺轮，夹砂红褐陶，内掺杂有少量蚌壳粉，圆饼形，剖面近似梯形。直径为3.1~3.2厘米，高为2.5厘米，孔径为0.7厘米（图2-10，5）。

QFSS08，陶片，鬲足及裆部，残，泥质灰陶，内夹杂有少量蚌壳粉，外部饰有黑陶衣，内部有平行修整痕迹。通高为11.8厘米，宽为9厘米，壁厚0.5厘米（图2-11，2）。

QFSS33，陶片，器底，残，夹砂红褐陶，内夹杂有少量蚌壳粉，平底，磨损较严重，底面留有叶脉痕迹。通高为2.5厘米，宽为6厘米，底厚1.1厘米，壁厚0.5厘米（图2-11，3）。

QFSS36，陶片，口沿，残，夹砂红褐陶，内夹杂有极少量蚌壳粉，上有灰黑色火烧痕迹，口沿部有修整过平行划痕，敞口，圆唇，素面无纹。通高为4.5厘米，宽为10.6厘米，口沿厚0.6厘米，壁厚0.3厘米。器物复原口径约为20.4厘米（图2-11，4）。

QFSS45，陶片，器底，残，夹砂红褐陶，内夹杂有少量蚌壳粉，平底，磨损较严重，仅剩左下部及右下部饰有绳纹。通高为3.5厘米，宽为8.4厘米，底厚1.5厘米，壁厚1.1厘米（图2-11，1）。

QFSS03，石斧，残，琢磨，长条形，单面刃，剖面呈长方形，上部有穿孔，在刃部有使用过痕迹。长7.4厘米，刃宽5.8厘米（图2-12，1）。

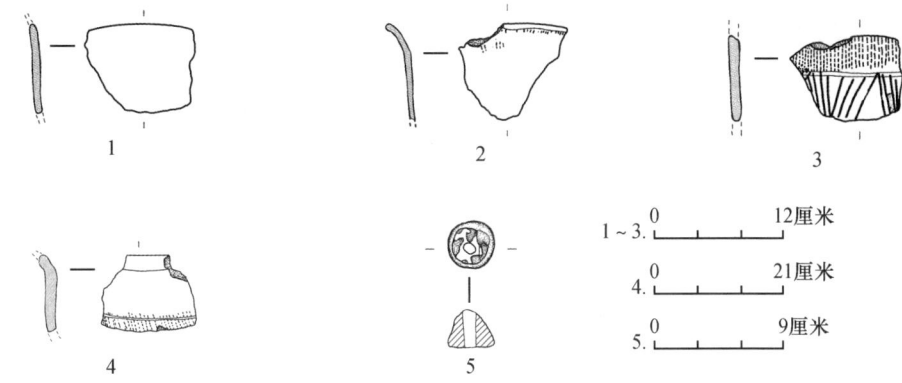

图2-10 封山寺遗址采集器物标本（一）

1.陶口沿（QFSS01） 2.陶口沿（QFSS05） 3.陶片（QFSS16） 4.陶口沿（QFSS02） 5.纺轮（QFSS24）

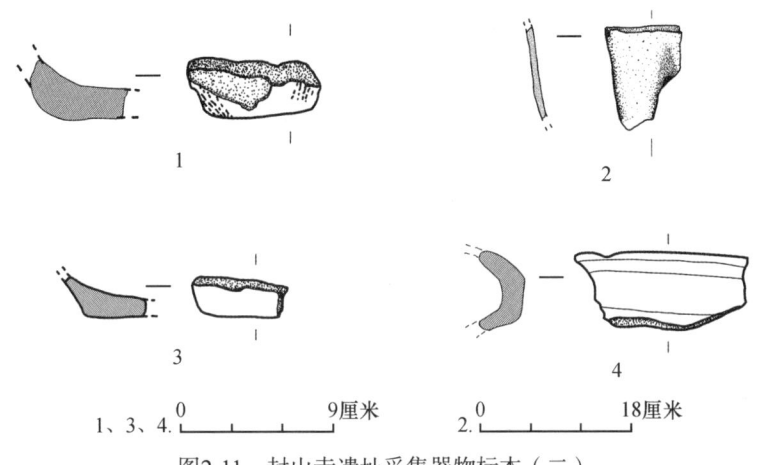

图2-11 封山寺遗址采集器物标本（二）

1.陶器底（QFSS45） 2.鬲足及裆部（QFSS08） 3.陶器底（QFSS33） 4.陶口沿（QFSS36）

QFSS04，陶片，残，夹砂灰陶，内夹杂有少量蚌壳粉，剖面近似长条形，饰有五周弦断绳纹，部分磨损较严重。通高为11.6厘米，宽为8.6厘米，壁厚0.6厘米（图2-12，2）。

QFSS06，陶片，带鋬耳，残，夹砂红褐陶，外饰黑陶衣，内夹杂有少量蚌壳粉，耳上部饰有少量绳纹，耳中部及下部饰有三角窝纹。通高为5.7厘米，宽为5.9厘米，壁厚0.5厘米（图2-12，3）。

QFSS13，陶片，口沿，残，夹砂黄褐陶，内夹杂有少量蚌壳粉，上部有灰黑色火烧痕迹，敞口，方唇，下部有少量绳纹。通高为4.7厘米，宽为8.4厘米，口沿厚0.6厘米，壁厚0.7厘米。器物复原口径约为11.2厘米（图2-12，4）。

QFSS15，鬲足，残，夹砂红褐陶，内夹杂有大量蚌壳粉，实心锥足，剖面近似圆形，上饰有绳纹。通高为9.2厘米，最大直径为5.8厘米（图2-13，1）。

QFSS17，陶片，残，夹砂红褐陶，内夹杂有大量蚌壳粉，上部饰有附加堆纹，以下饰有四周弦断绳纹，有灰黑色火烧痕迹。通高为7.7厘米，宽为6.6厘米，壁厚0.9厘米（图2-13，2）。

QFSS20，鬲足，残，夹砂红褐陶，内夹杂有少量蚌壳粉，实心锥足，剖面近似圆形，上

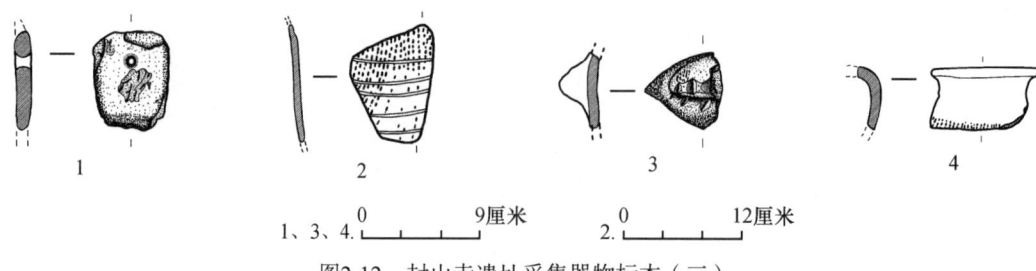

图2-12 封山寺遗址采集器物标本（三）
1. 石斧（QFSS03） 2. 陶片（QFSS04） 3. 陶片（QFSS06） 4. 陶口沿（QFSS13）

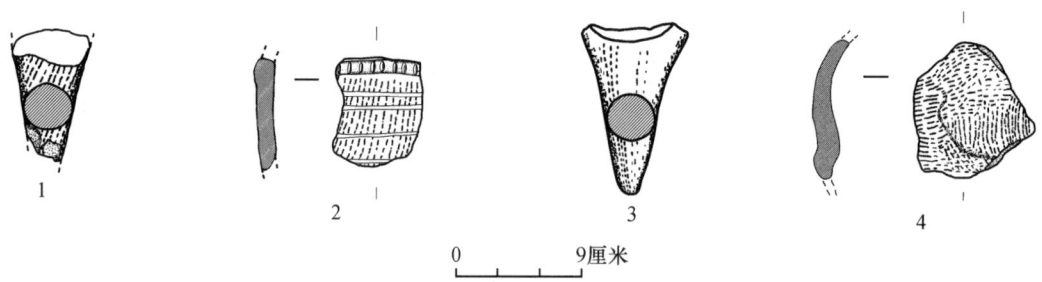

图2-13 封山寺遗址采集器物标本（四）
1. 鬲足（QFSS15） 2. 陶片（QFSS17） 3. 鬲足（QFSS20） 4. 陶片（QFSS23）

饰有绳纹，磨损严重。通高为8.8厘米，最大直径为5.6厘米（图2-13，3）。

QFSS23，陶片，残，夹砂红褐陶，内夹杂有少量蚌壳粉，剖面长条形，饰有绳纹，应为陶鬲腹部的残片。通高为9.3厘米，宽为8.5厘米，壁厚0.5~1.2厘米（图2-13，4）。

QFSS26，鬲足，残，夹砂红褐陶，内夹杂有少量蚌壳粉，器物内有灰黑色火烧痕迹，实心锥足，剖面近似圆形，饰有绳纹。通高为6.6厘米，最大直径为5.7厘米（图2-14，1）。

QFSS27，鬲足，残，夹砂红褐陶，内夹杂有少量蚌壳粉，器物内有灰黑色火烧痕迹，实心锥足，剖面近似圆形，饰有绳纹。通高为7.9厘米，最大直径为5厘米（图2-14，2）。

QFSS28，鬲足，残，夹砂红褐陶，内夹杂有大量蚌壳粉，实心锥足，剖面近似圆形，足

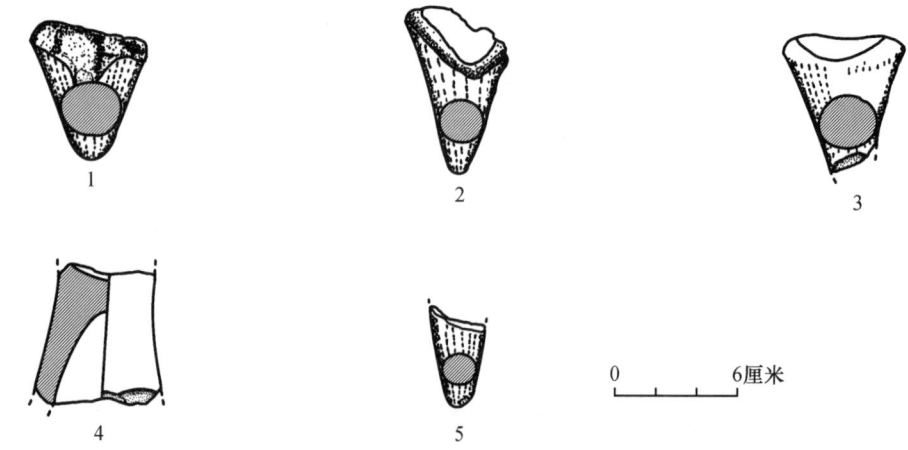

图2-14 封山寺遗址采集器物标本（五）
1. 鬲足（QFSS26） 2. 鬲足（QFSS27） 3. 鬲足（QFSS28） 4. 豆柄（QFSS34） 5. 鬲足（QFSS38）

外部有一处浅凹痕，应为制作时留下的痕迹，足上饰有绳纹，通高为6.6厘米，最大直径为6厘米（图2-14，3）。

QFSS34，豆柄，残，夹砂红褐陶，内夹杂有少量蚌壳粉，器物内有灰黑色火烧痕迹，素面无纹，残高为6.7厘米，最大直径为6.1厘米（图2-14，4）。

QFSS38，鬲足，残，夹砂红褐陶，内夹杂有少量蚌壳粉，实心锥足，剖面近似圆形，饰有绳纹，通高为4.9厘米，最大直径为2.8厘米（图2-14，5）。

QFSS39，鬲足，残，夹砂红褐陶，内夹杂有少量蚌壳粉，实心锥足，剖面近似圆形，饰有绳纹，磨损较严重。通高为8厘米，最大直径为5.5厘米（图2-15，1）。

QFSS46，陶片，口沿，残，夹砂红褐陶，内夹杂有少量蚌壳粉，侈口，圆唇，素面无纹。通高为3.9厘米，宽为8.3厘米，口沿厚1.3厘米，壁厚0.8厘米。器物复原口径约为20.2厘米（图2-15，4）。

QFSS48，鬲足，残，夹砂红褐陶，内夹杂有少量蚌壳粉，器物内有灰黑色火烧痕迹，实心锥足，剖面近似圆形，饰有绳纹。通高为8.2厘米，最大直径为6.2厘米（图2-15，2）。

QFSS54，鼎足，泥质红褐陶，内夹杂有少量蚌壳粉，柱足，上部器物内壁有磨光，素面，此足应为后贴附的足。通高为2.6厘米，宽为3.7厘米，壁厚0.2厘米（图2-15，3）。

QFSS57，石杵，琢磨，长条形，剖面呈近椭圆形，在刃部有使用过痕迹。长9.9厘米，宽4.5厘米（图2-15，5）。

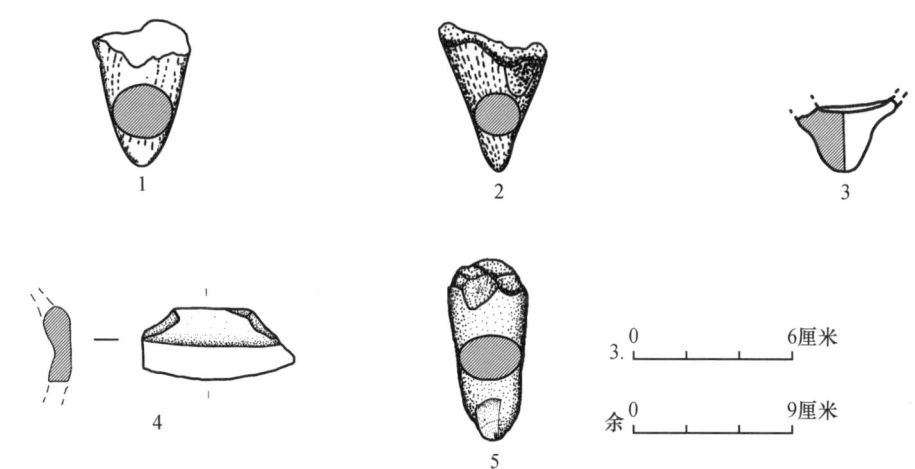

图2-15　封山寺遗址采集器物标本（六）
1. 鬲足（QFSS39）　2. 鬲足（QFSS48）　3. 鼎足（QFSS54）　4. 口沿（QFSS46）　5. 石杵（QFSS57）

QFSS07，陶片，口沿，残，夹砂红褐陶，内夹杂有少量蚌壳粉，上有灰黑色火烧痕迹，侈口，方唇，颈部以下饰有一周压印三角纹，以下饰有横、纵两个方向的绳纹，及两周弦纹隔断绳纹。通高为11.8厘米，宽为16.1厘米，口沿厚0.5厘米，壁厚1厘米。器物复原口径约为58.4厘米（图2-16，1）。

QFSS10，鬲足，残，夹砂红褐陶，内夹杂有少量蚌壳粉，有灰黑色火烧痕迹，实心锥足，剖面近似圆形，上饰有绳纹。通高为10.7厘米，最大直径为5.7厘米（图2-16，2）。

QFSS21，鬲足，残，夹砂红褐陶，内夹杂有少量蚌壳粉，上部有灰黑色火烧痕迹，实心锥足，剖面近似圆形，素面无纹。通高为5.9厘米，最大直径为5.4厘米（图2-16，3）。

QFSS14，陶片，口沿，残，夹砂红褐陶，内夹杂有少量蚌壳粉，敞口，圆唇，素面无纹。通高为9.3厘米，宽为9.7厘米，口沿厚0.8厘米，壁厚0.7厘米。器物复原口径约为38.4厘米（图2-16，4）。

QFSS22，陶片，残，夹砂灰黑陶，内夹杂有少量蚌壳粉，饰有绳纹。通高为6.1厘米，宽为5.3厘米，壁厚0.6～0.9厘米（图2-16，5）。

QFSS25，陶片，口沿，残，夹砂黄褐陶，敞口，圆唇，下部饰有少量绳纹，口沿内部饰有黑陶衣，器壁部分无陶衣。通高为6.9厘米，宽为9.9厘米，口沿厚0.7厘米，壁厚0.5厘米。器物复原口径约为33.8厘米（图2-16，6）。

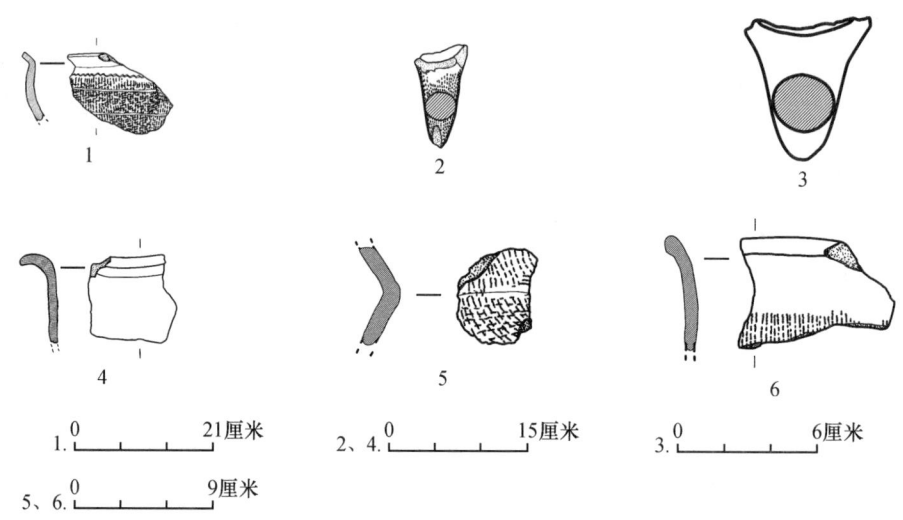

图2-16　封山寺遗址采集器物标本（七）
1. 口沿（QFSS07）　2. 鬲足（QFSS10）　3. 鬲足（QFSS21）　4. 口沿（QFSS14）　5. 陶片（QFSS22）　6. 口沿（QFSS25）

QFSS29，鬲足，残，夹砂红褐陶，内夹杂有少量蚌壳粉，实心锥足，剖面近似圆形，饰有绳纹。通高为6.4厘米，最大直径为4.2厘米（图2-17，1）。

QFSS30，鬲足，残，夹砂红褐陶，内夹杂有少量蚌壳粉，器物内有灰黑色火烧痕迹，实心锥足，剖面近似圆形，饰有绳纹，磨损较严重。通高为6.4厘米，最大直径为4.6厘米（图2-17，3）。

QFSS47，鬲足，残，夹砂红褐陶，内夹杂有少量蚌壳粉，器物内有灰黑色火烧痕迹，实心锥足，剖面近似圆形，饰有绳纹。通高为5.3厘米，最大直径为4.7厘米（图2-17，2）。

QFSS49，鬲足，残，夹砂红褐陶，内夹杂有少量蚌壳粉，有灰黑色火烧痕迹，袋足，无纹饰。通高为6.1厘米，最大直径为4.9厘米（图2-17，4）。

QFSS51，陶片，口沿，残，夹砂红褐陶，内夹杂有大量蚌壳粉，上有灰黑色火烧痕迹，直口，圆唇，饰有附加堆纹。通高为3.3厘米，宽为4.7厘米，口沿厚0.5厘米，壁厚0.6厘米。器物复原口径约为14.8厘米（图2-17，5）。

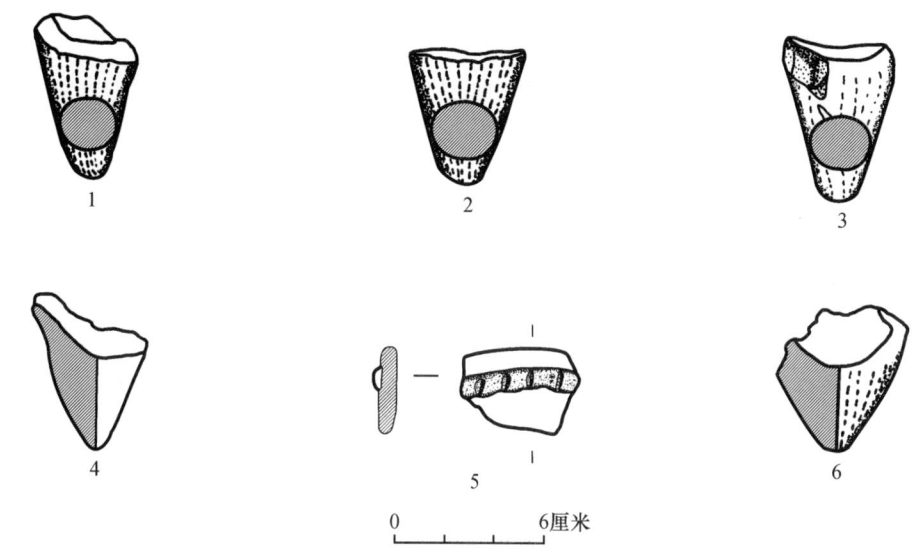

图2-17　封山寺遗址采集器物标本（八）

1. 鬲足（QFSS29） 2. 鬲足（QFSS47） 3. 鬲足（QFSS30） 4. 鬲足（QFSS49） 5. 口沿（QFSS51） 6. 鬲足（QFSS53）

QFSS53，鬲足，残，夹砂红褐陶，内夹杂有少量蚌壳粉，有灰黑色火烧痕迹，袋足，饰有绳纹。通高为5.7厘米，最大直径为5.3厘米（图2-17，6）。

QFSS09，石斧，琢磨，长条形，剖面呈近长方形，双面刃，在刃部有使用痕迹。长12.6厘米，刃宽6.2厘米（图2-18，1）。

QFSS11，陶片，带耳，夹细砂红褐陶，内夹杂有少量蚌壳粉，贴附器耳。通高为8.8厘米，宽为7.5厘米，壁厚0.5厘米（图2-18，2）。

QFSS12，鬲足，残，夹砂红褐陶，内夹杂有少量蚌壳粉，实心锥足，剖面近似圆形，素面，上有平行修整痕迹。通高为8.7厘米，最大直径为7.1厘米（图2-18，3）。

QFSS18，鼎底，残，夹砂红褐陶，内夹杂有少量蚌壳粉，有灰黑色火烧痕迹，上有实心柱足，底面有轮修痕迹。通高为3.9厘米，宽为9厘米，壁厚0.6厘米，底厚0.8厘米。器物复原

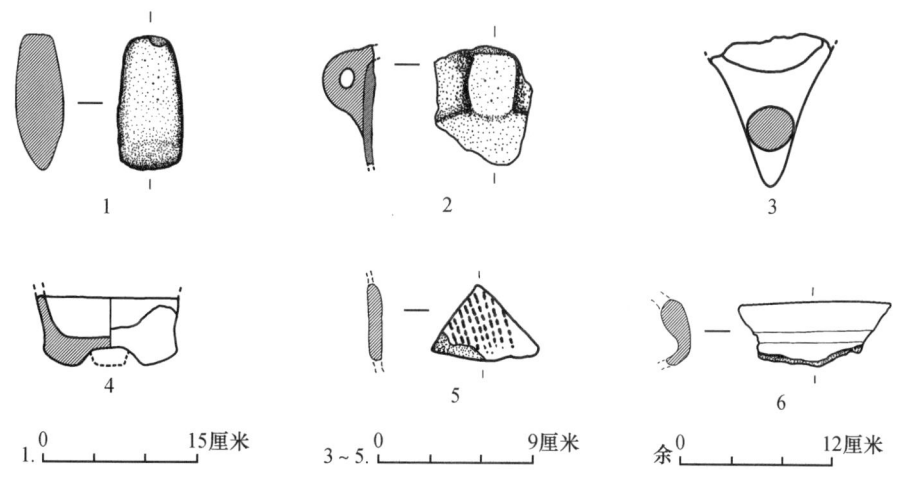

图2-18　封山寺遗址采集器物标本（九）

1. 石斧（QFSS09） 2. 陶片（QFSS11） 3. 鬲足（QFSS12） 4. 鼎底（QFSS18） 5. 陶片（QFSS19） 6. 陶口沿（QFSS35）

底面直径约为9.8厘米（图2-18，4）。

QFSS19，陶片，残，夹砂红褐陶，内夹杂有少量蚌壳粉，剖面近似长条形，饰有绳纹，部分磨损较严重。通高为4.3厘米，宽为6.3厘米，壁厚0.8厘米（图2-18，5）。

QFSS35，陶片，口沿，残，夹砂红褐陶，口沿部有修整过平行划痕，侈口，圆唇，素面无纹。通高为5厘米，宽为12.6厘米，口沿厚1.5厘米，壁厚0.5厘米。器物复原口径约为55.6厘米（图2-18，6）。

QFSS40，陶片，残，夹砂红褐陶，内夹杂有少量蚌壳粉，器内壁有灰黑色火烧痕迹，上、下部皆饰有绳纹，中部饰有附加堆纹。通高为9.5厘米，宽为7.6厘米，壁厚1~1.9厘米（图2-19，1）。

QFSS42，陶片，口沿，残，夹砂红褐陶，内夹杂有少量蚌壳粉，上有灰黑色火烧痕迹，侈口，圆唇，素面无纹。通高为5.1厘米，宽为6厘米，口沿厚0.3厘米，壁厚0.7厘米。器物复原口径约为17.2厘米（图2-19，2）。

QFSS43，陶片，口沿，残，夹砂灰陶，内夹杂有少量蚌壳粉，陶片饰有灰陶衣，但部分已经缺失，口沿部有修整过平行划痕，敞口，圆唇。通高为3.9厘米，宽为6.9厘米，口沿厚0.7厘米，壁厚0.5厘米。器物复原口径约为20.4厘米（图2-19，3）。

QFSS31，陶片，口沿，残，夹砂红褐陶，制作较粗糙，内夹杂有极少量蚌壳粉，上有灰黑色火烧痕迹，口沿部有修整过平行划痕，敞口，圆唇，素面。通高为5.4厘米，宽为7.6厘米，口沿厚0.6厘米，壁厚0.6~0.9厘米。经过对口沿的比对，器物口径约为22.2厘米（图2-19，4）。

QFSS32，陶片，甑腰，残，夹砂红褐陶，内夹杂有大量蚌壳粉，上饰有戳印窝点附加堆纹一周。通高为5厘米，宽为6.5厘米，壁厚0.5厘米（图2-19，5）。

QFSS37，鬲足，残，夹砂红褐陶，内夹杂有少量蚌壳粉，器物内有灰黑色火烧痕迹，实心锥足，剖面近似圆形，饰有绳纹。通高为8.1厘米，最大直径为6.7厘米（图2-19，6）。

QFSS41，陶片，口沿，残，夹砂灰陶，内夹杂有极少量蚌壳粉，上有灰黑色火烧痕迹，口沿部有修整过平行划痕，侈口，方唇，在下部饰有绳纹。通高为6.8厘米，宽为7.1厘米，口

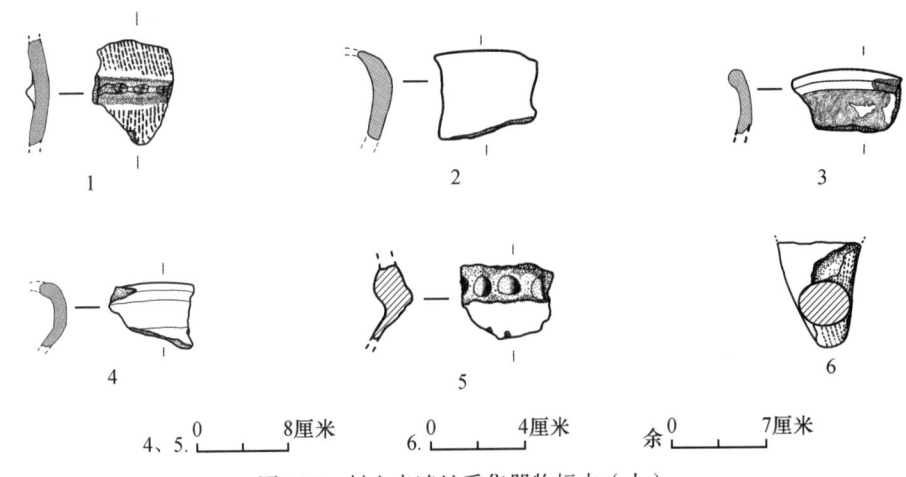

图2-19　封山寺遗址采集器物标本（十）
1. 陶片（QFSS40）　2. 口沿（QFSS42）　3. 口沿（QFSS43）　4. 口沿（QFSS31）　5. 甑腰（QFSS32）　6. 鬲足（QFSS37）

沿厚0.6厘米，壁厚0.5厘米。器物复原口径约为33.8厘米（图2-20，1）。

QFSS44，陶片，口沿，残，夹砂灰陶，内夹杂有极少量蚌壳粉，口沿内饰有红陶衣，侈口，圆唇，无纹。通高为3.2厘米，宽为7.9厘米，口沿厚1厘米，壁厚0.7厘米。器物复原口径约为30.4厘米（图2-20，2）。

QFSS50，鬲足，残，夹砂红褐陶，内夹杂有少量蚌壳粉，有灰黑色火烧痕迹，袋足，饰有绳纹。通高为3.9厘米，最大直径为4厘米（图2-20，3）。

QFSS52，鬲足，残，夹砂红褐陶，内夹杂有少量蚌壳粉，实心锥足，剖面近似圆形，饰有绳纹。通高为4.5厘米，最大直径为3.3厘米（图2-20，4）。

QFSS55，陶片，口沿，残，夹砂红褐陶，内夹杂有极少量蚌壳粉。口沿内部有修整过平行划痕，内部有磨光敞口，卷沿，圆唇，素面无纹。通高为2厘米，宽为3.9厘米，厚0.4厘米。器物复原口径约为23.8厘米（图2-20，6）。

QFSS56，石斧，残，琢磨，长条形，剖面呈近长方形，双面刃，在刃部有使用过痕迹。长7.1厘米，刃宽6.6厘米（图2-20，5）。

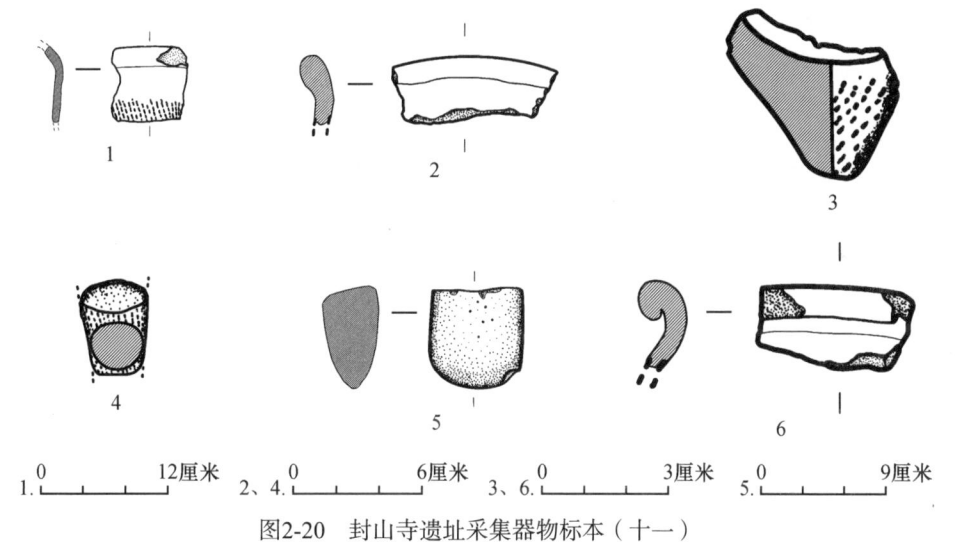

图2-20　封山寺遗址采集器物标本（十一）
1. 口沿（QFSS41）　2. 口沿（QFSS44）　3. 鬲足（QFSS50）　4. 鬲足（QFSS52）　5. 石斧（QFSS56）　6. 口沿（QFSS55）

六　迁安龙王庙遗址

龙王庙遗址位于迁安市闫家店镇西峡口村西北100米滦河东岸的台地上，东侧为南北走向的迁擂公路（图2-21）。遗址东西长50米，南北30米，面积1500平方米（图版12）。遗址南侧、东侧由于取土，文化层遭到破坏，在地表采集有绳纹红陶罐底、绳纹红褐陶、交错绳纹红褐陶、素面红褐陶鋬等残片，陶质为泥质和夹砂，根据采集的标本断定年代为商代（图版13）。

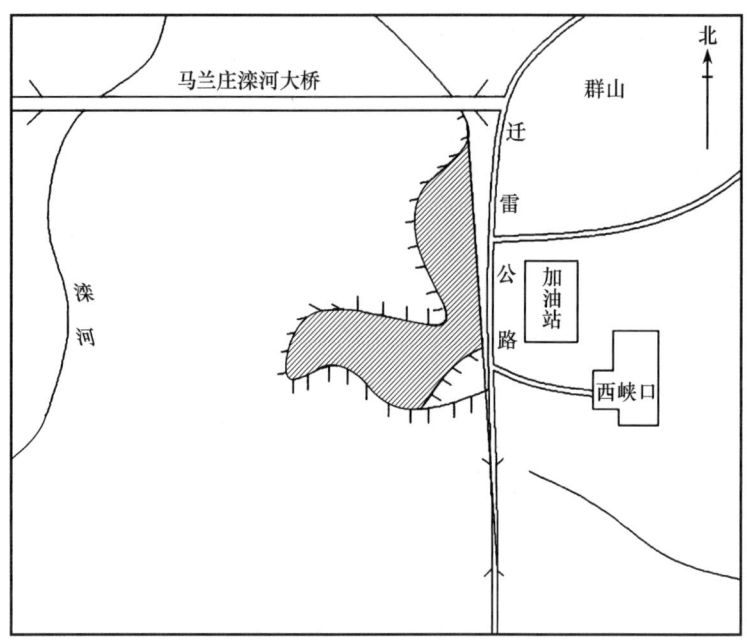

图2-21 龙王庙遗址位置示意图

七 迁安汤辛庄遗址

汤辛庄遗址位于迁安市兴安街道办事处汤辛庄村西北沙丘上（图2-22），土壤为黄沙土，大体呈长方形，面积15000平方米。遗址地表暴露有绳纹鬲、石斧等遗物，陶片纹饰多绳纹，素面较少。根据遗物断定遗址年代为商代（图版14）。

八 迁安潘营商遗址

潘营商遗址位于迁安市永顺街道办事处潘营村南台地上（图2-23），土壤为黄沙土，面积5000平方米。遗址文化层不详，地表暴露遗物有夹砂红陶、泥质灰陶，纹饰有绳纹、素面，可辨器型有盆、罐。根据遗物断定遗址年代为商代。

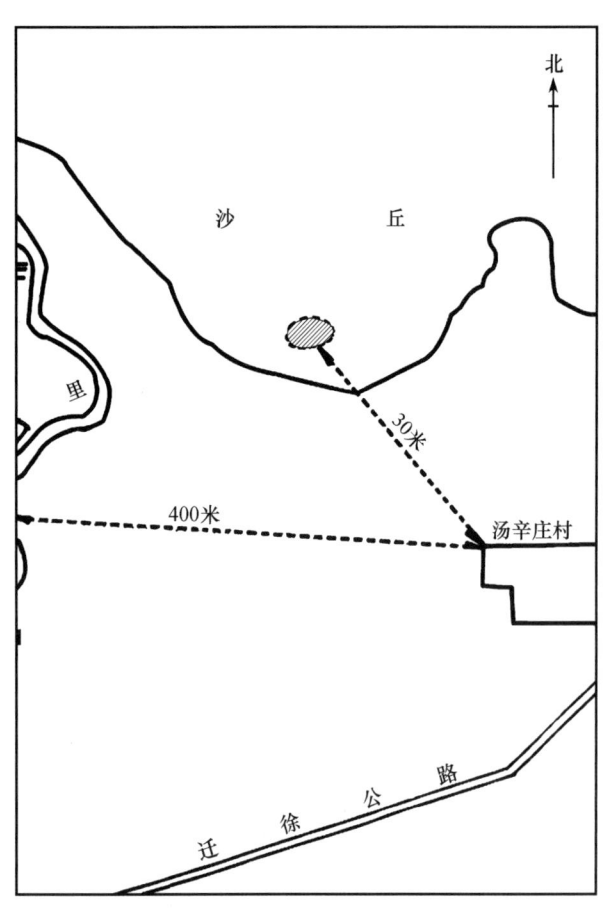

图2-22 汤辛庄遗址位置示意图

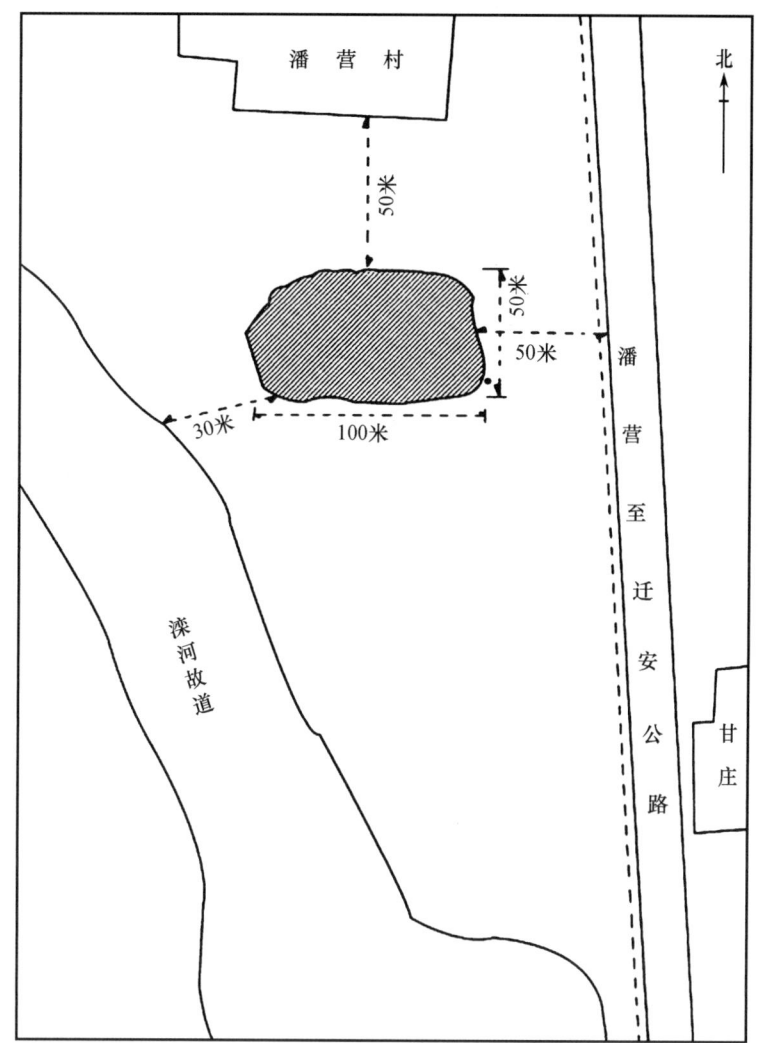

图2-23　潘营商遗址位置示意图

九　迁安白家坟遗址

白家坟遗址位于迁安市杨各庄镇包各庄村北高台地上（图2-24），面积为3744平方米（图版15）。遗址南部断崖处发现文化层，厚约0.5米，采集有石网坠、石斧、堆纹红陶甗腰、堆纹灰褐陶罐口沿、红陶鬲足根部、灰褐陶錾和红褐陶底等遗物，陶质为泥质和夹砂。根据采集的标本断定遗址年代为商周时期。遗址地处黄沙地上，由于长年耕种对遗址产生了很大破坏，遗址表面暴露的遗物不多（图版16）。

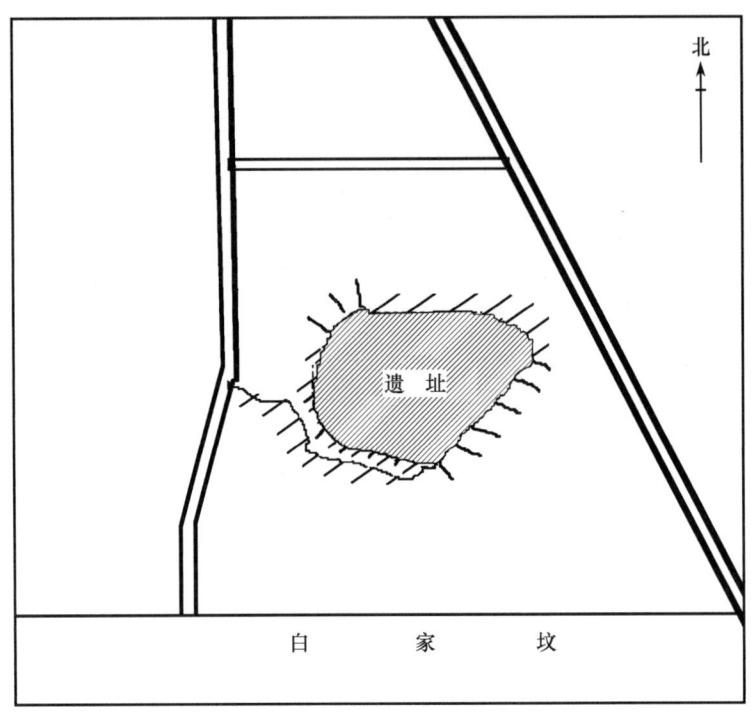

图2-24 白家坟遗址位置示意图

十 迁安刺梅花遗址

刺梅花遗址位于迁安市杨店子街道办事处北张庄村西北800米处的沙地上（图2-25），东北800米处为小玄庄，面积15624平方米。该地整片沙地名为西岸坡，北侧地名叫坎头子，遗址所在地地名为刺梅花。遗址西侧原为农田，现已退耕还林，为成片的杨树林。遗址文化层不清

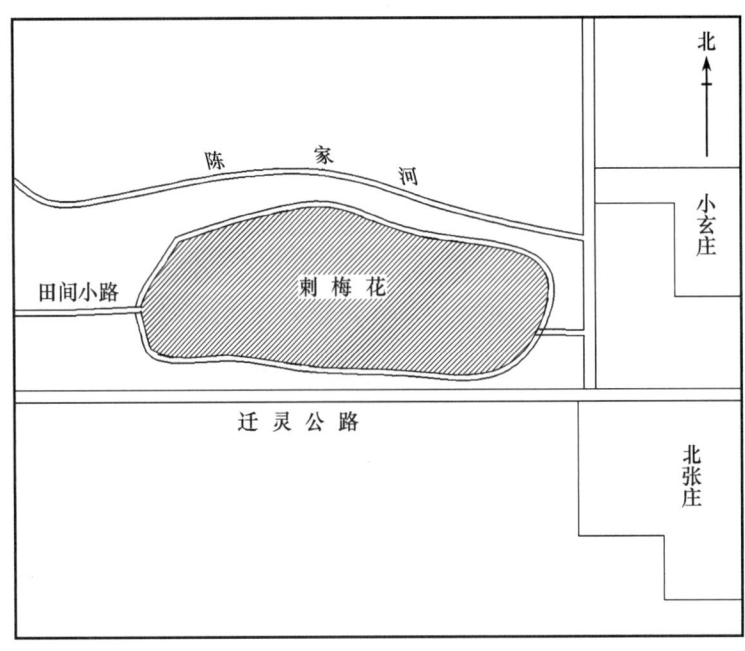

图2-25 刺梅花遗址位置示意图

晰，在遗址地表采集有素面红褐陶底、细绳纹灰褐陶底、素面红陶口沿、绳纹红陶等残片，陶质为泥质和夹砂，根据采集到的标本断定年代为商周时期，遗址被破坏严重。

十一　迁安潘北梁岗遗址

潘北梁岗遗址位于迁安市蔡园镇王李庄东250米沙地上（图2-26），面积22540平方米，已被开发为农田，现种植有地膜花生。遗址中部和北部地势高，四周略低。遗址文化层不清晰，在遗址地表采集到石质砍砸器、素面红陶口沿、素面灰褐陶底、绳纹灰陶残片、交错绳纹灰陶残片等，陶质为泥质和夹砂。标本数量不是很丰富，根据陶片年代断定遗址为商周时期，遗址已遭严重破坏。

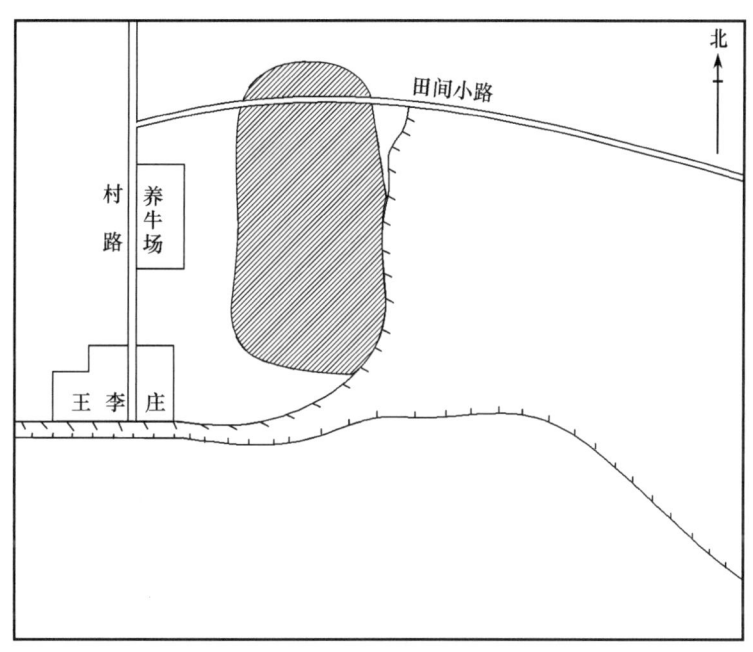

图2-26　潘北梁岗遗址位置示意图

十二　迁安金山寺遗址

金山寺遗址位于迁安市大崔庄镇下金山院村西180米的丘陵间台地上（图2-27），东南距上金山院村500米。遗址大体呈正方形，东西、南北各50米，面积2500平方米（图版17）。遗址东、南、西三面地势陡峭，在西侧断崖处发现文化层，厚0.5米，采集有素面红褐陶、绳纹红褐陶、交错绳纹红褐陶等遗物，陶质为泥质和夹砂，根据采集的标本断定年代为商周时期（图版18）。

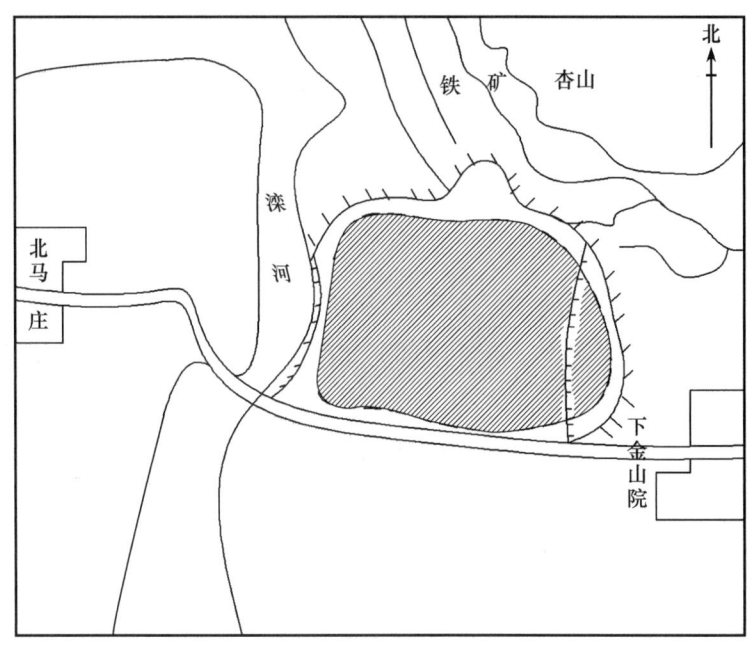

图2-27　金山寺遗址位置示意图

十三　迁安小山子北坡遗址

1. 遗址概况

小山子北坡遗址位于迁安市夏官营镇后马哨村东南500米（图2-28），青龙河西岸台地上，东距青龙河20米，面积20468平方米。遗址所在台地上还有另一处小台地，台地四面为断崖，在遗址南侧断崖处发现文化层，厚1~2米，采集有夹砂红陶罐等遗物；还发现一处大灰坑，但因沙土崩塌而部分散落在地上，采集有素面灰褐陶鬲足、交错绳纹红褐陶罐口沿、绳纹灰陶甑、绳纹附加堆纹灰陶鬲裆、素面磨光红褐陶残片等遗物，内涵相当丰富，根据采集到的标本断定年代为商周时期。该遗址早年被当地群众挖沙取土，被破坏较严重。

1992年10月，迁安县夏官营镇马哨村村农民钱军、李贵在村南小山子商代遗址西侧取土时，于地下0.5米处发现铜鼎、铜簋各1件，上交迁安县文物管理所。之后唐山市文物管理处与迁安县文物管理所联合对此地进行了抢救性清理，出土了陶鬲、敛口罐。1958年，当地群众挖沙时就发现过数十件铜器，因当时文物机构不健全，群众文物意识差，都被当作废铜出售，损失已无法弥补。这次商代器物的出土，不仅揭示了古孤竹和箕国的交往，也为研究北方古代文化交流和各方经济交往提供了重要佐证。小山子遗址出土了重要的铜器，铭文有"箕""卜"两字，被河北省文物鉴定委员会定为二级文物。

1986年被迁安县人民政府公布为第二批县级重点文物保护单位。

2008年被河北省人民政府公布为第五批省级重点文物保护单位。

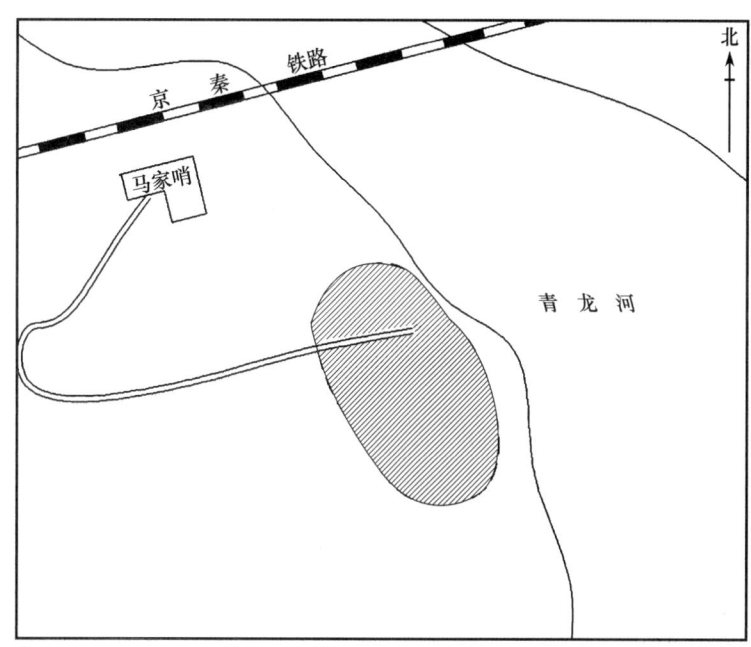

图2-28　小山子北坡遗址位置示意图

2. 采集遗物

小山子北坡遗址共有16件标本，其中有5件石器及11件陶片（图版19）。石器中有3件石斧，1件石网坠，1件石片；陶器中1件陶纺轮，1件陶拍，3件口沿，1件器耳，1件器底，3件鬲足，1件陶片。陶器中10件都为夹砂红褐陶，1件为夹砂灰陶，都含有蚌壳粉；纹饰中，绳纹最常出现，其次是附加堆纹，仅有1件饰有弦断绳纹；1件饰有黑陶衣。

QXSZ01，鬲足，残，夹砂灰陶，内夹杂有少量蚌壳粉，实心锥足，剖面近似圆形，布满绳纹。通高为8.3厘米，最大直径为5.2厘米（图2-29，1）。

QXSZ02，陶器底，夹砂红褐陶，内夹杂有少量蚌壳粉，器内有灰黑色火烧痕迹。通高为3.9厘米，最大直径为10.4厘米，壁厚0.5厘米，底厚0.7厘米（图2-29，2）。

QXSZ03，陶口沿，残，夹砂红褐陶，内夹杂有大量蚌壳粉，侈口，方唇，唇部饰有绳纹，花边口，口沿外侧饰有压印纹，口沿以下饰有绳纹，及两周弦断纹。通高为2.9厘米，宽为5.5厘米，口沿厚0.4厘米。经过对口沿的比对，器物口径约为55.2厘米（图2-29，3）。

QXSZ04，陶片，残，夹砂灰陶，内夹杂有少量蚌壳粉（亮晶晶为银色），在上部饰有附加堆纹，剩下部分饰有竖向绳纹，在附加堆纹下方饰有横向绳纹。通高为7.1厘米，宽为8.7厘米（图2-29，4）。

QXSZ05，鬲足，残，夹砂红陶，内夹杂有少量蚌壳粉，有灰黑色火烧痕迹，实心袋足，剖面近似椭圆形，布满绳纹。通高为8.2厘米，最大直径为8.9厘米（图2-29，5）。

QXSZ06，陶拍，残，夹砂红褐陶，内掺杂有少量蚌壳粉，饰有绳纹。拍面直径为7.3~7.5厘米，拍柄断缺（图2-29，6）。

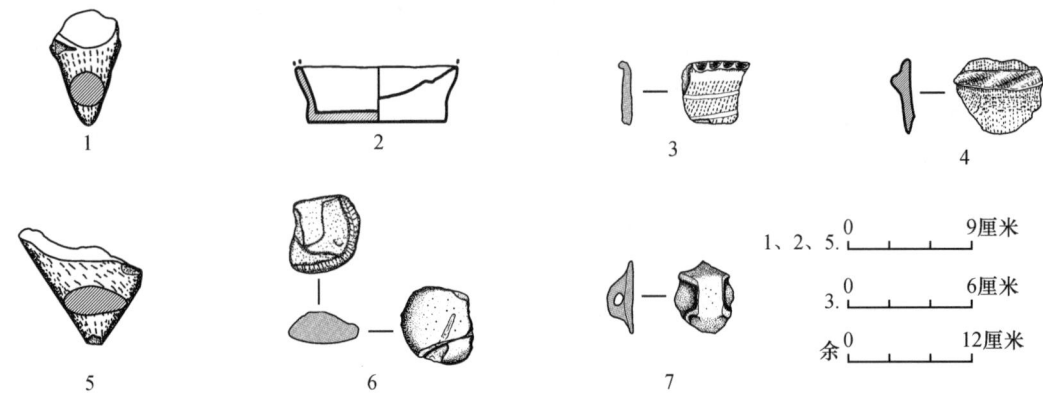

图2-29　小山子北坡遗址采集标本（一）
1. 鬲足（QXSZ01）　2. 陶器底（QXSZ02）　3. 陶口沿（QXSZ03）　4. 陶片（QXSZ04）　5. 鬲足（QXSZ05）
6. 陶拍（QXSZ06）　7. 陶片（QXSZ07）

QXSZ07，陶片，带耳，夹细砂红褐陶，内夹杂有少量蚌壳粉，贴附器耳。通高为6.9厘米，宽为5.8厘米，厚0.5厘米（图2-29，7）。

QXSZ08，石锛，残，琢磨，长条形，剖面呈近圆角长方形，双面刃，在刃部有使用过痕迹。长6.8厘米，刃宽2.8厘米（图2-30，1）。

QXSZ09，鬲足，残，夹砂红褐陶，内夹杂有少量蚌壳粉，器表有灰黑色火烧痕迹，锥足，布满绳纹。通高为8.3厘米，最大直径为4.5厘米，厚1.1厘米（图2-30，2）。

QXSZ10，陶口沿，残，夹砂红褐陶，内夹杂有大量蚌壳粉，圆唇，侈口，上饰有附加堆纹。通高为2.9厘米，宽为5.5厘米，口沿厚0.4厘米。器物复原口径约为53.6厘米（图2-30，3）。

QXSZ11，陶口沿，残，夹砂红褐陶，内夹杂有大量蚌壳粉，圆唇，敞口，上有附加堆纹脱落痕迹。通高为3.7厘米，宽为5.1厘米，口沿厚0.4厘米，壁厚为0.3厘米。器物复原口径约为17.2厘米（图2-30，4）。

QXSZ12，纺轮，夹砂红褐陶，内掺杂有少量蚌壳粉，厚圆饼形，剖面呈梯形。直径为3.1~3.2厘米，厚为1.9厘米，孔径为0.6厘米（图2-30，5）。

QXSZ13，石斧，残，琢磨，长条形，单面刃，剖面呈近长方形，在上部留有半个穿孔痕迹，在刃部有使用痕迹。长8.7厘米，刃宽6.6厘米（图2-30，6）。

QXSZ14，石网坠，残，不规则形，剖面为长条形，上下两端有沟槽。长6厘米，最大直径为4.6厘米（图2-30，7）。

QXSZ15，石斧，琢磨，长条形，剖面呈近长方形，在刃部有使用过痕迹，长5.9厘米，刃宽4.8厘米（图2-30，8）。

QXSZ16，石片，琢磨，圆角长条形，背面右上部残，劈裂面有疤痕。长5.5厘米，宽3.1厘米（图2-30，9）。

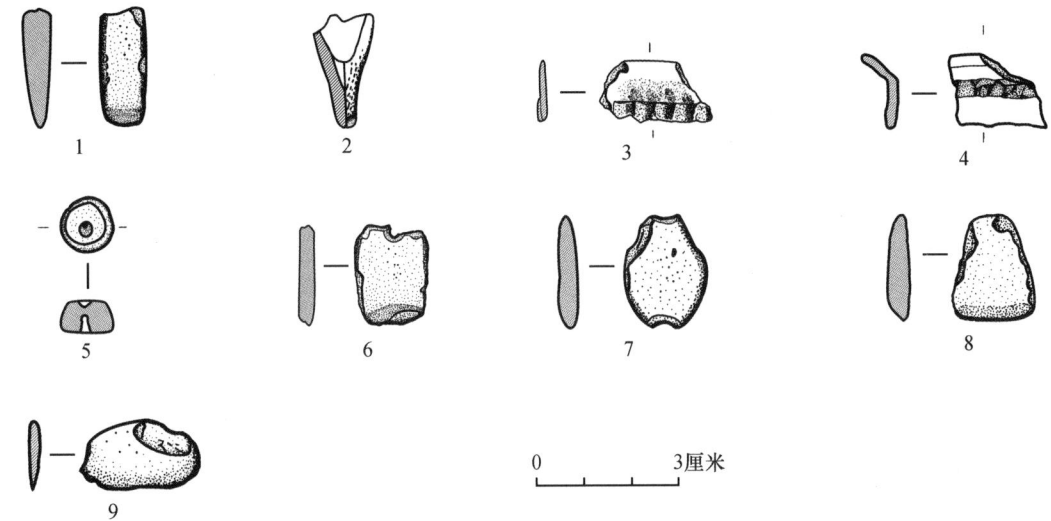

图2-30　小山子北坡遗址采集标本（二）
1. 石锛（QXSZ08）　2. 鬲足（QXSZ09）　3. 陶口沿（QXSZ10）　4. 陶口沿（QXSZ11）　5. 纺轮（QXSZ12）
6. 石斧（QXSZ13）　7. 石网坠（QXSZ14）　8. 石斧（QXSZ15）　9. 石片（QXSZ16）

十四　迁安霍家沟遗址

霍家沟遗址位于迁安市彭店子镇小邹庄西100米，滦河东岸2700米冲积沙丘上（图2-31），中间高，四周低，东西长90米，南北宽55米，面积4950平方米。遗址文化层不清晰，在地表采集有素面红褐陶口沿、素面红褐陶罐底、绳纹灰褐陶残片、素面灰陶底和绳纹红陶残片等遗物，根据采集到的标本断定年代为商周时期。遗址整体保护较差。

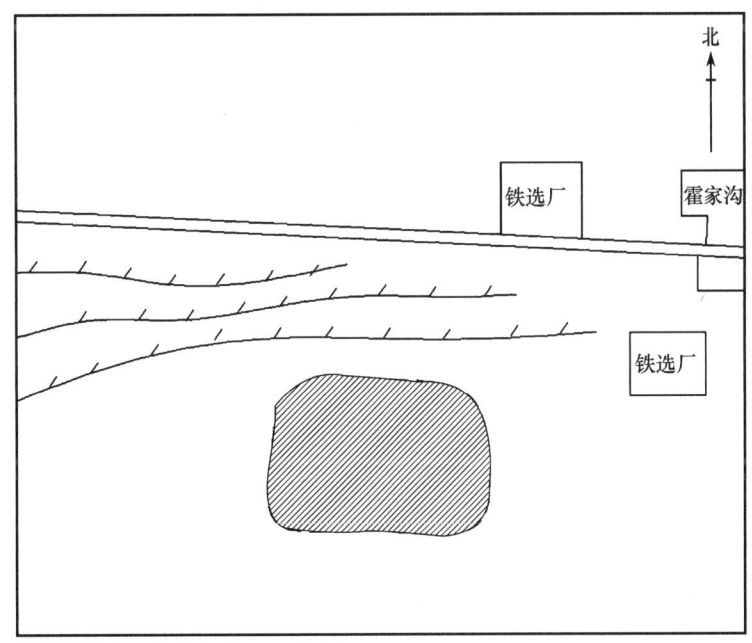

图2-31　霍家沟遗址位置示意图

十五　迁安老哑地遗址

老哑地遗址位于迁安市彭店子镇霍庄村西北1500米，滦河和青龙河两河冲积而成的沙地上（图2-32），南高北低，东西320米，南北宽155米，面积49600米。遗址上文化层不清晰，在地表采集有素面灰陶鋬、素面红陶鬲足、素面、唇部有压印三角纹红褐陶口沿、交错绳纹红褐陶残片、素面灰陶残片等遗物，陶质为泥质和夹砂，根据采集到的标本判定年代为商周时期。遗址原为农田，现已经退耕还林，种植有成片的杨树，遗址整体保护较差。

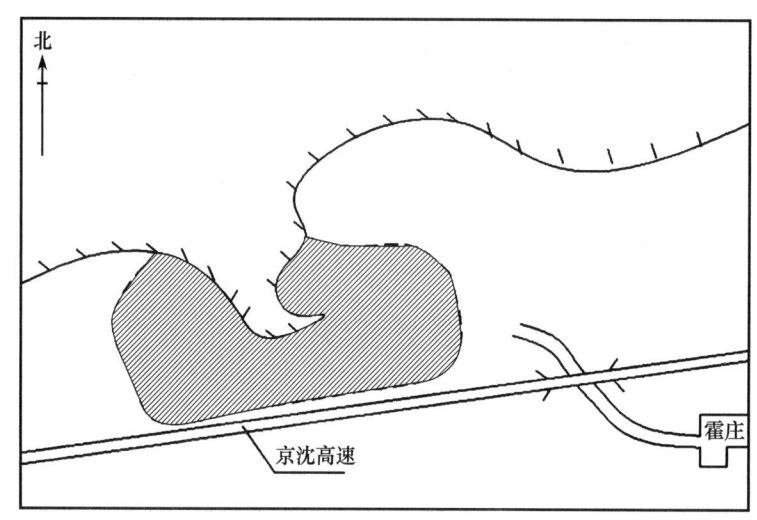

图2-32　老哑地遗址位置示意图

十六　迁安毛家洼遗址

毛家洼遗址位于迁安市兴安街道办事处毛家洼村东北沙丘上（图2-33），大体呈长方形，面积37500平方米。遗址文化层不详，地表暴露遗物以夹砂红陶居多，夹砂褐陶其次，纹饰以绳纹为主，素面较少。根据遗物断定遗址年代为商周时期。

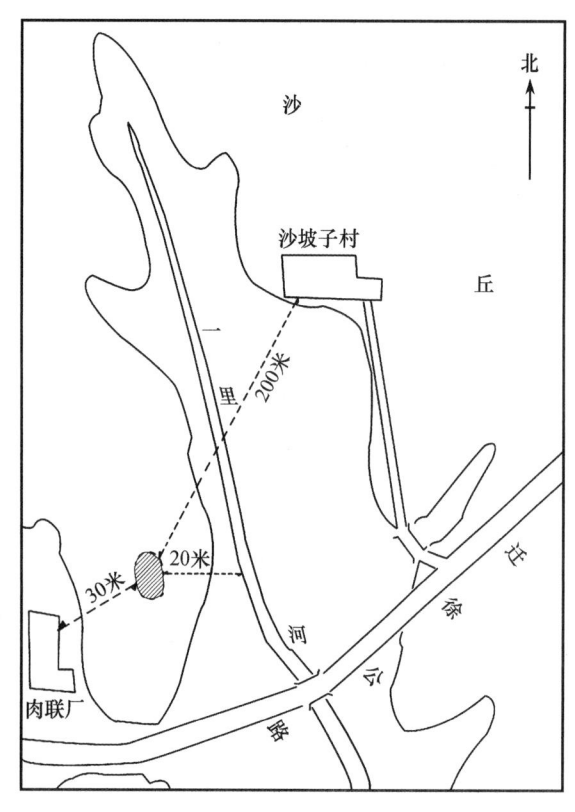

图2-33　毛家洼遗址位置示意图

十七　迁安大李庄遗址

大李庄遗址位于迁安市赵店子镇大李庄村西南台地上（图2-34），土壤为红黏土，面积12000平方米。遗址文化层不详，地表暴露遗物有夹砂红陶片、鬲足残片。根据遗物断定遗址年代为商周时期。

十八　迁安西沙坡遗址

西沙坡遗址位于迁安市大崔庄镇新立庄村西400米沙丘上（图2-35）。遗址大体呈长方形，东西长150米，南北宽80米，面积12000平方米。遗址已遭破坏，文化层不详，地表暴露有夹砂红陶片、夹砂褐陶片，陶片以夹砂红陶居多，夹砂褐陶次之，纹饰以绳纹居多，素面次之，另有部分弦断绳纹。根据遗物判断年代为商周时期。

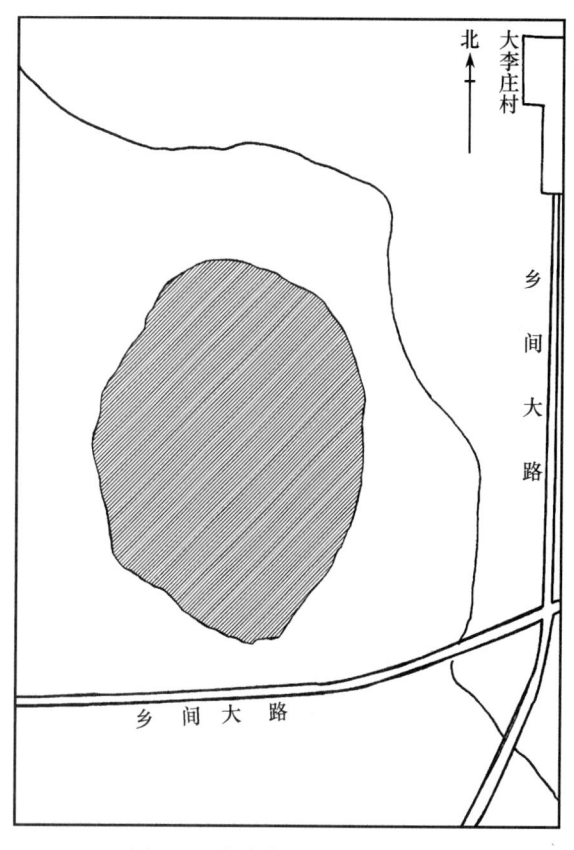

图2-34　大李庄遗址位置示意图

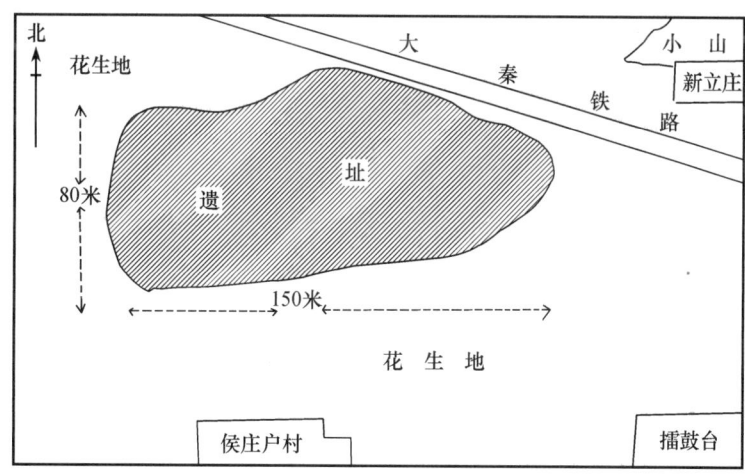

图2-35　西沙坡遗址位置示意图

十九　迁安孟官营遗址

孟官营遗址位于迁安市蔡园镇孟官营村东南1700米，滦河西岸沙丘上（图2-36）。遗址大体呈长方形，东西长80米，南北宽70米，面积5600平方米。遗址已遭破坏，文化层不详，地表暴露遗物以夹砂红陶居多，夹砂褐陶次之，陶片纹饰以素面为主，绳纹次之。可辨器型有鬲、盆、罐。根据遗物判断年代为商周时期。

二十　迁安王李庄遗址

王李庄遗址位于唐山市迁安市蔡园镇王李庄村东北700米沙丘上（图2-37）。遗址大体呈长方形，东西长90米，南北宽70米，面积6300平方米。遗址已遭破坏，文化层不详，地表暴露遗物以夹砂红陶居多，褐陶次之，纹饰以素面为多，绳纹其次，可辨器型有鬲、罐、盆。根据遗物判断年代为商周时期。

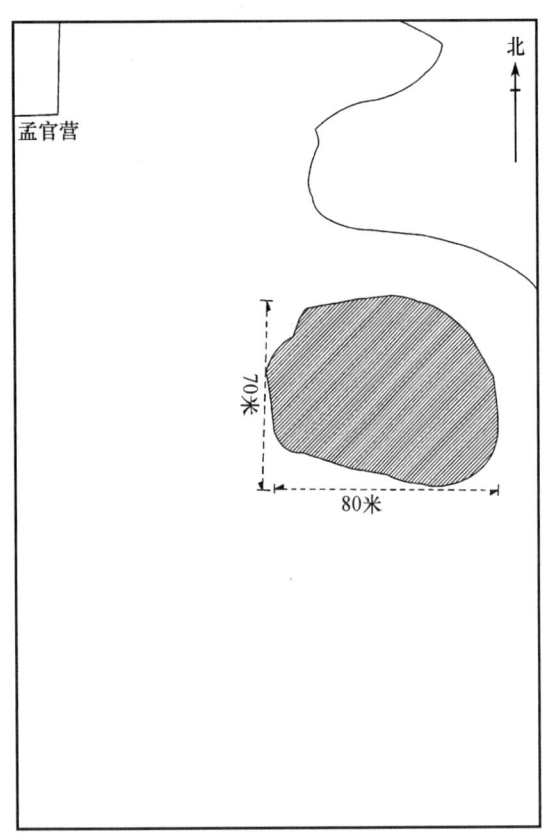

图2-36　孟官营遗址位置示意图

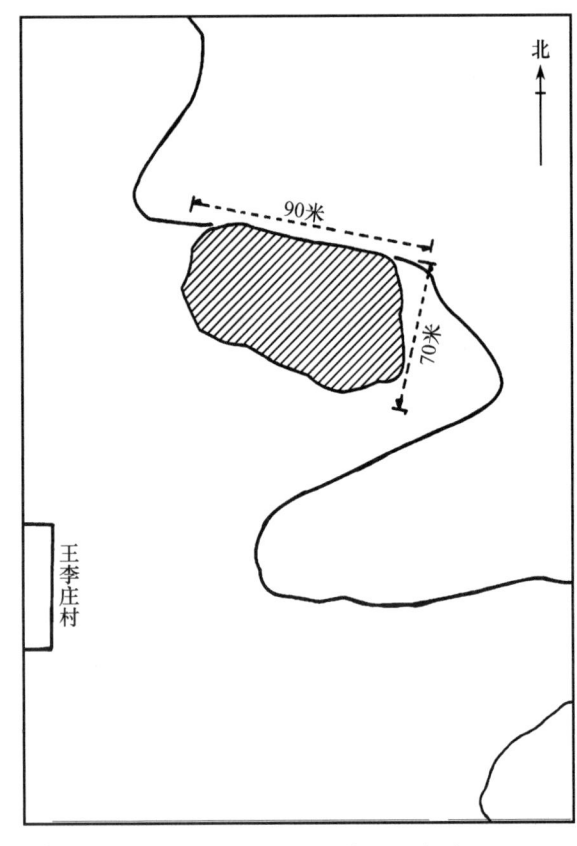

图2-37　王李庄遗址位置示意图

二十一　迁安老牛坡遗址

老牛坡遗址位于迁安市夏官营镇永兴庄村西1300米沙丘上（图2-38）。遗址大体呈长方形，南北长80米，东西宽60米，面积4800平方米。遗址已遭破坏，文化层不详，地表暴露遗物以夹砂褐陶居多，夹砂红陶次之，纹饰多为绳纹，素面较少。可辨器型有鬲、罐。根据遗物判断年代为商周时期。

二十二　迁安龙头遗址

龙头遗址位于迁安市夏官营镇梁庞庄村村北30米，青龙河西岸沙丘上（图2-39）。遗址大体呈长方形，东西长60米，南北宽50米，面积3000平方米（图版20）。遗址已遭破坏，文化层不详，地表暴露陶片以夹砂红陶居多，夹砂灰陶次之，夹砂褐陶较少，纹饰多为绳纹，素面较少，可辨识的器型有鬲、罐、盆（图版21）。根据遗物判断年代为商周时期。

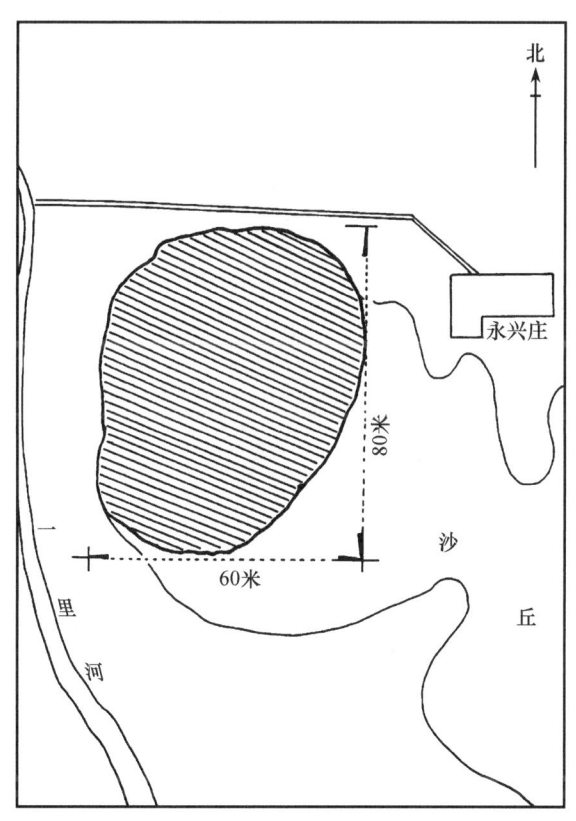

图2-38　老牛坡遗址位置示意图

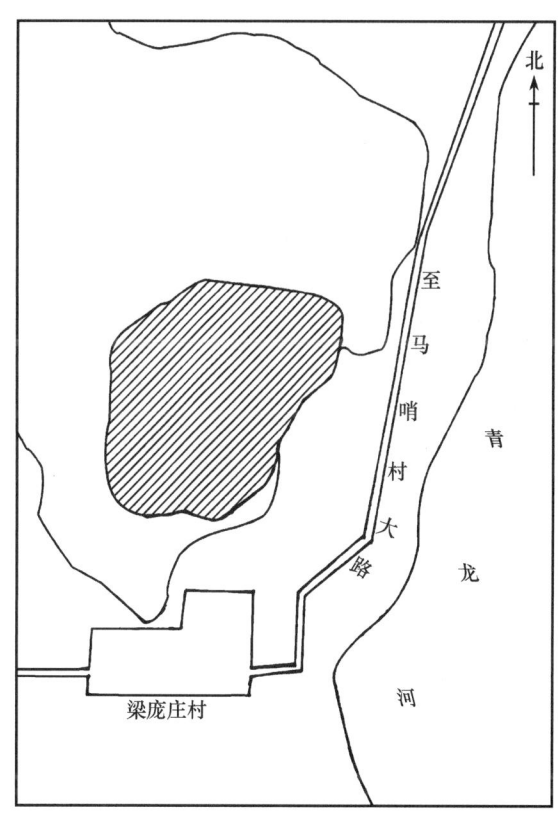

图2-39　龙头遗址位置示意图

二十三　迁安迷人峪南坡遗址

迷人峪南坡遗址位于迁安市杨店子镇小玄庄村西300米沙丘上（图2-40），地势较高，大体呈长方形，东西长300米，南北宽200米，面积60000平方米。遗址已遭破坏，文化层不详，地表暴露遗物以夹砂红陶居多，夹砂褐陶次之，陶片纹饰以绳纹为多，素面较少。可辨器型有鬲、盆、罐。根据遗物判断年代为商周时期。

二十四　迁安一条龙遗址

一条龙遗址位于迁安市杨店子镇官寨村西南80米台地上（图2-41），大体呈长方形。东西长80米，南北宽70米，面积5600平方米。遗址已遭破坏，文化层不详，地表暴露遗物有夹砂红陶、褐陶，纹饰以绳纹居多，素面次之，可辨器型有鬲、盆、罐。根据遗物判断年代为商周时期。

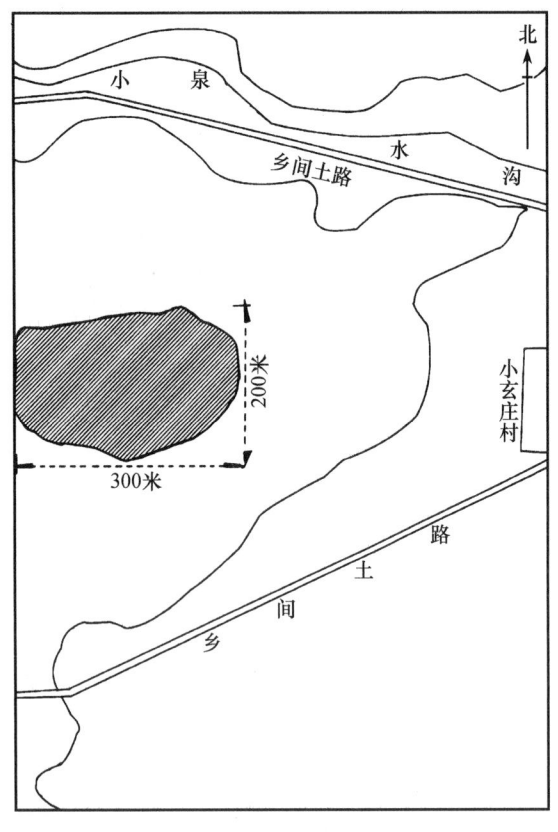

图2-40　迷人峪南坡遗址位置示意图

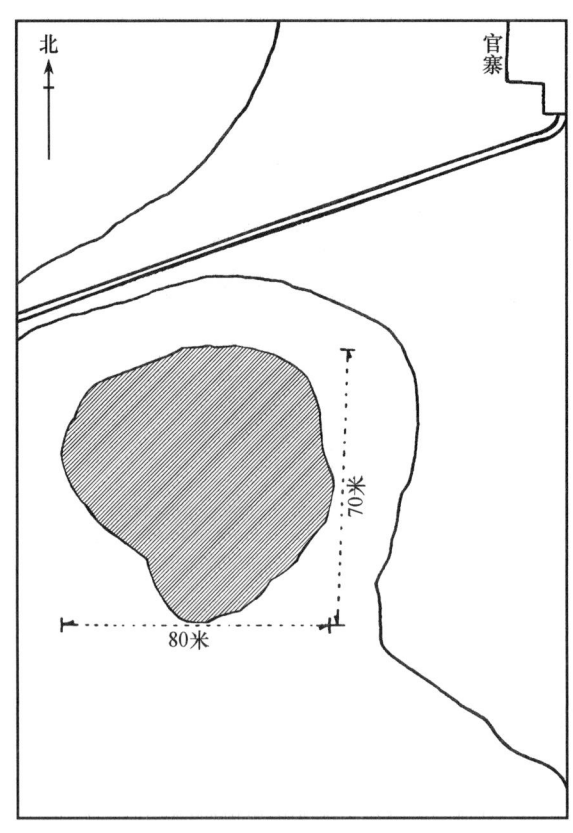

图2-41　一条龙遗址位置示意图

二十五　迁安南水域遗址

南水域遗址位于迁安市杨店子镇官寨村西1500米沙丘上（图2-42），大体呈长方形，东西长150米，南北宽100米，面积15000平方米。遗址已遭破坏，文化层不详，地表暴露遗物以夹砂红陶为多，少量石斧残块。纹饰以绳纹居多，素面次之，可辨器型有鬲、盆、罐。根据遗物判断年代为商周时期。

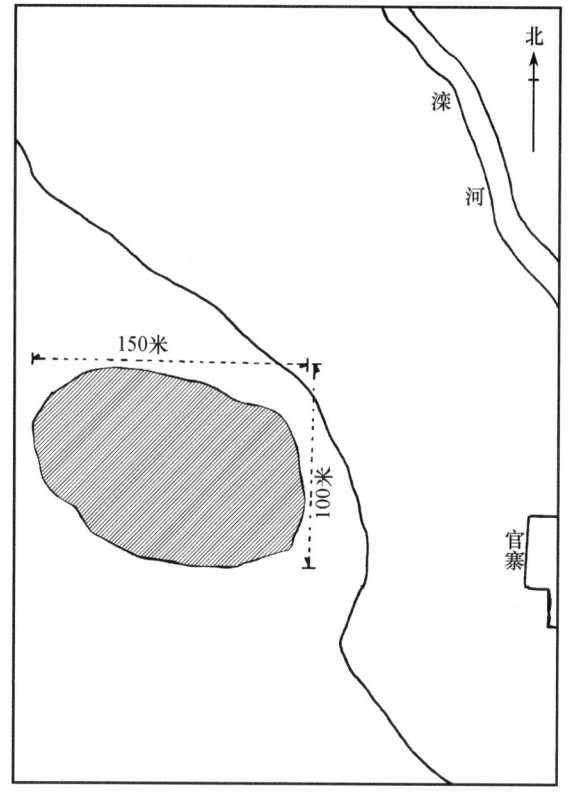

图2-42　南水域遗址位置示意图

二十六　迁安倪屯东北遗址

1. 遗址概况

倪屯东北遗址位于迁安市杨店子镇倪屯村东北800米山坡上（图2-43），南面是平原，东邻是滦河，西接二马山。遗址的现状属于近年采矿工业废料叠压区，主要遗址分布区域全被剥岩土和尾矿砂叠压，叠压厚度10～15米，甚至更厚。采集数据系依据走访遗址原始见证人，现场踏查，结合原始遗存建筑获取，数据显示，该遗址中心分布丰富区位于基点向北至原水利工程机房管理处约60米，向南约80米，向西至山脚约20米，向东至现在山前道路约22米，分布范围总面积7870平方米。目前该遗址为迁安市文物保护单位。

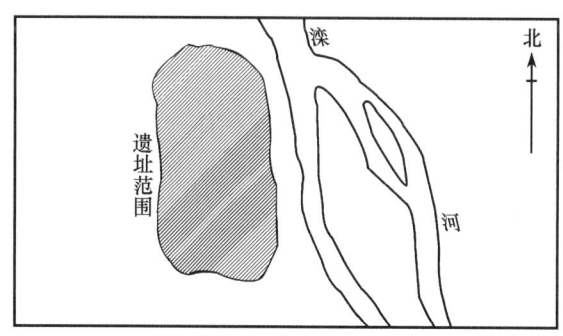

图2-43　倪屯东北遗址位置示意图

2. 采集遗物

倪屯遗址共有12件标本，其中有5件石器及7件陶器碎片。石器中有3件石斧，1件石斧形器，1件石网坠；陶器碎片中2个为口沿部，2件器底，3件鬲足；陶器碎片中，2件为夹砂红褐陶，2件为夹砂黄褐陶，都含有蚌壳粉；纹饰中，有绳纹、附加堆纹、刻划纹，还有1件在口沿下饰有不规则纹饰（图版22）。

QNT01，石斧，残，琢磨，长条形，剖面呈近长方形，双面刃，在刃部有使用过痕迹。长12.6厘米，刃宽5.5厘米（图2-44，1）。

QNT02，石斧，残，琢磨，长条形，剖面呈近长方形，双面刃，在刃部有使用过痕迹。长12.7厘米，刃宽6.3厘米（图2-44，2）。

QNT03，石网坠，形状不规则，剖面为长条形，左右两端有沟槽，在石头表面有天然形成的凹坑。高为6.4厘米，宽为8.1厘米（图2-44，3）。

QNT04，石斧，残，琢磨，长条形，剖面呈近长方形，双面刃，在刃部有使用过痕迹。长10.7厘米，刃宽7.7厘米（图2-44，4）。

QNT05，石斧形器，琢磨，长条形，剖面呈近长方形。长12.7厘米，刃宽6.6厘米（图2-44，5）。

QNT06，陶口沿，残，夹砂红褐陶，内夹杂有少量蚌壳粉，侈口，圆唇，口沿下饰有横向不规则的纹饰。通高为5.3厘米，宽为8.4厘米，口沿厚0.9厘米，壁厚0.9厘米。器物复原口径约为35.6厘米（图2-44，6）。

QNT07，陶口沿，残，夹砂黄褐陶，内夹杂有大量蚌壳粉，上有灰黑色火烧痕迹，直口，方唇，口沿部饰有附加堆纹。通高为7.3厘米，宽为8.5厘米，口沿厚1.2厘米，壁厚0.9厘米。器物复原口径约为59.6厘米（图2-44，7）。

QNT08，陶器底，残，夹砂红褐陶，内夹杂有少量蚌壳粉，平底，器壁上饰有刻划纹。

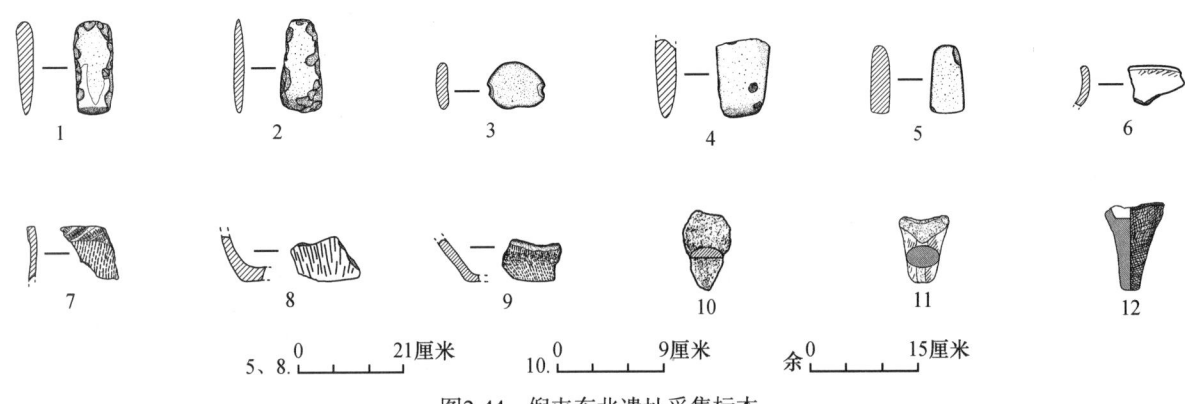

图2-44 倪屯东北遗址采集标本

1. 石斧（QNT01） 2. 石斧（QNT02） 3. 石网坠（QNT03） 4. 石斧（QNT04） 4. 石斧形器（QNT05）
6. 陶口沿（QNT06） 7. 陶口沿（QNT07） 8. 陶器底（QNT08） 9. 陶器底（QNT09） 10. 鬲足（QNT10）
11. 鬲足（QNT11） 12. 鬲足（QNT12-1、QNT12-2）

通高为4.8厘米，宽为8.4厘米，壁厚0.6厘米，底厚1.4厘米。器物复原底径约为17厘米（图2-44，8）。

QNT09，陶器底，残，夹砂黄褐陶，内夹杂有少量蚌壳粉，上有灰黑色火烧痕迹，平底，器壁上饰有绳纹。通高为5.9厘米，宽为7.9厘米，壁厚1厘米，底厚0.7厘米。器物复原底径约为14.6厘米（图2-44，9）。

QNT10，鬲足，残，仅存半个鬲足，夹砂红褐陶，无纹饰。通高6.5厘米，宽4.1厘米（图2-44，10）。

QNT11，鬲足，残，夹砂红褐陶，器表有少数的斜线纹。通高9.1厘米，宽7.1厘米（图2-44，11）。

QNT12-1和QNT12-2，鬲足，残，原本为两件标本，但是可以拼合为一个鬲足，故二者合二为一。夹砂灰黑陶，器表布满网格纹。通高11.9厘米，宽8.4厘米（图2-44，12）。

二十七　迁安八里塔北山坡遗址

1. 遗址概况

八里塔北山坡遗址位于迁安市彭店子镇八里塔村东北沙丘上（图2-45），土质为黄沙土，面积3200平方米。遗址上未发现文化层，在地表采集有石网坠、素面红陶罐口沿、素面灰褐陶罐底、素面灰陶残片和弦断绳纹红褐陶残片等遗物，陶质为泥质和夹砂，根据采集到的标本断定遗址年代为商周、战国时期。遗址整体保存较差。

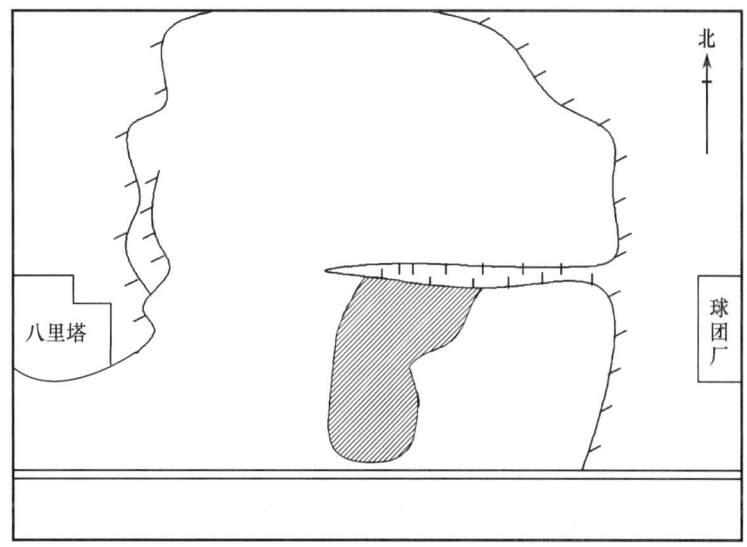

图2-45　八里塔北山坡遗址位置示意图

2. 采集遗物

八里塔北山坡遗址共有5件标本，其中有4件石器，1件陶器碎片。石器中有3件石网坠，1件石铲（图版23）；陶器碎片为1件鬲足。

QBSP01，石网坠，残，整体椭圆，两端呈"凹"字形，两边略薄，中间略厚。残高约16.3厘米，残宽约13.7厘米，厚度约1.8厘米（图2-46，1）。

QBSP02，石网坠，椭圆形，两端呈"凹"字形，两边略薄，中间略厚。残高约6.2厘米，残宽约8.8厘米，厚度约1.7厘米（图2-46，2）。

QBSP03，石网坠，椭圆形，两端呈"凹"字形。残高约5.2厘米，残宽约7.5厘米，厚度约1.5厘米（图2-46，3）。

QBSP04，石铲，残，平面近似梯形。残高约13.2厘米，残宽约8.2厘米，厚度约3.2厘米（图2-46，4）。

QBSP05，鬲足，残，多片陶片拼接而成，夹砂红褐陶，内部空心，至足底约2/3处开始实心，实心处凸起。残高约15.7厘米，残宽约8.8厘米，厚1.2～11厘米，空心处壁厚约0.6厘米，实心处厚1.2～2.2厘米（图2-46，5）。

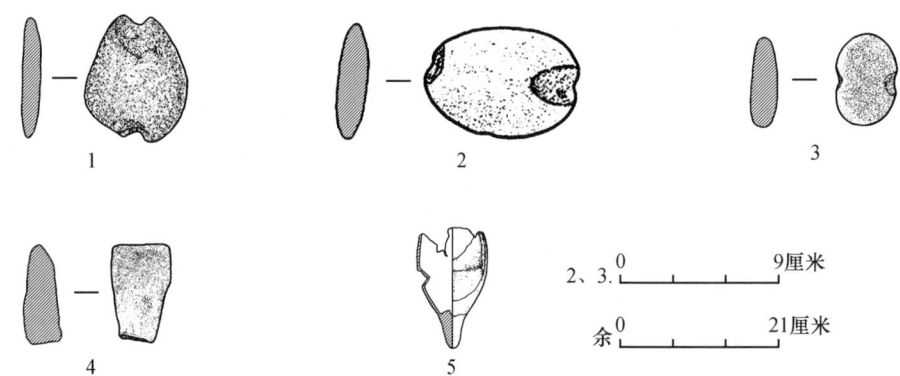

图2-46 八里塔北山坡遗址采集标本
1.石网坠（QBSP01） 2.石网坠（QBSP02） 3.石网坠（QBSP03） 4.石铲（QBSP04） 5.鬲足（QBSP05）

二十八 迁安养鱼池遗址

养鱼池遗址位于迁安市兴安街道办事处官立口村北100米岳孤山脚下（图2-47）。遗址大体呈长方形，东西长170米，南北宽150米，面积25500平方米（图版24）。遗址已遭破坏，文化层不详，地表暴露遗物以夹砂红陶、褐陶最多，夹砂灰陶次之，纹饰以绳纹为主，素面较少。可辨器型有鬲、盆、罐、豆。根据遗物判断年代为商周时期（图版25）。

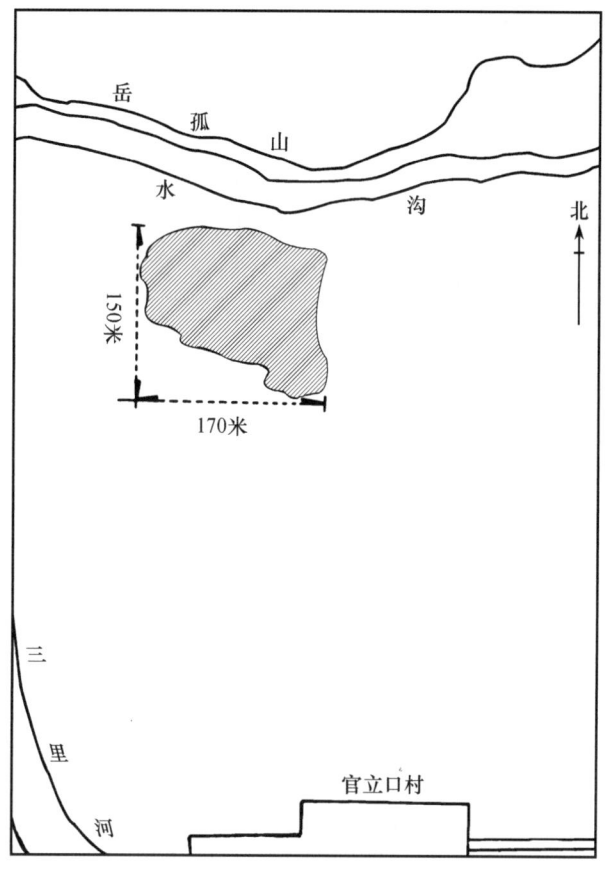

图2-47 养鱼池遗址位置示意图

二十九 迁安回辛庄遗址

回辛庄遗址位于迁安市夏官营镇回辛庄村西北100米沙地上,南2000米处为滦河(图2-48)。遗址中间高,四周低,西侧有断崖,南北长174米,东西宽132米,面积22968平方米。遗址已遭破坏,文化层不清晰,在地表采集有素面青瓷碗口沿、褐色弦纹白瓷碗口沿、黑釉粗胎圈足碗底、素面无釉白瓷碗口沿和素面灰褐陶残片等遗物,根据采集到的标本判定年代为从商周到辽金时期。

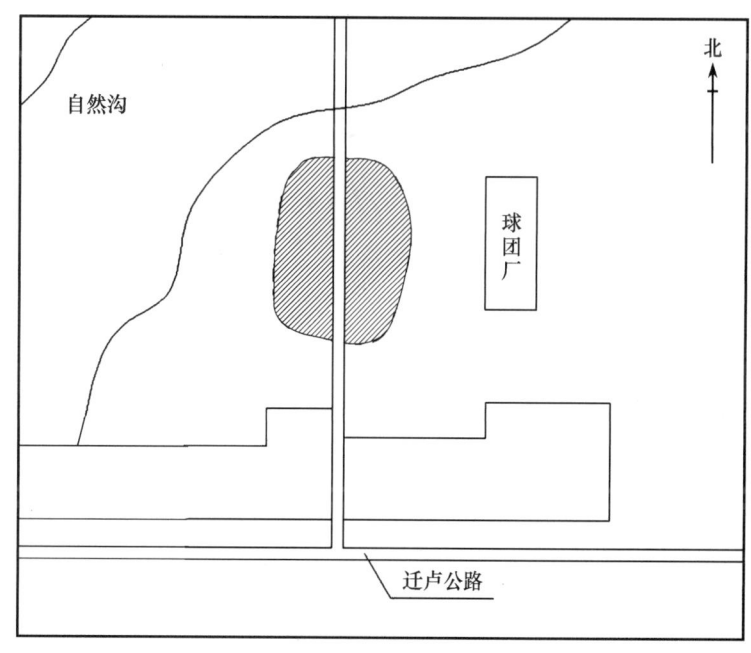

图2-48 回辛庄遗址位置示意图

三十　迁安半拉山遗址

半拉山遗址位于迁安市扣庄镇唐庄村西（图2-49），土壤为黄沙土，大体呈长方形，面积36000平方米。遗址文化层不详，地表采集标本有陶片、陶器口沿和白釉素面瓷圈足瓷碗底，陶片为泥质素面灰陶和夹砂绳纹红陶。根据遗物断定遗址年代为商周、宋元时期。

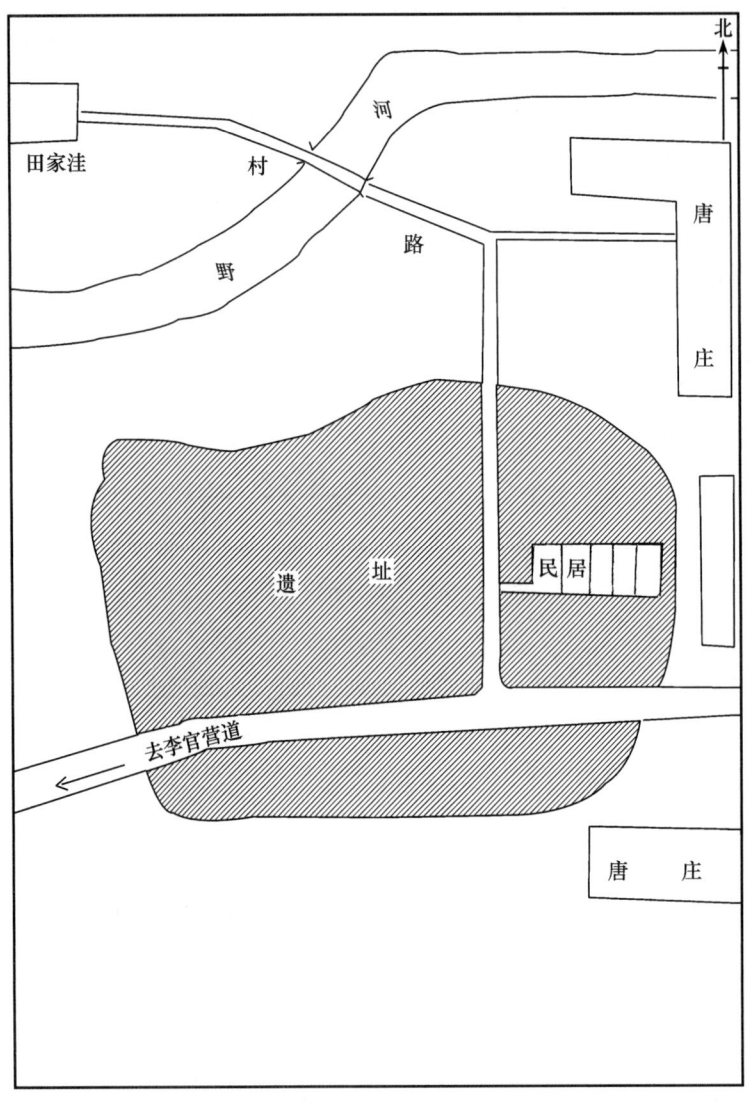

图2-49　半拉山遗址位置示意图

三十一 迁安朝阳庵遗址

朝阳庵遗址位于迁安市迁安镇汤辛庄村西北140米沙丘上（图2-50）。遗址大体呈长方形，南北长80米，东西宽130米，面积2400平方米。遗址被破坏严重，文化层不清晰，地表暴露有绳纹鬲、石斧等遗物，陶片纹饰多绳纹，素面较少。根据遗物判断年代为商代。

三十二 迁安龙山头遗址

龙山头遗址位于迁安市野鸡坨镇爪村东北龙山顶（图2-51），面积为3000平方米（图版26）。遗址地表采集标本有夹砂红褐陶，纹饰为绳纹，可辨器型为甗。根据采集到的标本断定遗址年代为西周时期。

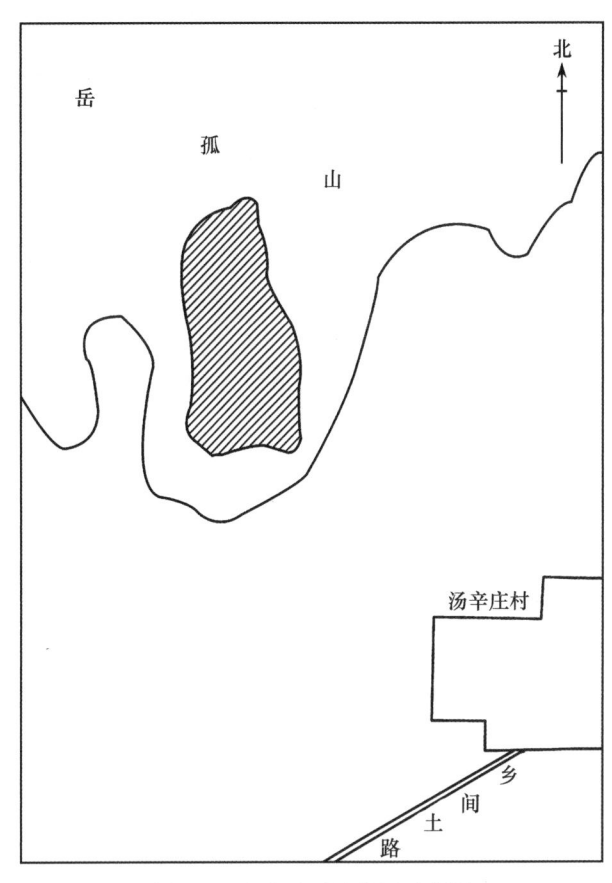

图2-50 朝阳庵遗址位置示意图

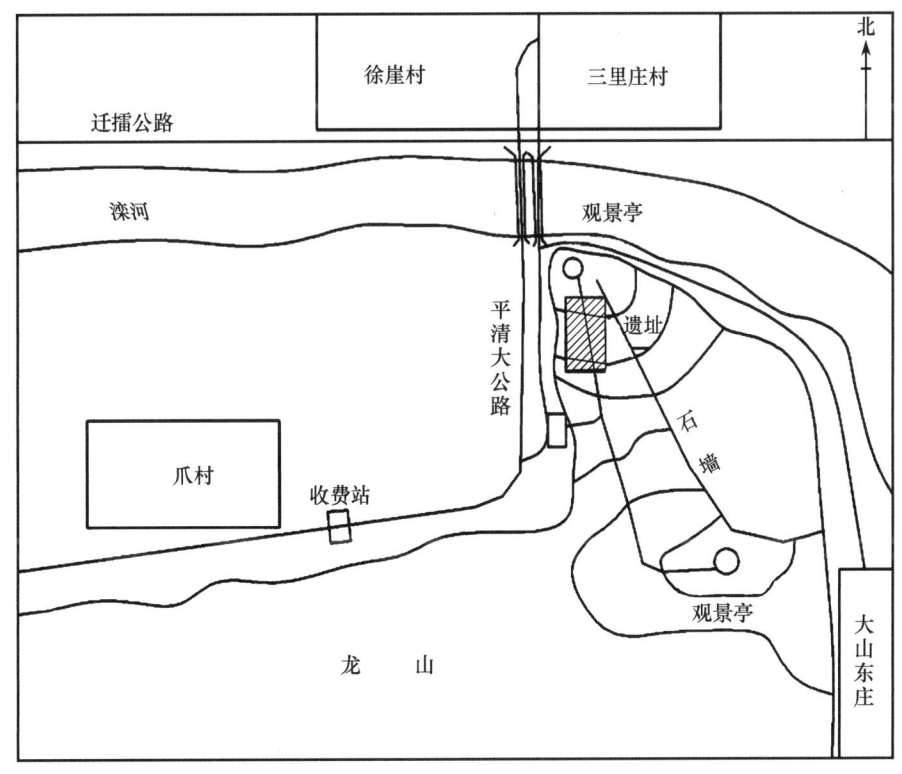

图2-51 龙山头遗址位置示意图

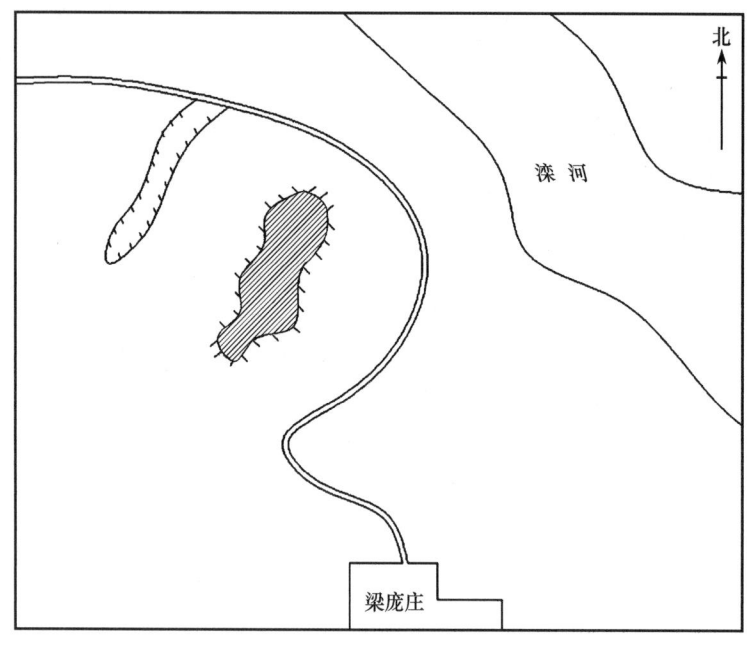

图2-52　梁洼遗址位置示意图

三十三　迁安梁洼遗址

梁洼遗址位于迁安市夏官营镇梁庞庄村东北1900米青龙河西岸台地上，东距青龙河300米（图2-52）。遗址呈不规则多边形状，南北长37米，东西宽10米，面积约370平方米（图版27）。遗址四周因取土形成断崖，破坏严重，在西部断崖处发现文化层，厚0.9米，采集有绳纹红褐陶片、素面灰陶器底、素面灰褐器底和素面灰陶残片等遗物，根据采集到的标本断定年代为西周、春秋时期（图版28）。

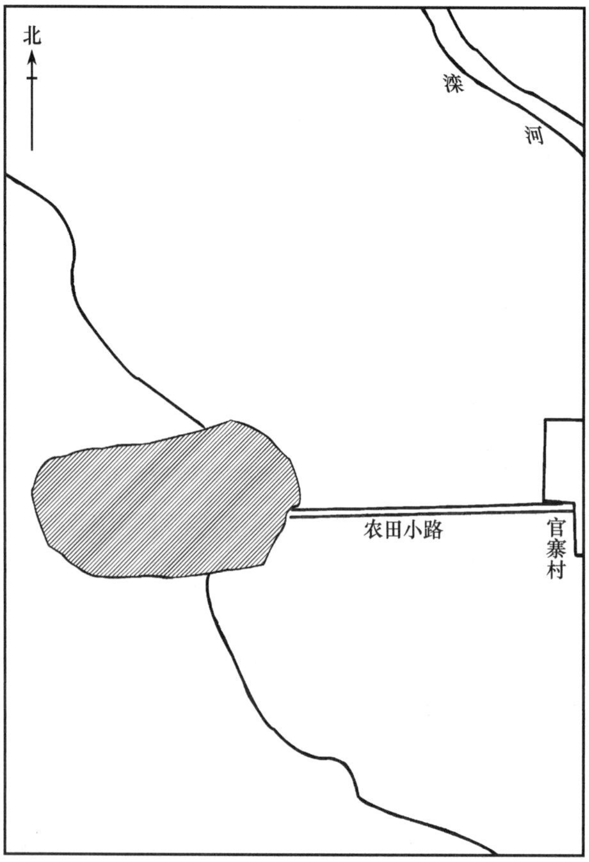

三十四　迁安邓家坡遗址

邓家坡遗址位于迁安市杨店子镇官寨村西沙丘上（图2-53），土壤为黄沙土，大体呈长方形，面积7000平方米。遗址文化层不详，地表暴露遗物以夹砂红陶居多，夹蚌红陶其次，夹砂灰陶较少，纹饰以素面为多，绳纹较少，可辨器型有鬲、盆、罐、釜。根据遗物断定遗址年代为西周、战国时期。

图2-53　邓家坡遗址位置示意图

三十五　迁安四道沟遗址

四道沟遗址位于迁安市大崔庄镇四道沟村西北山上（图2-54），以沙土为主，大体呈方形，面积2500平方米。遗址地表散落遗物有夹砂灰陶片、夹砂褐陶片、泥质灰陶片等，纹饰有绳纹、弦纹、附加堆纹，可辨别器型有鬲、盆、罐、瓮。根据采集标本断定遗址年代为西周时期（图版29）。

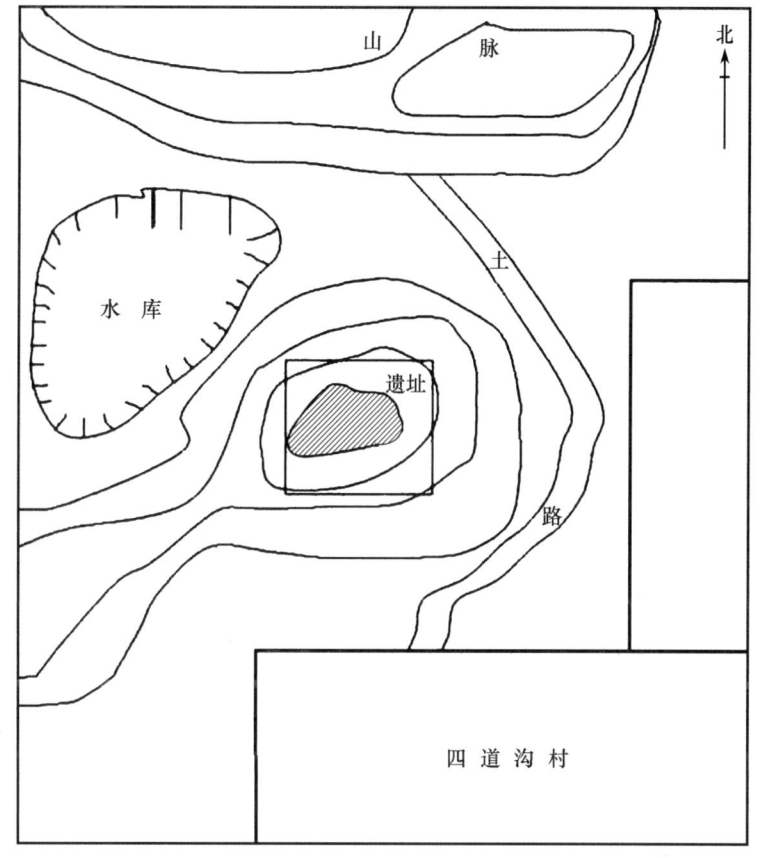

图2-54　四道沟遗址位置示意图

三十六　迁安沙坨子西北遗址

沙坨子西北遗址位于迁安市彭店子镇富兴庄村西（图2-55），土质为灰褐色沙土，面积约为3200平方米。遗址东南角见有文化层，厚0.05米，含有草木灰及少量陶片。地表采集遗物有夹砂陶、夹蚌陶，陶色分灰、红褐两种，纹饰为绳纹，可辨器型为釜。根据采集到的标本断定遗址年代为东周时期。

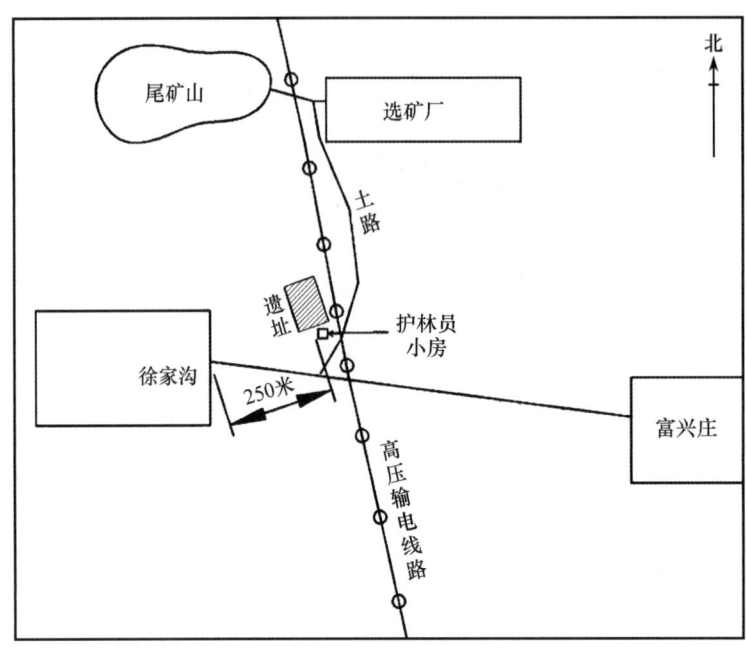

图2-55 沙坨子西北遗址位置示意图

三十七　迁安大周庄遗址

大周庄遗址位于迁安市彭店子镇大周庄村西（图2-56），土质为沙土，面积为2400平方米。遗址地表采集有灰陶、红陶等，纹饰以绳纹为主，陶质主要是夹砂、夹蚌，可辨器型有釜、罐等。根据采集到的标本断定遗址年代为东周时期。

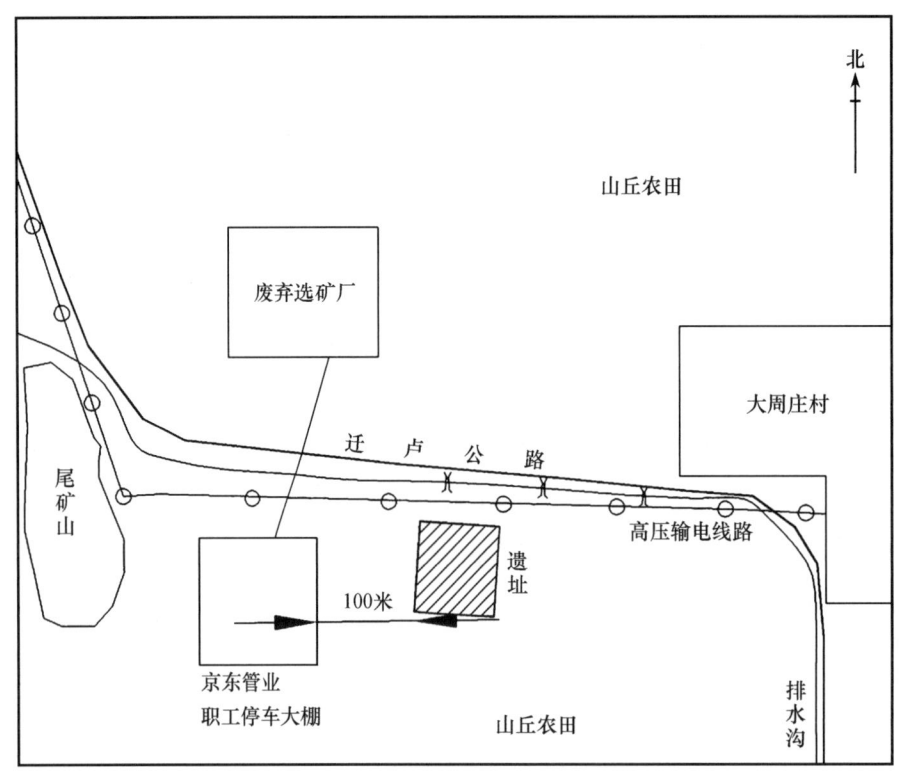

图2-56 大周庄遗址位置示意图

三十八 迁安秀峰寺遗址

秀峰寺遗址位于迁安市阎家店镇杨山村东北台地上（图2-57），土质为黄黏土，面积为6000平方米。地表采集陶片、残铁器，陶片以夹砂红陶为主，泥质灰陶较少，可辨器型为釜。根据采集到的标本断定遗址年代为东周时期。

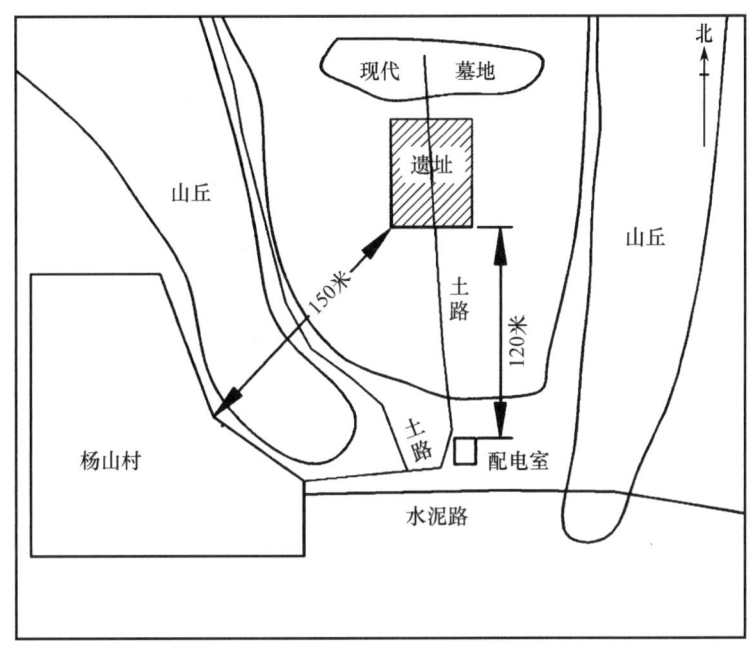

图2-57 秀峰寺遗址位置示意图

三十九 迁安西新庄遗址

西新庄遗址位于迁安市杨各庄镇西新庄村南（图2-58），面积为7200平方米。遗址路边沟内可见文化层，厚0.2米，为灰褐色黏土，内含陶片。地表采集标本有泥质灰陶、夹砂红陶、夹蚌红陶、夹云母红陶，纹饰以绳纹为主，素面较少，可辨器型有豆、釜、罐。根据采集到的标本断定遗址年代为东周时期。

四十 迁安文里庄北遗址

文里庄北遗址位于迁安市杨各庄镇文里庄村北侧（图2-59），面积为18000平方米。遗址地表采集标本有陶片、瓷片，陶片有泥质灰陶、夹砂红陶，瓷片有白釉、钧釉、酱釉、黑釉，可辨器型为罐、碗、盆、布纹瓦等。根据采集到的标本断定遗址年代为东周、辽、金、元时期。

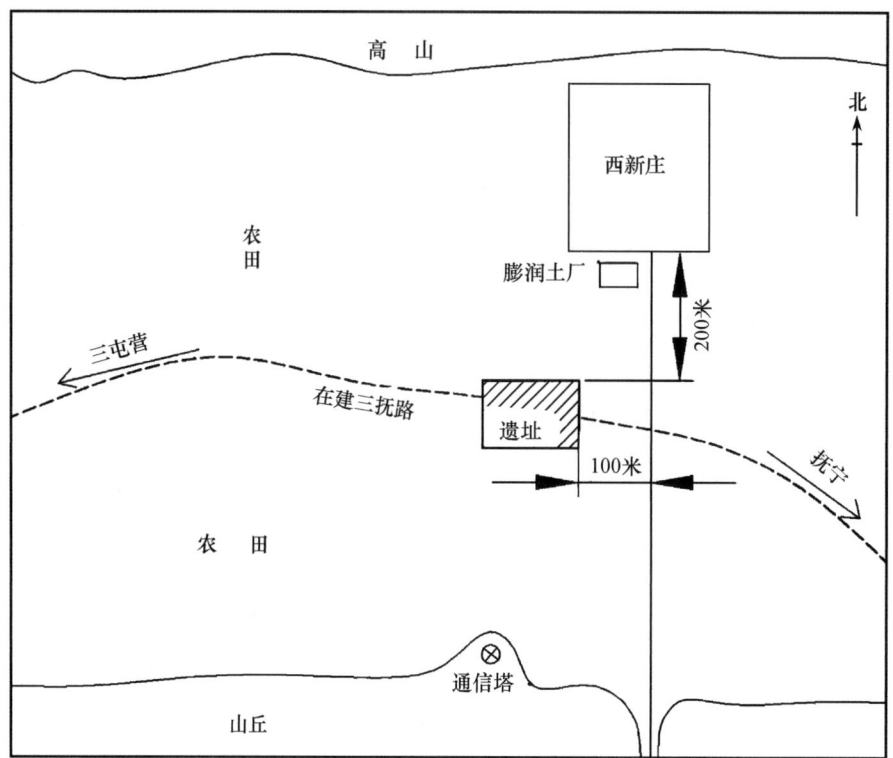

图 2-58　西新庄遗址位置示意图

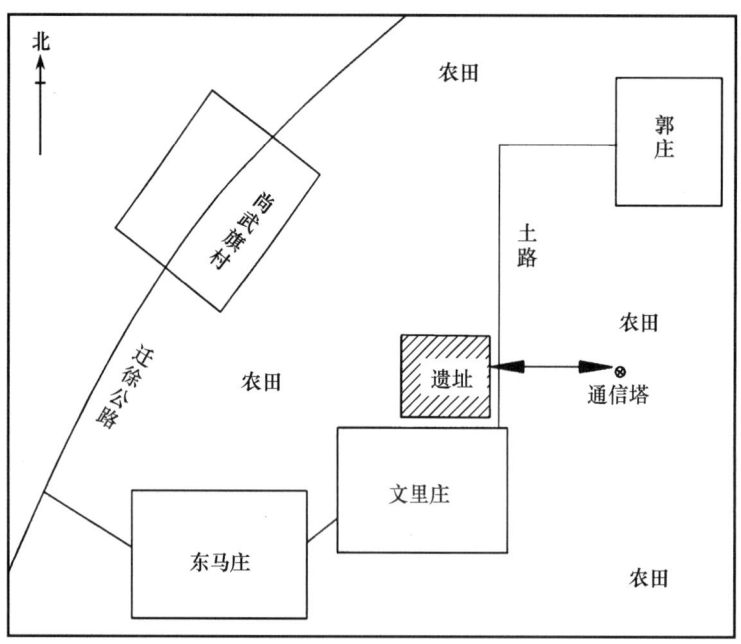

图 2-59　文里庄北遗址位置示意图

四十一　迁安蔡庄遗址

1. 遗址概况

蔡庄遗址位于兴安街道办事处蔡庄村南台地上（图2-60），东为公路，南为后石李桥村，西为农田，北为蔡庄村。遗址呈长方形，东西约50米，南北约100米，面积约为5000平方米（图版30）。遗址地势平坦，中间稍高，东西略低，土质为黏土质砂，种植有玉米、花生、白菜。地表分布遗物均为陶片，有夹砂红陶、泥质灰陶，时代为东周时期（图版31）。

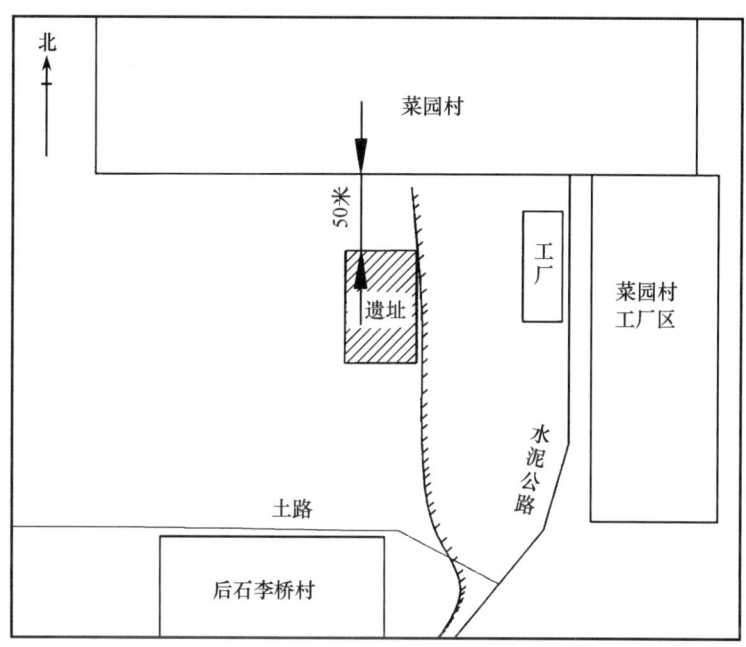

图2-60　蔡庄遗址位置示意图

2. 遗物标本

罐口沿　夹砂红陶，素面，手制慢轮修整，唇部缺失（图2-61，1）。
箅残片　泥质灰陶，素面，孔径约0.8厘米（图2-61，2）。

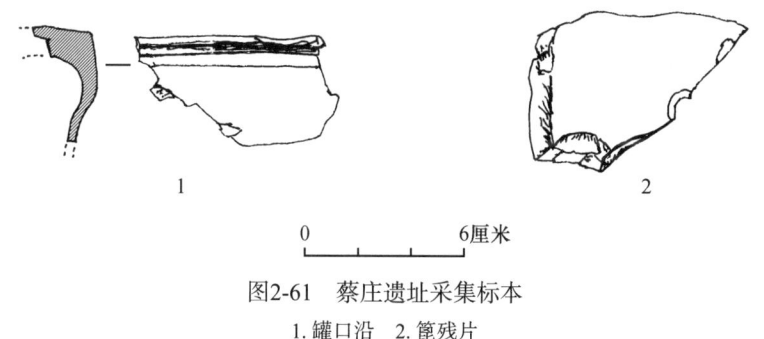

图2-61　蔡庄遗址采集标本
1. 罐口沿　2. 箅残片

四十二 迁安蜘蛛山遗址

蜘蛛山遗址位于迁安市杨各庄镇东马庄村西小山坡上（图2-62），土质为黄褐色土，面积7200平方米。遗址文化层不详，地表采集标本有夹砂红褐陶片、泥质黑陶片、夹蚌红陶片。纹饰以素面为主，兼有磨光，绳纹较少，可辨器型有折口直壁罐、鬲。根据遗物断定遗址年代为东周时期。

四十三 迁安西岸坡遗址

西岸坡遗址位于迁安市杨店子镇小玄庄村西北沙丘上（图2-63），土壤为黄沙土，大体呈长方形，面积30000平方米。遗址文化层不详，地表暴露遗物以夹砂红陶居多，灰陶极少，陶片纹饰为绳纹，素面较少，可辨器型有鬲、釜、盆、罐。根据遗物断定遗址年代为东周时期。

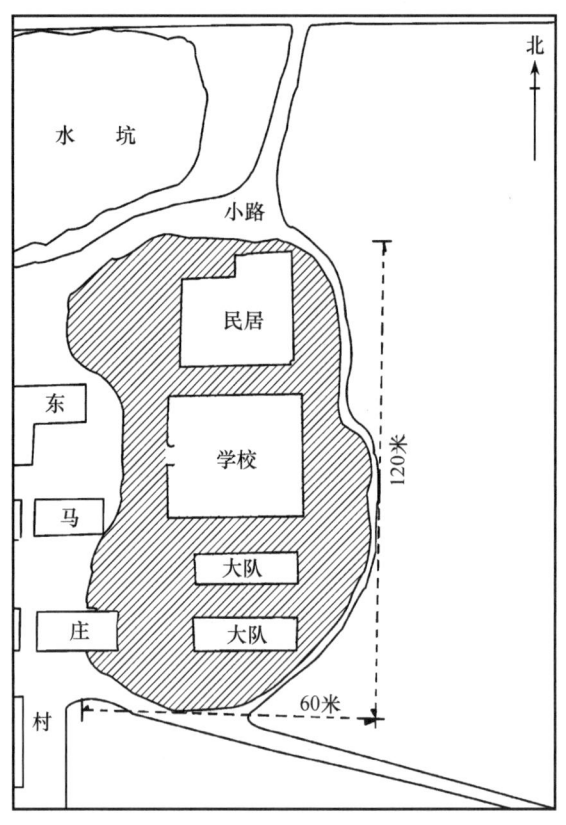

图2-62 蜘蛛山遗址位置示意图

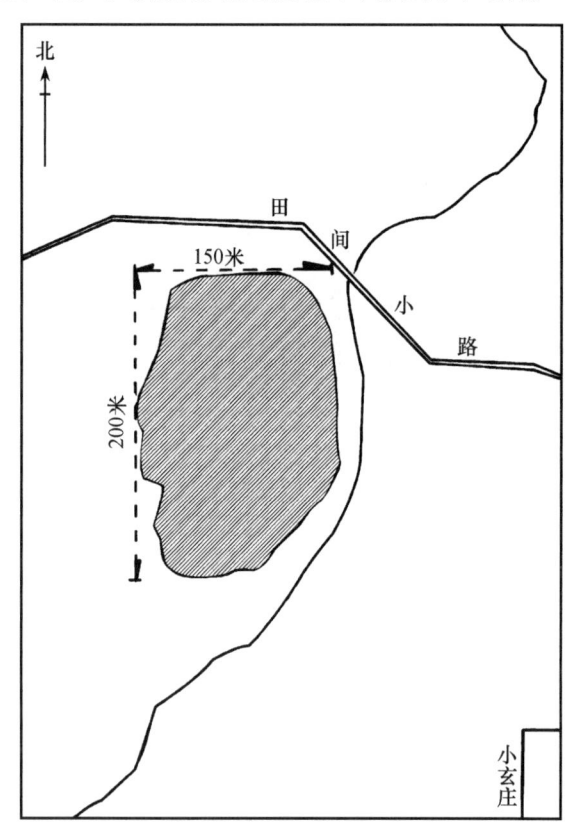

图2-63 西岸坡遗址位置示意图

四十四　迁安小北岔遗址

小北岔遗址位于迁安市夏官营镇后马哨村东北青龙河西岸台地上（图2-64），土质为黄沙土，面积为1080平方米。遗址未发现文化层，地表采集有交错绳纹灰褐陶残片、绳纹灰陶残片、凹弦纹红褐陶残片、素面红陶残片等遗物。根据采集到的标本断定遗址年代为东周时期。

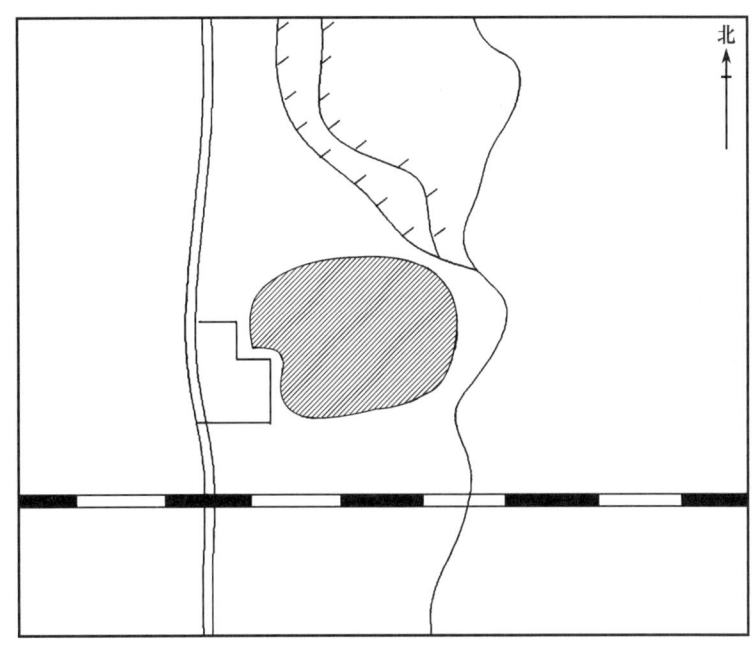

图2-64　小北岔遗址位置示意图

四十五　迁安沙坨子东南遗址

沙坨子东南遗址位于迁安市彭店子镇小邹庄南滦河东岸沙丘上（图2-65），土质为黄沙土，面积2750平方米。遗址未发现文化层，地表采集有素面红褐陶罐底、绳纹红陶残片、素面灰陶残片等遗物，陶质为泥质和夹砂。根据采集到的标本断定遗址年代为东周时期。

四十六　迁安老窑遗址

老窑遗址位于迁安市彭店子镇柏庄村西北500米，青龙河西岸台地上，西距滦河5千米（图2-66）。遗址所在地原有许多座砖窑，故得名。遗址面积2856平方米，南侧因取土形成断崖，在断崖处保留有一处窑址。遗址上文化层不清晰，在地表采集有素面红褐陶口沿、素面黑皮陶口沿、篮纹、刻划弦纹红褐陶残片等遗物，陶质为泥质和夹砂，根据采集到的标本断定年代为春秋、战国时期，遗址整体保存较差。

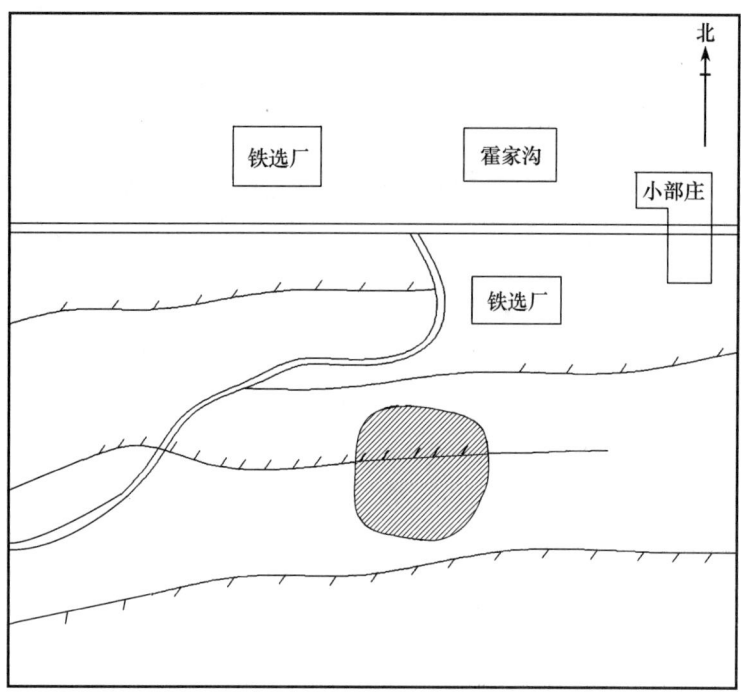

图2-65　沙坨子东南遗址位置示意图

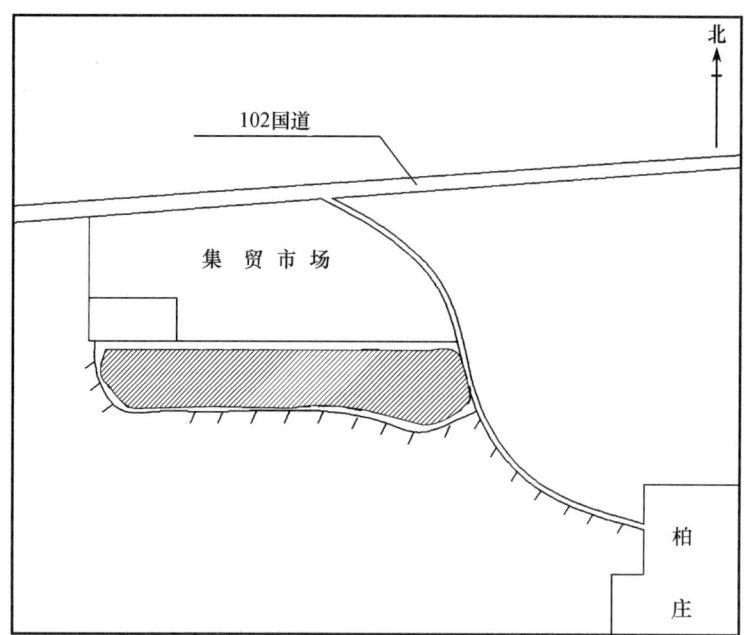

图2-66　老窑遗址位置示意图

四十七　迁安青沙地遗址

青沙地遗址位于迁安市兴安街道办事处芦沟堡村东沙丘上（图2-67），土壤为黄沙土，大体呈长方形，面积9600平方米。遗址文化层不详，地表采集陶片以夹砂红陶为主，夹砂灰陶次之，无法辨认器型。根据遗物断定遗址年代为东周时期。

四十八　迁安马家坡遗址

马家坡遗址位于迁安市兴安街道办事处胡各庄村北三里河东岸沙丘上（图2-68），土壤为黄沙土，面积18000平方米。遗址文化层不详，地表暴露陶片以夹砂红陶、夹砂灰陶居多，夹砂褐陶其次，泥质灰陶较少，纹饰多为素面，绳纹次之，可辨器型有磨光锥状鬲足、盆、罐、豆。根据遗物断定遗址年代为东周时期。

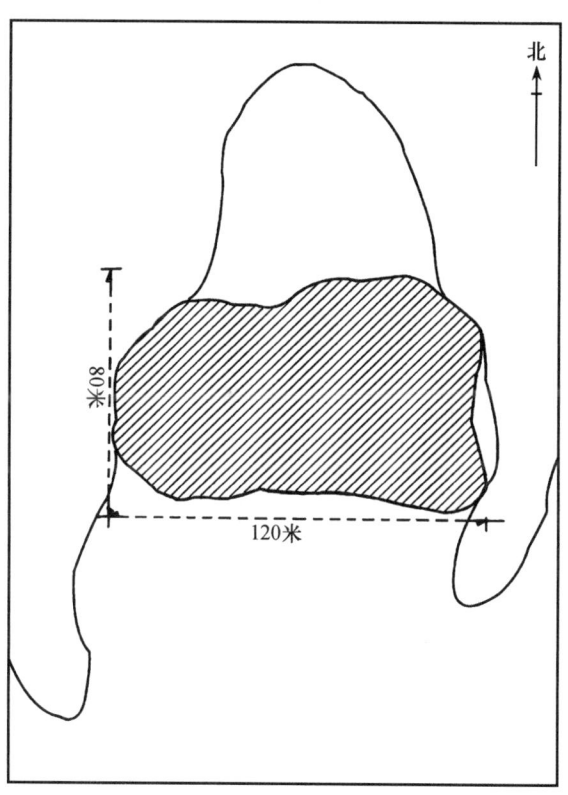

图2-67　青沙地遗址位置示意图

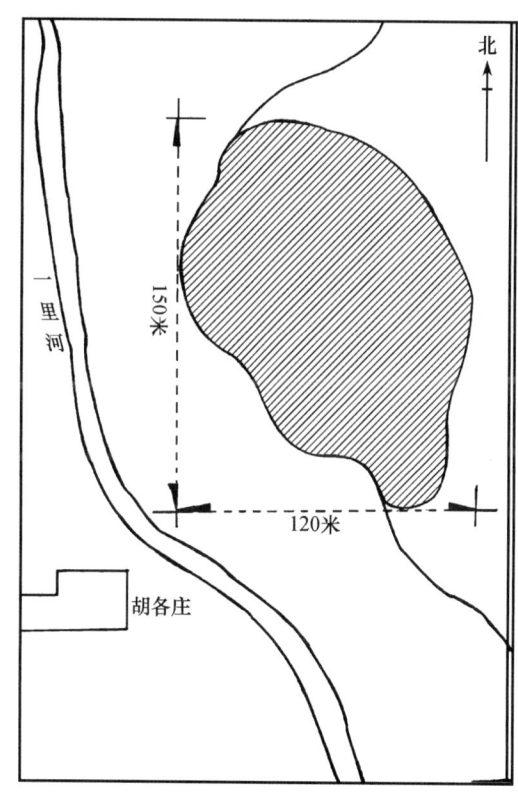

图2-68　马家坡遗址位置示意图

四十九　迁安琉璃井遗址

琉璃井遗址位于迁安市永顺街道办事处小寨村东沙丘上（图2-69），土壤为黄沙土，大体呈长方形，面积4000平方米。遗址文化层不详，地表暴露陶片为夹砂红陶、夹砂褐陶，纹饰多为绳纹，素面次之，可辨器型有素面鬲、绳纹釜。根据遗物断定遗址年代为东周时期。

五十　迁安西南沟遗址

西南沟遗址位于迁安市扣庄镇阿兰庄村西洼地内（图2-70），土壤为黄沙土，大体呈长方形，面积3200平方米。遗址文化层不详，地表暴露陶片以夹砂红陶居多，夹砂褐陶其次，夹砂灰陶较少，纹饰多为绳纹，素面次之，可辨器型有罐、盆、釜、豆。根据遗物断定遗址年代为东周时期。

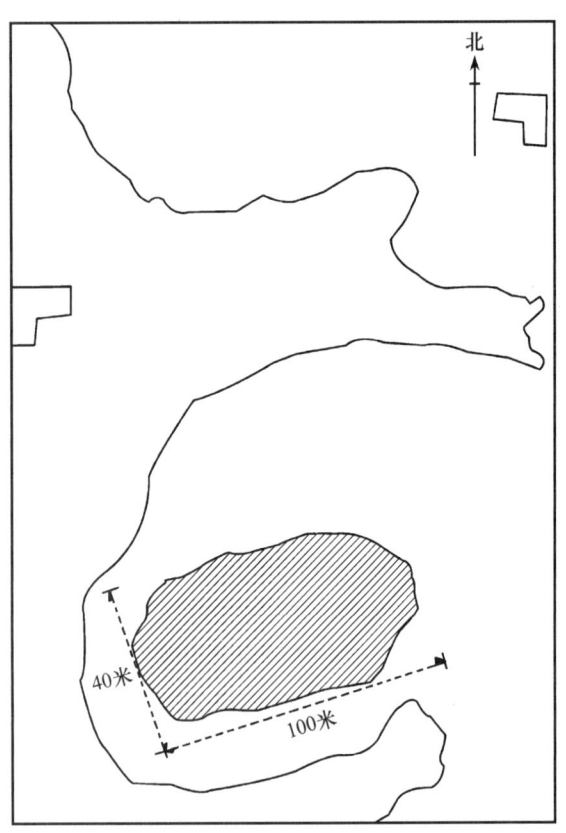

图2-69　琉璃井遗址位置示意图

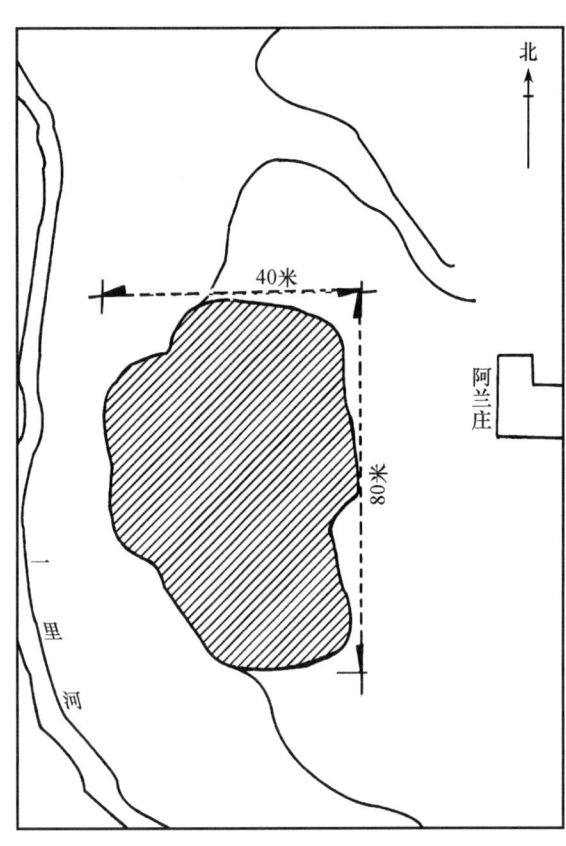

图2-70　西南沟遗址位置示意图

五十一　迁安坡子遗址

坡子遗址位于迁安市扣庄镇兰若院村西南（图2-71），土质为黄沙土，大体呈长方形，面积9000平方米。遗址文化层不详，地表暴露遗物有夹砂红陶片，无法辨认器型。根据遗物断定遗址年代为东周时期。

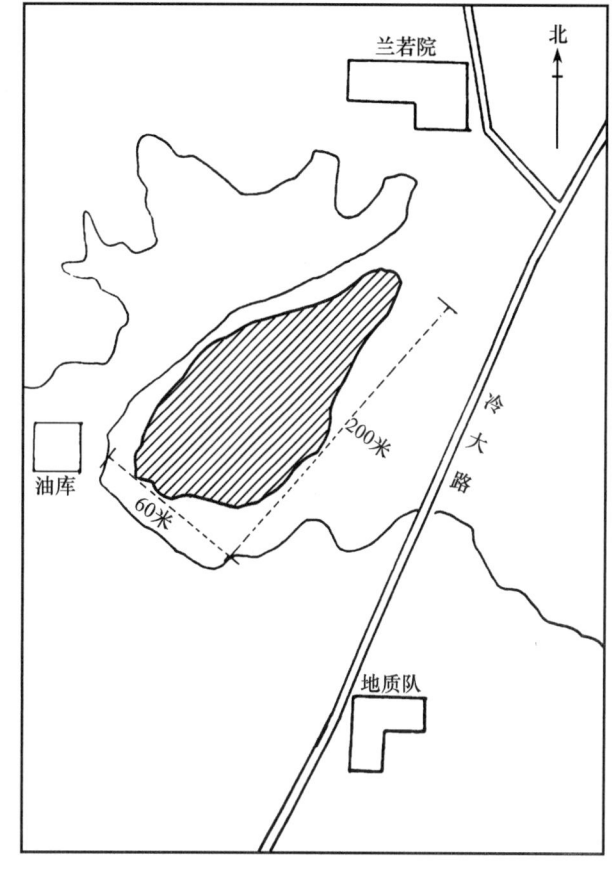

图2-71　坡子遗址位置示意图

五十二　迁安流水沟遗址

流水沟遗址位于迁安市扣庄镇安新庄村西南沙丘上（图2-72），土质为黄沙土，大体呈长方形，面积5400平方米。遗址文化层不详，地表暴露遗物有夹砂褐陶、夹砂红陶、泥质灰陶，纹饰多为素面，绳纹其次，可辨器型有素面鬲。根据遗物断定遗址年代为东周时期。

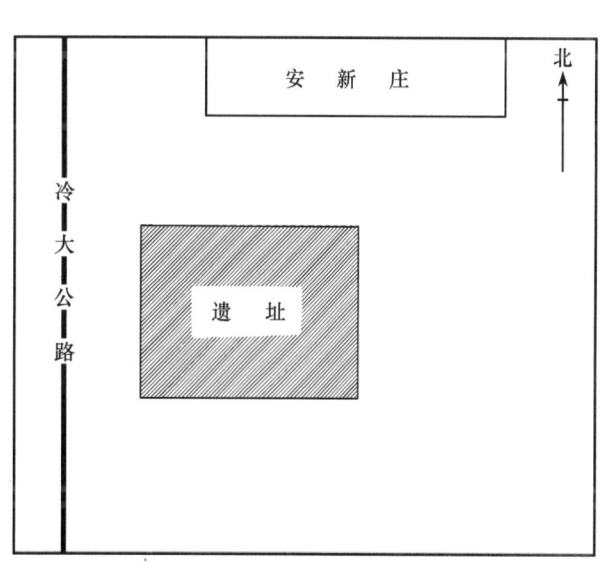

图2-72　流水沟遗址位置示意图

五十三　迁安东李官营遗址

东李官营遗址位于迁安市扣庄镇东李官营村北（图2-73），土壤为黄沙土，大体呈长方形，面积24000平方米（图版32）。遗址文化层不详，地表暴露有夹砂红陶、褐陶罐残片、口沿、泥质灰陶罐腹片、器底。在遗址还采集到辽白瓷碗底、元明时期青花瓶底等。根据遗物断定遗址年代为东周至元明时期。

五十四　迁安礓石坡遗址

礓石坡遗址位于迁安市彭店子镇小邹庄村西北沙丘上（图2-74），为黄沙土，大体呈长方形，面积37500平方米。遗址文化层不详，在地表暴露遗物以夹砂红陶居多，夹蚌红陶其次，夹砂灰陶、褐陶较少，纹饰以绳纹较少、素面居多，可辨器型有鬲、釜、盆、罐。根据遗物断定遗址年代为东周时期。

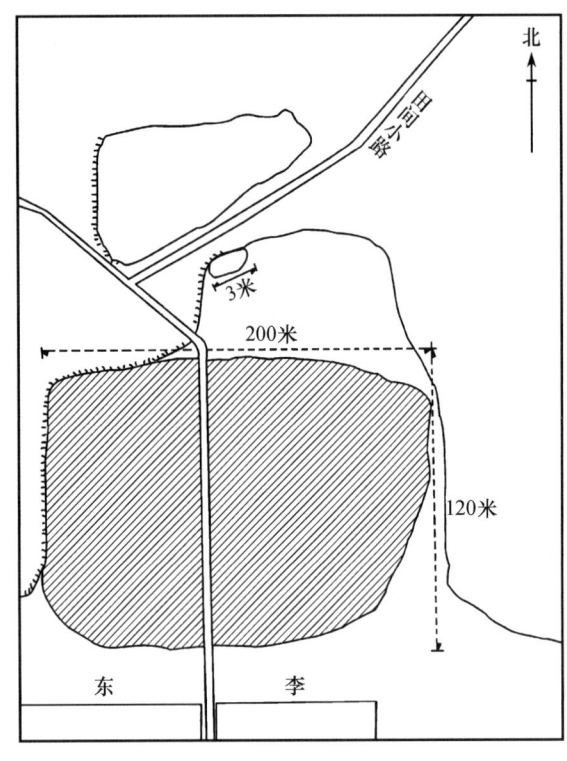

图2-73　东李官营遗址位置示意图

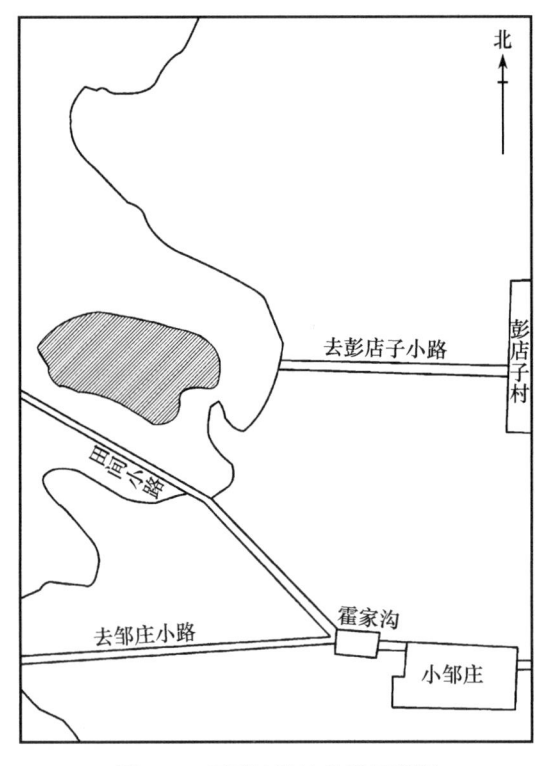

图2-74　礓石坡遗址位置示意图

五十五　迁安庞家坡遗址

庞家坡遗址位于迁安市夏官营镇梁庞庄村西沙丘上（图2-75），土壤为黄沙土，大体呈长方形，面积18000平方米。遗址文化层不详，地表暴露遗物以夹砂红陶居多，夹蚌红陶其次，夹砂褐陶较少，纹饰多为素面，绳纹较少，可辨器型有盆、罐、釜。根据遗物断定遗址年代为东周时期。

五十六　迁安北沙坨遗址

北沙坨遗址位于迁安市夏官营镇耿庄村西北青龙河西岸沙丘上（图2-76），土壤为黄沙土，大体呈长方形，面积10500平方米。遗址文化层不详，地表暴露遗物有夹砂红陶居多、夹蚌红陶次之、泥质灰陶较少，可辨器型有罐、盆、釜。根据遗物断定遗址年代为东周时期。

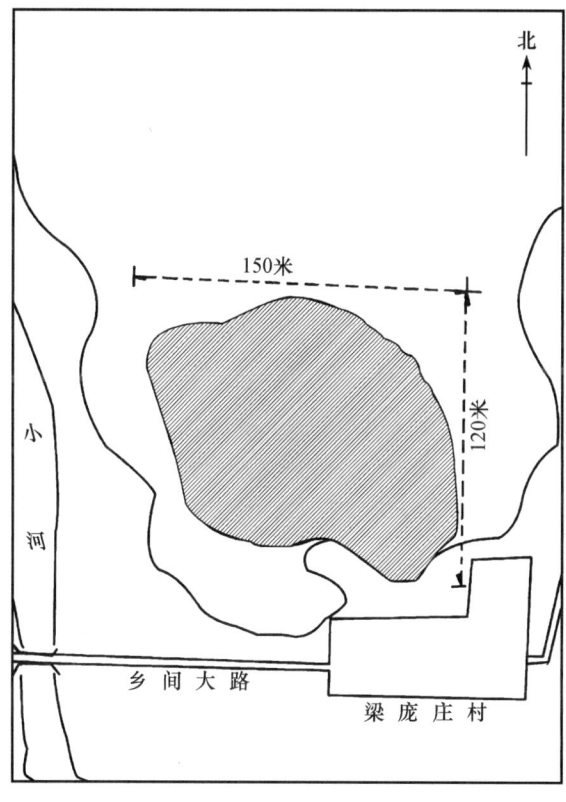

图2-75　庞家坡遗址位置示意图

图2-76　北沙坨遗址位置示意图

五十七　迁安小山子南坡遗址

小山子南坡遗址位于迁安市夏官营镇梁庞庄村东北沙丘上（图2-77），土壤为黄沙土，大体呈长方形，面积4000平方米。遗址文化层不详，地表暴露遗物以夹砂红陶居多，夹砂褐陶其次，夹蚌红陶较少，纹饰多为素面，绳纹较少，可辨器型有罐、盆、釜。根据遗物断定遗址年代为东周时期。

五十八　迁安北桥遗址

北桥遗址位于迁安市夏官营镇南白庄村北台地上（图2-78），土壤为黄沙土，大体呈长方形，面积8000平方米。遗址文化层不详，地表暴露遗物以夹砂红陶居多，夹砂褐陶其次，夹砂灰陶极少，多为素面，绳纹极少，可辨器型有釜、圈足碗、盆、罐。根据遗物断定遗址年代为东周时期。

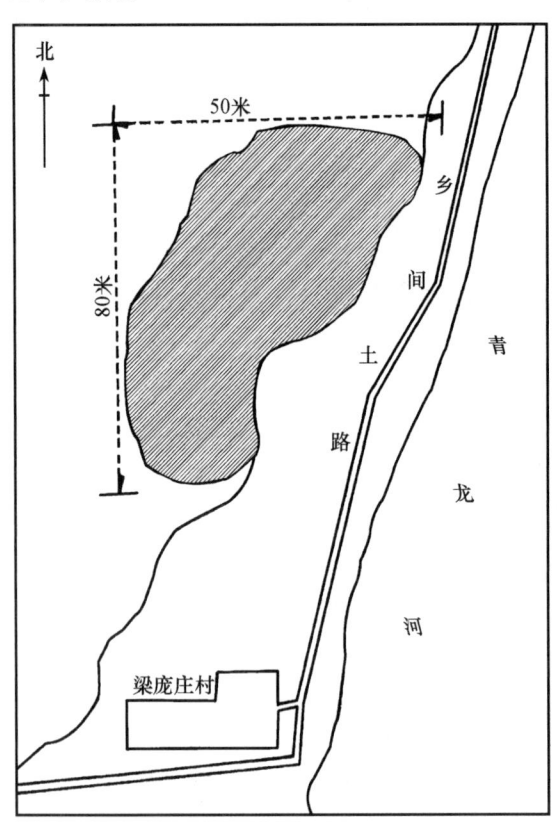

图2-77　小山子南坡遗址位置示意图

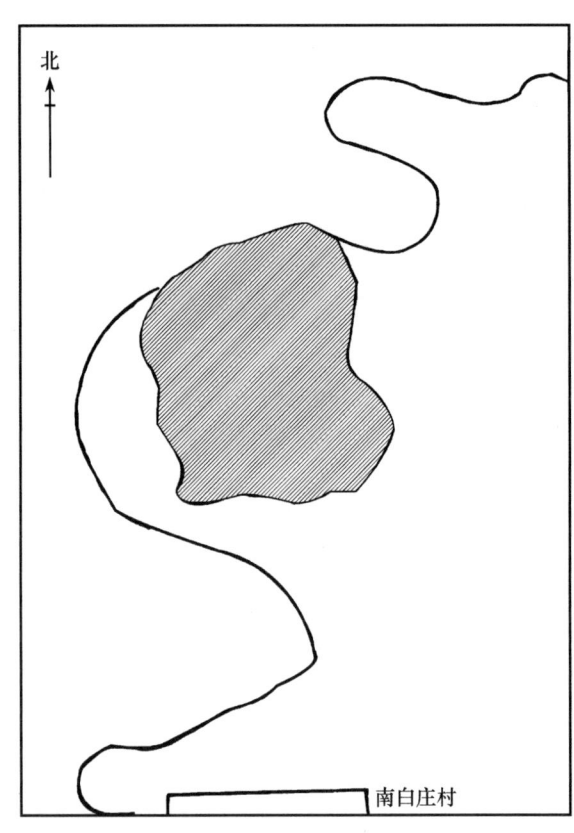

图2-78　北桥遗址位置示意图

五十九　迁安刘家坡遗址

刘家坡遗址位于迁安市杨店子镇上午村西滦河西岸沙丘上（图2-79），土质为黄沙土，面积3500平方米。遗址文化层不清晰，地表采集有素面红陶残片、素面红陶口沿、绳纹红陶口沿和绳纹红陶残片等遗物，陶质为泥质夹砂和夹蚌。根据采集到的标本断定年代为东周时期。

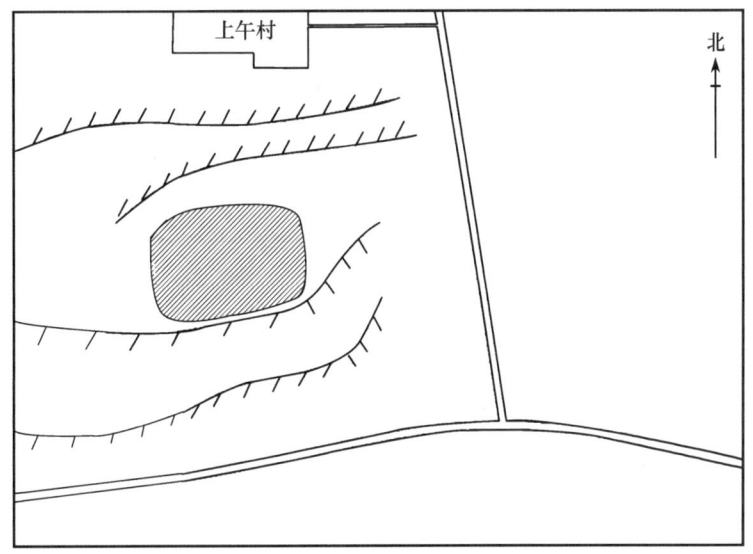

图2-79　刘家坡遗址位置示意图

六十　迁安北坡子遗址

北坡子遗址位于迁安市杨店子镇大玄庄西北台地上（图2-80），土质为黄沙土，大体呈长方形，面积600平方米。遗址四周虽有断崖，但未发现文化层，地表采集有素面红褐陶耳、素面红褐陶口沿、绳纹红陶残片、粗绳纹红褐陶残片和粗绳纹红陶残片等遗物，陶质为泥质、夹砂和夹蚌。根据采集到的标本断定遗址年代为东周时期。

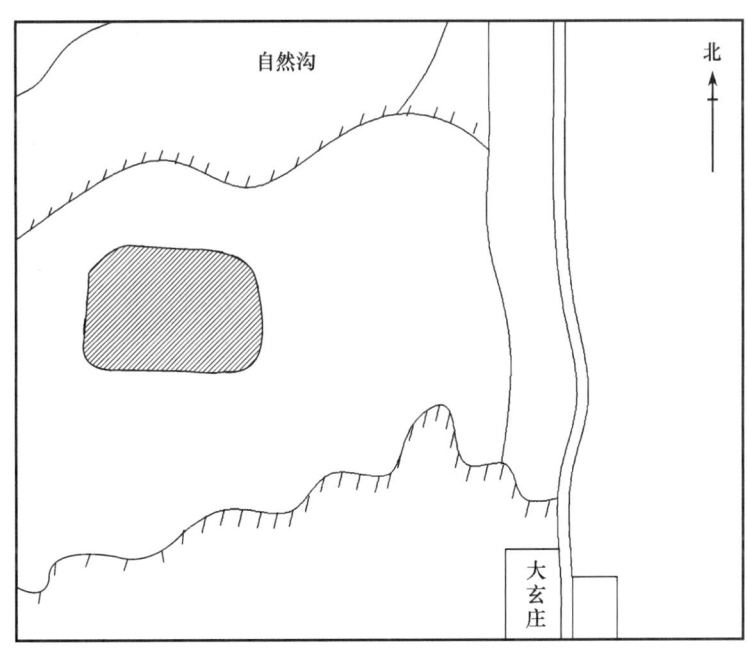

图2-80　北坡子遗址位置示意图

六十一　迁安官立口遗址

1. 遗址概况

官立口遗址位于迁安市兴安街道办事处官立口村北侧（图2-81），为滦河故道冲积平原之上，土质为沙壤土，含河卵石，大体呈长方形，面积25500平方米（图版33）。向西约600米为三里河，北约500米为岳孤山，东为农田，南为民居，待建北三环公路距遗址约300米，遗址地表高出周边0.8~1米，近半数面积被民居覆盖，现地表种植作物为玉米、蔬菜、果树等农作物。文化堆积应分为上、下层，上层为辽金时期，覆盖整个遗址范围，下层为商周时期，采集的标本有泥质素面灰陶片、夹砂红陶饰绳纹的鬲足、腰等（图版34）。

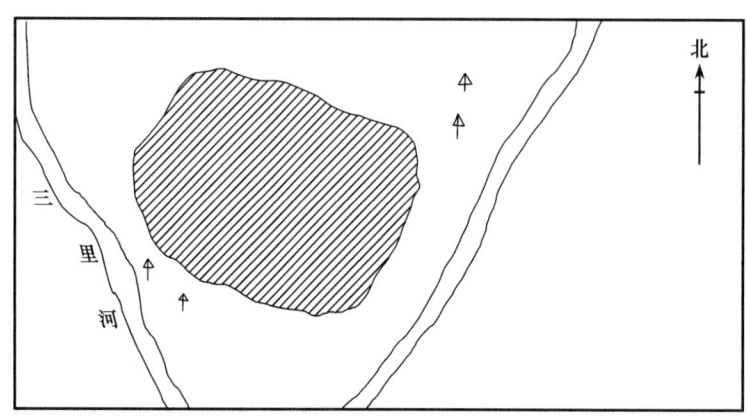

图2-81　官立口遗址平面示意图

2. 遗物标本

鬲足，残，夹砂红褐陶，饰绳纹，实心，圆台状，平足跟。残高6.3厘米，厚4.3厘米（图2-82，1）。

口沿，残，夹砂红褐陶，饰绳纹，斜方唇外折沿，敞口。残宽5.8厘米，高5.6厘米，厚1厘米（图2-82，2）。

罐底，夹砂红陶，饰绳纹，平底。残宽6.3厘米，高4.2厘米，厚1.2厘米（图2-82，3）。

腹片，夹砂红陶，饰交错绳纹，手制。残宽9.8厘米，高8.3厘米，厚1.5厘米（图2-82，4）。

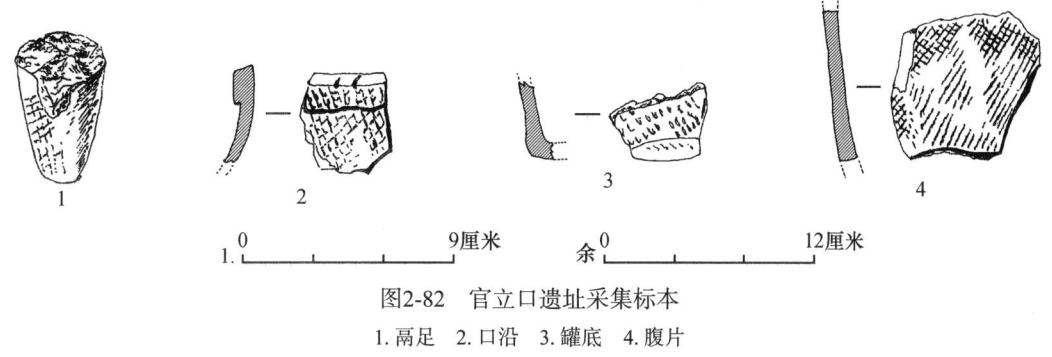

图2-82 官立口遗址采集标本
1.鬲足 2.口沿 3.罐底 4.腹片

六十二 迁安簸箕柳行遗址

1. 遗址概况

簸箕柳行遗址位于迁安市彭店子镇王孟庄村北滦河冲积而成的沙丘上（图2-83），遗址中间高，四周低，东西宽162米，南北长212米，面积34344平方米（图版35）。遗址南距王孟庄村约400米，地势北高南低，细沙土质，耕土层下为细白沙堆积，地表植杨树和花生。遗址上有一条新修的东西向马路，将遗址分割为两部分，在遗址上未发现文化层，在地表采集有石核、石网坠、陶纺轮、颈部附加堆纹红陶口沿、素面红顶钵口沿、素面红陶器耳、素面红褐陶罐等遗物，陶质为泥质和夹砂，根据采集到的标本断定年代为新石器至商周时期。遗址整体保存较好，地表暴露的遗存丰富（图版36）。

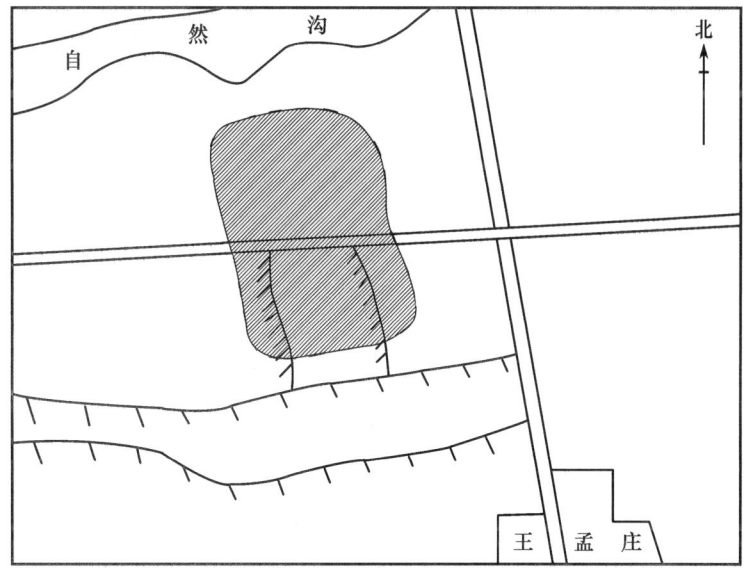

图2-83 簸箕柳行遗址位置示意图

2. 遗物标本

石杵，砂岩，断面，椭圆形，杵面近球形（图2-84，1）。

多边砍砸器，河卵石打制而成，近圆形。直径约7厘米，厚约2厘米（图2-84，2）。

石网坠，薄片河卵石打制，呈椭圆形。长径约6厘米，短径约4.2厘米，厚度约0.6厘米。长径两端各打一处缺口（图2-84，3）。

罐口沿，夹砂红陶，素面，尖圆唇，溜肩（图2-84，4）。

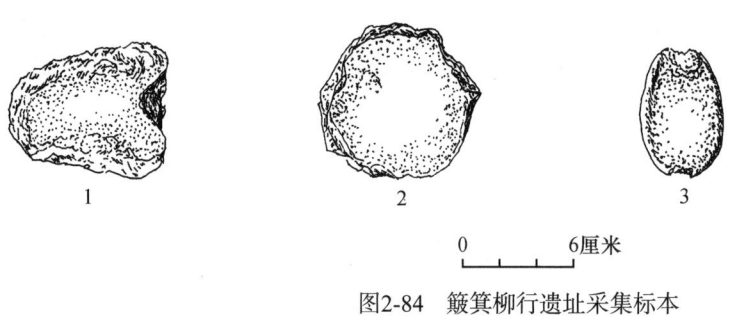

图2-84　簸箕柳行遗址采集标本
1. 石杵　2. 多边砍砸器　3. 石网坠　4. 罐口沿

六十三　迁安南白庄遗址

1. 遗址概况

南白庄遗址位于迁安市夏官营镇南白庄村内（图2-85）。遗址大体呈长方形，东西长150米，南北宽100米，面积15000平方米（图版37）。遗址地表大部被村民房屋覆盖，仅在滦河边保存一小部分，遗址整体保存较差。遗址地表暴露陶片以夹砂褐陶居多，纹饰以绳纹较多，素面次之。可辨器型有釜、瓮、盆、罐（图版38）。根据遗物判断年代为战国时期。

2. 遗物标本

陶网坠，残，夹砂红褐陶，中空，一侧有凹槽。残高约6厘米，残宽约3厘米，厚约1.4厘米（图2-86，1）。

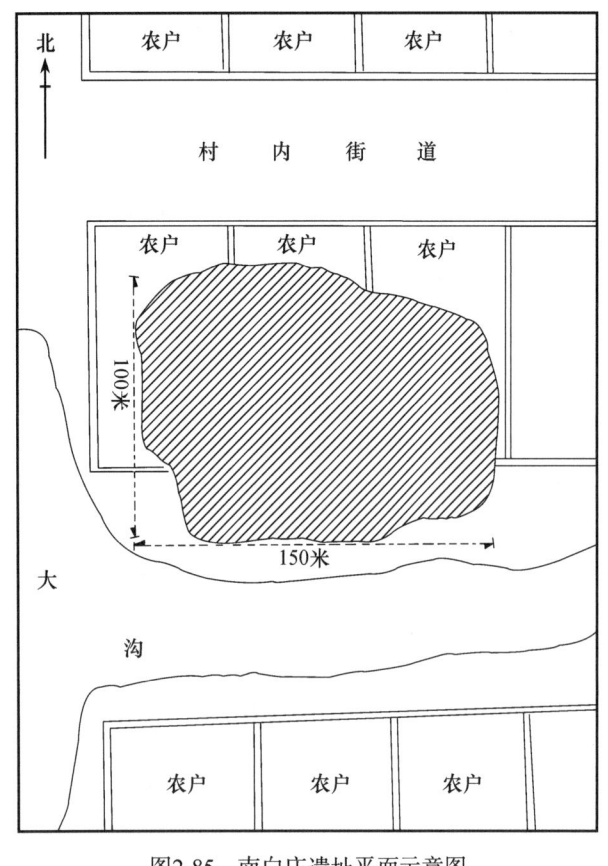

图2-85　南白庄遗址平面示意图

鬲足，残，夹砂黄褐陶，器物内有灰黑色火烧痕迹。外部受损严重，已看不清纹饰。通高为6.4厘米，最大直径为5.6厘米（图2-86，2）。

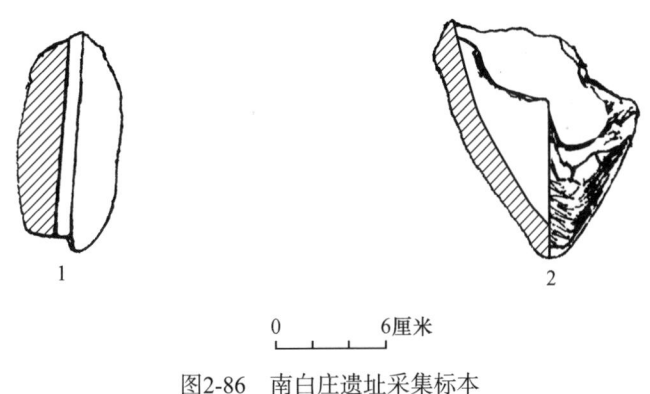

图2-86　南白庄遗址采集标本
1. 陶网坠　2. 鬲足

六十四　滦州后迁义遗址

1. 遗址概况

后迁义遗址位于滦州市响嘡街道办事处后迁义村西北的一处高台上（图2-87），南北长100米，东西长30米，面积约为3000平方米（图版39）。根据当地文物部门资料，该地曾进行过发掘并出土了青铜器、陶器等文物。在遗址现场采集到泥质绳纹灰陶（残片）、泥质绳纹灰陶（口沿）遗存物。根据现场采集到的遗存物及相关资料确定该处为商代遗址。

1999年和2001年河北省文物研究所曾两次在后迁义遗址进行发掘，清理出龙山时代房址、灰坑、围坊三期墓葬等，出土青铜鼎、簋、弓形器、金臂钏等重要器物。

2. 遗物标本

1999LQT1M2：1，鬲，残，夹砂红褐陶，内夹杂有少量蚌壳粉，器表有灰黑色

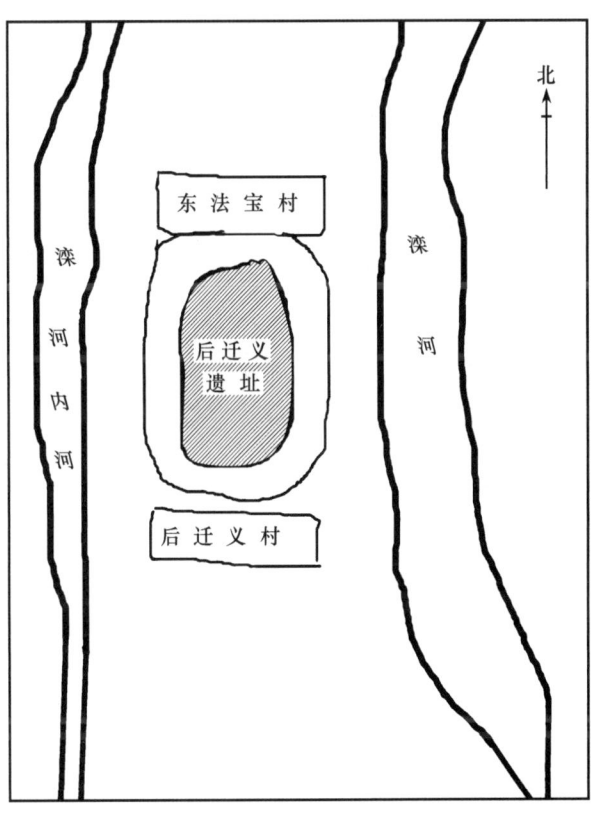

图2-87　后迁义遗址位置示意图

火烧痕迹，直口，圆唇，束颈，袋足，口沿部有平行修整痕迹，口沿以下满施绳纹。通高为18.8厘米，口径为14.8厘米，最大直径为18.8厘米，口沿厚0.8厘米，壁厚1.1厘米（图2-88，1；图版56）。

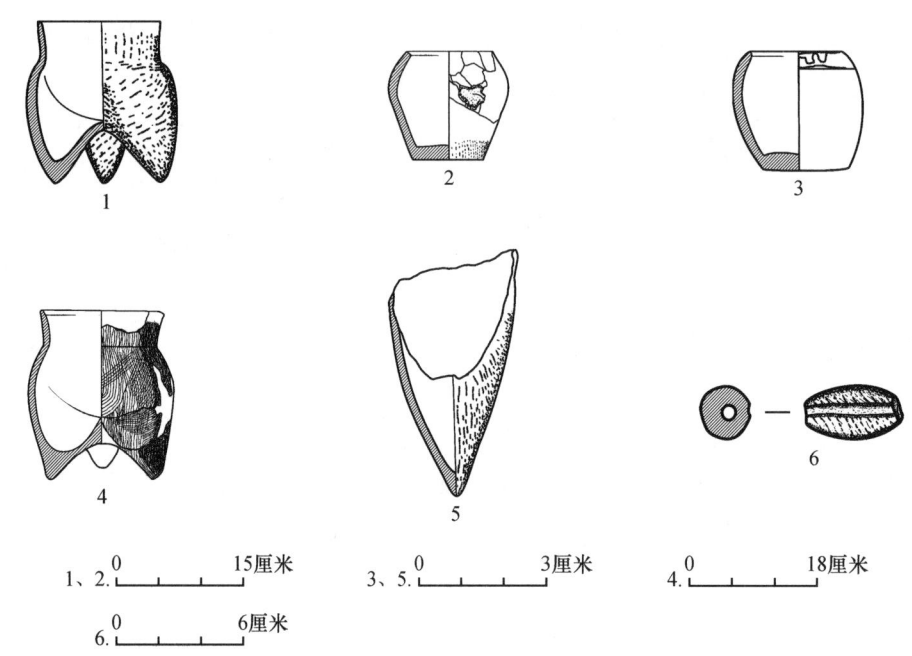

图2-88 后迁义遗址出土陶器（一）
1.鬲（1999LQT1M2∶1） 2.罐（1999LQT1M2∶2） 3.敛口罐（1999LQT1M2∶3） 4.鬲（1999LQT2⑤∶31）
5.鬲足（1999LQT2H12∶7） 6.网坠（1999LQT1③∶17）

1999LQT1M2∶2，罐，残，夹砂红褐陶，内掺杂有少量蚌壳粉，敛口，方唇，圆折肩，下腹部内收，平底，底部饰有绳纹绳纹，内壁、外壁皆有修整过平行划痕。通高为12.8厘米，口径为10.6厘米，底径为8.7厘米，最大直径为14.8厘米，口沿厚0.7厘米，壁厚0.9厘米，底厚1.2厘米（图2-88，2；图版60）。

1999LQT1M2∶3，敛口罐，夹砂灰褐陶，敛口，圆唇，鼓腹，下腹部向内弧收，平底，素面。通高为11.7厘米，口径为9.2厘米，底径为8.7厘米，最大腹径为13.3厘米，口沿厚为0.3厘米，壁厚1厘米，底厚1.7厘米（图2-88，3；图版48）。

1999LQT2⑤∶31，鬲，夹细砂红褐陶，内含有少量夹蚌粉，器表和内壁都有灰黑色火烧烟熏痕迹，侈口，方唇向外抹斜鼓腹，束颈，分裆袋足，实心锥角，通体交错绳纹。高为23.5厘米，最大腹径为21厘米，壁厚0.8厘米（图2-88，4；图版61）。

1999LQT2H12∶7，鬲足，残，夹砂红褐陶，内夹杂有少量蚌壳粉，器表有灰黑色火烧痕迹，袋足，布满绳纹。通高为31.5厘米，最大直径为17.4厘米，厚1.3~3.2厘米（图2-88，5；图版52）。

1999LQT1③∶17，网坠，夹砂红褐陶，内掺杂有少量蚌壳粉，椭圆形，中部有沟槽，外部布满绳纹。长5.6厘米，直径为2.9厘米，孔径为0.6厘米（图2-88，6；图版68）。

1999LQT2M3∶1，罐，夹砂红褐陶，内掺杂有少量蚌壳粉，敛口，方唇，圆折肩，下腹部内收，平底，器表和内壁都有灰黑色火烧痕迹，颈部以下布满绳纹，底部无纹，底面也饰有绳纹，口沿内壁有修整过平行划痕，器物内壁有两道凸起的制作痕迹。通高为14.4厘米，口径为15.5厘米，底径为9.6厘米，最大直径为19.3厘米，口沿厚0.4厘米，壁厚0.7厘米，底厚1厘米

（图2-89，1）。

1999LQT2M3：2，罐，泥质灰褐陶，敛口，方唇向内抹斜，圆折肩，鼓腹，下腹部内收，平底，素面。通高为17.7厘米，口径为14.8厘米，底径为10.8厘米，最大腹径为19厘米，口沿厚为0.7厘米，壁厚0.8厘米，底厚0.8厘米（图2-89，2；图版41）。

1999LQT2M3：3，罐，夹砂灰陶，内掺杂有少量蚌壳粉，器物内外壁施黑色陶衣，敛口，圆唇，圆折肩，下腹部内收，平底，颈部以下布满绳纹，底部也饰有绳纹，口沿内壁有修整过平行划痕。通高为14.6厘米，口径为19.2厘米，底径为17.2厘米，最大直径为23.1厘米，口沿厚0.5厘米，壁厚0.8厘米，底厚1厘米（图2-89，3）。

1999LQT2M3：4，罐，夹砂红褐陶，内掺杂有少量蚌壳粉，下腹部呈红色，敛口，方唇，圆折肩，下腹部内收，平底，颈部以下布满绳纹，底面也饰有绳纹，口沿内壁有修整过平行划痕。通高为13.5厘米，口径为14.4厘米，底径为9.7厘米，最大直径为17.2厘米，口沿厚0.6厘米，壁厚0.9厘米，底厚1.1厘米（图2-89，4）。

1999LQT2M3：5，罐，夹砂红褐陶，内掺杂有少量蚌壳粉器表有灰黑色火烧痕迹，敛口，圆唇，圆折肩，下腹部向内弧收，平底，颈部以下布满绳纹，底面也饰有绳纹，口沿内壁有修整过平行划痕。通高为14.4厘米，口径为15.5厘米，底径为11.6厘米，最大直径为19.7厘米，口沿厚0.5厘米，壁厚0.8厘米，底厚0.9厘米（图2-89，5）。

1999LQT2M3：6，罐，夹砂灰褐陶，内掺杂有少量蚌壳粉，在下腹部部分为红褐色，器表和内壁都有灰黑色火烧痕迹，侈口，方唇，腹微鼓，平底，颈部以下布满绳纹，底部也饰有绳纹，口沿内壁有修整过平行划痕。通高为15.8~16.3厘米，口径为9.8厘米，底径为9.1，最大直径为13.3厘米，口沿厚0.8厘米，壁厚0.7厘米，底厚1.1厘米（图2-89，6；图版47）。

1999LQT2M5：2，罐，夹砂灰陶，内掺杂有少量蚌壳粉，敛口，方唇，圆折肩，下腹部内收，平底，器表和内壁都有灰黑色火烧痕迹，口沿内壁有修整过平行划痕。通高为14厘米，口径为13.6厘米，底径为8.3厘米，最大直径为18.3厘米，口沿厚0.7厘米，壁厚0.6厘米，底厚

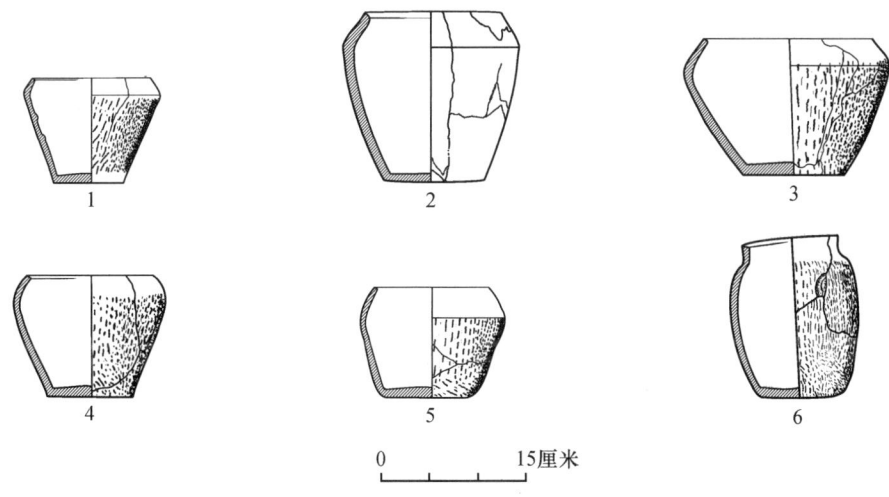

图2-89 后迁义遗址出土陶器（二）

1. 罐（1999LQT2M3：1） 2. 罐（1999LQT2M3：2） 3. 罐（1999LQT2M3：3） 4. 罐（1999LQT2M3：4）
5. 罐（1999LQT2M3：5） 6. 罐（1999LQT2M3：6）

0.9厘米（图2-90，1；图版54）。

1999LQT2M5∶3，罐，夹砂灰陶，内掺杂有少量蚌壳粉，内外壁施黑色陶衣，敛口，方唇，圆折肩，下腹部内收，平底，底部的中部饰有绳纹，口沿内壁有修整过平行划痕。通高为13.9厘米，口径为17.6厘米，底径为11.5厘米，最大直径为20.9厘米，口沿厚0.6厘米，壁厚0.8厘米，底厚1厘米（图2-90，2；图版44）。

1999LQT3M6∶4，罐，夹砂红褐陶，内掺杂有少量蚌壳粉，敛口，方唇，圆折肩，下腹部内收，平底，素面无纹，口沿内壁有修整过平行划痕。通高为14.8厘米，口径为16.4厘米，底径为12.3厘米，最大直径为20.3厘米，口沿厚0.6厘米，壁厚0.7厘米，底厚0.8厘米（图2-90，3）。

1999LQT3M6∶13，鬲，夹砂红褐陶，内夹杂有少量蚌壳粉，器表有灰黑色火烧痕迹，侈口，方唇，口沿向外抹平，口沿处制作不平整，束颈，袋足，口沿以下腹部布满绳纹，足部上也施有绳纹束颈。通高为20.6厘米，口径为14厘米，最大直径为18.4厘米，口沿厚0.8厘米，壁厚1.2厘米（图2-90，4；图版55）。

1999LQT2⑤∶24，盘，泥质灰褐陶，内外壁有灰黑色陶衣，敞口，圆唇，折肩，鼓腹，下腹部向内弧收，台底，下腹部饰有绳纹，周身和底部轮痕。通高为6.7厘米，口径为24.4厘米，底径为12.2厘米，口沿厚为0.5厘米，壁厚0.8~1.2厘米，底厚1.2厘米（图2-90，5；图版59）。

1999LQT3H25∶5，盘，残，夹砂红褐陶，器表有灰黑色火烧痕迹，敞口，方唇，平底，口沿向外抹平，口沿部饰有绳纹，底部布满绳纹。通高为5.8厘米，口径为23.8厘米，底径为18.6厘米，最大直径为24.9厘米，口沿厚0.7厘米，壁厚0.8厘米，底厚0.8厘米（图2-90，6；图版67）。

1999LQT2M7∶3，敛口罐，夹砂灰褐陶，内壁有灰黑色火烧烟熏痕迹，敛口，圆唇，溜肩，鼓腹，下腹部向内弧收，腹部布满交错绳纹，平底，底部有交错绳纹。通高为12厘米，口径为12.2厘米，底径为8.6厘米，最大腹径为14.7厘米，口沿厚0.2厘米，壁厚1.1厘米，底厚1厘米（图2-91，1；图版40）。

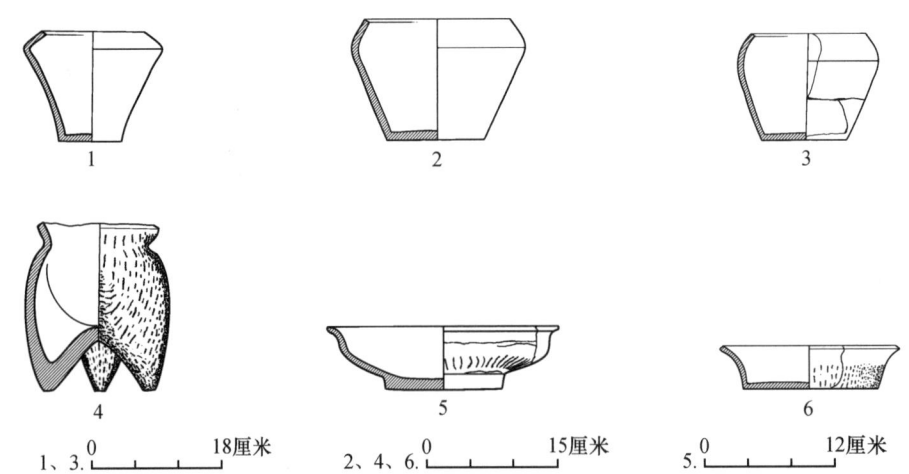

图2-90　后迁义遗址出土陶器（三）

1.罐（1999LQT2M5∶2）　2.罐（1999LQT2M5∶3）　3.罐（1999LQT3M6∶4）　4.鬲（1999LQT3M6∶13）
5.盘（1999LQT2⑤∶24）　6.盘（1999LQT3H25∶5）

1999LQT2M7：4，罐，夹砂灰陶，内掺杂有少量蚌壳粉，敛口，圆唇，圆折肩，下腹部内收，平底，颈部以下布满绳纹，底部也饰有绳纹，口沿内壁有修整过平行划痕。通高为8.3厘米，口径为12.6厘米，底径为10.3厘米，最大直径为14.3厘米，口沿厚0.4厘米，壁厚0.6厘米，底厚0.7厘米（图2-91，2；图版67）。

1999LQT2M7：5，罐，夹砂灰陶，内掺杂有少量蚌壳粉，敛口，鼓腹，平底，口沿部饰有红色网格状彩绘纹饰，颈部以下布满绳纹，底部也饰有绳纹，口沿部有修整过平行划痕。通高为12.8厘米，口径为10.8厘米，底径为9.7厘米，最大直径为14.2厘米，口沿厚0.6厘米，壁厚0.7厘米，底厚0.7厘米（图2-91，3；图版46）。

1999LQT2M7：6，罐，夹砂红褐陶，外有灰黑色陶衣，陶土中夹有少量金色云母，侈口，方唇向内抹斜，口沿外部有刮抹痕迹，溜肩，鼓腹，下腹部向内弧收，近底处有捏制指痕，平底，器表和底部有绳纹，器身围绕三道弦纹。通高为14.7厘米，口径为12.6厘米，底径为9.4厘米，最大腹径为15.5厘米，口沿厚为0.7厘米，壁厚0.8厘米，底厚1.7厘米（图2-91，4；图版62）。

1999LQT3M8：3，罐，底残，夹砂红褐陶，外壁有灰黑色火烧烟熏痕迹，敛口，方唇，溜肩，鼓腹，下腹部向内弧收，平底，表面饰绳纹。通高为12.9厘米，口径为14.5厘米，底径为10.7厘米，最大腹径为16.6厘米，口沿厚为0.6厘米，壁厚0.7厘米（图2-91，5；图版64）。

1999LQT2H32：5，网坠，夹砂红褐陶，内掺杂有少量蚌壳粉，椭圆形，中部有沟槽。长5.3厘米，直径为2.7厘米，孔径为0.7厘米（图2-91，6；图版68）。

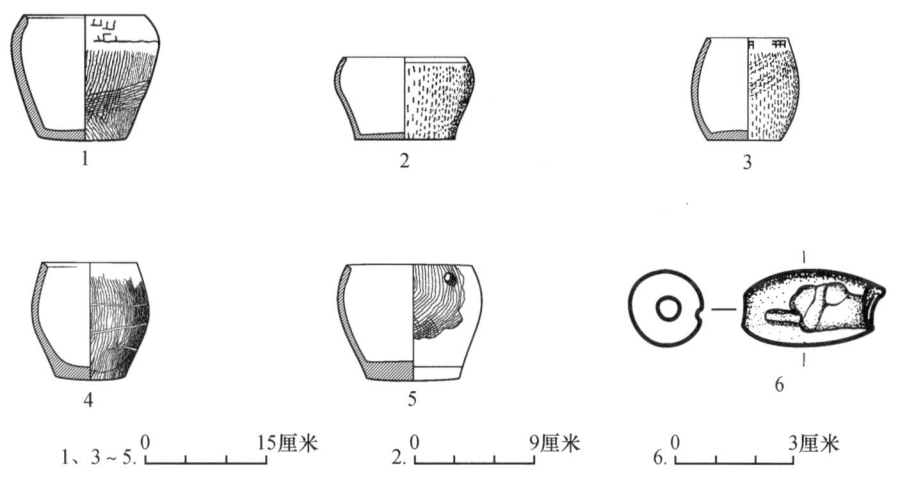

图2-91　后迁义遗址出土陶器（四）
1. 尊形罐（1999LQT2M7：3）　2. 罐（1999LQT2M7：4）　3. 罐（1999LQT2M7：5）　4. 罐（1999LQT2M7：6）
5. 罐（1999LQT3M8：3）　6. 网坠（1999LQT2H32：5）

1999LQT3H33：1，甑箅，圆形，其上残留6个圆孔，圆形，夹砂红褐陶。直径16.6厘米，厚1.5厘米（图2-92，1；图版65）。

1999LQT4F1：2，罐，夹砂红褐陶，器表和内壁都有灰黑色火烧痕迹，口沿部为红褐色，侈口，圆唇，溜肩，鼓腹，下腹部向内弧收，平底，腹部布满绳纹，颈部以下至腹部有三周弦纹，口沿内壁有修整过平行划痕。通高为21.6厘米，口径为13.3厘米，底径为5.8厘米，最大直

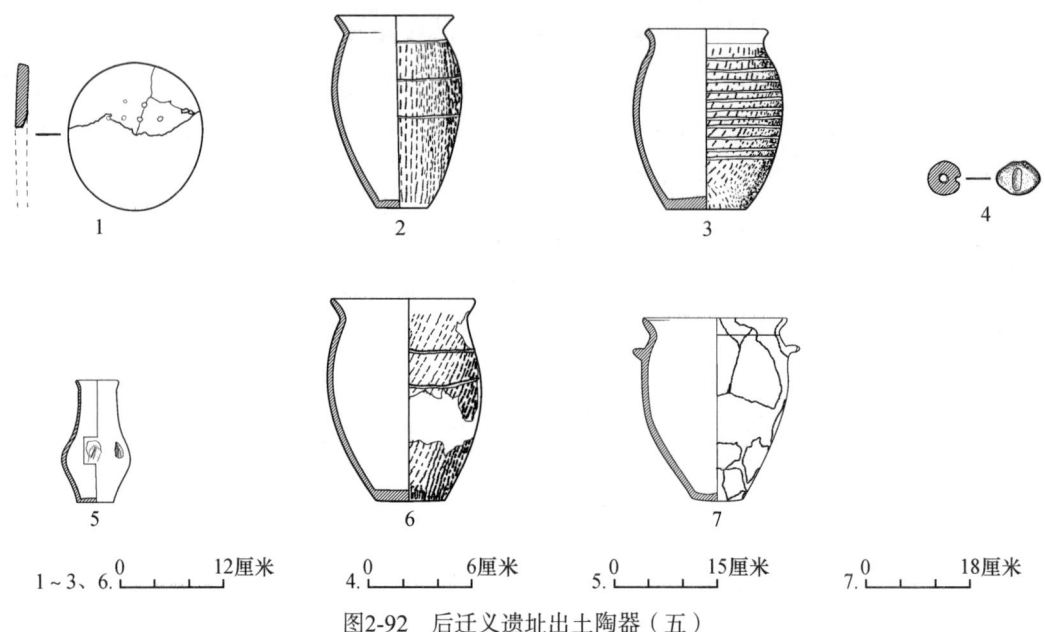

图2-92 后迁义遗址出土陶器（五）

1. 甑箅（1999LQT3H33∶1） 2. 罐（1999LQT4F1∶2） 3. 罐（1999LQT4H17∶37） 4. 网坠（1999LQT5H29∶1）
5. 壶（1999LQT8F1∶6） 6. 罐（1999LQT8F1∶9） 7. 罐（1999LQT8F1∶10）

径为15.1厘米，口沿厚0.6厘米，壁厚0.8厘米，底厚0.9厘米（图2-92，2；图版43）。

1999LQT4H17∶37，罐，夹砂红褐陶，器表和内壁都有灰黑色火烧痕迹，侈口，圆唇，溜肩，鼓腹，下腹部向内弧收，平底，颈部以下布满绳纹，颈部以下至下腹部有十二周弦纹，口沿内壁有修整过平行划痕。通高为20.3厘米，口径为13.4厘米，底径为9.1厘米，最大直径为17.3厘米，口沿厚0.4厘米，壁厚0.5厘米，底厚0.6厘米（图2-92，3；图版67）。

1999LQT5H29∶1，网坠，夹砂红褐陶，内掺杂有少量蚌壳粉，椭圆，中部有沟槽。高2.6厘米，直径为3.5厘米，孔径为0.6厘米（图2-92，4；图版68）。

1999LQT8F1∶6，壶，夹砂灰陶，内掺杂有少量蚌壳粉，侈口，圆唇，高领，鼓腹，有耳已残，平底，素面无纹，外壁有修整过平行划痕。通高为22.5厘米，口径为7.8厘米，底径为6.8厘米，最大直径为13厘米，口沿厚0.5厘米，壁厚0.7厘米，底厚0.8厘米（图2-92，5；图版53）。

1999LQT8F1∶9，罐，夹砂灰褐陶，器表和内壁都有灰黑色火烧烟熏痕迹，口沿部为红褐色，侈口，方唇向外抹斜，溜肩，鼓腹，下腹部向内弧收，平底，腹部布满绳纹，颈部以下至腹部有两道弦纹，首尾错位，口沿内壁有修整过平行划痕。通高为22.7厘米，口径为16厘米，底径为8.5厘米，最大腹径为18厘米，口沿厚为0.5厘米，壁厚0.6厘米，底厚1厘米（图2-92，6；图版42）。

1999LQT8F1∶10，罐，夹砂红褐陶，器表有灰黑色火烧烟熏痕迹，侈口，圆唇鼓腹，下腹部向内弧收，平底，素面，颈部下有两个鸡冠耳。通高为30.8厘米，口径为24.5厘米，底径为9厘米，最大腹径为28.8厘米，壁厚0.7厘米，底厚1厘米（图2-92，7；图版50）。

1999LQ采∶1，钵，泥质红褐陶，器表有灰黑色火烧烟熏痕迹，敞口，方唇向外抹斜，斜直腹，底残，素面。通高为4.5厘米，口径为8.6厘米，底径为5.8厘米，口沿厚为0.7厘米，壁厚

0.7厘米（图2-93，1；图版66）。

1999LQ采：2，钵，夹砂灰褐陶，内外壁有灰黑色火烧烟熏痕迹，侈口，圆唇，溜肩，直腹，平底，素面。通高为5.2厘米，口径为9.8厘米，底径为6.6厘米，最大腹径为11.2厘米，壁厚0.3厘米，底厚0.3厘米（图2-93，2）。

1999LQ采：3，炊器，可能为吹火器，残，夹细砂红褐陶，上部内壁近底处和外壁都有灰黑色烧痕，上部为碗形，敛口，把部近舌形，上下部结合处有磨平和刮割痕迹，把部近中央处有直通碗左壁底部的孔，可能从外部斜穿到内底。残长为11.5厘米，高7.9厘米，最大腹径为8.3厘米，壁厚0.7厘米，孔径0.3厘米（图2-93，3；图版68）。

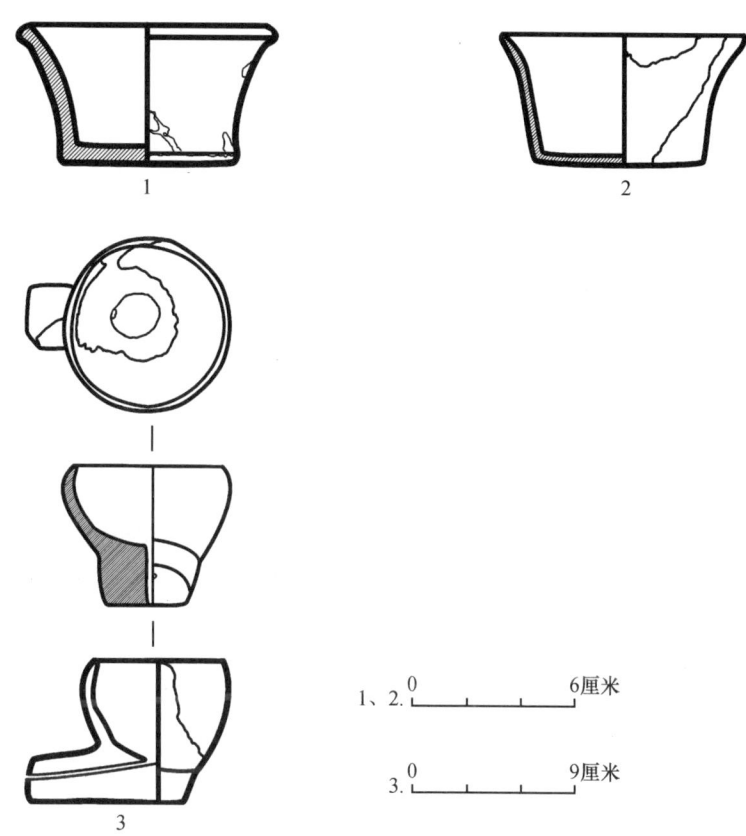

图2-93　后迁义遗址出土陶器（六）
1.钵（1999LQ采：1）　2.钵（1999LQ采：2）　3.炊器（1999LQ采：3）

2001LQT1M2：4，鬲，夹砂灰褐陶，内含有大量夹蚌粉，器表和内壁都有灰黑色火烧烟熏痕迹，口沿部为红褐色，侈口，方唇向外抹斜，连裆锥足，实心锥角，口沿下分布绳纹，部分有交错现象。通高为16.8厘米，口径为14厘米，最大腹径为15.7厘米，口沿厚为0.6厘米，壁厚0.7厘米（图2-94，1；图版45）。

2001LQT1H7：2，网坠，夹砂红褐陶，内掺杂有少量蚌壳粉，椭圆形。长6厘米，直径为2.5厘米，孔径为0.8厘米（图2-94，2；图版68）。

2001LQT1H17：37，网坠，夹砂红褐陶，内掺杂有少量蚌壳粉，椭圆形，中部有沟槽。长6.2厘米，直径为2.9厘米，孔径为0.9厘米（图2-94，3；图版68）。

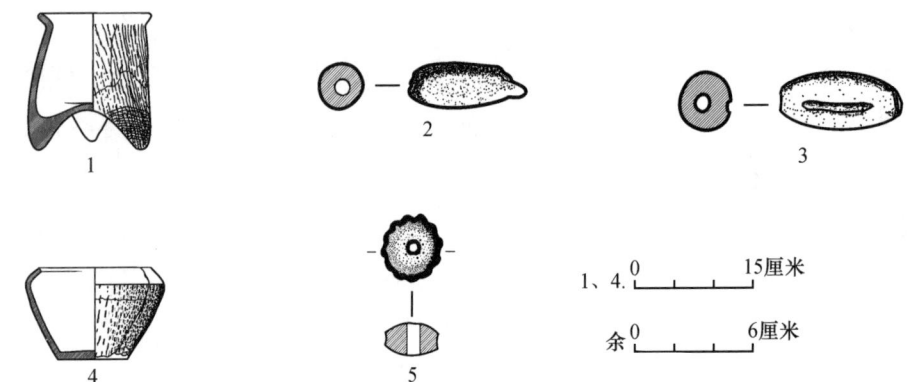

图2-94　后迁义遗址出土陶器（七）
1.鬲（2001LQT1M2：4）　2.网坠（2001LQT1H7：2）　3.网坠（2001LQT1H17：37）　4.罐（2001LQT1③：21）
5.纺轮（2001LQT1H22：1）

2001LQT1③：21，罐（底部为完全修复），夹砂红褐陶，内掺杂有少量蚌壳粉，器表和内壁都有灰黑色火烧痕迹，敛口，方唇，圆折肩，下腹部内收，平底，颈部以下布满绳纹，底面缺失不详，口沿内壁有修整过平行划痕。通高为11.3厘米，口径为14.4厘米，底径为9.8厘米，最大直径为17.8厘米，口沿厚0.6厘米，壁厚0.7厘米，底厚0.9厘米（图2-94，4；图版63）。

2001LQT1H22：1，纺轮，夹砂红褐陶，内掺杂有少量蚌壳粉，厚圆饼形，周围有波浪形凹槽。直径为3.2～3.3厘米，高为1.7厘米，孔径为0.7厘米（图2-94，5；图版68）。

2001LQT1⑥：1，碗，夹砂红褐陶，内夹杂有少量蚌壳粉，敞口，圆唇，斜直腹，台底，素面无纹。通高为5.6厘米，口径为11.2厘米，底径为5.9厘米，最大直径为5.6厘米，口沿厚0.4厘米，壁厚0.5厘米，底厚0.5厘米（图2-95，1）。

2001LQT1⑥：2，碗，泥质灰褐陶，敞口，束颈，折肩，鼓腹，下腹部内收，腹部有两道轮制痕迹，外包底。通高为7.5厘米，口径为13.2厘米，底径为6.8厘米，最大腹径为11.5厘米，口沿厚为0.4厘米，壁厚0.5厘米，底厚1.2厘米（图2-95，2；图版58）。

2001LQT1H39：3，碗，残，夹砂灰陶，内掺杂有蚌壳粉，敞口，圆唇，台底，素面。通

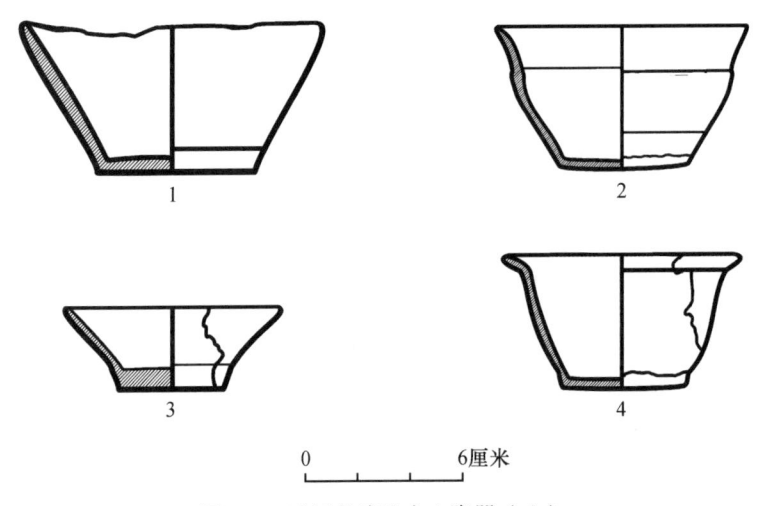

图2-95　后迁义遗址出土陶器（八）
1.碗（2001LQT1⑥：1）　2.碗（2001LQT1⑥：2）　3.碗（2001LQT1H39：3）　4.碗（2001LQT2⑤：3）

高为3.1厘米，口径为8.5厘米，底径为4.1厘米，最大直径为8.5厘米，口沿厚0.2厘米，壁厚0.5厘米，底厚0.7厘米（图2-95，3）。

2001LQT2⑤：3，碗，夹砂红褐陶，内外壁有灰黑色火烧烟熏痕迹敞口，腹微鼓，台底，素面。通高为6.3厘米，口径为11.2厘米，底径为5.7厘米，壁厚0.6厘米，底厚0.8厘米（图2-95，4；图版66）。

2001LQT2H24：3，罐，夹砂灰褐陶，外壁有灰黑色火烧烟熏痕迹，侈口，方唇向外抹斜，溜肩，鼓腹，下腹部向内弧收，台底，素面。通高为16.8厘米，口径为10.2厘米，底径为7.4厘米，最大腹径为11.2厘米，口沿厚为0.7厘米，壁厚0.8厘米，底厚1厘米（图2-96，1；图版49）。

2001LQT3H9：14，网坠，夹砂红褐陶，内掺杂有少量蚌壳粉，椭圆形，中部有沟槽，中间深，两边稍浅呈圆尖状，沟槽中间有数道横向刮痕，似为硬物刮擦痕迹。长8.2厘米，直径为3.5厘米，孔径为0.9厘米（图2-96，2；图版68）。

2001LQT3H25：5，罐，残，泥质灰陶，施有黑色陶衣，器表和内壁都有灰黑色火烧痕迹，侈口，圆唇，溜肩，鼓腹，下腹部向内弧收，平底，器物内壁及外壁有修整过平行划痕。通高为19.4厘米，口径为15.7厘米，底径为6.2厘米，最大直径为17.3厘米，口沿厚0.6厘米，壁厚0.7厘米，底厚0.7厘米（图2-96，3；图版51）。

2001LQT3②：3，网坠，夹砂红褐陶，内掺杂有少量蚌壳粉，椭圆形。长6.7厘米，直径为3厘米，孔径为0.9厘米（图2-96，4；图版68）。

2001LQT1H19：1，鬲，残，夹砂红褐陶，内夹杂有少量蚌壳粉，器表和内壁都有灰黑色火烧痕迹，足部为红褐色，侈口，圆唇，溜肩，鼓腹，实心椎足，平底，颈部以下腹部布满绳纹，足部上也施有绳纹。通高为16.3厘米，口径为10.9厘米，最大直径为11.8厘米，口沿厚0.7厘米，壁厚0.8厘米（图2-96，5；图版66）。

2001LQT4H16：1，甗，上部残，下部较完整。夹细砂红褐陶，内含有大量夹蚌粉，器表和内壁都有灰黑色火烧烟熏痕迹，深腹，束腰，分裆袋足，实心锥角，通体素纹，腰部有一周绳索状附加堆纹。残高为21.4厘米，最大腹径为19.1厘米，壁厚0.6厘米（图2-96，6；图版57）。

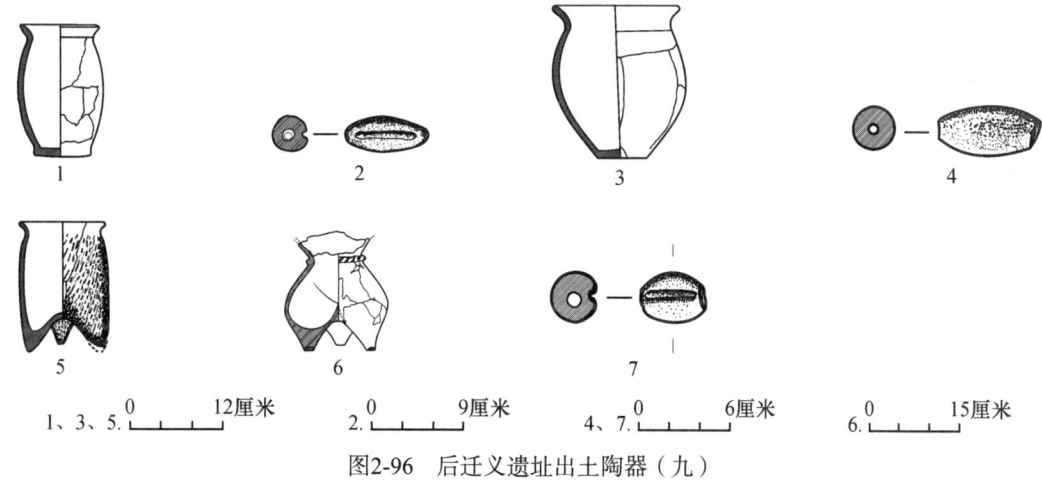

图2-96 后迁义遗址出土陶器（九）

1. 罐（2001LQT2H24：3） 2. 网坠（2001LQT3H9：14） 3. 罐（2001LQT3H25：5） 4. 网坠（2001LQT3②：3）
5. 鬲（2001LQT1H19：1） 6. 甗（2001LQT4H16：1） 7. 网坠（2001LQT4H16：15）

2001LQT4H16：15，网坠，夹砂红褐陶，内掺杂有少量蚌壳粉，椭圆形，中部有沟槽，沟槽内痕迹较深，应为烧制前用木棒等坚硬的工具所制。长4.3厘米，直径为3.1厘米，孔径为0.8厘米（图2-96，7；图版68）。

2001LQT4H16：16，网坠，夹砂红褐陶，内掺杂有少量蚌壳粉，椭圆形，中部有沟槽。长4.1厘米，直径为2.9厘米，孔径为0.6厘米（图2-97，1；图版68）。

2001LQT4H16：10，陶拍，夹砂红褐陶，外有灰黑色陶皮，内掺杂有少量云母粉，拍面侧壁有交错绳纹。拍面长8.3厘米，高6.6厘米（图2-97，2；图版68）。

2001LQT4H40：8，网坠，夹砂红褐陶，内掺杂有少量蚌壳粉，椭圆形。长3.9厘米，直径为2.6厘米，孔径为0.6厘米（图2-97，3；图版68）。

2001LQT4③：24，纺轮，夹砂红褐陶，内掺杂有少量蚌壳粉，厚圆饼形。直径为3.4～3.6厘米，高为2.3厘米，孔径为0.5厘米（图2-97，4；图版68）。

2001LQ采：1，石斧，残，琢磨，长条形，剖面呈近长方形，双面刃，在上部留有半个穿孔痕迹，在刃部有使用过痕迹。长6.9厘米，刃宽5厘米（图2-98，1）。

2001LQ采：2，石刀，残。长13.3厘米（图2-98，2；图版68）。

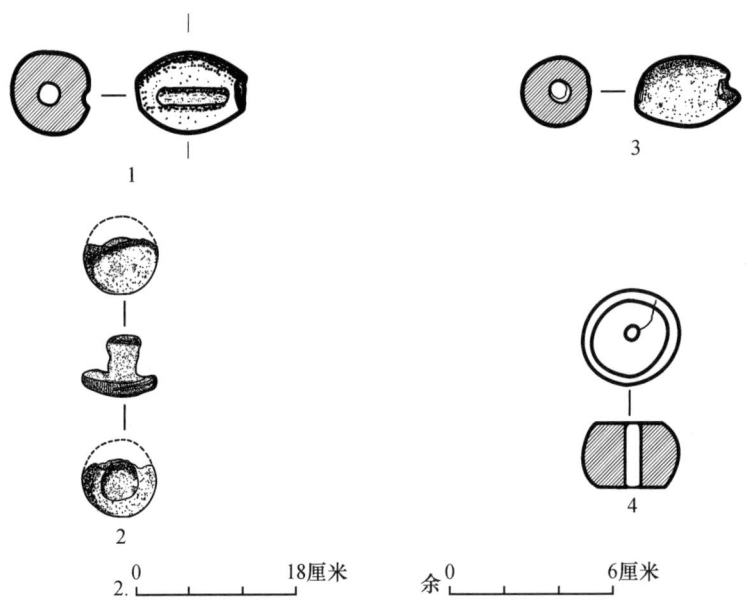

图2-97　后迁义遗址出土陶器（十）
1.网坠（2001LQT4H16：16）　2.陶拍（2001LQT4H16：10）　3.网坠（2001LQT4H40：8）　4.纺轮（2001LQT4③：24）

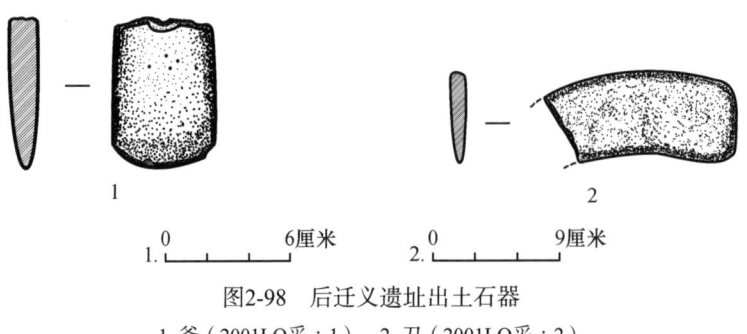

图2-98　后迁义遗址出土石器
1.斧（2001LQ采：1）　2.刀（2001LQ采：2）

六十五　滦州庵子山遗址

1. 遗址概况

庵子山遗址位于滦州市油榨镇迷谷村南庵子山南侧台地上（图2-99），东西长约80米，南北宽约50米，面积约4000平方米（图版69）。遗址地理状况为北高南低，梯田断面可见厚约0.3米的文化层，地表采集标本见有石斧、鬲足、器物口沿、腹片、器底等。陶质以夹砂陶为主，泥质陶次之，陶色多灰褐陶少量灰陶及红褐陶，器表纹饰以绳纹为主，少量划纹、压印纹、附加堆纹等。烧成火候相对较高，可辨器型见有鬲、罐、盆、甗等。根据遗存物特征确定该处为商代遗址。

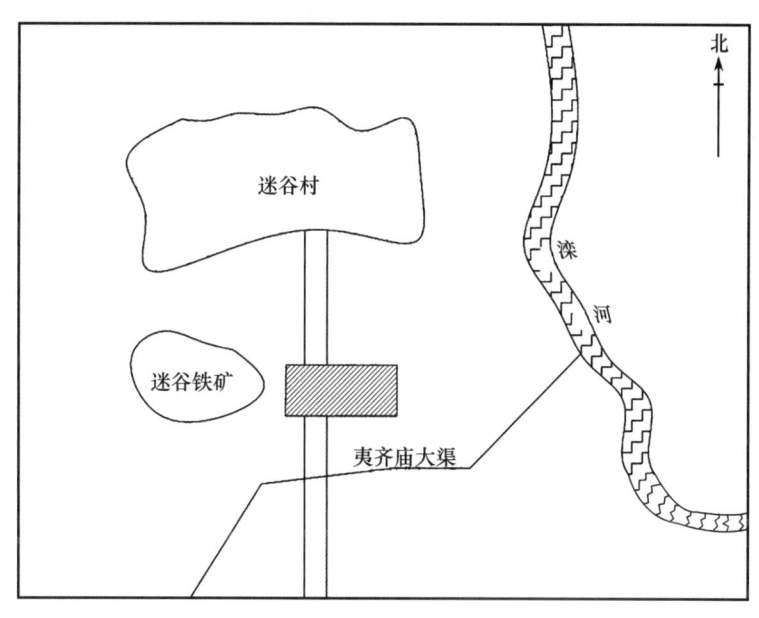

图2-99　庵子山遗址位置示意图

2. 采集遗物

LZAZS1，石斧，砂岩质，呈黄褐色，通体磨制刃部有使用痕迹。长15.2厘米，宽6.4厘米，厚4.9厘米（图2-100，1；图版70）。

LZAZS2，器底，残，夹砂红褐陶，平底斜腹，外部纹饰腐蚀不清。残高约2厘米，残宽约7.3厘米，厚约0.5厘米，根据其底部弧度推测其底径约为15厘米（图2-100，2；图版70）。

LZAZS3，陶豆柄，残，夹砂黄褐陶，上宽下窄，上部为实心，下部为空心，深0.9厘米。通高3.7厘米，宽6.1厘米（图2-100，3；图版70）。

LZAZS4，鬲足，呈喇叭状，残，夹砂红褐陶，实心，顶面向右上方倾斜约15°，外表纹饰侵蚀严重，模糊不清。残高约7.6厘米，残宽约5.9厘米，厚为2.2～5.3厘米（图2-100，4；图版70）。

LZAZS5，鬲足，残，夹砂黄褐陶，通体绳纹，磨损严重，下部为实心，上部空心，残缺较多。壁厚1厘米，通高7厘米，宽4.6厘米（图2-100，5；图版70）。

LZAZS6，口沿，残，夹砂黄褐陶，外壁为灰黑色，宽平沿，内外壁都起棱，口沿比器壁厚，器表无纹饰，素面。通高4.9厘米，宽6.3厘米，口沿厚度1.8厘米，壁厚0.9厘米（图2-100，6；图版70）。

LZAZS7，口沿，残，夹砂黄褐陶，外壁颜色呈灰黑色，圆唇，器表无纹饰，素面。通高3.3厘米，宽4.7厘米，壁厚0.6厘米（图2-100，7；图版70）。

LZAZS8，陶片，残，夹砂红褐陶，器表施绳纹，磨损较严重，自上而下壁由薄变厚。上部厚1厘米，下部壁厚1.2厘米，通高7.1厘米，宽7厘米（图2-100，8；图版70）。

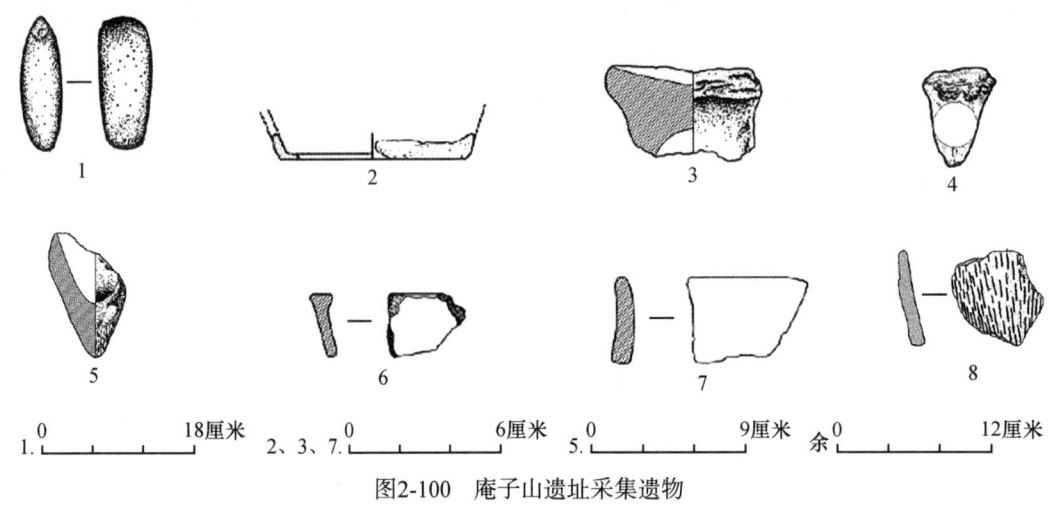

图2-100　庵子山遗址采集遗物

1. 石斧（LZAZS1）　2. 器底（LZAZS2）　3. 陶豆柄（LZAZS3）　4. 鬲足（LZAZS4）　5. 鬲足（LZAZS5）
6. 口沿（LZAZS6）　7. 口沿（LZAZS7）　8. 陶片（LZAZS8）

六十六　滦州老站村西遗址

老站村西遗址位于滦州市滦城街道办事处老站村西约50米的一块平地上（图2-101），南北宽90米、东西长140米，大体呈不规则长方形，面积约为12600平方米。遗址西靠新站，北依横山，东隔老站为滦河主河道，南面为小面积冲积平原，为滦河西岸第三台地，文化层深0.3～0.5米。

1989年12月，对该遗址做了详细调查，采集有细绳纹红陶片、细绳纹夹砂红褐陶片、素面夹砂灰陶片等，大部分胎较厚重，烧成温度较高。

虽然遗址处于台地，但其他地表土层为沙土，流动性大，四周未见裸露断层，无法观察文化层具体层位、内涵等，只能根据钻探所得资料和地表采集标本推断。

另根据当地群众反映，该遗址曾有石铲、石斧出土，也有"鱼骨盆"（夹蚌红陶釜）片，此次调查未发现石器。

依据采集的标本和钻探资料推断，该遗址为商周时期遗址。

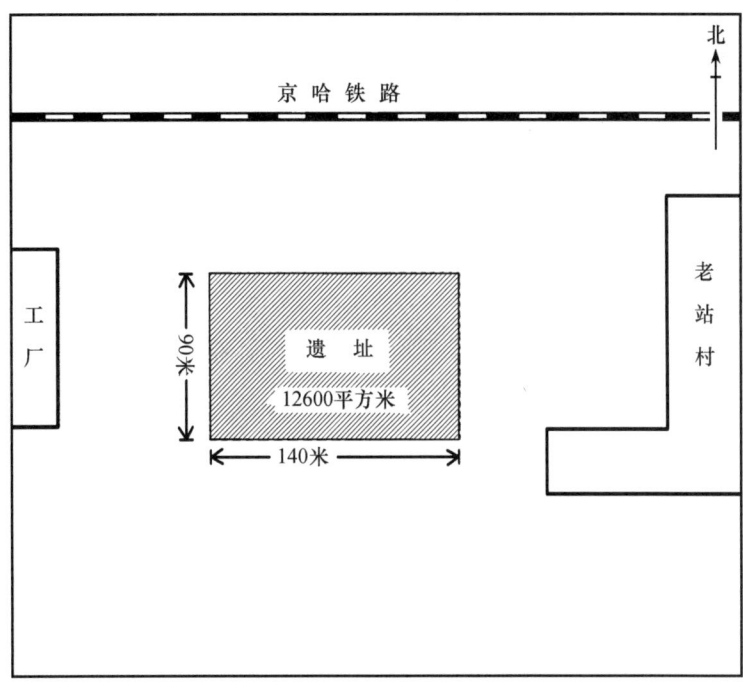

图2-101　老站村西遗址位置示意图

六十七　滦州鼻子地遗址

象鼻子地遗址位于滦州市油榨镇郑庄村东北约500米处（图2-102），原郑庄乡中学西北的台地上，其北侧有一条田间小路。路北多沙丘，西面为取土场，与高家山相隔一条冲积沟相望，东侧地势平缓，西北为丘陵，遗址位于台地北侧，台地高出地面约10米，南北走向，东西长约80米，南北宽约40米，面积约3200平方米。

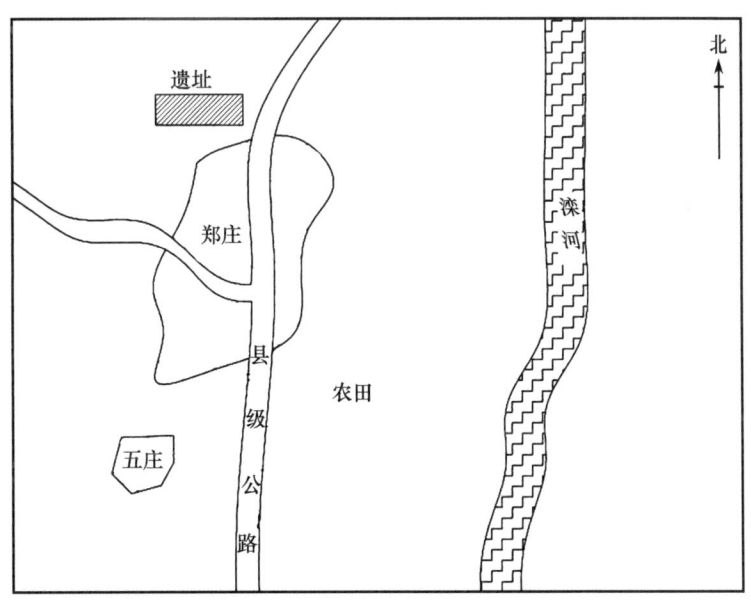

图2-102　象鼻子地遗址位置示意图

由于自然破坏严重，遗址所暴露遗物较少，遗址西侧断面可判断文化层约为0.3米，并有被严重破坏的墓葬两处。

采集遗物有陶片，陶质以夹砂红陶为主，部分夹砂灰褐陶和黑皮红陶。器表除素面外，还有绳纹，可辨器型有罐、盆等。

从遗物的质地推测，该遗址时代为商代。

六十八　滦州孙薛营西北遗址

1. 遗址概况

孙薛营西北遗址在首阳山下北侧，分布于滦州市油榨镇孙薛营村的北、西两面（图2-103）。部分压在民房下。其北面与滦河之间为起伏的沙土地，西侧有一小水库，夷齐庙大渠南北向穿过遗址南部。东西长100米，南北宽120米，面积约19200平方米（图版71）。

台地的北侧有明显的文化层，距地表深0.2米，文化层厚0.5米，西南角有灰坑，深约1米，土呈深黑色，内有大量陶片，此侧还发现有骨架，墓圹不清，地表散落大量的陶片和少量石器。

采集物主要为陶片和少量的石器，陶片以泥质灰陶、夹砂（夹云母粉）红陶居多，器表除素面外，多饰较粗的绳纹，可辨器型有鬲、豆、罐、盆、瓮、纺轮及陶饼，石器有1件石斧。

据群众反映，此处以前有城墙，从采集的遗物看，灰陶仿青铜鼎（图版74、图版75）、豆（图版72、图版73、图版76、图版77）、灰陶高柄豆、宽折沿罐（夹云母粉）具有典型的战国时期的特点，推测此遗址时代为战国时期。现遗址部分地区已被建民房、夷齐庙大渠破坏。

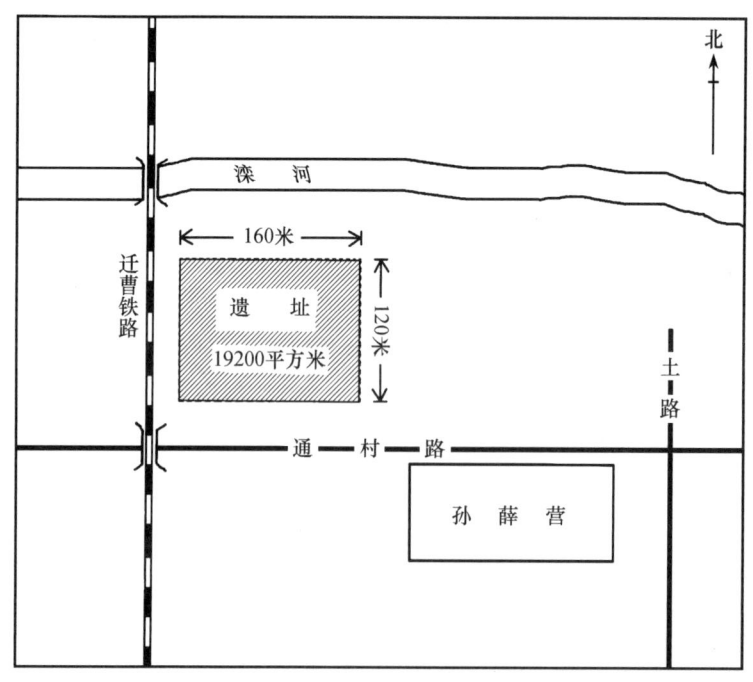

图2-103　孙薛营西北遗址位置示意图

2. 采集遗物

鼎足，蹄形足，残，夹细砂灰黑陶，内夹杂大量蚌壳粉。通高13.7厘米，宽6.8厘米（图2-104，1；图版78）。

鼎足，蹄形足，残，夹细砂灰黑陶，内夹杂大量蚌壳粉。通高12.4厘米，宽5.4厘米（图2-104，2；图版78）。

鼎足，蹄形足，夹细砂灰黑陶，内夹杂有大量蚌壳粉。通高12.6厘米，宽5.5厘米（图2-104，3；图版78）。

鼎口沿和鼎耳，残，夹砂灰黑陶，尖圆唇，器表饰有圆圈纹，圆圈被8等分，每隔一份饰有戳印的点纹。口沿厚0.4厘米，器壁厚0.6厘米（图2-104，4；图版78）。

鼎口沿和鼎耳，残，夹砂灰黑陶，内夹杂大量蚌壳粉，尖圆唇，器表饰有圆圈纹，圆圈被8等分，每隔一份饰有戳印的点纹。唇厚0.4厘米，壁厚0.6厘米，通高8.1厘米，宽14厘米（图2-104，5；图版78）。

口沿，残，夹砂灰黑陶，内夹杂大量蚌壳粉。器表饰有圆圈纹，圆圈被8等分，每隔一份饰有戳印的点纹。复原口径为17.8厘米，器物最大径为20.5厘米，口厚0.6厘米（图2-104，6；图版78）。

铺首衔环，残，夹砂灰黑陶，纹饰复杂但精细。通高6.9厘米，宽6.8厘米（图2-104，7；图版78）。

鼎足，蹄形足，残，夹砂灰黑陶，内夹杂有大量蚌壳粉。通高16.1厘米，宽12.6厘米，壁厚1.1厘米（图2-104，8；图版78）。

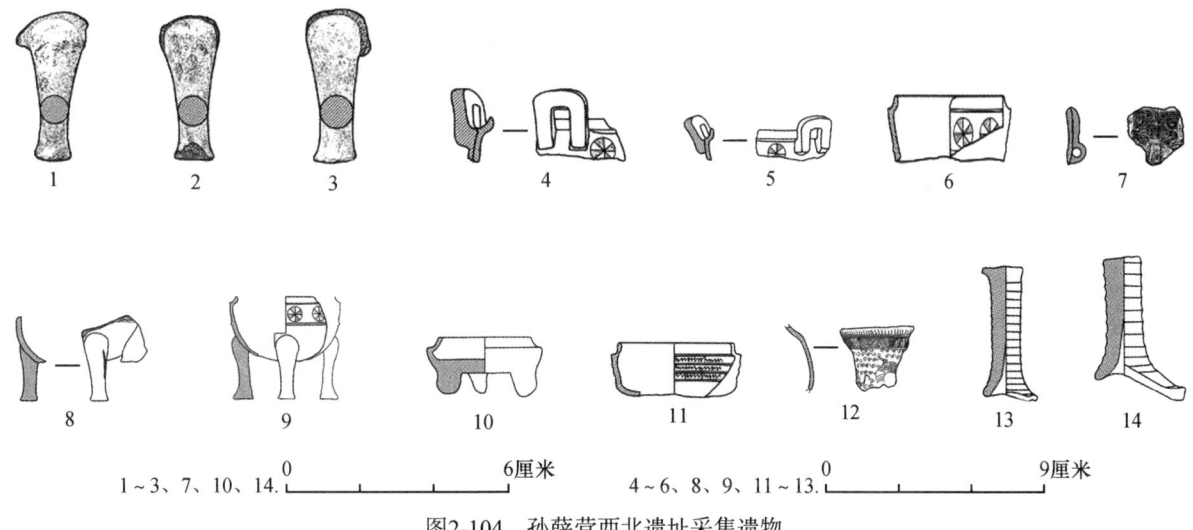

图2-104 孙薛营西北遗址采集遗物
1.鼎足 2.鼎足 3.鼎足 4.鼎口沿和鼎耳 5.鼎口沿和鼎耳 6.口沿 7.铺首衔环 8.鼎足 9.鼎足和口沿 10.鼎 11.口沿 12.壶领 13.豆柄 14.豆柄

鼎足和口沿，残，夹砂灰黑陶，内夹杂大量蚌壳粉，圆唇，最大径下方饰有圆圈纹，每个圆圈被分为8等分，各等分之间交叉饰有戳印的点纹，圆圈纹之下为一圈附加堆纹，其上也戳印有点纹。复原口径20厘米，高20.2厘米，最大径22.5厘米，口部厚0.5厘米（图2-104，9；图版78）。

鼎，完整，夹砂灰黑陶，口为子母口，应该还缺失一个鼎盖。口径为11.5厘米，最大径为14.4厘米，通高为7.3厘米，口沿厚0.5厘米，底厚1.7厘米（图2-104，10；图版75）。

口沿，残，夹砂灰黑陶，内夹杂大量蚌壳粉，宽平沿，器身有四条凸弦纹，将器身上半部分划分为三个部分，三个部分饰有连续的折线纹。复原口径17.2厘米，最大径20.2厘米（图2-104，11；图版74）。

壶领，残，夹砂灰黑陶，内夹杂大量蚌壳粉，器表龙纹和云纹相间分布，其下为折线纹，其间有一条弦纹隔开，折线纹下有三条弦纹，弦纹之下为水波纹。复原器物的最大口径为21.2厘米，残高12.5厘米，宽14.7厘米，壁厚0.8厘米（图2-104，12）。

豆柄，残，夹砂灰黑陶，内夹杂大量蚌壳粉。通高20.8厘米，宽8.8厘米（图2-104，13；图版78）。

豆柄，残，夹砂灰黑陶，内夹杂大量蚌壳粉。通高16.5厘米，宽11.1厘米（图2-104，14；图版78）。

六十九　滦州钓鱼崖遗址

钓鱼崖遗址位于滦州市油榨镇孙薛营村南首阳山偏东约800米的高台地上（图2-105），面积4000平方米。台地高出周围地面10~12米，北面是断崖，其他三面有斜坡，平面呈东西向长条形，上面有几条南北向雨水冲刷的壕沟。台地在滦河由西向南的转弯处，河床宽约1千米，地表有大量砾石，靠近河床部分的土质内含沙量较大。

在台地东西两侧发现有细石器，上层的南断面上发现有断断续续的文化层，距地表深0.3米，厚约0.4米，文化层土色浅灰，内含少量陶片，西侧有瓦砾堆积层，厚0.5米。石器多为细小的石叶、石片、石核，多呈绿、紫、白、黑四色，另有石凿、网坠等磨制石器。陶器的陶质以夹砂红陶（部分内夹云母粉）和泥质灰陶为主，器表除素面外，多饰较粗的绳纹，少量饰压印波浪纹、锥刺点纹、附加堆纹等，主要器型有罐、豆、盆和筒瓦、板瓦等。

从采集物来看，陶片中有几片厚胎、外表饰波浪纹的夹砂红陶罐底，很可能相当于新石器时期赵宝沟文化。遗址西侧的瓦砾层是明清时期夷齐庙建筑遗存，遗址内涵丰富。

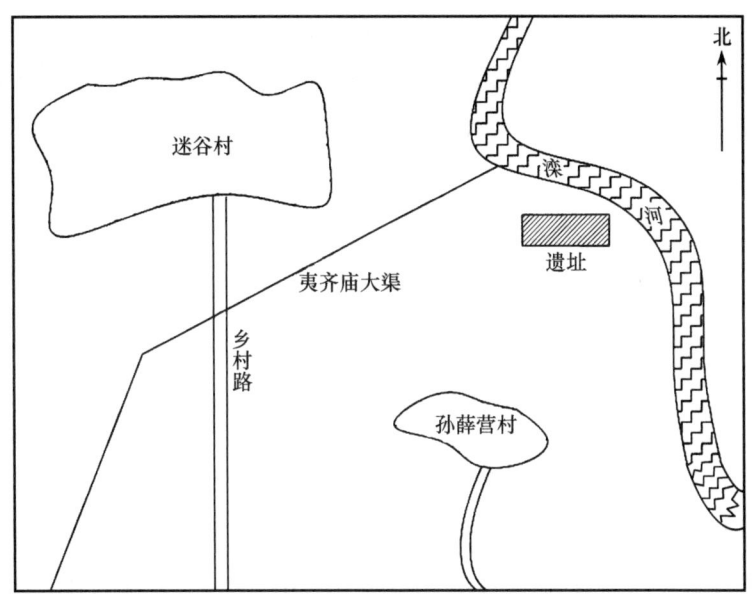

图2-105 钓鱼崖遗址位置示意图

七十 滦州候庄村西北遗址

候庄村西北遗址位于滦州市油榨镇候庄村西北向1200米处较低洼的台地上（图2-106），紧邻东西向夷齐庙石头渠，向北1700米为滦河，西侧距夷齐庙土渠500米，南面地势低洼。台地土质为黄土，含有一定量的细沙，现遗址上建有砖厂，破坏严重。遗址东西长120米，南北宽180米，面积21600平方米。

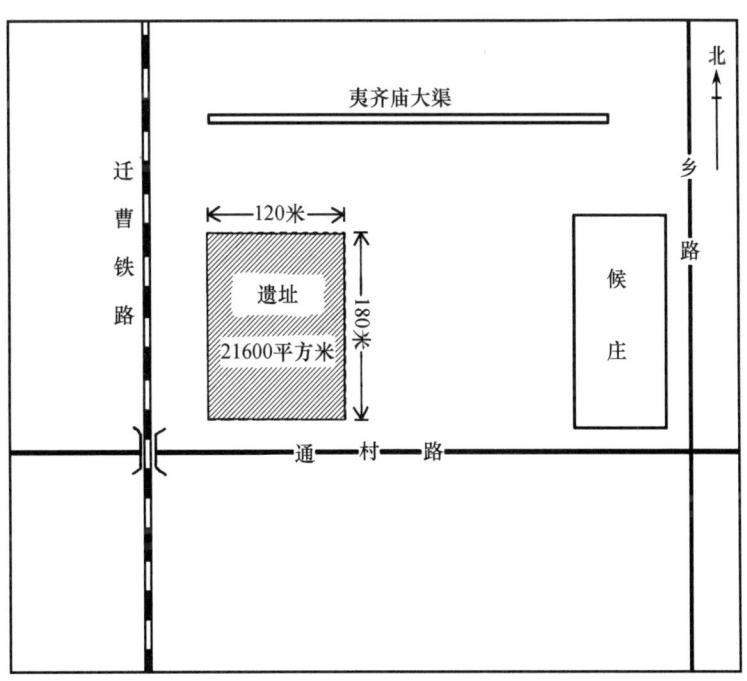

图2-106 候庄村西北遗址位置示意图

砖厂几个取土处留下的断面可见0.4米厚的灰土文化层，距地表0.7米，在砖厂的中央剩有一条长25米，宽0.7米，高0.4米的灰土台，土质坚硬，可看出层次，没有任何杂质。

采集物均为陶器，典型物有泥质灰陶鼓腹平底弦纹罐、盘形素面器盖、卷沿方唇弦纹盆等，制作细腻，规整。

七十一　迁西贺家山遗址

1. 遗址概况

贺家山遗址位于迁西县罗家屯镇长岭峰村西800米贺家山上（图2-107），遗址分布于整个山体上，南北长90米，东西宽70米，大体呈半弧形，面积约为6300平方米。据当地文物部门资料，该遗址为1988年铁选厂挖排水沟时发现，当时文化层厚1.2米，文化层中所含遗物以陶鬲残片为主，鬲足为实心，夹砂红褐陶口沿为圆唇直口、腹部施满绳纹，除此之外还发现有两件陶罐底部残片，陶质和陶色与鬲相同，以及一件陶纺轮残片，现在其地表未发现遗存物痕迹。

从采集标本来看，该遗址文化内涵单一，为商代遗址。

1992年迁西县人民政府公布其为县级文物保护单位。

1998年底，迁西县文管所划定了保护范围及其建设控制地带。

1998年6月26日唐山市人民政府公布其为第二批市级文物保护单位。

2001年2月7日被河北省人民政府公布为第四批省级文物保护单位。

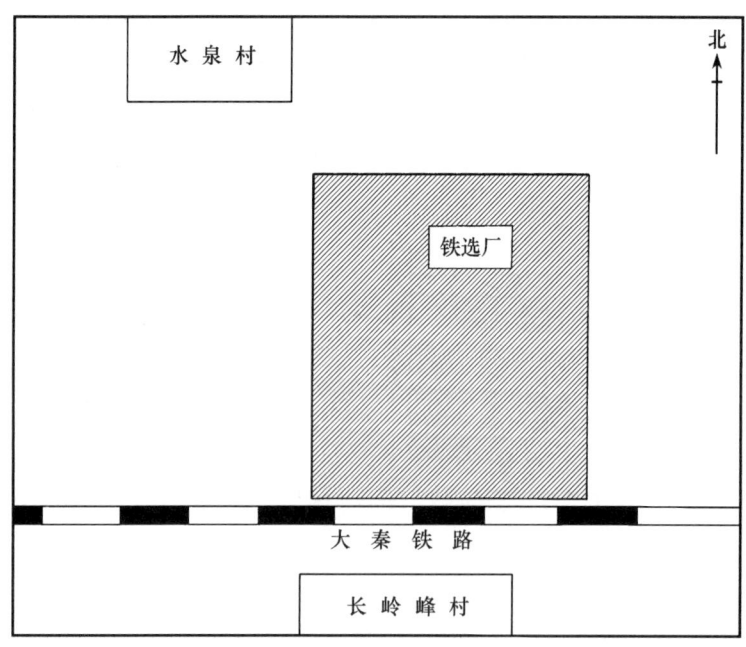

图2-107　贺家山遗址位置示意图

2. 采集遗物

88HJS01，鬲足，残，夹砂红褐陶，锥体，器表有烧过的灰黑色痕迹和杂质，遍布绳纹，从剖面看颜色为灰色，实心。深大约1厘米，通高为7.68厘米，宽为3.14厘米，壁厚0.85厘米（图2-108，1；图版79）。

89HJS02，鬲足，残，夹砂黄褐陶，器表饰有绳纹，已被磨损得看不清。该鬲足的制作方法有点特殊，从断面来看，应该是先制作"内芯"，并且内芯上也饰有绳纹，之后在外面包裹一层，达到增厚增高的作用，外面也饰有绳纹。通高8.6厘米，宽10.1厘米。壁厚薄不均，约为0.9厘米（图2-108，2；图版79）。

88HJS03，器足，呈锥形，残，夹砂红褐陶，实心，表面约二分之一破损，上方可见少量连接位置残余，外饰少量绳纹。残高约7.8厘米，残宽约5.5厘米，厚2.3~4.3厘米（图2-108，3；图版79）。

88HJS04，口沿，残，夹砂黄褐陶，器表饰戳印纹。长约10厘米（图2-108，4；图版79）。

89HJS04，口沿，残，夹砂红褐陶，素面，敞口，圆唇。复原口径为13.6厘米（图2-108，5；图版79）。

88HJS05，陶片，口沿：残，夹砂陶，器壁内外均有轮制加工的痕迹，口沿部堆积有若干绳纹，内掺杂有少量蚌壳粉，整体呈轻度弯曲状。宽7.4厘米，通高4.3厘米，壁厚0.5厘米（图2-108，6；图版79）。

88HJS06，口沿，残，夹砂黄褐陶，素面。长约8厘米（图2-108，7；图版79）。

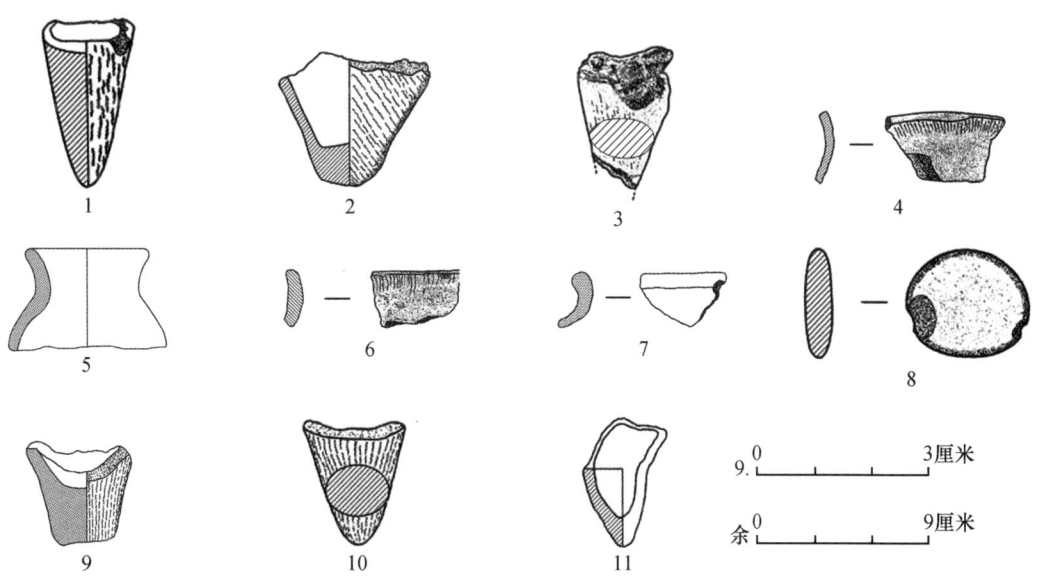

图2-108 贺家山遗址采集遗物
1. 鬲足（88HJS01） 2. 鬲足（89HJS02） 3. 器足（88HJS03） 4. 口沿（88HJS04） 5. 口沿（89HJS04）
6. 陶片（88HJS05） 7. 口沿（88HJS06） 8. 石网坠（88HJS07） 9. 鬲足（88HJS08） 10. 鬲足（88HJS09）
11. 鬲足（88HJS10）

88HJS07，石网坠，完整，器物左右两端各有一个小缺口，疑似达到更好的捆绳作用。通高4.8厘米，宽5.7厘米，厚1.2厘米（图2-108，8；图版79）。

88HJS08，鬲足，残，夹砂红褐陶，内夹杂少量蚌壳粉，器表有绳纹。通高5.6厘米，宽5.9厘米（图2-108，9；图版79）。

88HJS09，鬲足，残，夹砂红褐陶，器表饰绳纹，已经模糊不清。通高6.5厘米，宽5.5厘米（图2-108，10；图版79）。

88HJS10，鬲足，残，夹砂灰黑陶，为一个空心足，器表无纹饰。通高7.9厘米，宽5.3厘米，壁厚0.6厘米（图2-108，11；图版79）。

七十二　迁西照燕洲遗址

照燕洲遗址位于迁西县兴城镇照燕洲村西南，现已被民房占压（图2-109），东南有一处废砖窑址，东距迁遵公路100米，南距村民房100米左右，南北向冲出一条大沟，将其分成两部分，遗址处于一处高地上，全部被沙土覆盖。此遗址南北长250米，东西宽300米，面积为75000平方米。

沙土覆盖的照燕洲遗址没有任何遗迹，遗物较少，暴露的陶片碎小，只能辨别其质地、纹饰和颜色，难辨器型，陶器质地疏松，初步推定为商周至战国时期遗址。

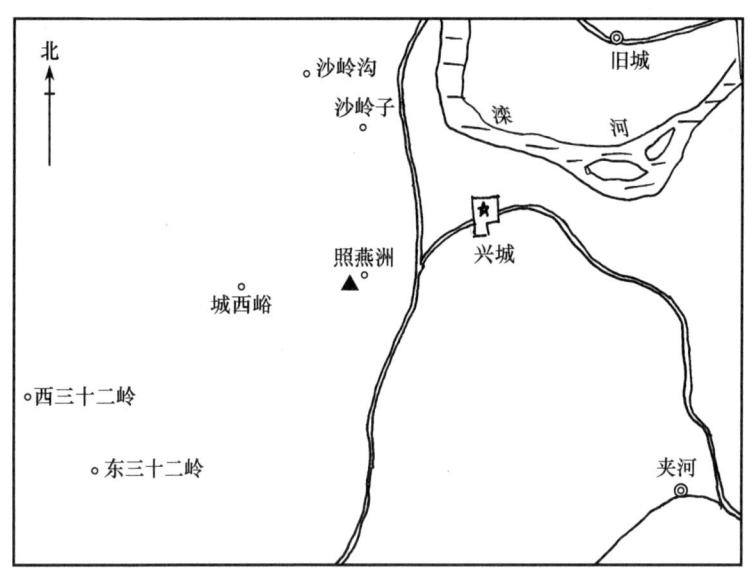

图2-109　照燕洲遗址位置示意图

七十三　迁西马家峪遗址

1989年7月14日迁西县文管所对其进行调查，采集有石器、陶片、鬲足等。2007年"三普"未做统计，已消失。现将"二普"记录简介如下：

马家峪遗址位于迁西县城东偏北25千米（图2-110），太平寨镇南刘古庄村西南三公里的张石匠沟南岭山头上。四面环山、南面距蚂蚁河1000米，高出现有水位置15米，地表种植作物有谷子、白薯等农作物。遗址南北长100米，东西长200米，面积约20000平方米。陶器分泥质、夹砂两大类，夹砂占70%，个别陶片表面施有绳纹，石器有刮削器、石凿，陶器可辨器型有鬲等。根据采集遗物特征，初步断定马家峪遗址属夏商时期文化遗存。

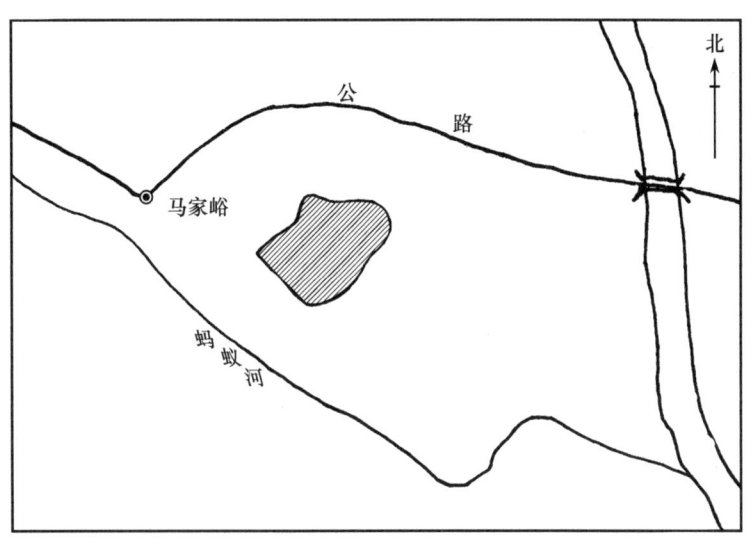

图2-110　马家峪遗址位置示意图

七十四　迁西沙岭沟遗址

沙岭沟遗址位于迁西县白庙子镇沙岭沟村北50米处（图2-111），西南两面为燕山山脉，北300米处有滦河支流沙河，东150米左右有引滦入唐渡槽。整个遗址东西长200米，南北宽150米，面积约为30000平方米。遗址为多年淤积的沙岗，暴露遗物较为丰富。采集石器有石斧、石凿、石杵、刮削器、石网坠和敲砸器，采集陶片大多细碎，难以区分其器物类型。

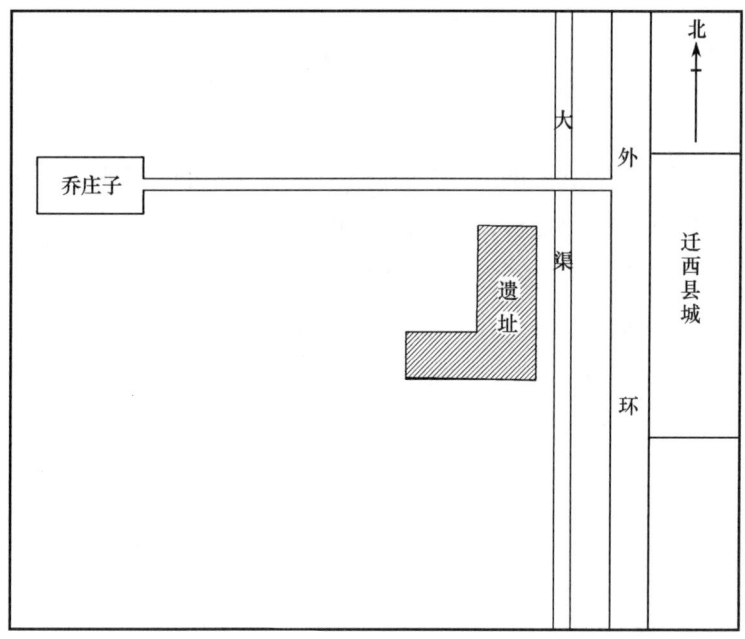

图2-111 沙岭沟遗址位置示意图

七十五 迁西沙岭子遗址

沙岭子遗址位于迁西县栗香街道办事处沙岭子村西150米左右，南150米有一条无名小溪，东距迁西公路250米，西距沙岭子西山500米（图2-112）。此遗址西北高，东南低，呈半圆形，东西长400米，南北宽250米，面积约为100000平方米。由于多年的风沙掩盖，遗物暴露不多。仅就采集陶片来看，陶色上可分为灰、红两种，从质地上可分为夹砂、夹蚌和泥质三种，纹饰有方格纹、粗绳纹、附加堆纹和弦纹四种，从制作方法上分为手制和轮制，可辨器型有鼎等。遗址的年代为商周时期。

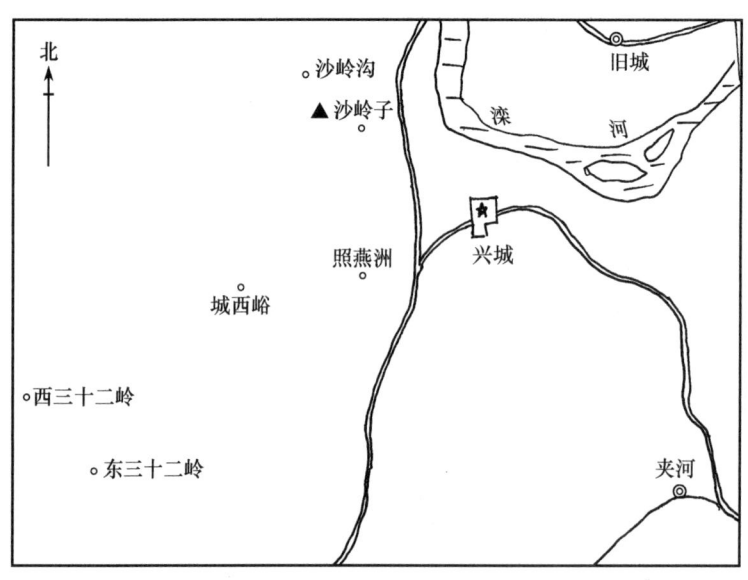

图2-112 沙岭子遗址位置示意图

七十六　迁西白马山遗址

白马山遗址位于迁西县兴城镇新立庄村南150米白马山南坡上（图2-113），东西长80米，南北宽60米，面积约4800平方米，呈坡状分布。在遗址地表曾发现石斧、石磨棒等石器和红陶罐口沿、夹砂红陶片、布纹瓦等遗物，年代为商周时期。该遗址东侧紧邻县城，已被开发为西山公园，整体保存较差。

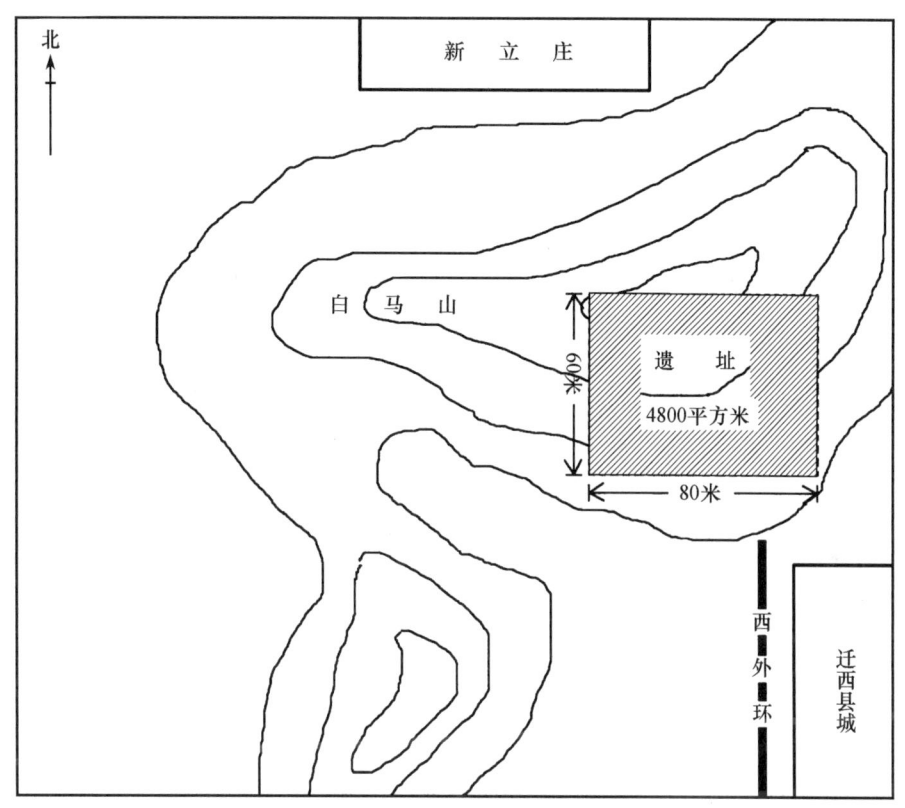

图2-113　白马山遗址位置示意图

七十七　迁西白龙山遗址

白龙山遗址位于迁西县兴城镇西河南寨村西北白龙山上（图2-114），遗址主要分布在白龙上西坡靠近滦河一线上。遗址呈坡状分布，南北长200米，东西宽50米，面积10000平方米。在遗址上发现文化层，厚1.5米，采集有绳纹红陶陶片、绳纹红褐陶片、素面红陶鬲足等标本，年代为商代。该遗址内涵丰富，村民在遗址上建房，对遗址破坏较严重。

山坡台地上采集陶片较多，但陶片较破碎，可辨器型有鬲、盆、罐，陶质均为夹砂陶，呈红褐色，纹饰主要为绳纹，大部分绳纹已脱落，并有少量的素面和附加堆纹。

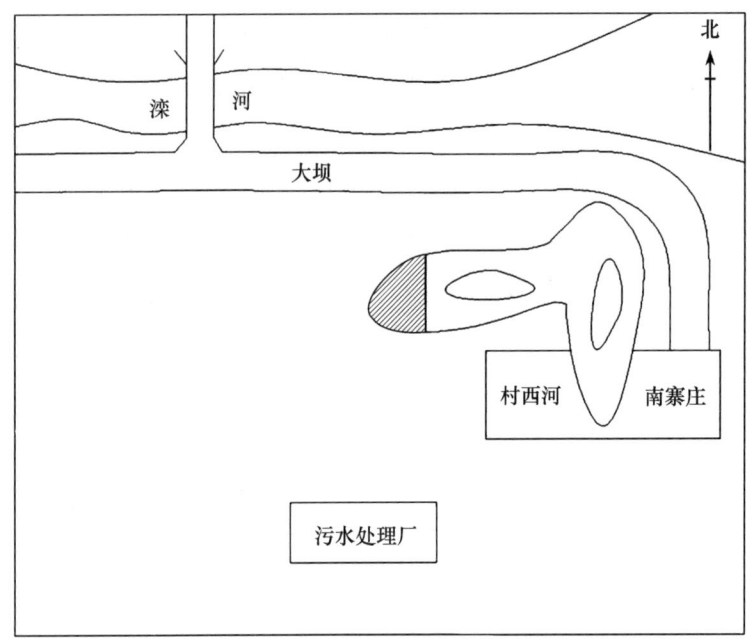

图2-114　白龙山遗址位置示意图

七十八　迁西兴城镇东遗址

兴城镇东遗址位于迁西县兴城镇东800米山梁南坡一台地上（图2-115），西南距白唐公路200米，北距滦河河道1500米，东北600米处为一处废弃的磷肥厂，南300米为明堂沟村。遗址所在台地为东北高西南低的缓坡，南北长约40米，东西宽约30米，分布面积约1200平方米。遗址地表发现有文化堆积，暴露石磨棒、石磨盘、石片、石核、夹砂红陶、夹蚌红陶等遗物，其中部分夹砂红陶片较薄，掺云母粉。陶器可辨器型有罐等，采集标本石器有石磨盘、石核、石片，陶器有夹砂红陶鍪，夹砂红陶口沿、罐底、夹蚌红陶片等，纹饰不清（图版80、图版81）。根据采集标本特征判断，该遗址为商周时期遗址。

七十九　迁西城西峪遗址

城西峪遗址位于迁西县兴城镇城西峪村西南1.1千米山顶东侧的平台上（图2-116），距山顶约10米，遗址北距东沟峪村1.1千米，东北距新立庄2千米，东北距滦河河道约5千米。遗址南北长约10米，东西宽约30米，分布面积约300平方米（图版82）。遗址内有南北向高低分布的台地4阶，每一阶落差1~1.5米，台地边缘用毛石垒砌，年代不详。遗址地表暴露石铲、夹砂红陶，由于采集标本尺寸较小，无法辨别器型和纹饰，采集标本有夹砂红陶口沿和夹砂红陶片等。根据采集标本特征判断，该遗址为商代遗址。

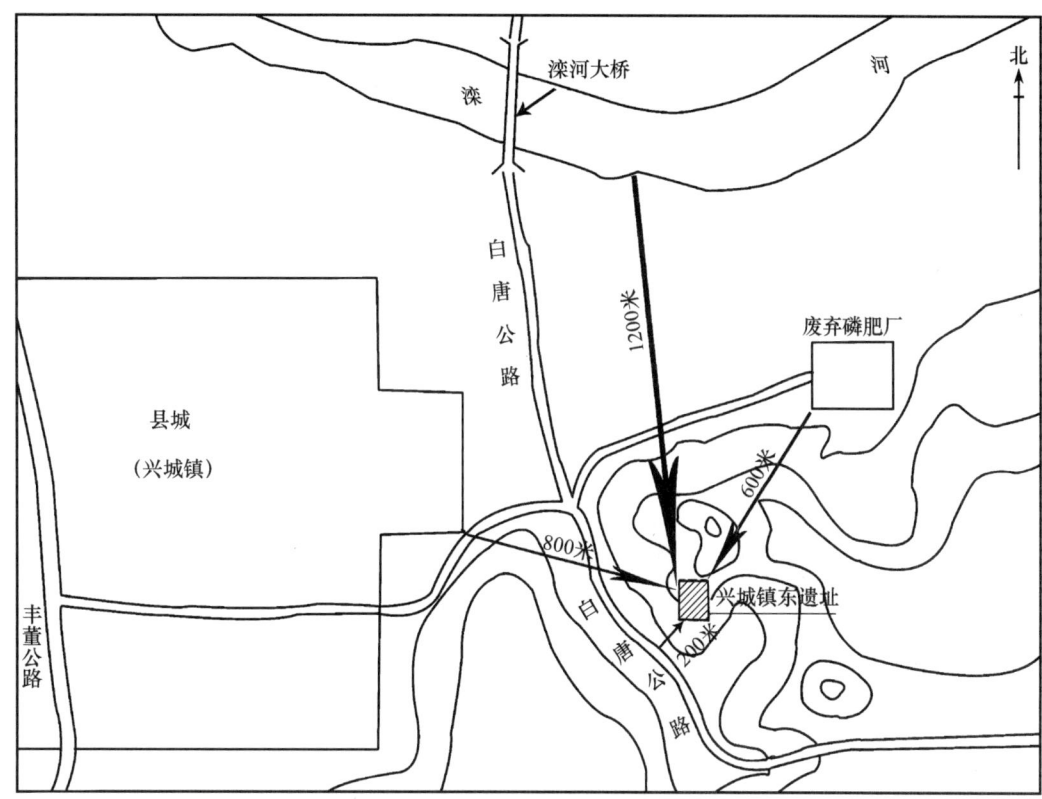

图2-115 兴城镇东遗址位置示意图

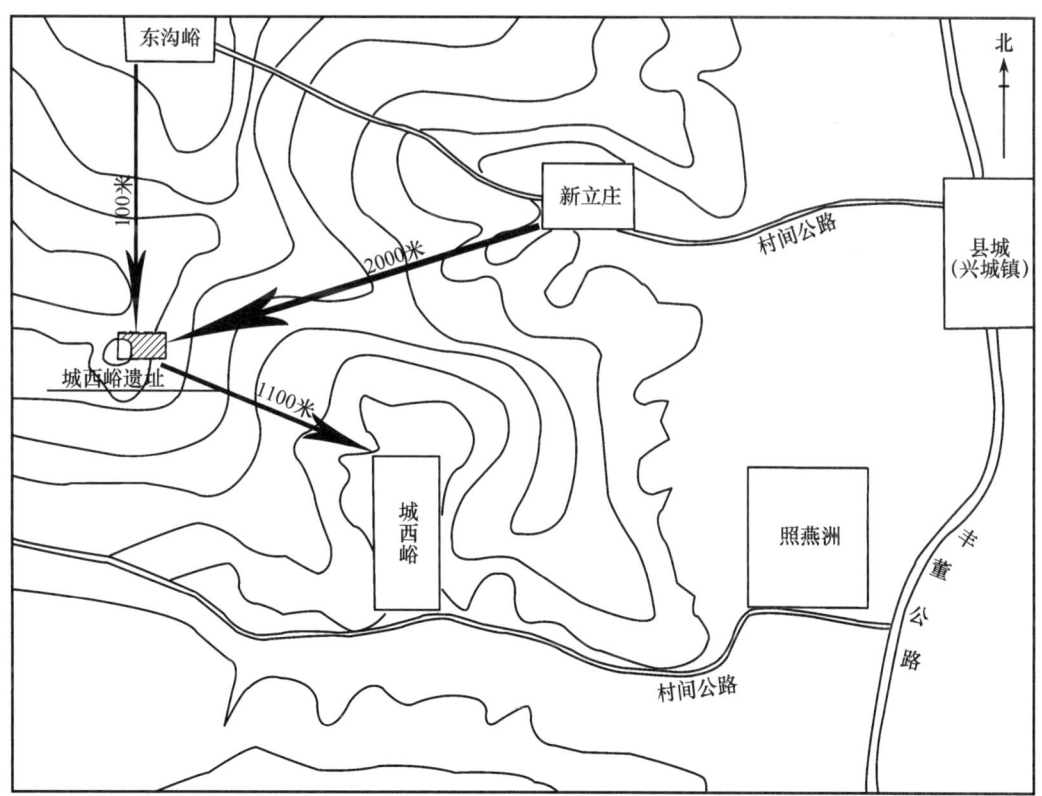

图2-116 城西峪遗址位置示意图

二普资料记载：遗址位于迁西县兴城公社城西峪村西北五华里，当地称为白崖子盖的小山顶部及周围的山坡上。1971年，当地社员在山坡平整土地时，发现一件磨光的石斧，同时发现陶纺轮和残陶片。坡地断层显示文化层厚0.5～0.6米，其下为深度不清的黄土层。遗址面积南北长约200米，东西宽约50米，陶片大多出自黑土和黄土之间，这里共采集陶片22片，其中夹砂红陶3片，泥质灰陶4片，纹饰以细绳纹为主（11片），可辨器型有鬲足1个、口沿1个（图版83）。

八十　迁西大店子北遗址

大店子北遗址位于迁西县东荒峪镇大店子村北300米山顶平台上（图2-117），东距长河河道约1.5千米，南距滦河河道约2.5千米，东距连接大店子至大寨的水泥公路约300米，东北距王庄子村约700米，西南500米有一条季节河。遗址地势略呈缓坡，分为南、北两个平台，高差约1米，东西长约40米，南北宽约30米，分布面积约1200平方米（图版84）。遗址内现种有栗子树，未种树的地方杂草丛生。遗址内未见文化层，地表暴露遗物多为夹砂红陶，采集标本有鬲足、口沿及残片。由于风化较为严重，大部分标本纹饰无法辨认，可辨纹饰有弦断篦纹、绳纹等，可辨器型有鬲等。根据采集标本特征判断，该遗址为商代遗址。

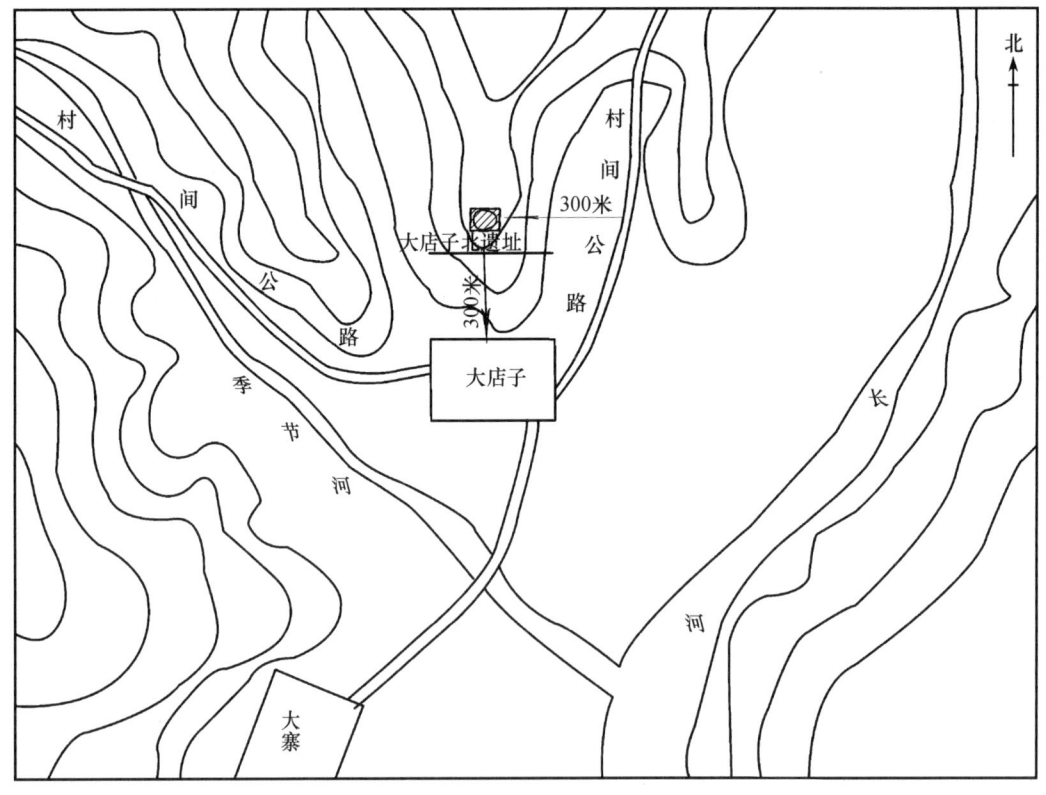

图2-117　大店子北遗址位置示意图

八十一　滦南东庄店遗址

1. 遗址概况

东庄店遗址位于滦南县胡各庄镇东庄店村西北50米台地上（图2-118），故得名，上面建有胡各庄粮库北库。该遗址系1981年为配合县粮食局基建，河北省文研所首次对此处进行调查，发现石铲、石斧和石镰等标本，确定遗址年代为商代。1983年，滦南县文化馆和河北省文物研究所对该遗址进行了大面积的发掘。发现遗址文化层分为四层，早期文化层遗物有陶器，以夹砂红褐陶、夹砂红陶为主，还有少量的有云母碎屑的陶片，主要器型有鬲、盆、瓮、纺轮、鼎、豆、网坠等。石器有石斧6件，石镰3件，石铲3件。骨器有刀1件，针1件。晚期文化层遗物有陶器，其陶质、器型和纹饰与早期基本相同，其夹砂灰褐和夹砂灰陶增多，夹砂红褐陶和夹砂红陶减少，不见细泥磨光黑陶，纹饰不见细绳纹、方格纹和篮纹，素面磨光的器物减少。

从遗址出土陶、石器型制及纹饰作风上看，既含有燕山以北夏家店下层文化因素，又有中原商文化特征。值得注意的是，这个遗址所含龙山文化因素较多，如早期陶器中有相当多的胎红表黑的夹砂黑陶和一定数量的细泥磨光黑陶器型，外表修饰以素面、磨光较多，纹饰中有较多的细绳纹、篮纹、方格纹。器型中有小口高颈黑陶罐、敞口黑陶盆，腹部饰有几周箍状堆纹的瓮、折腰盆、尊等，都与唐山大城山、昌平雪山、邯郸涧沟、磁县下潘汪等龙山文化遗址相接近。所以，这个遗址无疑为早期中原商文化、夏家店下层文化和山东冀南等地的龙山文化的关系提供了新的资料。

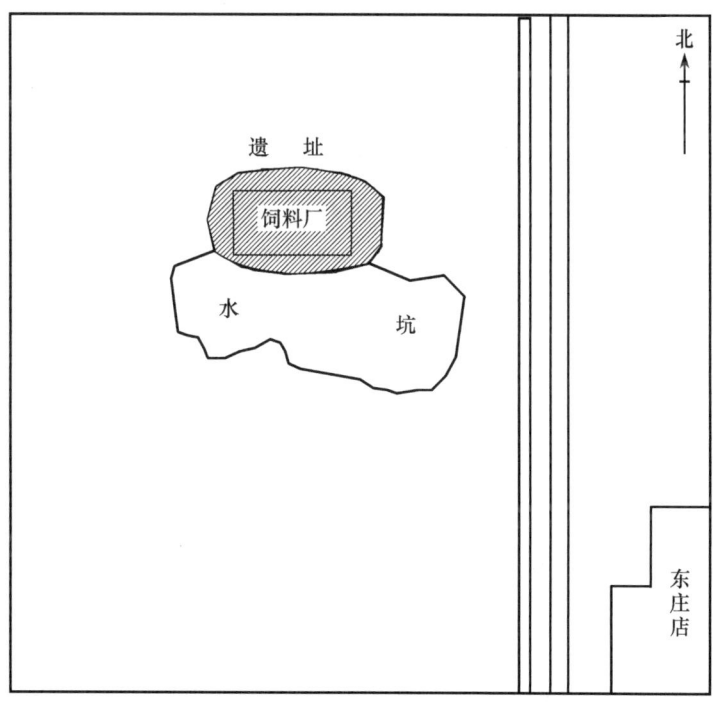

图2-118　东庄店遗址位置示意图

目前，遗址东西长151米，南北宽125米，面积18875平方米，在遗址南边缘发现文化层，厚0.4米，采集有泥质灰陶和夹砂红陶等残片，其中泥质灰陶部分印有绳纹，部分为素面，夹砂红陶纹饰大部分为绳纹。2008年被河北省人民政府公布为第五批省保单位。

2. 遗物

滦店T1③：1，石斧，琢磨，长条形，剖面呈近长方形，中部有对钻穿孔。长6.1厘米，宽6.5厘米（图2-119，1；图版85）。

滦店T1③：61，甗腰，残片，夹砂红褐陶，外壁为灰褐色，内夹杂有少量蚌壳粉，纹饰有绳纹、弦纹和附加堆纹，不同绳纹区之间被弦纹隔开，附加堆纹上附加戳印有涡纹。通高4.47厘米，宽4.77厘米，壁厚0.56厘米（图2-119，2；图版85）。

滦店T1③：108，陶片，残，夹砂灰黑陶，内夹杂有大量蚌壳粉，通体饰横竖相间的篮纹。通体高6.2厘米，宽7.2厘米，壁厚0.7厘米（图2-119，3；图版85）。

滦店T2②：40，器耳，残，泥质灰陶，素面。残高约4.5厘米，残宽约6厘米，厚度约0.7厘米（图2-119，4；图版85）。

滦店T2②：100，陶片，残，夹砂陶，外壁内壁都为灰黑色，纹饰有附加堆纹和弦纹。通高10.4厘米，壁厚0.72厘米（图2-119，5；图版85）。

滦店T2③：81，陶片，口沿，残，夹砂灰陶，敞口，方唇，饰有抹平过的绳纹。通高为5.2厘米，宽为4.1厘米，口沿厚0.6厘米，壁厚0.4厘米。经过对口沿的比对，器物口径约为25.2厘米（图2-119，6；图版85）。

滦店T2③:83，陶片，鋬耳，残，夹砂红褐陶，上有灰黑色火烧痕迹，耳部呈方棱凸起，其上部有五个深涡纹。通高5.6厘米，宽9.6厘米，上壁厚0.4厘米，下壁厚0.6厘米，鋬耳长7.9厘米，厚1.8厘米（图2-119，7；图版85）。

滦店T3①：67，口沿，残，夹砂红褐陶，外层有灰黑色陶衣；口沿外层饰有绳纹和压印痕迹，方唇、直口、斜腹，器表饰有密集绳纹。残高约7.5厘米，残宽约13.2厘米，口沿厚约1厘米，器壁厚约0.6厘米，计算可知口沿半径大约为6.6厘米（图2-119，8；图版85）。

滦店T3①：68，甗腰残部，夹砂红褐陶，内夹杂有大量蚌壳粉，有火烧痕迹，直口，圆唇，饰有涡纹。通高为5.2厘米，宽为9.2厘米，壁厚0.8厘米（图2-119，9；图版85）。

滦店T3①：69，陶片，钵或碗的残片，灰陶，轮制，直口，圆唇，口部素面磨光，腹部有平行密集的绳纹。通高为9.5厘米，宽为7.5厘米，厚约为0.7厘米（图2-119，10；图版85）。

滦店T3③：109，腹部残片，夹细砂，内部为灰褐色，外部为黑褐色，上部为素面，中部有类似于绳纹的凸弦纹，下部有近乎平行的压印纹。通高11.14厘米，宽为10.02厘米，厚为0.92厘米（图2-119，11；图版85）。

滦店T4①：45，鬲足，残，夹砂陶，外壁灰黑色，内壁颜色斑驳不一，有红褐色和灰黑色，通体饰有绳纹。通高8.1厘米，壁厚0.8厘米（图2-119，12；图版85）。

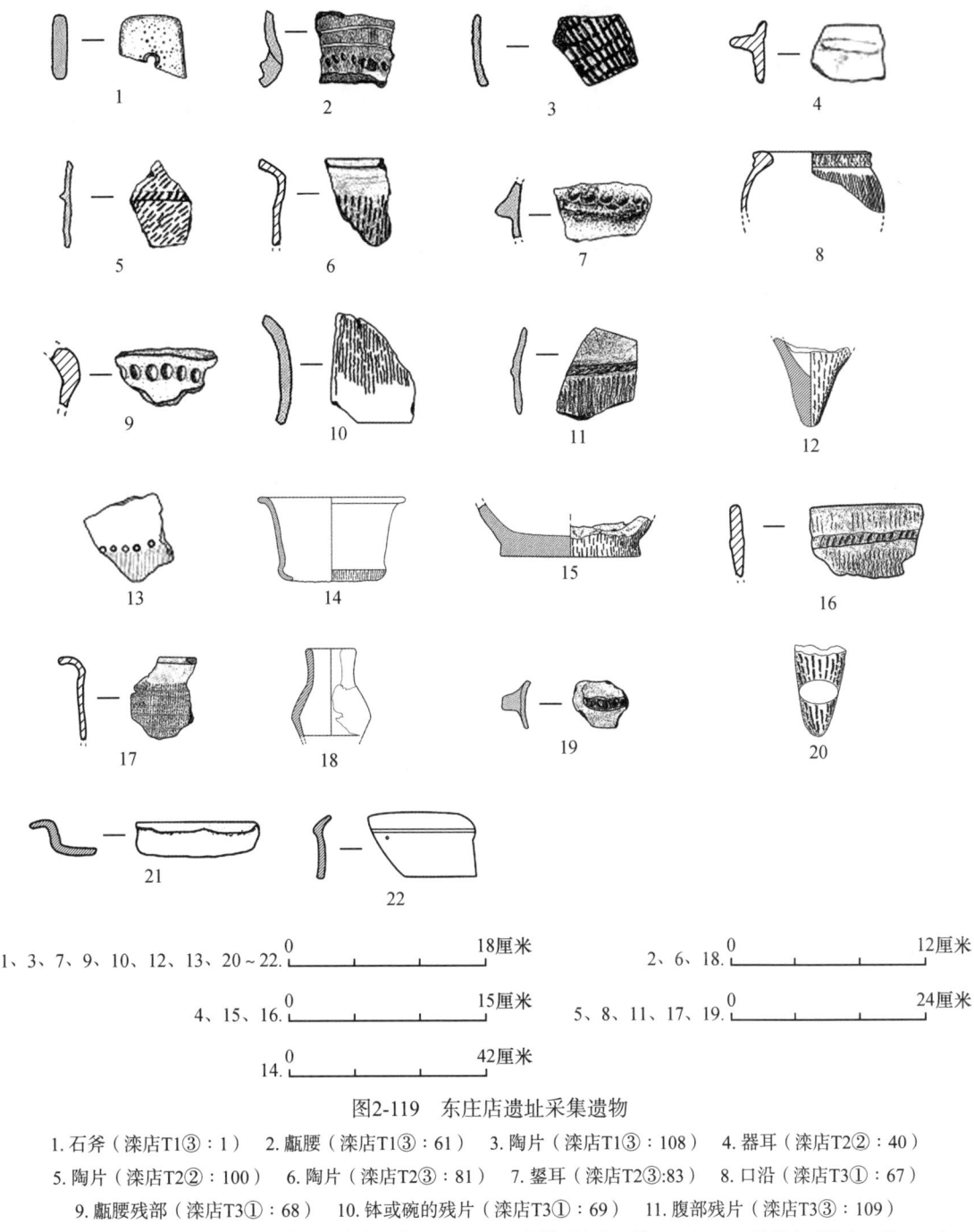

图2-119 东庄店遗址采集遗物

1.石斧（滦店T1③∶1） 2.甗腰（滦店T1③∶61） 3.陶片（滦店T1③∶108） 4.器耳（滦店T2②∶40）
5.陶片（滦店T2②∶100） 6.陶片（滦店T2③∶81） 7.鋬耳（滦店T2③∶83） 8.口沿（滦店T3①∶67）
9.甗腰残部（滦店T3①∶68） 10.钵或碗的残片（滦店T3①∶69） 11.腹部残片（滦店T3③∶109）
12.鬲足（滦店T4①∶45） 13.陶片（滦店T4①∶99） 14.陶罐（滦店T5②∶38） 15.陶器底（滦店T5②∶51）
16.陶片（滦店T5②∶52） 17.陶片（滦店T5②∶54） 18.壶残片（滦店T5②∶56） 19.鋬耳（滦店T5②∶57）
20.鬲足（滦店T5②∶58） 21.口沿（滦店T5②∶59） 22.口沿（滦店无号）

滦店T4①：99，陶片，夹砂灰陶，下部饰细绳纹，中部有五个戳印柱。壁厚约0.5厘米（图2-119，13；图版85）。

滦店T5②：38，陶罐，残，夹砂红褐陶，圆唇，口沿以下无纹饰，素面，接近底部的部分有折腹，折腹上饰绳纹。复原口径为27.4厘米，壁厚1厘米（图2-119，14；图版85）。

滦店T5②：51，陶器底，残，夹砂，器表为红褐色，施绳纹，内壁颜色斑驳不均，一边为红褐色，一边为灰黑色，平底近圆。底厚1.1厘米，直径约为7.5厘米，器壁厚0.5厘米，通宽9.5厘米，通高2.9厘米（图2-119，15；图版85）。

滦店T5②：52，陶片，口沿，残，夹砂红褐陶，内夹杂有大量蚌壳粉，直口，圆唇，口沿下饰有抹平过的绳纹，中部为附加堆纹上饰有向右倾斜45°的平行戳印纹饰。通高为5.6厘米，宽为9.2厘米，口沿厚1厘米，壁厚0.8厘米。器物复原口径约为25.2厘米（图2-119，16；图版85）。

滦店T5②：54，陶片，口沿，残，夹砂黄褐陶，内夹杂有大量蚌壳粉，敞口，圆唇，口沿下部饰有细绳纹及六周弦纹。通高为9.8厘米，宽为8.1厘米，口沿厚1厘米，壁厚0.7厘米，器物复原口径约为25.2厘米（图2-119，17；图版85）。

滦店T5②：56，壶残片，夹细砂黑灰陶，残片近乎包含器口至器底，微敞口、圆唇、溜肩、垂腹，素面，口沿至腹部最大径处磨光，最大径以下腐蚀较严重。残高约5.4厘米，残宽约2.4厘米，唇部厚约0.4厘米，腹部厚约为0.6厘米；内部有轮制痕迹测量推知整个壶口径约4厘米，颈径约3厘米，腹径约5.5厘米（图2-119，18；图版85）。

滦店T5②：57，鋬耳，残，夹砂红褐陶，外壁为灰黑色，内壁为红褐色和灰黑色相间分布。该耳为贴附在器表上，上有戳印的涡纹。通高5.6厘米，宽6.8厘米，器壁厚0.48厘米（图2-119，19；图版85）。

滦店T5②：58，鬲足，残，实心，夹砂黄褐陶，外壁为灰黑色和黄褐色相间分布，通体饰绳纹。通高8.1厘米，最宽处为4.7厘米（图2-119，20；图版85）。

滦店T5②：59，口沿（含底），残，夹砂灰陶，圆唇、平沿（较扁平）、垂腹、平底。残高约3.2厘米，残宽约14厘米，口沿厚约0.4厘米，器壁与底厚约0.8厘米（图2-119，21；图版85）。

滦店无号，口沿，残，夹砂灰陶，圆唇、敛口（棱线处厚，开口处薄），垂腹，素面。残高约5.9厘米，残宽约11.1厘米，厚度约0.5厘米（图2-119，22；图版85）。

八十二 滦南莲台寺遗址

1. 遗址概况

莲台寺遗址位于滦南县程庄镇小贾庄村东北隅（图2-120），东邻溯河，西靠水池，南靠村舍，北邻沙地。地势高昂，莲台寺高出地面8.5米，周围遗址高出地面1~1.5米，土地为沙壤土，适种花生、甘薯、玉米等。此地文化层比较复杂，地表为耕地，下为汉代文化层，厚1米

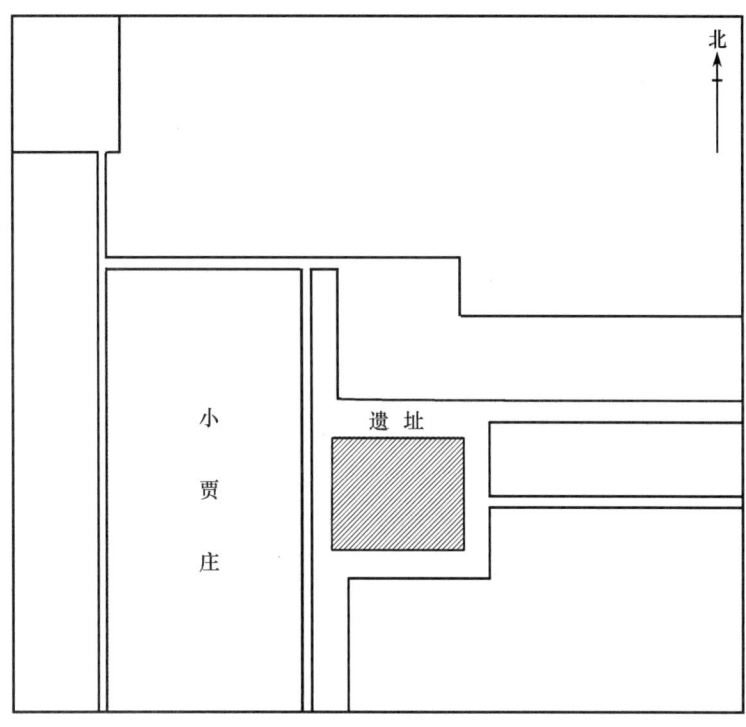

图2-120 莲台寺遗址位置示意图

左右，第三层为商代文化层，这层为沙黄土，并有灰烬，出土大量绳纹、麻纹、方格纹饰陶片。2008年被公布为河北省第五批省级文物保护单位。

据当地群众讲述其原为高二十余米的高岗土台，三面环水，台上原有一寺，名曰莲台烟寺，传始建于唐代，为滦州十二景之一。清代晚期，滦河频溢，四面俱沙，寺渐荒废，至"文革"时已完全损毁。二十世纪七八十年代开始，当地村民在土台上耕作和取土建房，原高台日渐缩小和降低。

1981年"二普"时发现该遗址。1987年文物普查时，莲台寺遗址高出地面8.5米，周围遗址高出地面1～1.5米，东西宽150米，南北长265米，面积约40000平方米，本次调查时遗址仅比周边高出3.5～4.5米，面积约存15000平方米。2015年滦南县文管所在现存土台核心区竖立隔离网将其保护，面积约350平方米（图版86）。

地表为耕地，下为汉代文化层，厚1米左右，第三层为商代文化层，这层为沙黄土，并有灰烬，出土大量绳纹、麻纹、方格纹饰陶片。本次调查时西部与南部已被农舍覆盖，无法查探其文化堆积状况。在遗址北部仅存高出现地面2米左右的土台，经勘察已无文化层，遗址东部被取土破坏严重，也无文化层堆积，仅在地表采集部分遗物，可辨器型有鬲和鼎。

据当地群众讲述，在遗址中部盖房挖地基时，曾挖出条石等物，共有3处位置发现了石料。此次调查在村民家中还存有当初挖出的石料，红褐色花岗岩质，长211厘米，宽46厘米，厚19厘米，在一侧有6个人工加工过的窠窝，但石料的功能和作用暂时不甚清楚。还有的村民说在出石料的地方还伴随有疑似墓道，经过实地勘探，在遗址中部农舍旁勘探时发现一处硬台面，面积约90平方米，在硬台面的东侧发现花土，呈东南—西北走向，宽约5米，由于已被路面和房基叠压，长度不甚清楚。在遗址西部村民建房时曾挖出小型墓葬，出土有金饰品。

另据滦南县文管所档案记载，此遗址曾出土青铜鼎等器物，现统计如下：

绳纹陶罐，1件。卷小，鼓腹，平底，肩部有三道篮纹，下部有绳纹。通高18.5厘米，口径11厘米（图2-121，1）。

敞口尊，1件。敞口，短颈，折肩平足，灰陶，胎体坚硬。通高23厘米，口径20.5厘米（图2-121，2）。

陶罐，1件。侈口，短颈，颈刻绘三角纹图案一周，腹中手捏三个附加小耳。灰陶，制作粗糙。通高12厘米（图2-121，3）。

陶罐，1件。侈口，短颈，平底，肩部刻划三角纹图案两周，夹砂灰陶。通高18厘米，口径11.5厘米（图2-121，4）。

铜鼎，1件。回纹图案，边侧有三兽头小纽，腹部有象鼻形双环耳，腹中部有两层回纹图案，圆底，底下有三个蹄形足，花纹细腻规整，铸造精细。通高16厘米（图2-121，5~10）。

当时调查者认为此遗址出土文物大部周围都有灰烬，还发现灶坑一座，深约1米。从出土遗物上看，陶器多为夹砂红陶，也有少量的泥质黑陶，并附有刻划纹饰，与藁城台西遗址出土器物相一致，为商代晚期遗址。

20世纪80年代唐山市文物管理处曾联合滦南县文物管理所在遗址东南部发掘一批汉代墓葬，出土泥质红陶罐等器物，器表饰红褐色釉，时代应该在东汉晚期至东晋时期。

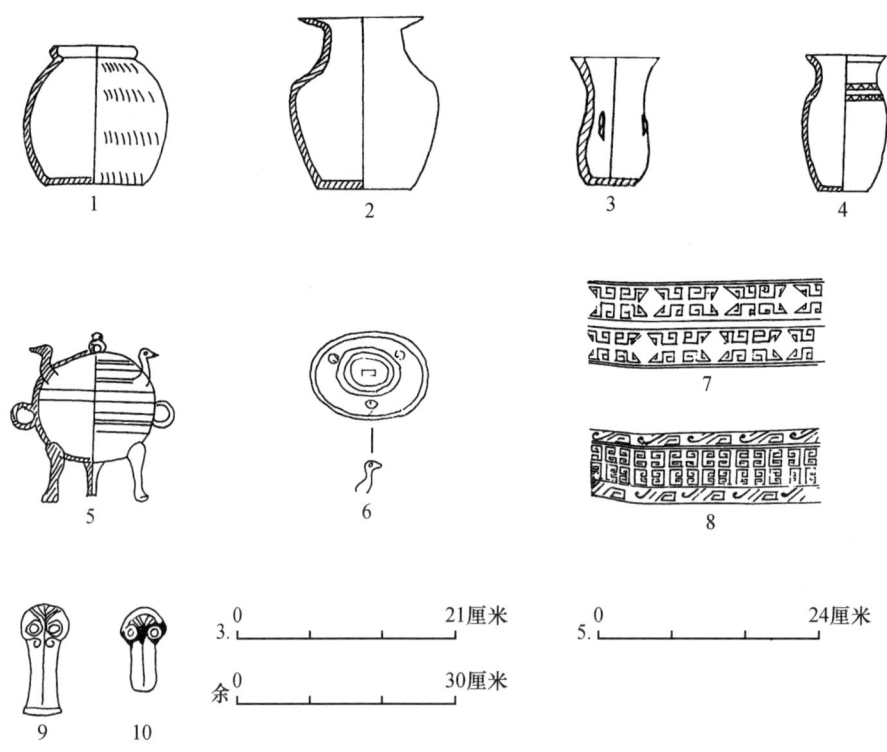

图2-121　滦南文物管理所记载出土器物

1.绳纹陶罐　2.敞口尊　3.陶罐　4.陶罐　5.铜鼎　6~10.铜鼎纹饰细部

2. 采集遗物

鬲足，残，夹砂灰褐陶，内壁呈灰黑色，器表饰绳纹，制作工艺为先制作"内芯"，之后再包裹一层，达到增高增厚的目的。通高7.9厘米，宽10.4厘米（图2-122，1；图版87）。

鬲足，残，夹砂灰褐陶，器表原有纹饰已看不清。通高7.5厘米，宽5.1厘米（图2-122，2；图版87）。

鬲足，残，夹砂灰褐陶，器表有绳纹。通高6.9厘米，宽5.3厘米（图2-122，3；图版87）。

鬲足，残，夹砂红褐陶，器外壁和内壁都呈灰黑色，疑似为火烧痕迹，器表饰绳纹。残高3.4厘米，宽4.1厘米，壁厚薄不一（图2-122，4；图版87）。

器底，残，夹砂红陶，器表无纹饰。通高3.2厘米，宽6厘米，壁厚0.9厘米（图2-122，5；图版87）。

口沿，残，夹砂灰褐陶，内夹杂大量蚌壳粉，尖圆唇，敞口。通高7.3厘米，宽7.6厘米，壁厚0.7厘米（图2-122，6；图版87）。

陶片，应该是豆座或者鬲的空心袋足，残，夹砂黄褐陶，器表饰有绳纹。通高2.7厘米，宽7.5厘米，壁厚0.7厘米（图2-122，7；图版87）。

口沿，残，夹砂灰褐陶，内壁颜色为灰黑色，尖圆唇，敞口。通高3.3厘米，宽6.6厘米，壁厚0.8厘米（图2-122，8；图版87）。

陶片，残，夹砂灰黑陶，器表有灰黑色火烧痕迹，器表饰绳纹。通高8.9厘米，宽8.4厘米，壁厚0.7厘米（图2-122，9；图版87）。

器底，残，夹砂灰黑陶，器表饰有绳纹。比较特殊的地方是，该器物内部在器底内壁上制作了一个环耳，达到拴绳提罐的效果。底径8.4厘米，壁厚0.8厘米（图2-122，10；图版87）。

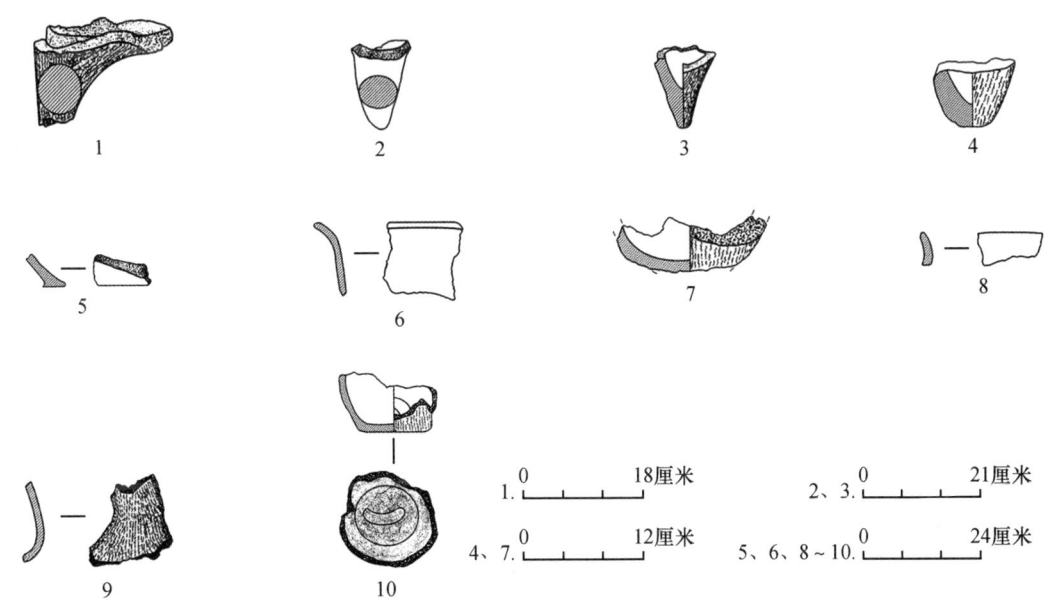

图2-122 莲台寺遗址采集遗物
1.鬲足 2.鬲足 3.鬲足 4.鬲足 5.器底 6.口沿 7.陶片 8.口沿 9.陶片 10.器底

八十三　滦南南窑遗址

南窑遗址位于滦南县扒齿港镇寺道院村西南500米沙丘上（图2-123），因先前曾有窑址而得名，该遗址系修建冀东石油管道时发现。遗址南北长300米，东西宽200米，面积60000平方米，东部较高，西部低缓，石油管道在遗址中心穿过。遗址由于地处沙地上，地表暴露物较丰富，但文化层不清晰，采集有素面夹砂红陶罐口沿、素面泥质褐陶残片、素面夹砂红褐陶残片和绳纹夹砂红陶残片等标本，年代为商代。

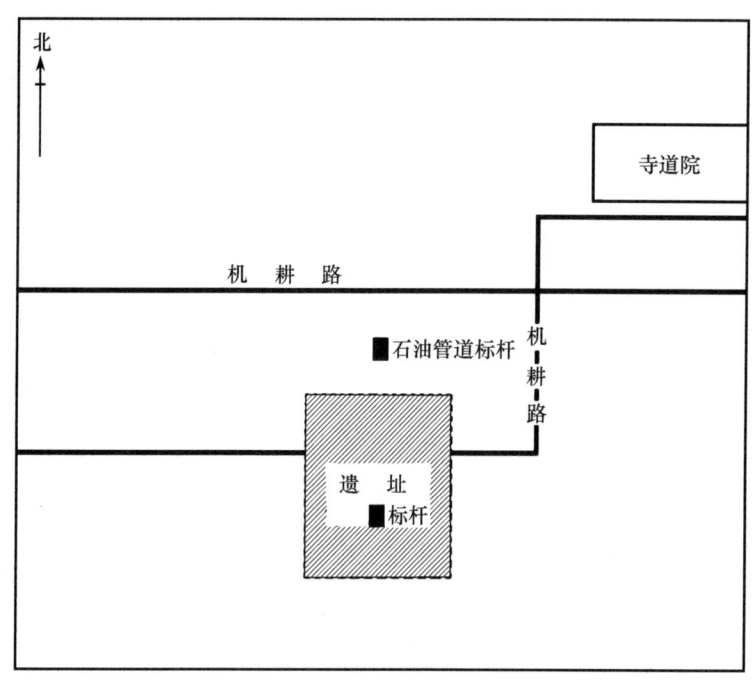

图2-123　南窑遗址位置示意图

八十四　滦南西张士坎遗址

1. 遗址概况

西张士坎遗址位于滦南县倴城镇西张士坎村西南300米，东西长100米，南北长100米，大体呈方形，面积约为10000平方米，高出四周地表约0.8米（图2-124）。现在其地表采集到鬲（残片）、泥质加砂绳纹红陶（残片）、泥质夹砂红褐陶罐（口沿）、泥质夹砂绳纹灰陶（残片）等遗存物。根据现场遗存物及有关资料确定该处为商周至秦汉时期遗址。

据当地老人们口述，这里很早以前是个望海寺，后建坟，1976年平坟，发现了许多石刀、石斧、砖石、瓦罐，挖出许多蛇。1978年原西张士坎大队挖沙子卖时发现部分陶片、石斧等。负责卖沙子的王永良同志当即报告文化馆，初步进行调查，1982年文物普查时对该遗址进一步做了调查。同年河北省市县三级文物部门对该遗址进行了发掘。2008年10月23日被河北省人民

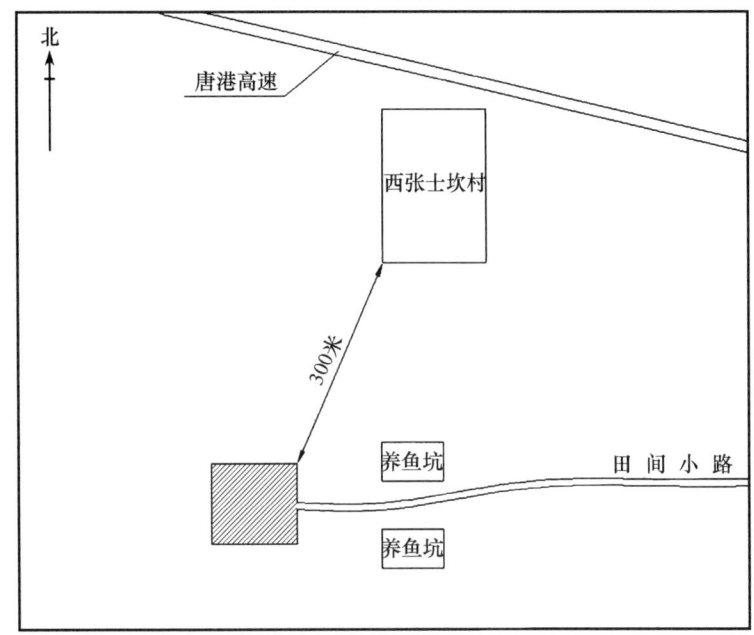

图2-124　西张士坎遗址位置示意图

政府公布为第五批省级文物保护单位。

遗址文化层比较复杂，地表为坟地，已把沙子挖掉1米左右，第二层为沙壤土，是已被破坏的汉代遗址，有许多汉代陶片，并夹有黑色灰烬，厚1米左右。第三层又是纯沙层，发现石斧、陶鬲、陶瓮残片等。另外，在同一遗址处东侧50米左右取土时，发现兽骨面具，从器型和纹饰上看，与东庄店遗址遗存类型基本相同。

2. 采集遗物

陶片，口沿，残，夹砂黄褐陶，内夹杂有大量蚌壳粉，直口，方唇，底部有一定程度弯曲。通高为3厘米，宽为5.9厘米，口沿厚0.8厘米（图2-125，1；图版88）。

石网坠，略微有点残缺，椭圆形，左右两边各有向内凹的打制痕迹。通高1.9厘米，宽为3.8厘米（图2-125，2；图版88）。

鬲足，残，夹砂红褐陶，为一个空心足，制法比较有代表性，据观察得知，应该是先制作里面的"内芯"。并且表面都饰有绳纹，之后再在表面贴附一层泥片，并且表面继续饰绳纹，形成一种套接的形态。推测一，该制法可能为该地区特殊的制作工艺；推测二，可能是原先制作的"内芯"不够高或者偏小，进而继续贴附泥片，达到加高加大的作用。通高4.8厘米，宽4.5厘米，壁厚1厘米（图2-125，4；图版88）。

陶片，残，夹砂红褐陶，内夹杂有少量蚌壳粉，器表饰细绳纹。通高8.4厘米，宽7.6厘米，壁厚0.7厘米（图2-125，3；图版88）。

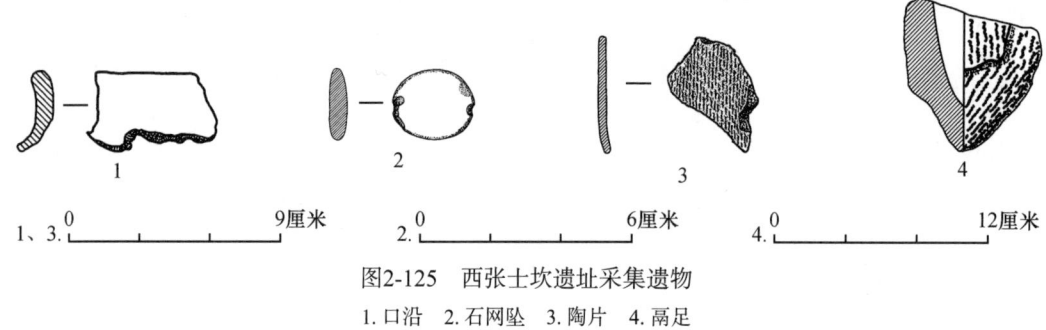

图2-125 西张士坎遗址采集遗物
1. 口沿 2. 石网坠 3. 陶片 4. 鬲足

八十五 滦南马城遗址

马城遗址位于滦南县马城镇马城村北处（图2-126），南北长50米，东西宽80米，大体呈长方形，面积约为4000平方米。现该地为农业用田，在其地表散落瓦片，遗址上原应有寺庙。在遗址所在地采集到泥质夹砂红陶（口沿）、泥质绳纹红陶（残片）、泥质夹砂绳纹红陶（残片）遗存物。根据现场采集遗物特征确定该处为商代遗址。

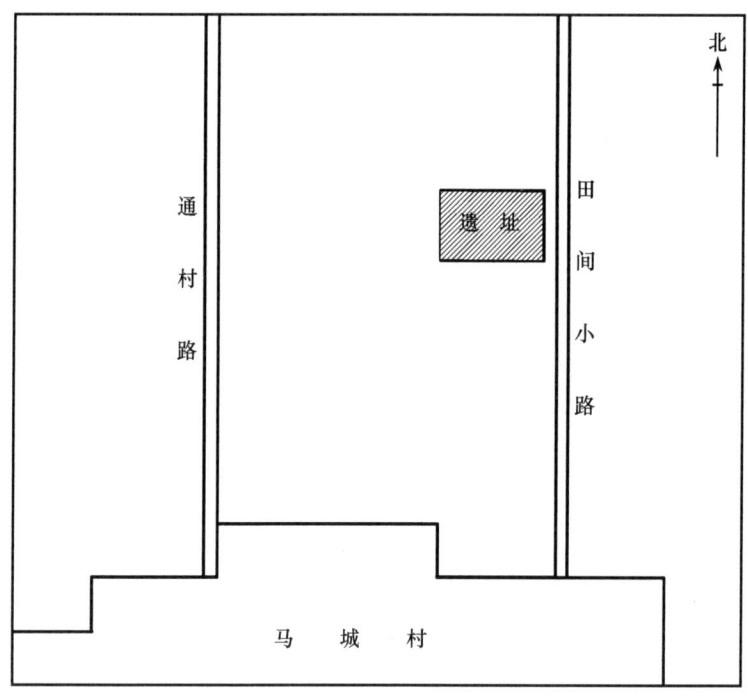

图2-126 马城遗址位置示意图

八十六　滦南肖家河遗址

肖家河遗址位于滦南县胡各庄镇肖家河村北（图2-127）。南北长80米，东西宽50米，大体呈长方形，面积约为4000平方米。据当地文物部门资料记载为商代遗址。

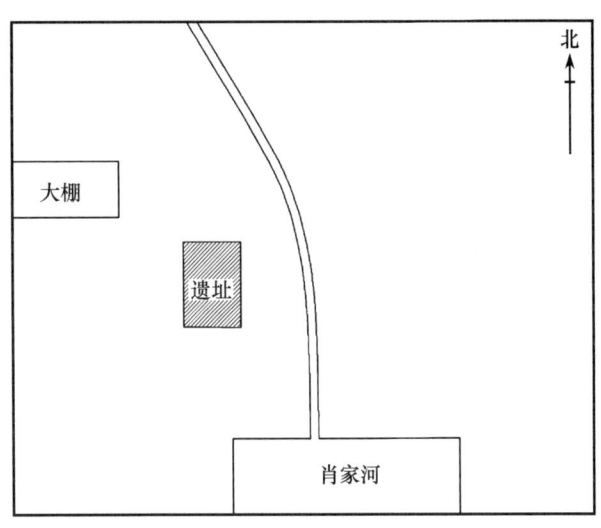

图2-127　肖家河遗址位置示意图

八十七　滦南黄家河遗址

黄家河遗址位于滦南县扒齿港镇黄家河村北500米（图2-128），在一处高3米的台地上，东部有一处南北向沙丘，西有河流，其他皆为平原，遗址西部有古扒公路经过，长200米，宽200米，面积约40000平方米。其上原有寺庙，后毁坏。该遗址第一、二层分别是寺院废弃和使用层，共厚70厘米。其下为商代文化层，厚1米，其陶片有夹砂灰陶、黄褐陶，夹云母红陶、灰褐陶，纹饰包括绳纹、弦断绳纹、附加堆纹、压印纹等，器型有盆、罐、鬲、甗等。其中鬲足可分为袋足与实足，袋足裆部用泥片粘接，可看出接缝，鬲的口沿下部可能有附加堆纹。根据遗物判断该遗址年代为商代。

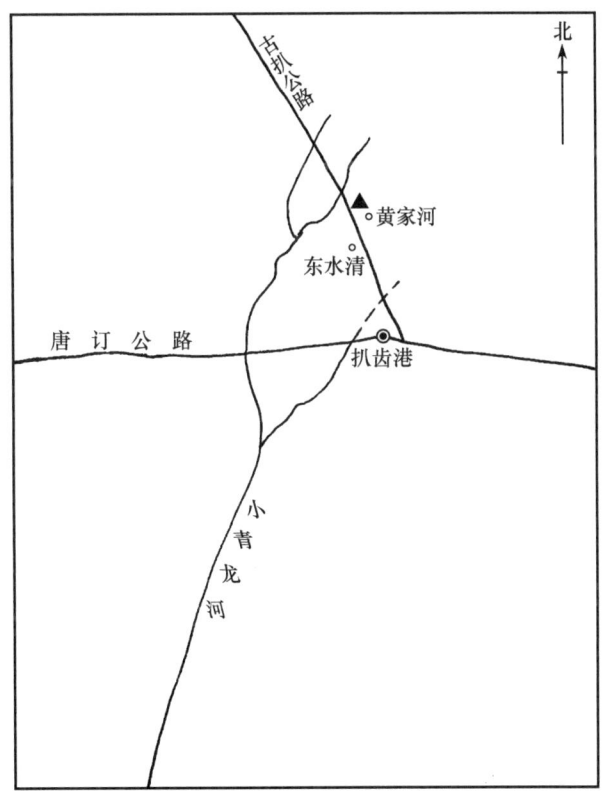

图2-128　黄家河遗址位置示意图

八十八 滦南黄坨砖厂遗址

1. 遗址概况

黄坨砖厂遗址位于滦南县东黄坨镇黄坨村东700米处（图2-129），原为一片荒地，后在此建砖厂，工人挖土时发现很多陶片，砖窑南一处，窑厂北一处。第一层为耕土层，第二层为沙土，第三层为文化层，堆积很多陶片、灰烬和其他杂物，出土文物多为夹砂红陶，也有少量灰陶，纹饰以绳纹为主，也有刻划纹、网格纹和弦纹，形制以豆、鬲、瓮较多。

2. 采集遗物

豆共4件，仅1件完整器，其余3件皆残。

1件为灰陶，盘口扣碗底，中空，平底。通高10.5厘米，口径8厘米，底径7厘米（图2-130，1）。

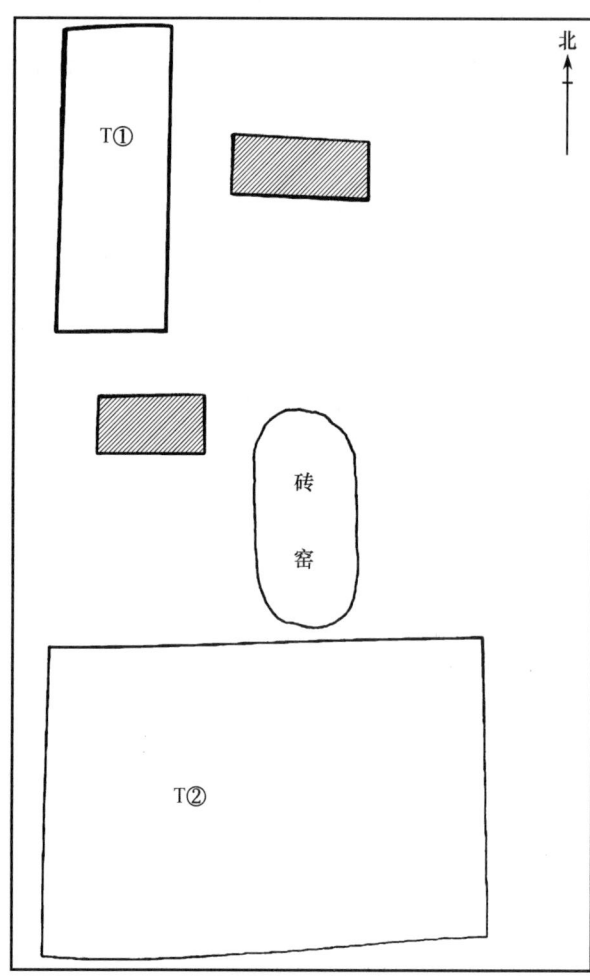

图2-129 黄坨砖厂遗址位置示意图

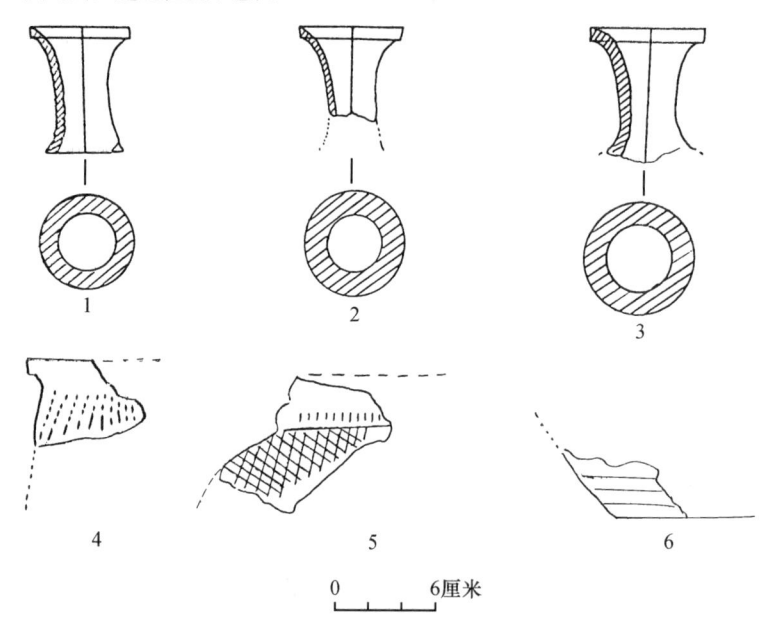

图2-130 黄坨砖厂遗址采集遗物*
1.豆 2.豆 3.豆 4.鬲残口沿 5.瓮 6.盆

---

* 4~6因无原始数据，比例尺无法提供。

2件为通高7厘米，口径9.5厘米，底残（图2-130，2）。

1件为底残，灰陶，盘口，方沿。通高10厘米，口径10厘米（图2-130，3）。

鬲，残口沿，饰绳纹（图2-130，4）。

瓮，饰绳纹（图2-130，5）。

盆，灰陶，底部饰弦纹（图2-130，6）。

八十九　滦南唐坨遗址

唐坨遗址位于滦南县东黄坨镇西黄坨村南唐柏公路南侧700米处（图2-131），此遗址是一处大沙岗，地势南高北低，呈不规则圆形。遗址长345米，宽196米，面积67620平方米。

遗址地表较多都是绳纹陶片，并有黑色灰烬，不见墓葬，南端为近代居民坟地，可能是一处居住遗址。这些陶片多为夹砂红陶，纹饰以刻划纹、绳纹为主，也有磨光黑陶。根据遗物判断，该遗址是一处商代遗址。

图2-131　唐坨遗址位置示意图

九十　滦南刘家庄遗址

刘家庄遗址位于滦南县司各庄镇刘家庄村西50米（图2-132），北部有东西向倴司公路，东有小青龙河由北向南流过。遗址长100米，宽100米，面积10000平方米。耕土层厚15厘米，有炭粒、陶、瓷片等，下为商代文化层，厚80厘米，其中包含的陶片有夹砂灰陶、夹砂红陶、夹云母红陶，以绳纹为主，还有弦纹、附加堆纹、压印纹、网格纹，器型有鬲、盆、罐等。

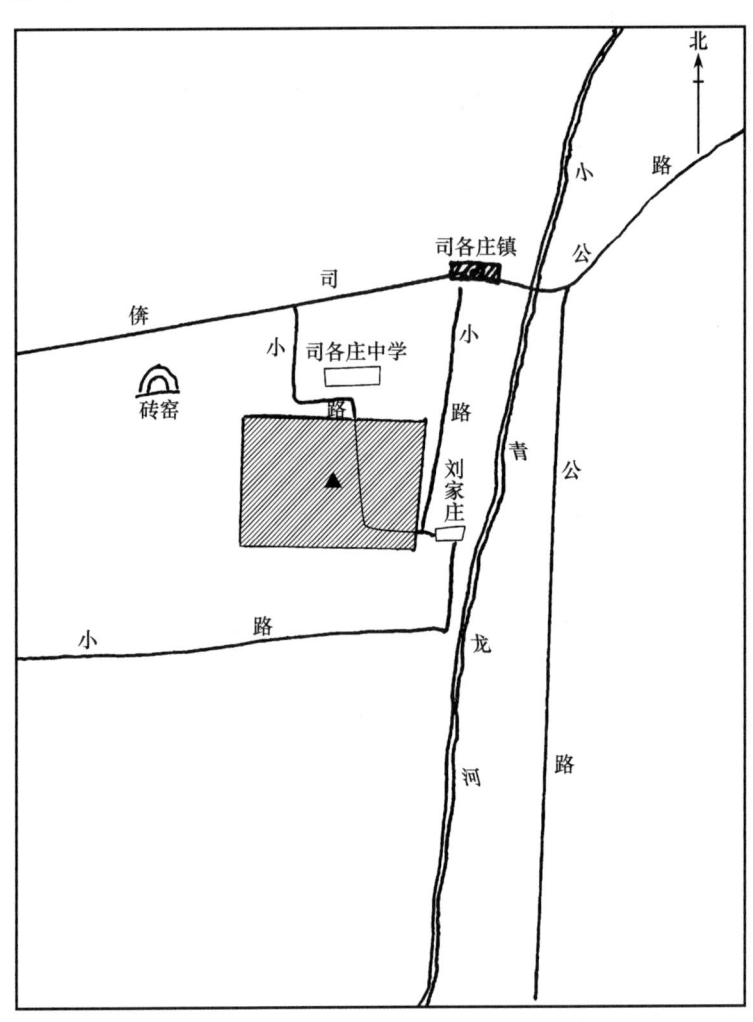

图2-132　刘家庄遗址位置示意图

九十一　滦南吴戴庄遗址

吴戴庄遗址位于滦南县扒齿港镇吴戴庄村西南500米处（图2-133），位于一处沙岗上，其西面稍远的地方有由北向南的双龙河流过，东部有一条南北向的道路通过，面积30000平方米。第一层为耕土层，耕土层厚约15厘米，包含炭粒、陶片等，第二层是战国文化层，厚约25厘米，土质为沙土，含陶片，第三层为生土层。遗物都是陶片，有夹砂灰陶、夹砂红陶、夹云母灰陶、夹云母红陶，纹饰有绳纹、弦断绳纹，也有素面，器型包括釜、盆、豆等。根据遗物判断，该遗址年代为东周时期。

九十二　滦南肖家河洪党寺遗址

肖家河洪党寺遗址在滦南县胡各庄镇肖家河村西北100米处（图2-134），遗址地高出地表面3米左右，长170米，宽175米，面积29750平方米，西靠第二泄洪道，北邻去胡各庄镇的东西大道，东隔泄水沟与肖家河住宅相邻，南为耕地。采集遗物有陶片和石斧等，陶器中有鬲足、网坠、瓮口沿残件，据遗物判断为商代遗址。

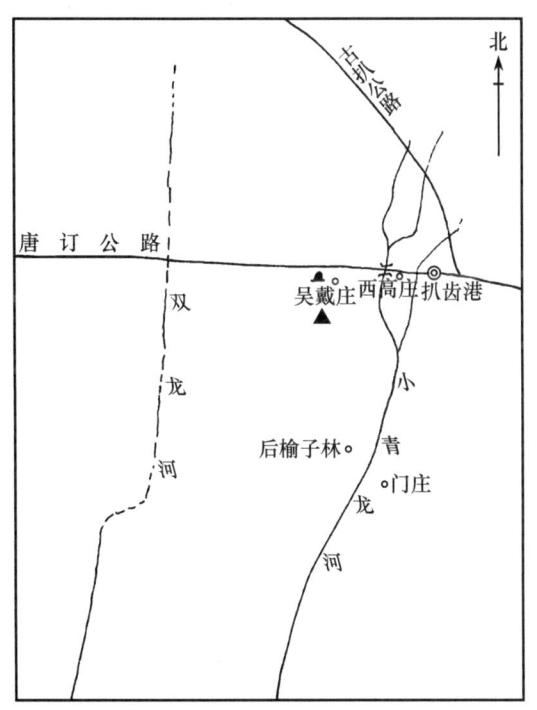

图2-133　吴戴庄遗址位置示意图

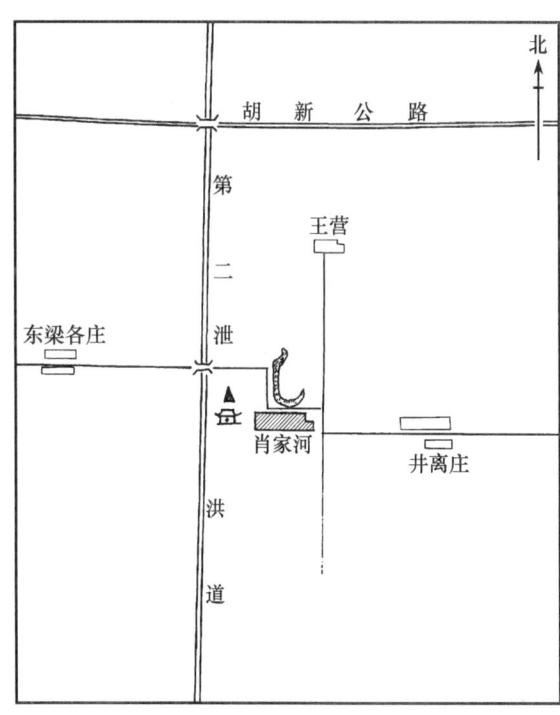

图2-134　肖家河洪党寺遗址位置示意图

九十三　滦南小坡子遗址

小坡子遗址位于滦南县程庄镇大马庄乡小坡子村西250米（图2-135），位于高岗上，南邻北河，西邻铁路，长200米，宽160米，面积32000平方米，耕土层厚15厘米，内含炭粒、陶、瓷片等，耕土层下为商代文化层，厚25厘米，内含大量陶片，遗物均为陶片。有夹砂红陶、夹砂红褐陶、夹砂灰陶、夹云母红陶；纹饰有绳纹、弦纹、附加堆纹，有的为素面，器型有鬲、盆、罐等。根据遗物判断该遗址年代为商代。

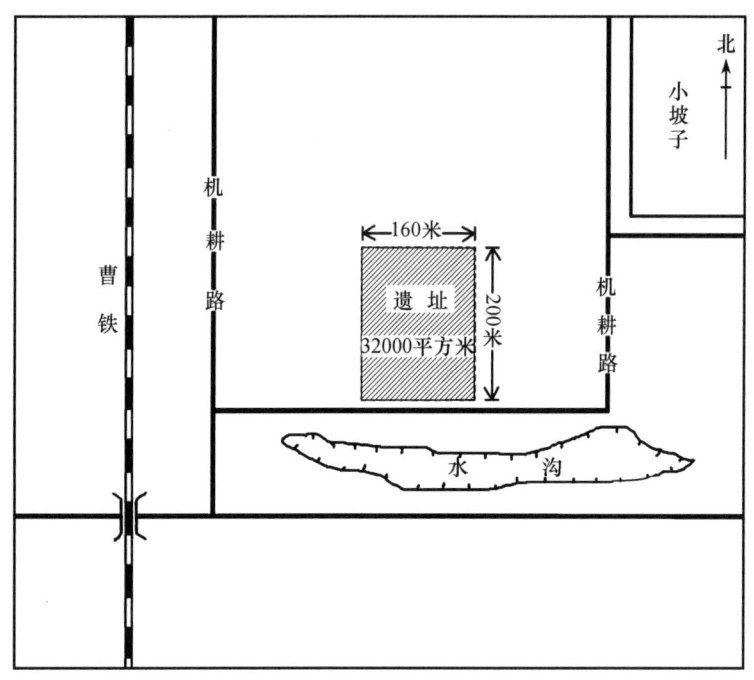

图2-135　小坡子遗址位置示意图

九十四　滦南小水坡遗址

小水坡遗址位于青坨滦南县小水坡东南500米（图2-136），在一处高约2米的沙岗中，周围为平原，岳家河在其西部稍远处由北向南流过，东部有一条南北向道路，长150米，宽100米，面积约为15000平方米。耕土层厚15厘米，第二层为商代文化遗存，厚45厘米，土质为沙壤，之下为生土层。遗物均采自地表，均为陶片，有夹砂灰陶、红陶、黄褐陶等，纹饰有绳纹、附加堆纹，器型有鬲、甗、盆、罐等。根据遗物判断该遗址年代为商代。

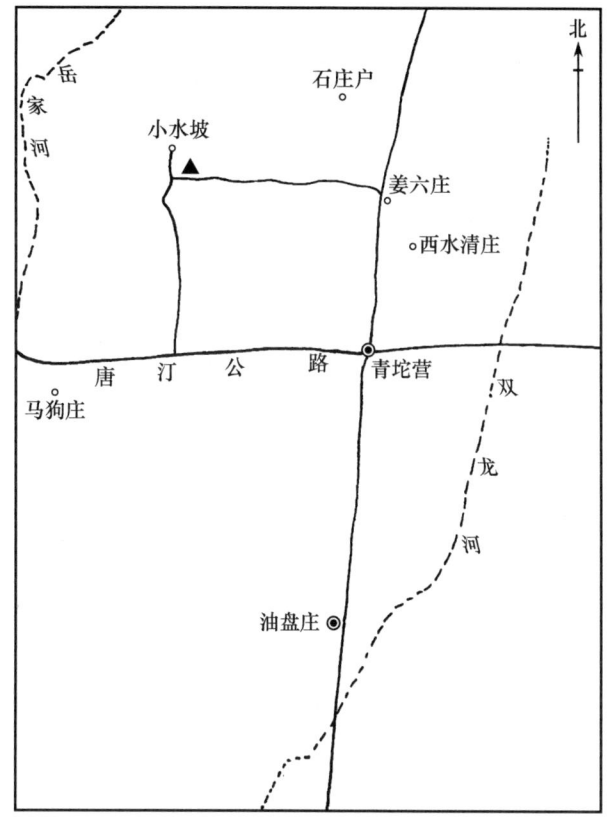

图2-136　小水坡遗址位置示意图

九十五　滦南小松林遗址

小松林遗址位于滦南县青坨营镇小松林村西南1500米处（图2-137），在一处高2米的沙岗上，在其东北也有一处高岗，其余皆平原，遗址东部有一条南北向的公路，长400米，宽300米，面积120000平方米。耕土层厚15厘米，种花生，地表多陶片，可能这一层属于原来文化层的一部分，第二层为西周时期文化层，厚10厘米，沙壤，含陶片。陶片有夹砂灰陶、红陶、黄褐陶、夹云母红陶；多见绳纹，也有附加堆纹、压印纹；器型有鬲、罐、盆、甗等。鬲足，皆低矮，裆低平，外饰绳纹。

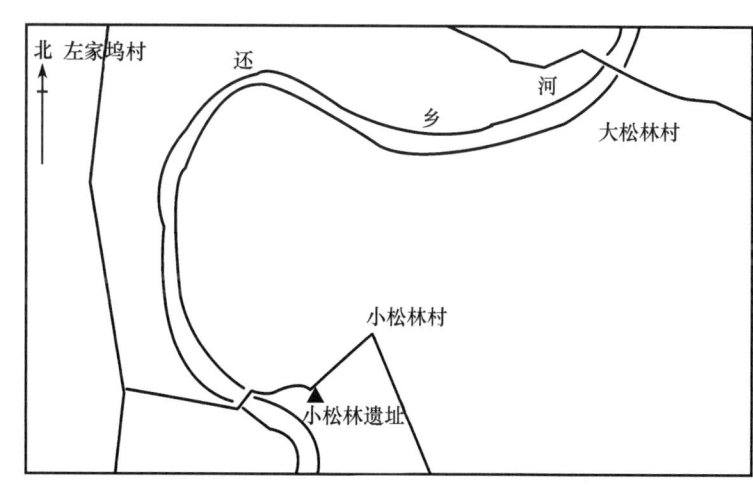

图2-137　小松林遗址位置示意图

九十六　滦南殷庄遗址

殷庄遗址在滦南县程庄镇大马庄乡殷庄村西南50米（图2-138），在一处5米高的高岗上，四周为平原，东北和东部有溯河，东部50米处还有条南北走向的道路，其西北有莲台寺遗址所在的高岗，遗址长300米，宽250米，面积75000平方米。第一层为耕土层，厚10厘米，第二层为战国文化层，厚40厘米，第三层是生土层。采集到的遗物有陶片和铁片，铁片锈蚀严重，陶片有夹砂灰陶、泥质灰陶，纹饰有绳纹，也有素面，器型有鬲、豆、罐、盆等。根据遗物判断该遗址年代为东周时期。

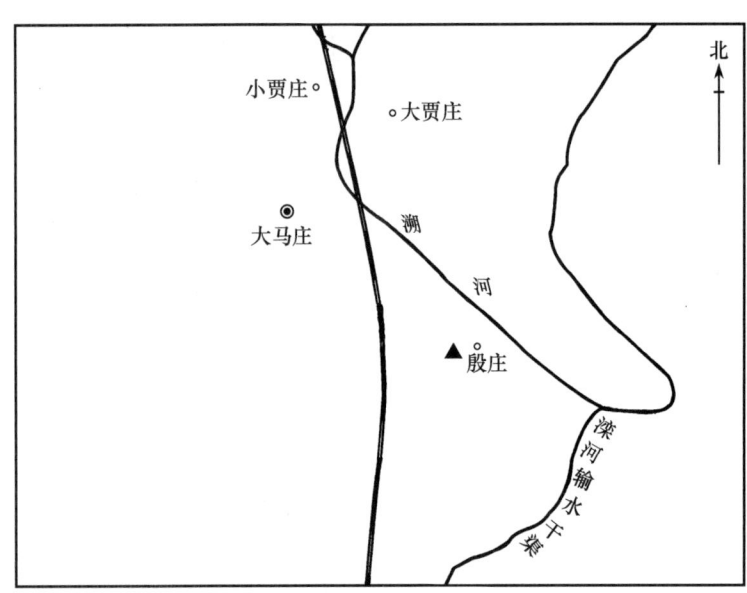

图2-138　殷庄遗址位置示意图

第三章　蓟运河流域先秦遗址

一　玉田坨寺山遗址

坨寺山遗址位于玉田县唐自头镇唐自头村东山丘上（图3-1），山丘高出平地约20米。遗址东西100米，南北70米，大体呈不规则长方形，面积约为7000平方米。在整座山丘上都有零星的遗物发现，遗址的东半部破坏严重，中西部保存略好，地面暴露的遗物有夹砂红陶、夹砂红褐陶、泥质灰陶，纹饰以绳纹为主，初步断定为商代中晚期遗址。

地面暴露的遗物以陶片为主，其中夹砂红陶数量最多，其次为夹砂红褐陶、夹砂灰陶、泥质灰陶，纹饰以绳纹为主，在器物口沿以下及腰部发现有较多的附加堆纹，还有素面，最具特点的是刻划纹组成的几何形图案，另外还发现有残石斧。从陶器碎片辨认出器型有罐、鬲、盒等，其中鬲是实足跟。其文化属性与围坊三期文化相似，年代相当于商中晚期。

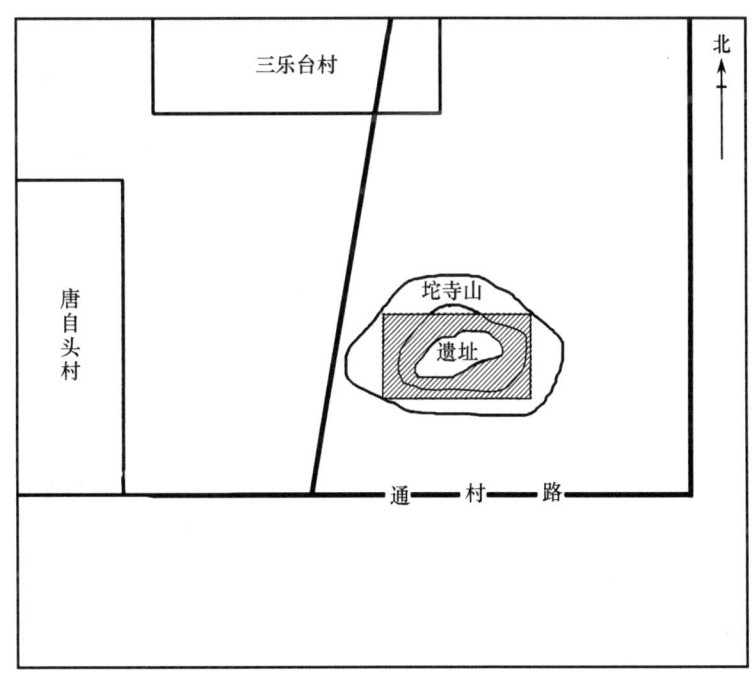

图3-1　坨寺山遗址位置示意图

二 玉田下坎遗址

下坎遗址位于玉田县无终街道办事处下坝村南（图3-2），玉遵公路从遗址西侧南北通过，遗址东西1500米，南北宽约300米，总面积约450000平方米，是一处东西走向南高北低的高地遗址，80%的地面已经被村落和建筑物所覆盖。

通过从原拉沙取土暴露的断壁上看文化层，厚0.5～2米，有6处瓮棺碎片、陶片和绳纹砖头。

村民薛冒林介绍，20世纪50年代在村东头取土盖房，挖至两米深处时发现有灰土和粮食粒，附近还有陶井圈垒砌的井，房基开槽时有地下绳纹砖墙，部分村民经常在农业生产中挖到一些石器、鬲足等器物。通过调查采集和征集的遗物有石铲、石片、鬲足、陶罐、铜带钩等。

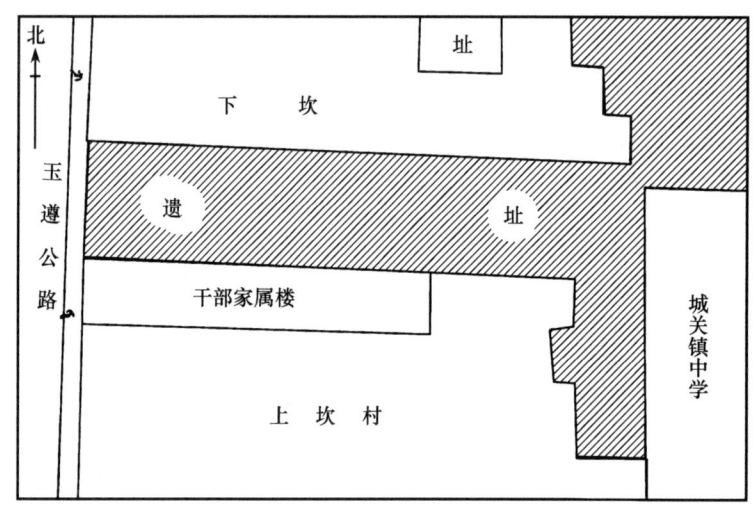

图3-2 下坎遗址位置示意图

三 玉田小李庄二号遗址

小李庄二号遗址位于玉田县郭家屯镇小李庄村南约80米、高约10米的小土丘上（图3-3），双城河从土丘脚下流过，遵化至玉田公路在遗址东南约40米处穿过，遗址所在地被新开垦，面积约为1000平方米。

未有暴露的遗迹，地表遗物也较少，采集遗物有夹砂红褐陶鬲足、泥质灰陶片，有一件使用痕迹的燧石片。

据采集遗物推断年代为夏商时期，文化面貌与夏家店下层文化相似。

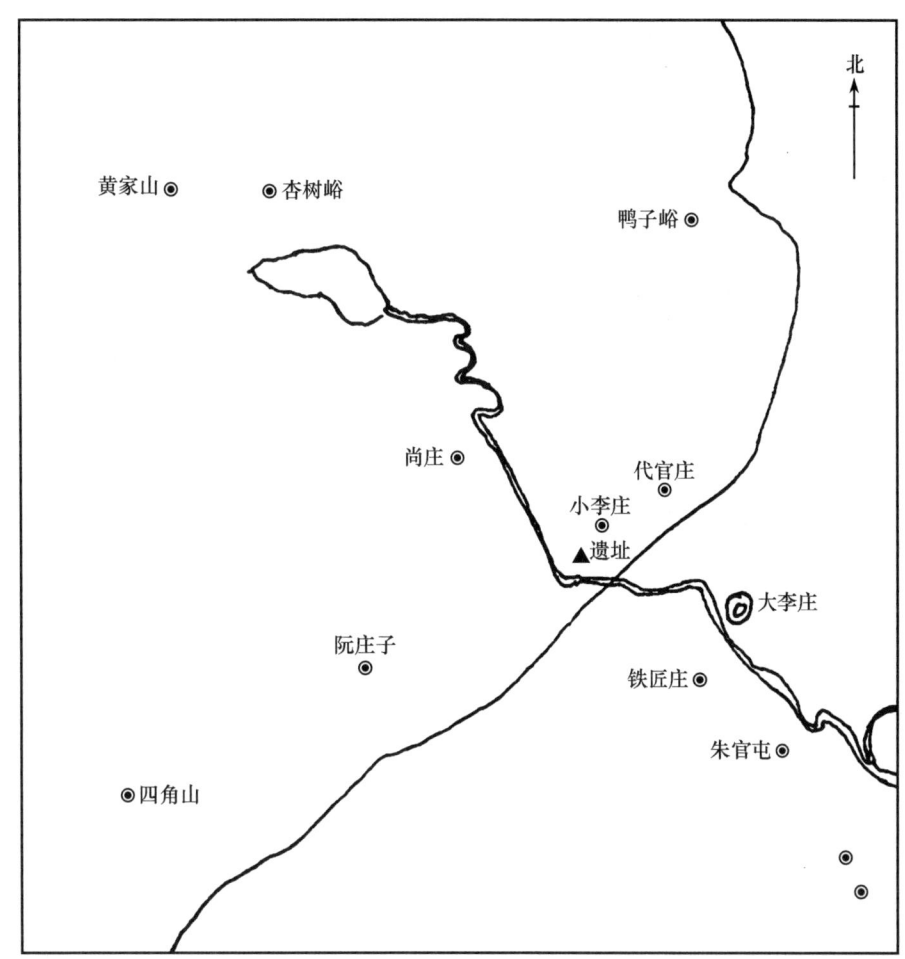

图3-3 小李庄二号遗址位置示意图

四 玉田小李庄遗址

小李庄遗址位于玉田县郭家屯镇小李庄村南约30米处（图3-4），南北长140米，东西宽80米，大体呈长方形，面积约为11200平方米。现为耕地，种植玉米、大豆。在现场采集到石核、泥质灰褐陶（残片）、白釉瓷（残片）、泥质灰褐陶（腹）等遗存物。据当地文物部门资料记载，该处发现夹砂红褐陶鬲足、泥质灰陶片、泥质灰陶罐口沿等遗物。根据文物部门资料及现场发现遗物的特征分析确认该处为夏商、辽金时期遗址。

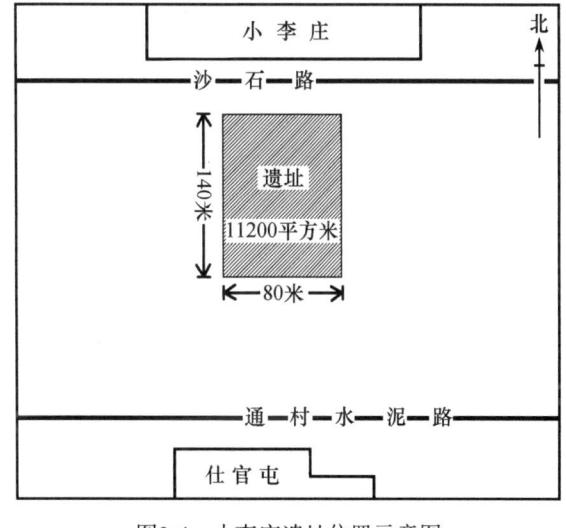

图3-4 小李庄遗址位置示意图

五 玉田峰山遗址

峰山遗址位于唐山市玉田县大安镇峰山村北约200米处（图3-5），东西长100米，南北宽50米，大体呈三角形，面积约为1600平方米。其土质为黄灰色黏土，现为耕地，种植玉米（图版89）。据当地文物部门资料记载该遗址曾发现泥质交错绳纹灰陶片、细绳纹陶片等遗存物。现在其中部梯状断壁处发现泥质绳纹红褐陶（残片）、泥质绳纹灰陶（残片）、泥质甗腰（残片）等遗存物。根据现场发现遗物特征及有关资料分析确认该处为夏商时期遗址。

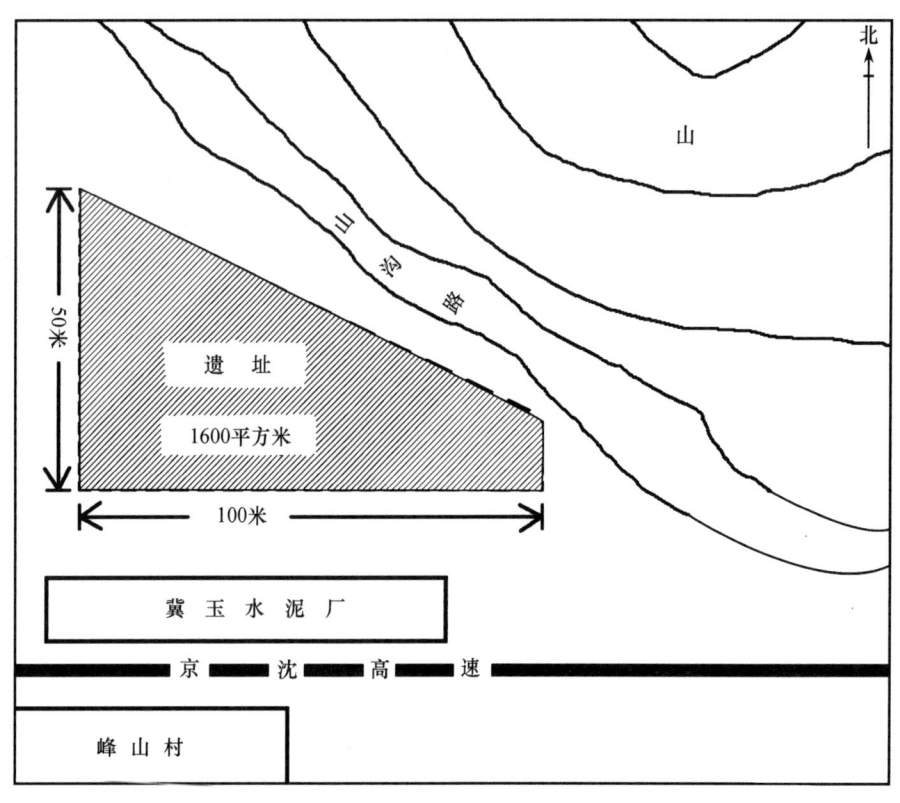

图3-5 峰山遗址位置示意图

六 玉田葫芦寺遗址

葫芦寺遗址位于玉田县郭家屯镇大李庄村东约30米一处高台上（图3-6），南北长175米，东西宽60米，大体呈长方形，面积约为10500平方米。其土质为黄灰土，现为耕地。据当地文物部门资料记载该处曾发现石斧、鬲裆、豆柄、泥质绳纹灰陶罐（残片）、夹蚌红陶釜（残片）等遗物。根据资料及现场发现的遗物的特征分析确认该处为夏商、战国、汉代遗址。

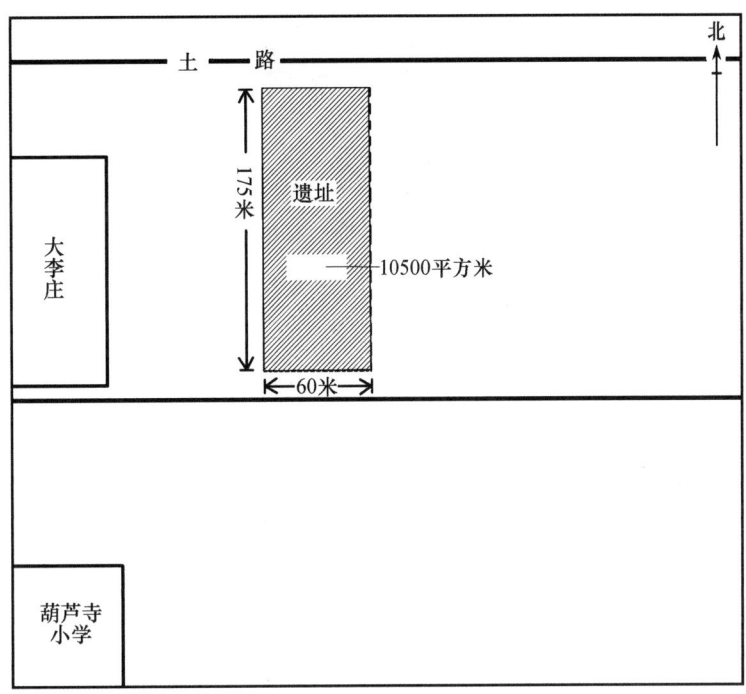

图3-6 葫芦寺遗址位置示意图

七 玉田暖泉河遗址

暖泉河遗址位于玉田县玉田镇城南1千米，真武庙村西100米处的古暖泉河南岸（图3-7），东西长约200米，南北宽约100米，总面积2000平方米，是一处地势平坦的平原遗址。近年烧砖取土，80%已被破坏，残存的部分遗址断壁上文化层深0.5～1.3米，并有窑址一处。暴露的遗物有陶片、鬲足、砖块。

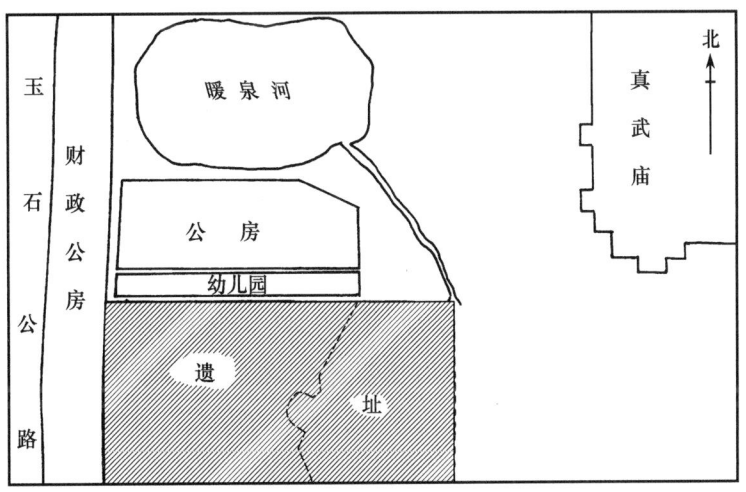

图3-7 暖泉河遗址位置示意图

八 麦坡村乱葬岗遗址

乱葬岗遗址位于玉田县郭家屯镇麦坡村北10米（图3-8）。遗址南邻村北公路，西邻村内浴池。遗址东西长150米，南北宽100米，面积约为15000平方米，地势较为平坦，为黄褐土地貌，现地表种植杨树、果树等。在遗址西侧取土坑底发现散存有遗物标本，在坑的东侧断面处发现一个灰坑，距原地表深2米左右，内包含物有陶片、石片、烧土块、木炭灰等。采集标本有夹砂红陶片、夹砂灰褐陶片、夹蚌红陶片等，多数饰绳纹，可辨器型有甗、鬲、钵、罐等（图版90、图版91）。

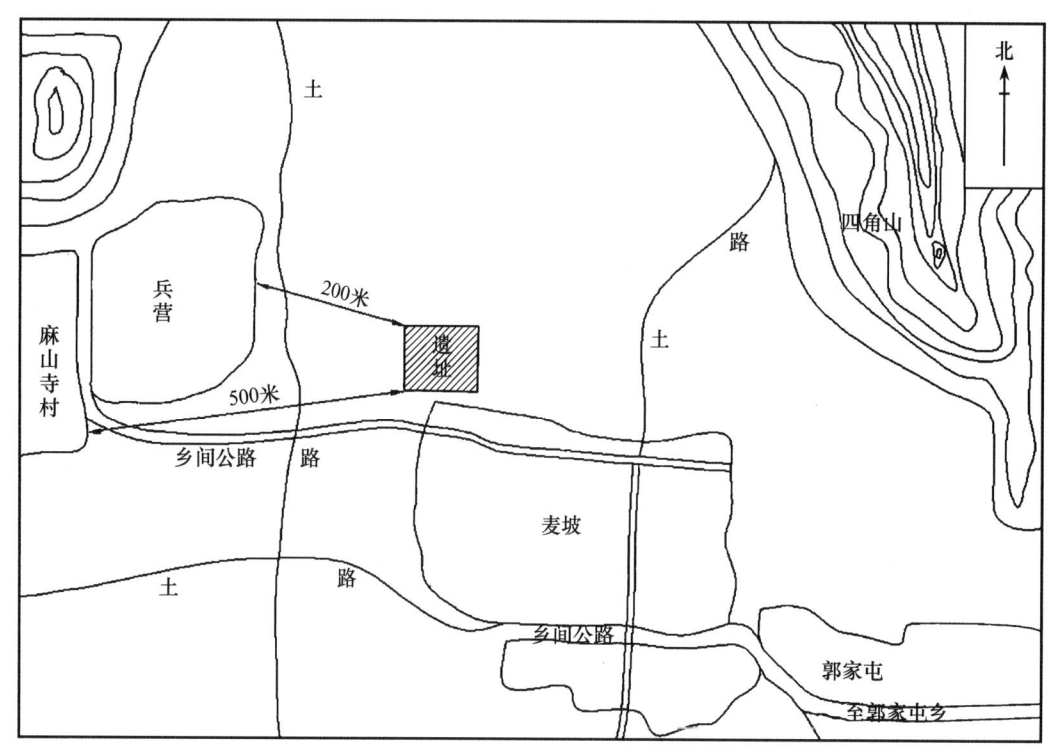

图3-8 麦坡村乱葬岗遗址位置示意图

九 玉田麦坡村遗址

麦坡村遗址位于玉田县郭家屯乡麦坡村西北20米处（图3-9）。遗址南距村间公路80米，西距麻山寺村500米，西北200米处为部队营房。遗址东西长100米，南北宽150米，面积约为15000平方米。地势平坦，土质为黄褐土，现地表种植果树等。原有一条水渠通过，现已填平。地表散存遗物，无明显文化层暴露情况，采集标本有夹砂红陶片、夹蚌红陶片、泥质灰陶片，少数饰绳纹，可辨器型有釜、盆等（图版92）。

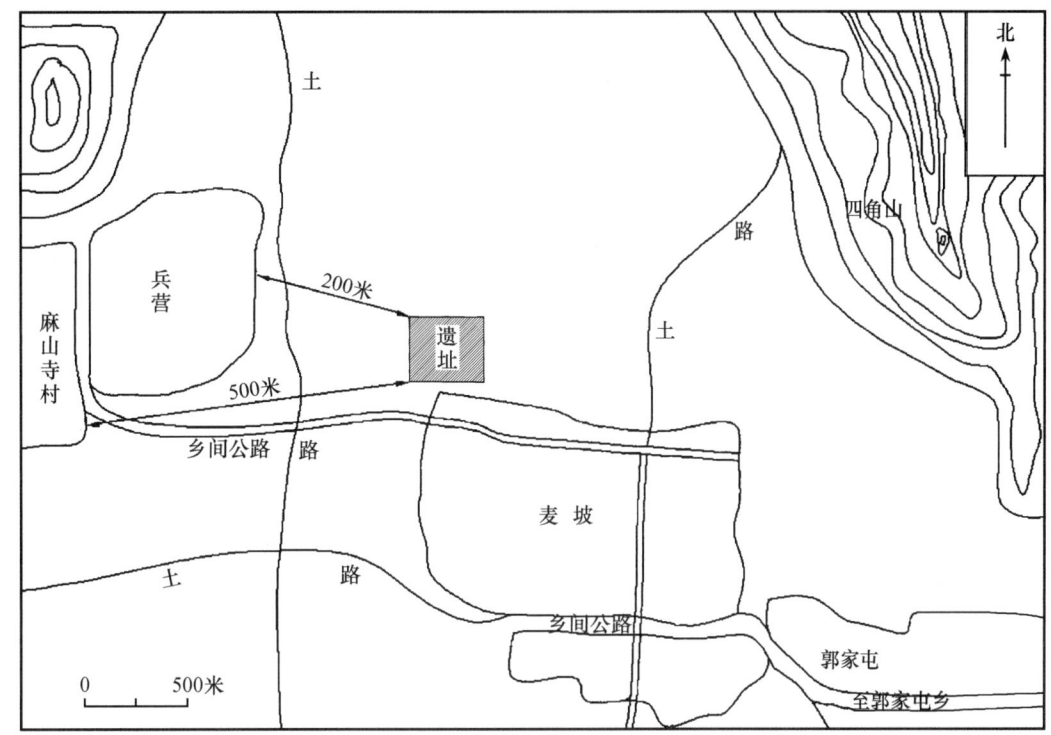

图3-9 麦坡村遗址位置示意图

十　玉田梅家屯遗址

梅家屯遗址位于玉田县孤树镇与唐自头镇交界的蟒山山顶之上（图3-10），南距孤树镇梅家屯村约500米，东北方向距唐自头乡蟒山定府村约350米，西南方向距梅家屯采石场约400米，东距香小公路约400米。遗址所在的地势较高，现为荒山。遗址南北长约70米、东西宽约40米，分布面积约为2800平方米。遗址北部地表暴露遗物较为丰富，南部则较少。北侧断崖文化层厚约0.2米，距地表约0.3米，东侧文化层厚约0.5米，距地表约0.2米。其土质为较为松散的灰褐色沙土，夹杂陶片等遗物。采集的标本有夹砂灰皮陶、夹砂弦断绳纹黄褐陶片、泥质灰陶罐口沿、泥质绳纹灰陶残片，同时也有夹砂红、灰陶残片、粗绳纹灰陶罐底、交错绳纹灰陶残片。从采集标本的特征来看应为一处商周时期聚落遗址。

十一　玉田仲家山东小山遗址

仲家山东小山遗址位于玉田县唐自头镇仲家山村北80米（图3-11）。遗址所在地为小山坡地，当地称之为东小山，西600米处为玉遵公路，北距采石场500米，西与西小山相距200米，西邻田间土路。遗址分布于东小山的东南山坡，东西长150米，南北宽100米，面积约为15000平方米（图版93），地势中间高四周低，地表散存遗物，无明显文化层暴露情况，采集标本有夹砂红褐陶片、夹砂褐陶片（图版94）。

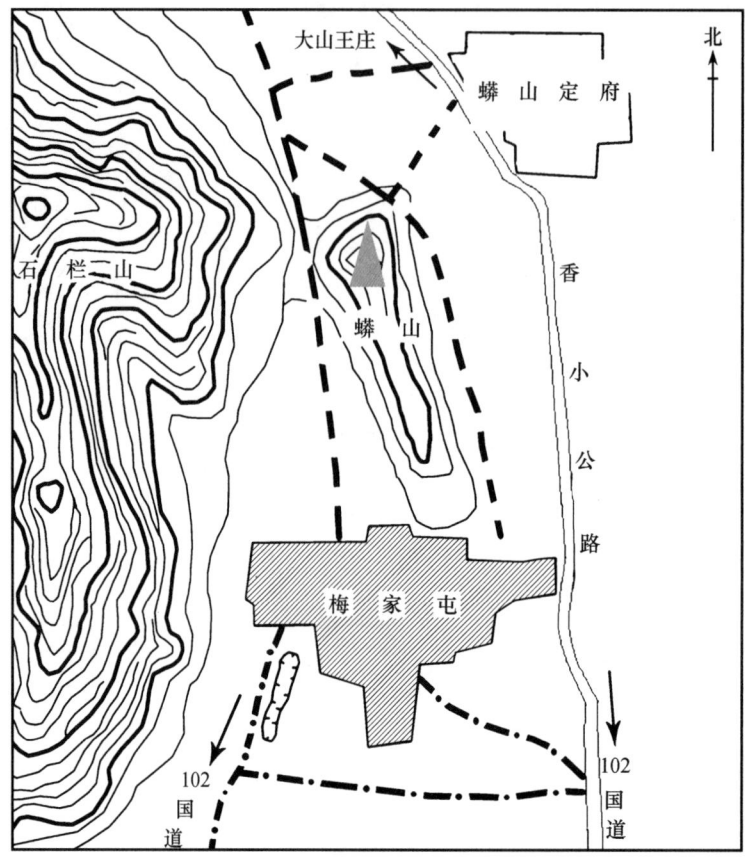

图3-10 梅家屯遗址位置示意图

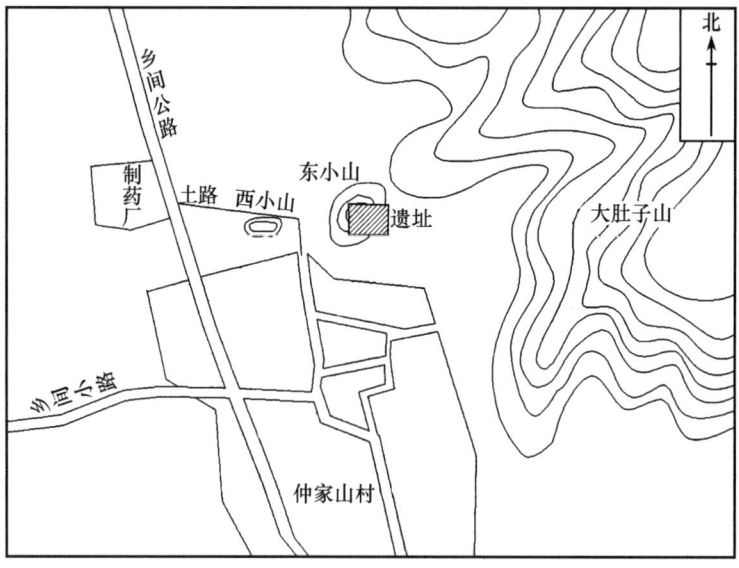

图3-11 仲家山东小山遗址位置示意图

十二　玉田仲家山西小山遗址

仲家山西小山遗址位于玉田县唐自头镇仲家山村北20米的西小山（图3-12）。遗址西150米为玉遵公路，西北180米为制药厂，东北500米为采石厂，东距东小山150米。遗址东西长150米，南北宽100米，面积约为15000平方米，地势中间高，四周低。在遗址西部残留土层中可见文化层，距地表深80厘米左右，内包含物有陶片、红烧土等。采集标本有夹砂红陶片、夹砂红褐陶片、夹砂灰陶片、泥质灰陶片等，多数饰绳纹（图版95、图版96）。

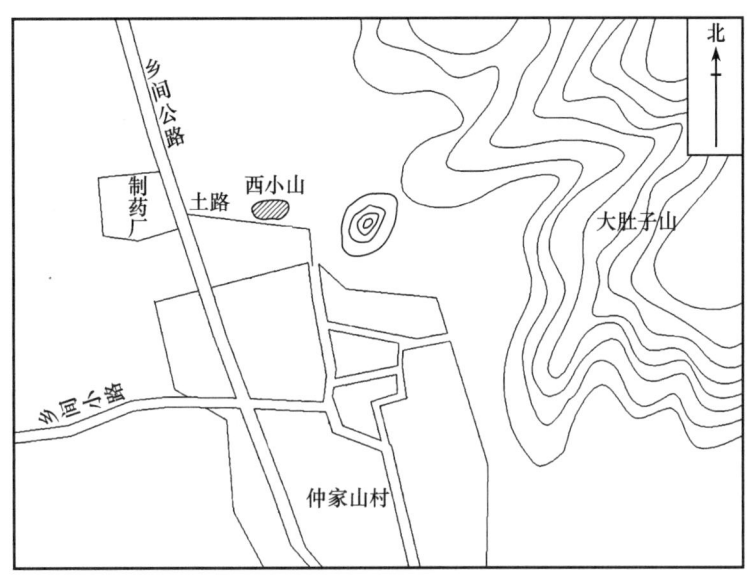

图3-12　仲家山西小山遗址位置示意图

十三　玉田峰山墓群

峰山墓群位于玉田县大安镇峰山村北（图3-13），因挖沙取土，故墓群所在地被分割为东西两部分，西侧因取土而形成了一座与四周隔绝的不规则形台地，东西长20米，南北宽20米，面积400平方米。在其东侧可看到一座墓的轮廓，应为青砖室墓。东部面积较大，东西长60米，南北宽20米，面积约为1200平方米，大体呈长条形，其土质为黄灰土，现为果园。在其西侧断壁发现暴露的2座墓室，为石板墓结构，石板墓上盖距地表14米，墓间距大约3米，并采集到石质墓板（残片）、泥质灰陶（残片）、泥质灰褐陶（腹）等遗存。根据当地文物部门资料及现场发现的墓的形制分析确认该处为夏商时期墓群。

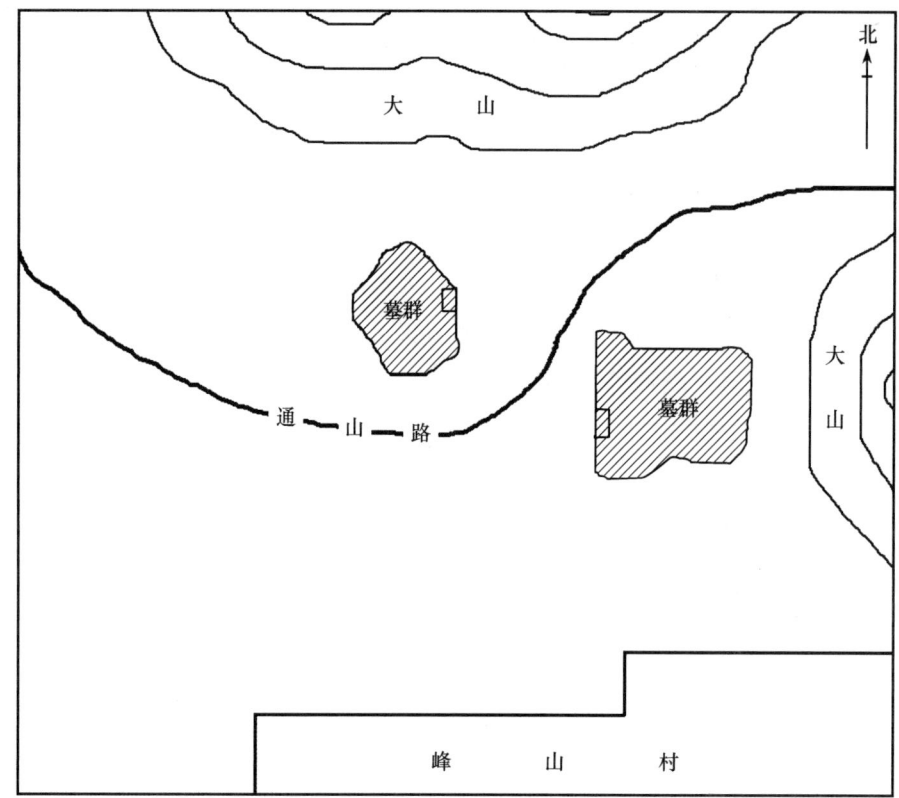

图3-13 峰山墓群位置示意图

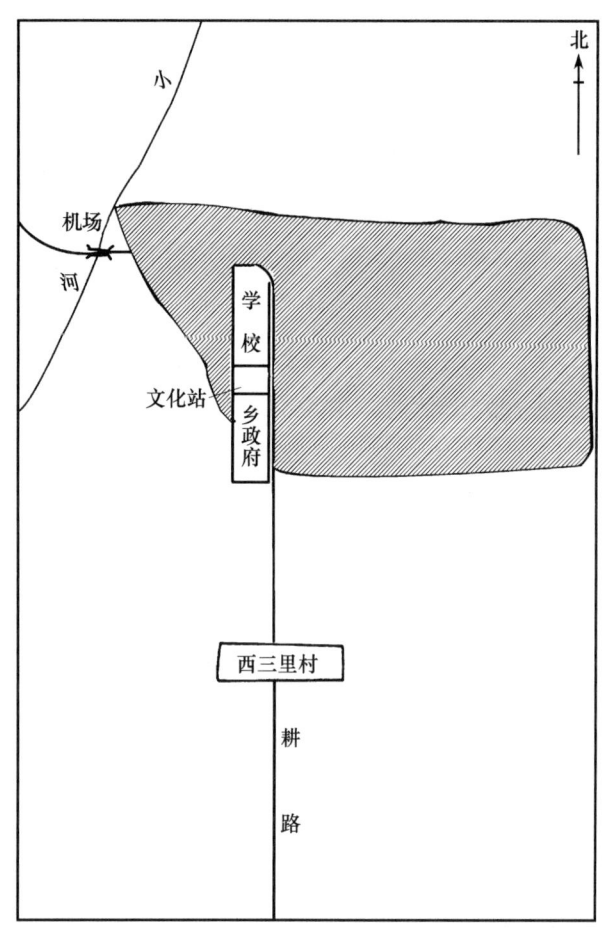

图3-14 北山遗址位置示意图

十四 遵化北山遗址

北山遗址位于遵化市西三里镇（图3-14），西三里村北150米处北山上。地势东高西低，东、南、北均是耕地。西20米处有一条南北流向的小河，遗址内西南部建有西三里乡政府和西三里中学，遗址近似长方形，东西长300米，南北宽150米，总面积39900平方米。1986年7月遵化文管所同省文研所共同调查大秦铁路时发现，采集到的器物有器物口沿、鬲裆、器腹、器底、残陶鼎足各1个，铁灯盏1个，石砚1个，古币2枚。

1986年7月第一次调查大秦铁路时在其西北角1米多深的断层处，发现了大量的汉代陶片，之后又进行了多次调查，在山坡梯田的田埂上又发现了夹砂红陶和灰陶片，先后采集各种典型陶片15块有口沿、鬲裆、腹身、器物底，还有残陶鼎足1个。从采集的标本分析，该遗址年代应为商周时期。

十五 遵化郭家场遗址

郭家场遗址是1986年河北省文物研究所调查大秦铁路沿线时发现的。遵化市石门镇郭家场村西北150米处（图3-15）。地处平原，在一处台地上。地势东高西低，北300米有一砖厂。西靠通往东陵的公路，路西有一条与公路并行的南北向的小河，河西是高山。南100米处是遵京公路，东部是农田，农作物有玉米、小麦等。遗址略呈长方形，东西长250米，南北宽150米，总面积为37500平方米。

在遗址东南部断层50厘米深处，发现灰坑1个、灶坑1座和各类陶片等。采集了典型陶片14片，有器物口沿、腹身、鬲裆、器底等。代表性的纹饰有粗绳纹、间断网纹、刻划纹、间断沟状纹、附加堆纹等。通过对陶片的分析，推断此遗址年代应为商代。

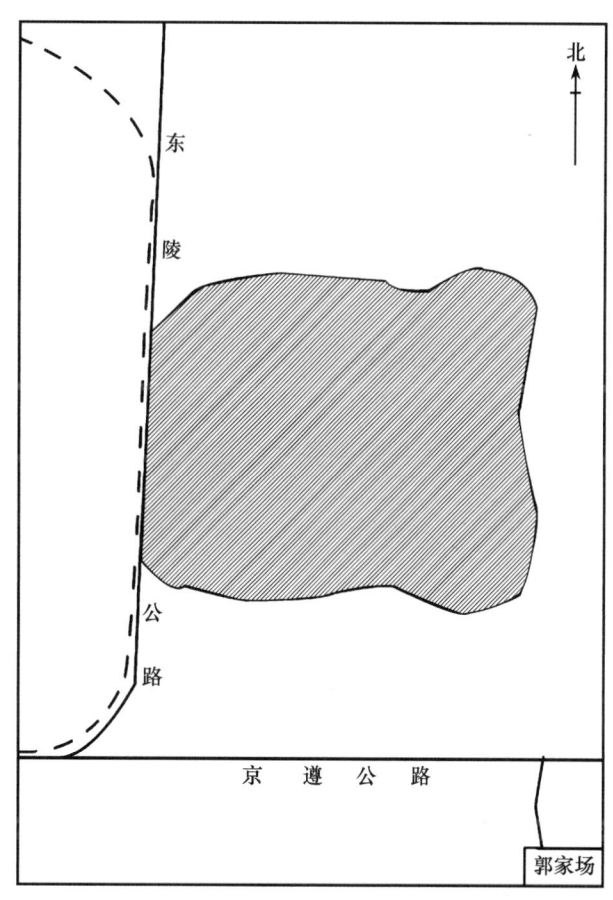

图3-15 郭家场遗址位置示意图

十六　遵化南山尖遗址

南山尖遗址位于遵化市侯家寨乡达志沟村西南南山尖上（图3-16），距村委会约300米，遗址南部西部环山，东部及北部为达志沟村，面积约300平方米。现为达志沟村村民栗子树地，土质为沙土，在遗址地表及断崖发现少量器物残片，质地为夹砂红陶，就标本判断遗址应属夏商时期遗址。

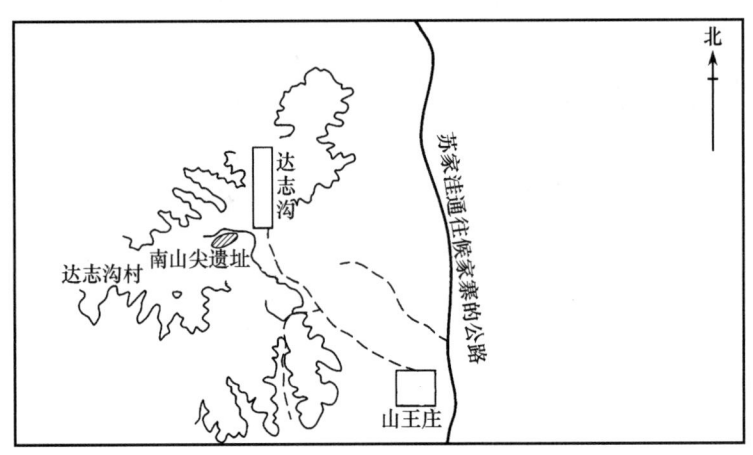

图3-16　南山尖遗址位置示意图

十七　遵化高庙遗址

高庙遗址位于遵化市娘娘庄乡下峪村西南的高台上（图3-17），为直径25米的圆形高台，高出地面近3米。现为耕地，地表种植玉米。在其地表及断壁处发现遗存物并采集到夹砂绳纹红褐陶片、泥质红褐绳纹陶片。根据发现遗物的特征及当地资料分析该遗址年代为商代。

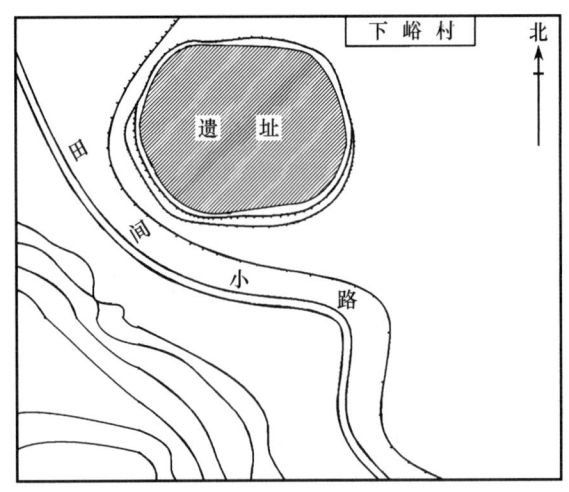

图3-17　高庙遗址位置示意图

十八　遵化郝各庄遗址

郝各庄遗址位于遵化市西下营乡郝各庄村西南（图3-18）。平面呈长方形，东西长200米，南北宽50米，面积达10000平方米。采集器物有口沿、器腹、器底、实心鬲足等11件，主要为红褐陶和灰陶两种，文化层深度从地表至1米之间不等，根据采集遗物和当地文物资料分析，该遗址年代为商周时期。

十九　遵化洪门寺遗址

洪门寺遗址位于遵化市石门镇纪各庄村西1000米台地上（图3-19），此地原有寺庙曰洪门寺，故称为洪门寺遗址。遗址大体呈长方形，西高东低，东西宽100米，南北长230米，面积为23000平方米。南500米处有一条由西向

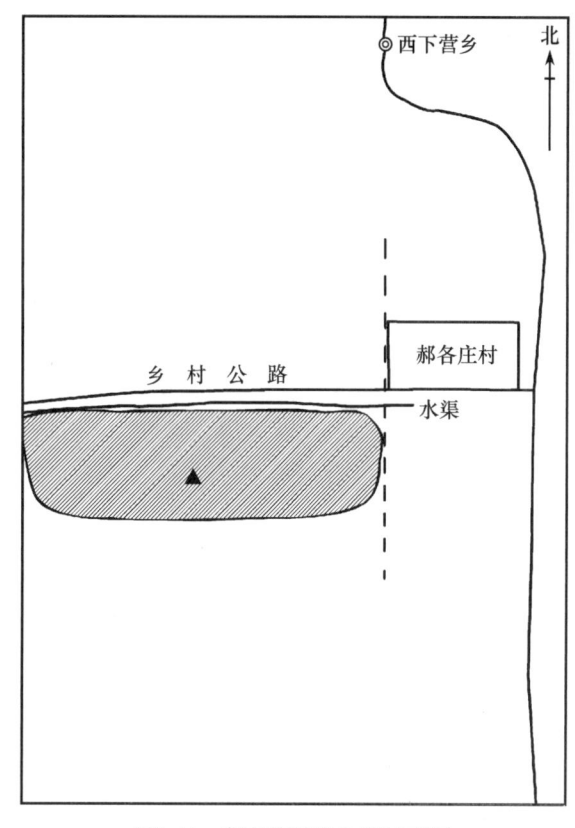

图3-18　郝各庄遗址位置示意图

东流向的小河（沙河支流），北15米处有废弃的大口井一眼。遗址整体破坏严重，文化层不清晰，在遗址地表采集有泥质绳纹灰陶片、泥质绳纹红陶片、夹砂红陶残片、泥质素面灰陶残片等标本，根据标本断定该遗址年代为商代。

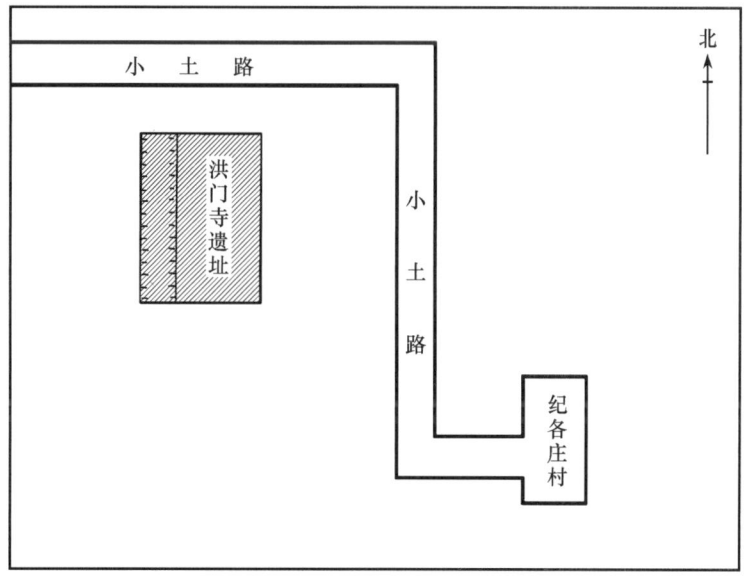

图3-19　洪门寺遗址位置示意图

在调查过程中，发现遗址西北侧由于农民取土，致使文化层堆积遭到破坏，大量遗物暴露在地表，有明显的文化层，暴露遗物较多。在遗址西侧发现有灰坑，东侧坎下发现石斧、石磨棒，在北侧断层处发现有钵类的器物，夹砂黑陶，平底，素面，较光滑，手制。

采集石斧1个，石磨棒1节，汉代灰砖1块，47件不同类型的陶片，陶片有红陶夹砂、灰陶夹砂，也有少量的夹云母，有的有纹饰，有的呈素面。

石斧，长方形，断面呈椭圆形，弧刃。表面略经磨制，粗糙，青色，灰岩。长12.7厘米，宽6.6厘米，厚3.4厘米。

残石磨棒，圆柱形，直径一头长一头略短，表面经磨制，粗糙，呈黄褐色，高9.5厘米，上直径长6.3厘米，下直径长7厘米。

通过对采集遗物的分析，认为此遗址的文化面貌比较复杂，时代应为新石器时期至商周时期。

二十　遵化京五营遗址

京五营遗址位于遵化市平安城镇京五营村东200米（图3-20），1990年5月河北省文物普查时发现。有灰坑2个，距地表0.3米发现了陶罐残片20余片，可辨器型有口沿、鬲足等，从遗物特征分析该遗址年代为商周至秦汉时期。

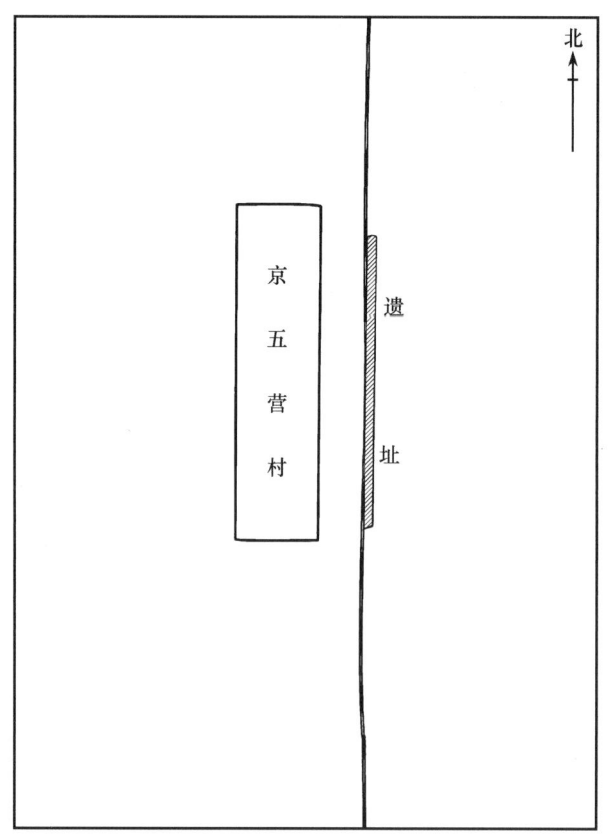

图3-20　京五营遗址位置示意图

二十一 遵化南张庄子遗址

南张庄子遗址位于遵化市刘备寨乡南张庄子村北的山包上（图3-21），紧邻村落，西侧为马各庄村，北侧为杨庄子村。由于周边遭到破坏，该遗址现残存范围呈长方形分布，东西长约100米，南北宽约80米，面积约8000平方米。断面暴露文化层及遗物，文化层厚约1.2米，为黄褐色黏土。从地表采集的古代遗物主要为夏商时期的陶鬲、盆、罐、甗等残片，陶质主要为夹砂红褐陶、少量夹砂黑皮红褐陶、泥质灰陶，纹饰有绳纹、弦断绳纹、交错绳纹、弦纹、附加堆纹等，部分为素面，少量陶片表面磨光，鬲足足跟施绳纹；战国秦汉时期的陶釜、罐、盆等残片，陶质有夹蚌红陶、泥质灰陶，纹饰有绳纹、交错绳纹，另有素面；金元时期的陶盆、壶、罐等残片，多为泥质灰陶，少量泥质褐陶，多为素面，有少量压光暗弦纹，部分陶片表面磨光。

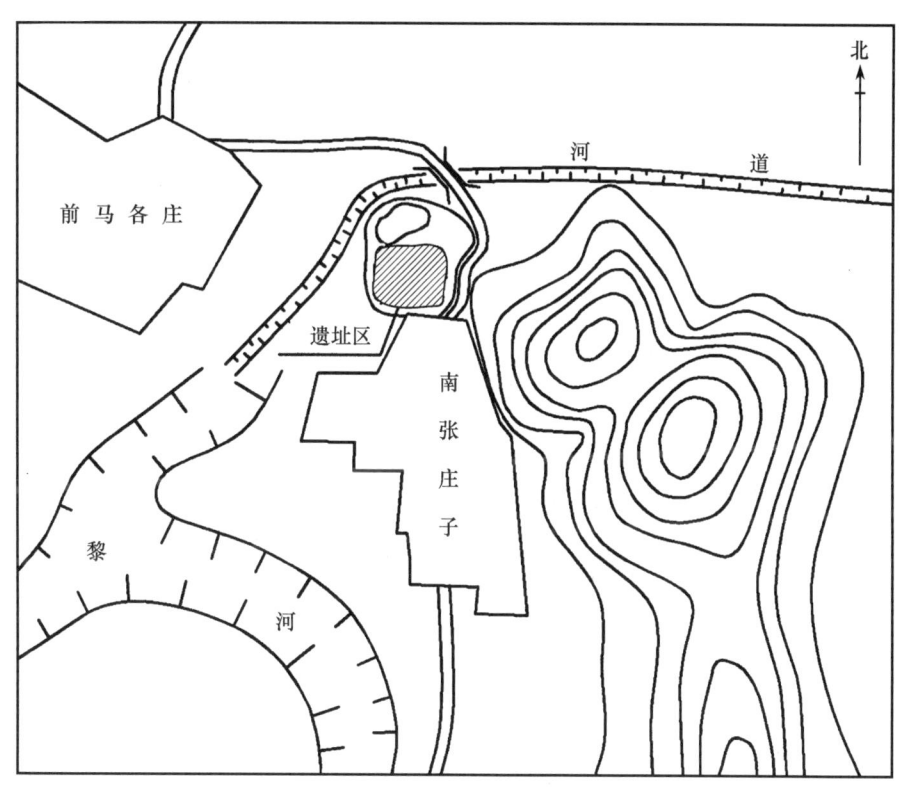

图3-21 南张庄子遗址位置示意图

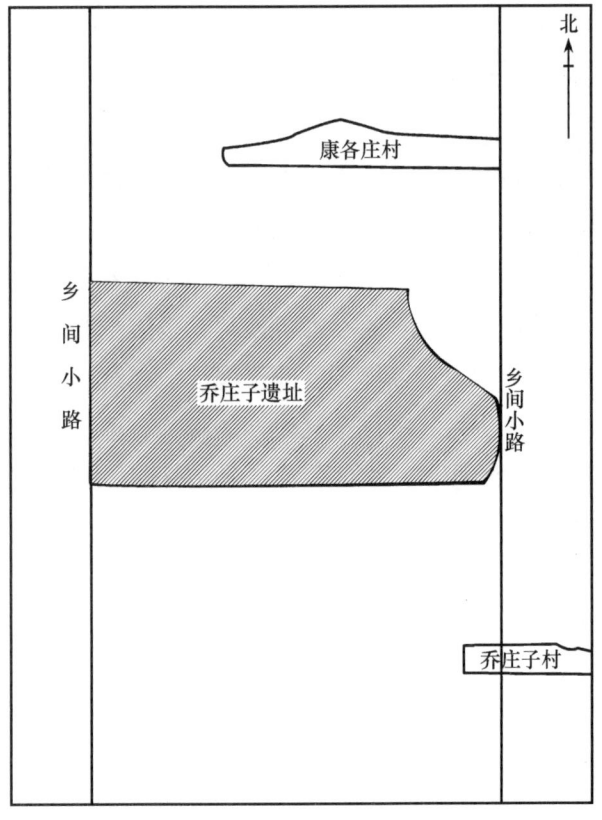

图3-22　乔庄子遗址位置示意图

二十二　遵化乔庄子遗址

乔庄子遗址位于遵化市新店子镇乔庄子村西北（图3-22），1990年河北省文物普查时发现。东西长100米，南北宽约50米，面积约为5000平方米。采集到的器物有石锤、石杵、石锛各1个，2个鼎足、2个鬲足和22块有代表性的各种纹饰的陶片。

二十三　遵化石家庄遗址

石家庄遗址位于遵化市党峪镇石家庄村西约450米的西岗子地（图3-23），西南远望狼山关村。该遗址呈正方形分布，南北长约100米，东西宽约100米，面积约10000平方米。断面暴露有文化层及遗物，文化层叠

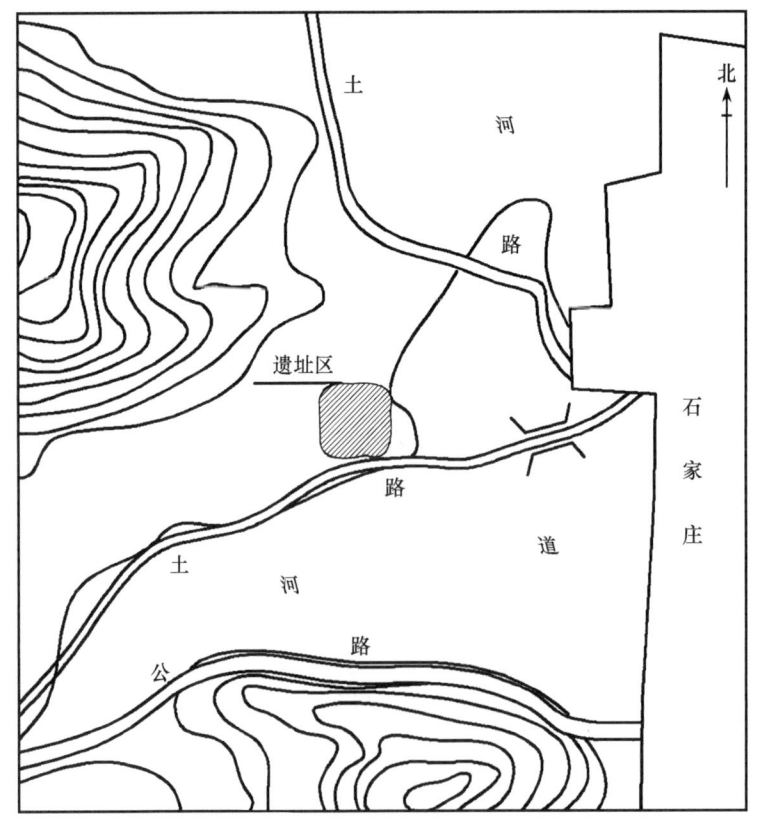

图3-23　石家庄遗址位置示意图

压于耕土层下,厚约0.8米,土质为黄褐色黏土。从地表采集的遗物来看,其文化面貌与夏家店下层文化极其相似,有陶鬲、盆、罐等器物残片,多为夹砂红褐陶,少量泥质红陶、泥质灰陶、夹砂黑皮红褐陶,纹饰有绳纹、弦断绳纹,另有部分素面;还采集到少量金元时期的泥质灰陶盆残片、酱釉瓷片,均素面。

二十四 遵化塔寺遗址

塔寺遗址位于遵化市西下营乡塔寺村东南北岭河北岸龟山上(图3-24)。遗址南北各有一条乡间小路,南有一条由西向东再向南流向的北岭河,内有塔寺铁矿厂和保安塔。遗址平面略呈梯形,东西长约190米,南北宽约150米,总面积约10000平方米。采集到的器物有陶片、鬲颈、鬲腹、石斧、鼎足等。

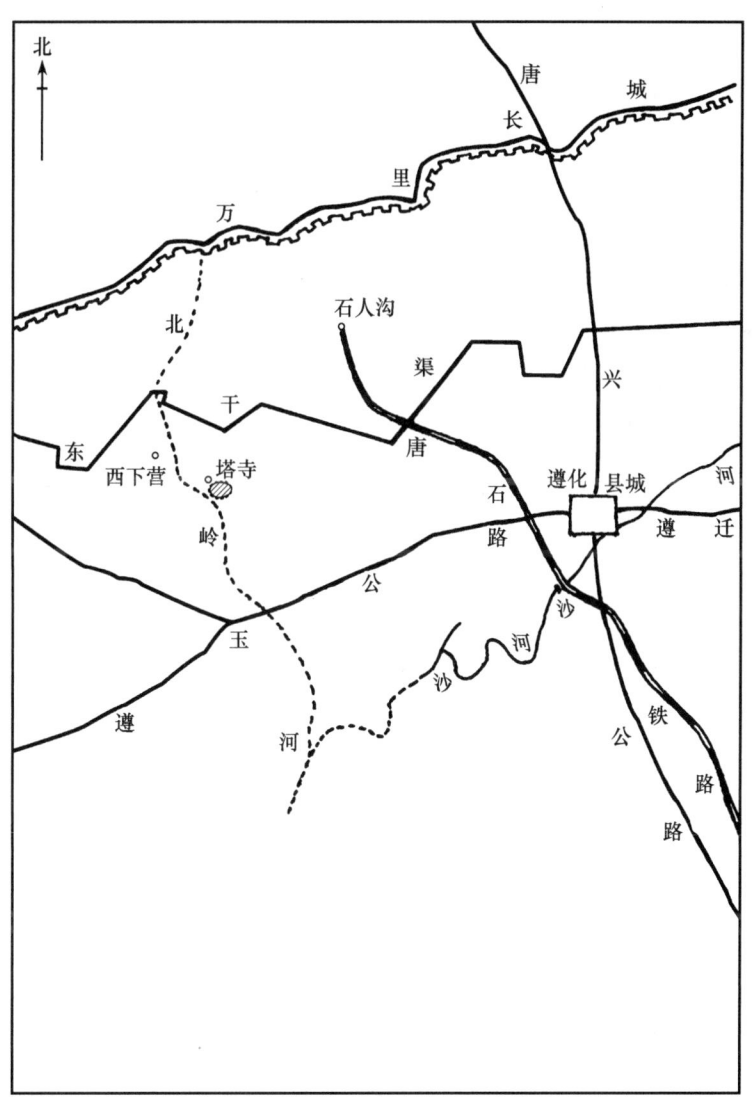

图3-24 塔寺遗址位置示意图

二十五　遵化荫家山遗址

荫家山遗址位于遵化市新店子镇岳各庄村东北100米处荫家山山顶（图3-25）。文化层深约1.5米，采集遗物有夹砂红陶陶片，另有陶器、青铜器、铁器、石器、骨器等共149件。遗址呈不规则的长方形，南北长30米，东西宽20米，面积约为600平方米。

二十六　遵化西峪遗址

西峪遗址位于遵化市新店子镇西峪村西南（图3-26），文化层距地表1.5米左右。采集到的器物有陶片、陶罐、铁鼎、铜鼎、铜戈等。西峪村地处山区，南、西、北三面环山，村南凤凰山下有一条东西流向的小河，东375米处是南北向的唐兴公路和唐石铁路，遗址在村内偏西略呈长方形，东西长182米，南北宽62米，总面积约11284平方米。遗址已被破坏，地面均是建筑物。

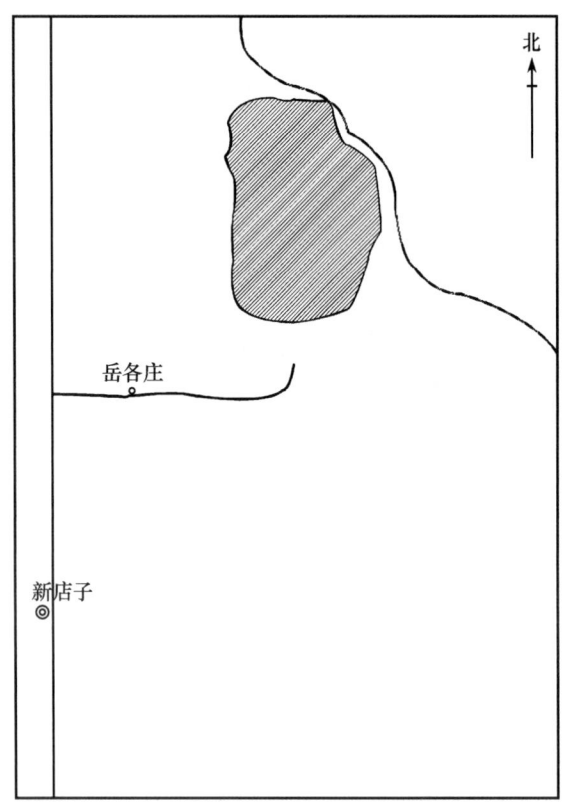

图3-25　荫家山遗址位置示意图

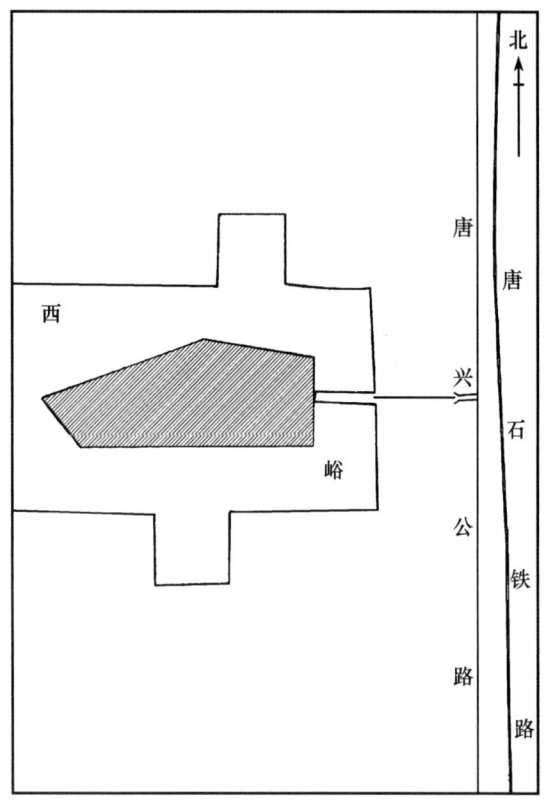

图3-26　西峪遗址位置示意图

二十七 遵化杨家庄西遗址

杨家庄西遗址位于遵化县城东偏南5.3千米地处平原（图3-27），地势平坦，东临通往村内的机耕路，西是农田，南接村内，北250米处是遵兴公路，东西长180米，南北宽100米，总面积18000平方米。

在调查过程中，发现地表暴露很多红、灰、褐色等各色陶片，多数夹云母，有的夹砂，还发现有陶鼎足、鬲足，带釉的陶罐、带有绳纹的陶片等，采集了有代表性的典型陶片，有器物口沿、鬲足、鼎足、陶罐。

此遗址内涵丰富，包括多个年代的文化层，但根据暴露遗物分析，遗址时代为商周至秦汉时期，现状良好。

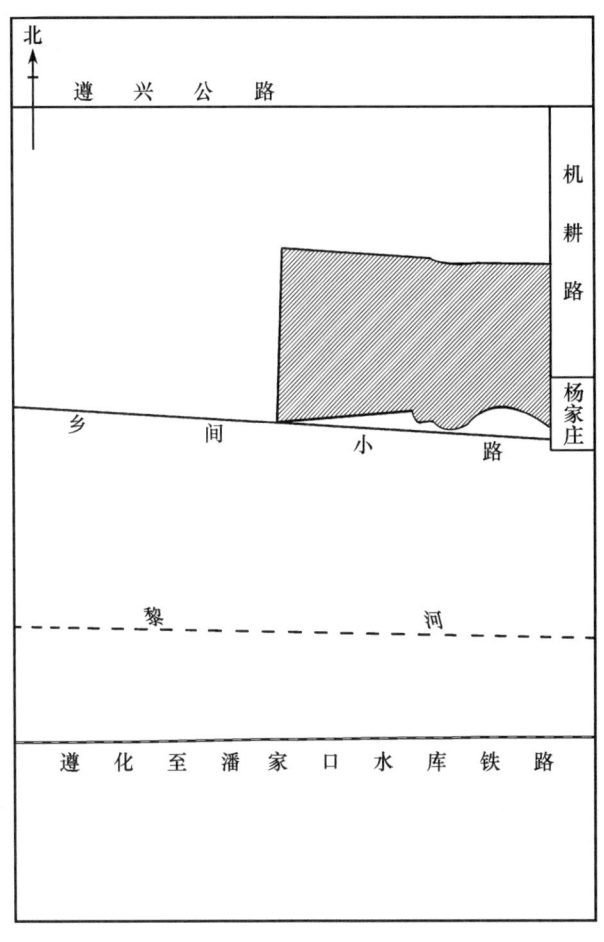

图3-27 杨家庄西遗址位置示意图

二十八 遵化魏进河遗址

魏进河遗址位于遵化市马兰峪镇魏进河村北山上，面积约12000平方米（图3-28）。遗址所在的后坡地地表上散布着零碎陶片。在坡地的东、北面的断面上，暴露有两处文化层，距地表0.75~1.1米。采集遗物有泥质灰陶片，纹饰为绳纹、弦纹，可辨器型有侈口尊、罐等。

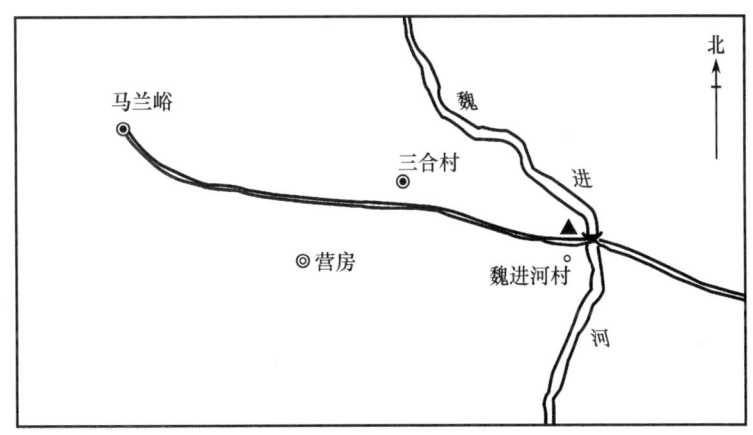

图3-28 魏进河遗址位置示意图

二十九　遵化胡庄子遗址

胡庄子遗址位于遵化市西三里镇胡庄子村东偏南400米（图3-29）。为1986年10月遵化文管所同省文物研究所共同考察大秦铁路沿线时发现的。遗址平面略呈梯形，东西长150米，南北宽100米，面积约15000平方米。西150米处有一条南北走向的水渠，南200米处是唐石铁路，东、北均为耕地。

采集到红、灰、黑色陶片30块，器物有口沿、器腹、器底等。通过对陶片的分析，确定该遗址年代为商周时期。

三十　遵化杨家庄遗址

杨家庄遗址位于遵化市崔家庄镇杨家庄，崔家庄东偏北2千米，杨家庄东150米处山坡上（图3-30），地处丘陵，北50米处有遵迁公路，东偏北250米处有古寺金山寺遗址，南75米处是"泥河"，南525米处是遵化至潘家口水库的铁路。遗址南北长250米，东西宽155米，总面积37750平方米。

在历次调查中，采集了典型的陶片，均为夹砂红陶，可辨器形有鬲足、口沿和鬲裆等，另有石斧和石磨棒等。遗址现状保存良好。

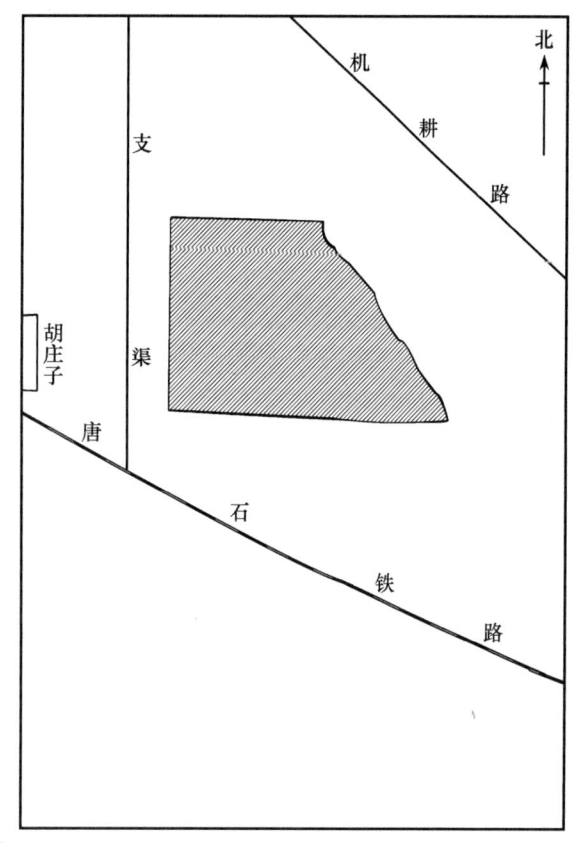

图3-29　胡庄子遗址位置示意图

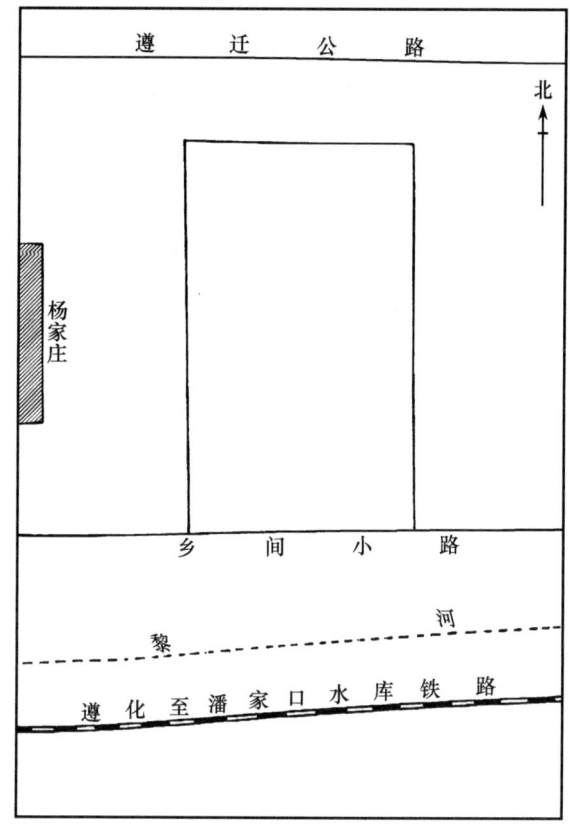

图3-30　杨家庄遗址位置示意图

三十一　高新区毛家坨遗址

毛家坨遗址位于唐山市高新区老庄子镇毛家坨村东约50米毛家坨小学院内（图3-31）。该地原为该村"东大寺"，原寺庙已不存，现为毛家坨小学所占用。遗址西北隔出村土路为毛家坨村民居，东北隔出村土路约200米为毛家坨砖窑厂，西临土坑及毛家坨村民居，东侧、南侧临农田。遗址地势较四周高约0.5米，地表较为平整，现为毛家坨小学校园。遗址位置约呈长方形分布，南北长约200米，东西宽约150米，分布面积约30000平方米（图版97）。

遗址区内未发现文化层及灰坑等遗迹，地表散落有较多陶片。土质为灰褐色沙壤土。遗址地表采集陶片有夹砂灰褐陶、夹砂灰陶、夹砂红褐陶、夹砂红陶、夹蚌红陶、泥质灰陶、泥质红陶等，外饰绳纹、交错绳纹、弦断绳纹或素面。可辨器型有鬲、罐、瓦等。鬲为夹砂红陶，足为实根，外饰绳纹，较为矮小。罐多外饰绳纹，以泥质红陶为主，素面，侈口，圆唇，束颈，溜肩。瓦外饰绳纹，内饰网格纹。从采集文物标本的陶质、陶色、器型、纹饰等推断，该地为一处商周至秦汉时期聚落遗址。

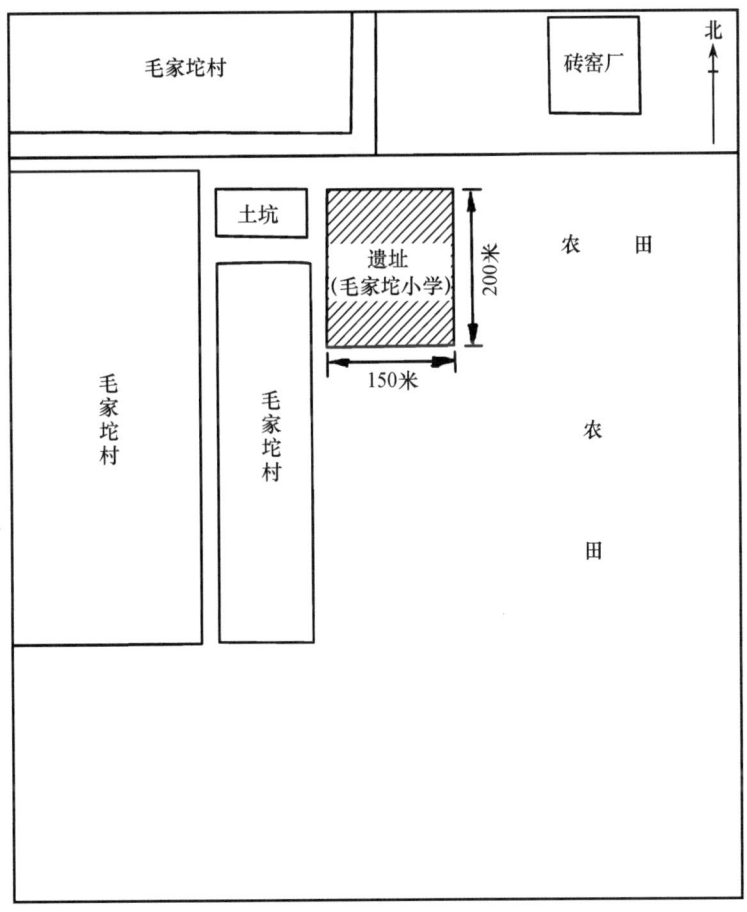

图3-31　毛家坨遗址位置示意图

三十二 丰南西崔坨遗址

西崔坨遗址位于丰南区大新庄镇西崔坨村西北约800米处的台地上（图3-32）。地势东高西低，地势平坦，东为大沙丘，西临小戟门河，南临乡间小路，北为大沙丘。遗址南北长250米，东西宽200米，面积约50000平方米。文化层厚0.2～0.8米，遗迹有灰坑，陶片以夹砂红陶为主，占95%，泥质灰陶次之，占5%，还有少量的红褐陶。纹饰以细绳纹为主，占50%，素面次之，占30%，还有在绳纹上饰凹弦纹占15%，和弦纹占5%。器型有鬲、罐、盆、瓮。鬲，通体饰绳纹，夹砂红褐陶。盆，敞口，卷沿，弧腹，泥质红陶。瓮，敞口，短颈，泥质红陶。

从该遗址出土的陶质、陶色、纹饰、器型等情况分析，该遗址的年代应为商代。

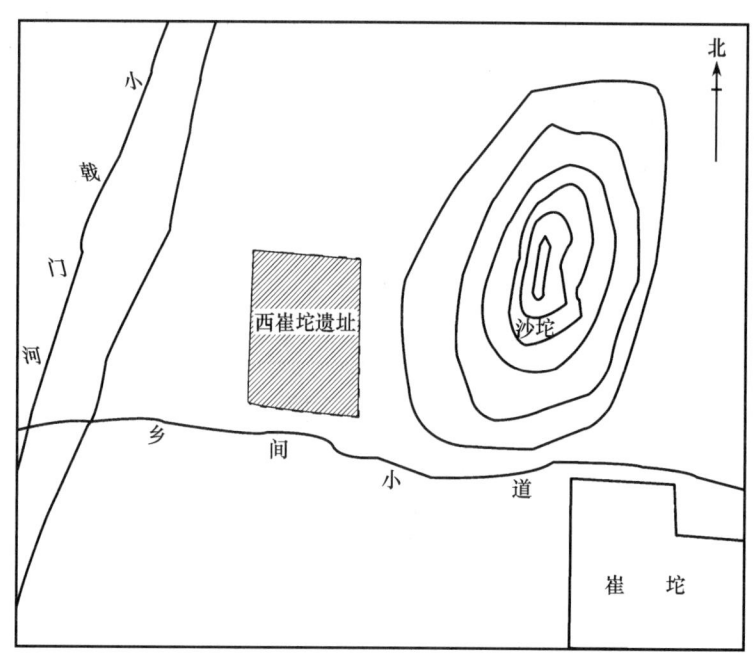

图3-32 丰南西崔坨遗址位置示意图

三十三 丰润王务庄遗址

王务庄遗址位于丰润区左家坞镇王务庄村西北约1.5千米高台地上（图3-33）。东北约1.5千米为新王庄村，西北约600米为还乡河，东约500米隔王务庄至新王庄乡村公路为东山，南隔水渠为农田，北侧、西侧、东侧为农田。遗址地势较四周高约50厘米，地表较为平整，现为农田，土质为黄褐色沙壤土。遗址位置约呈长方形分布，南北长约50米，东西宽约40米，分布面积约2000平方米。

遗址区内未发现文化层及灰坑等遗迹，地表及四周散落有陶片。陶片有夹砂红陶、夹砂灰陶、夹蚌红陶、泥质灰陶等，外饰绳纹、交错绳纹或弦纹。可辨器型有鬲、罐等。鬲足为夹砂

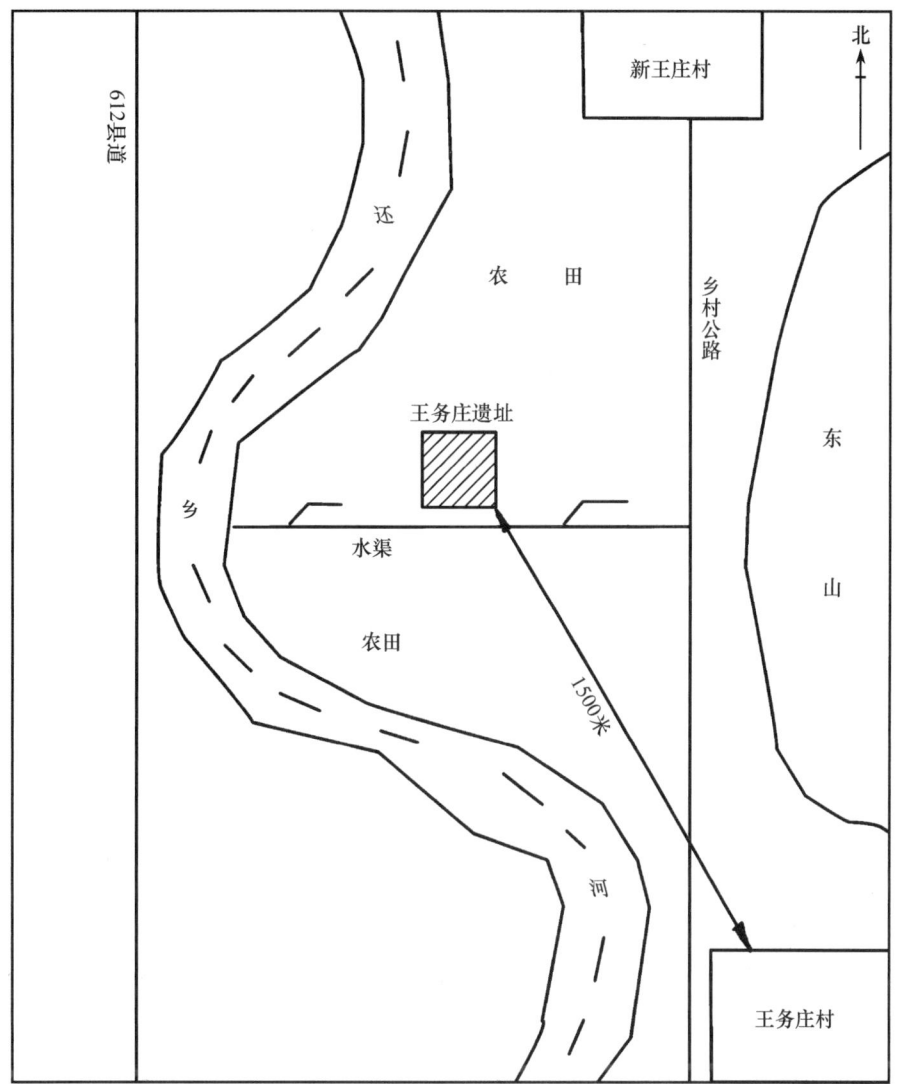

图3-33 王务庄遗址位置示意图

红陶，外饰绳纹，实心，较为矮短。从采集文物标本的陶质、陶色、器型、纹饰等推断，该地为一处商周至秦汉时期聚落遗址。

三十四 路北西刘各庄遗址

西刘各庄遗址位于路北区韩城镇西刘各庄村西北约300米处，东距村委会约70米、距移动通信信号塔约60米（图3-34）。东、南、西均为农田，北至土路，东西长约150、南北宽约120米，面积约18000平方米。遗址南端最高，南面有断壁高0.6米，其他三方逐渐低缓。土质为黄褐色沙土，适宜种植玉米、花生等农作物。

遗址西北角和东北角各有一处取土坑。在西北角取土坑南侧断壁发现文化层，距地表0.8米，可见厚度0.5米，灰褐色黏土，内含陶片，采集到的标本有鬲、甗、罐等陶器残片。标本

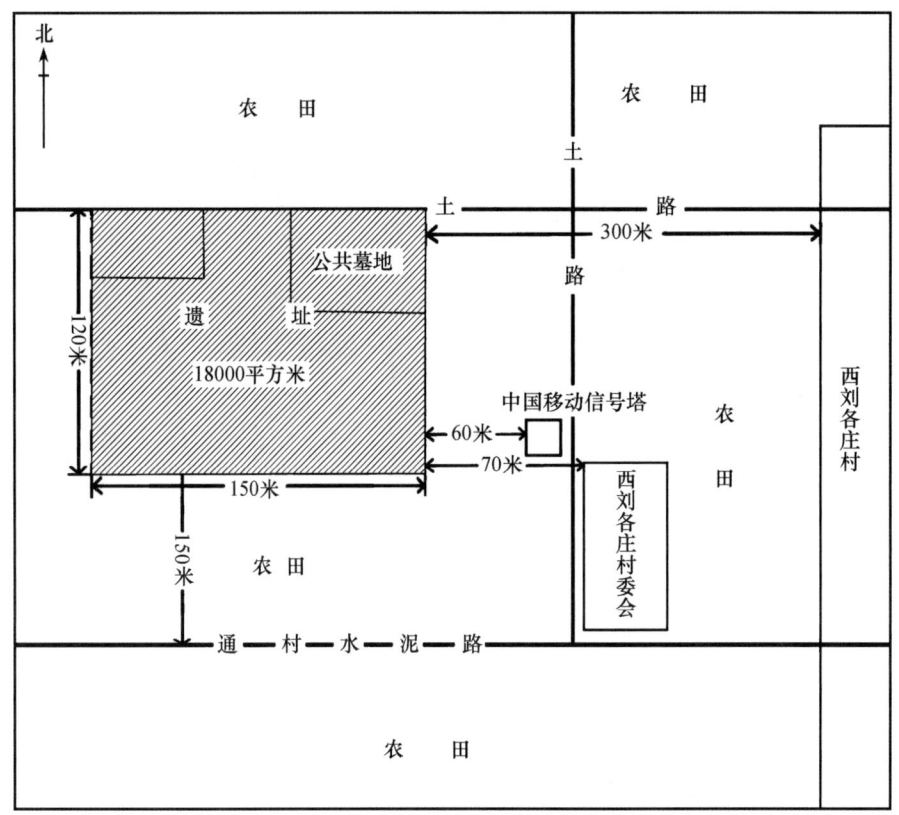

图3-34　西刘各庄遗址位置示意图

质地以夹砂居多，颜色有红、褐色两种，以红为主，器表有纹饰者多于素面，纹饰以绳纹为主，有少量弦断绳纹和压印纹，绳纹中有少量印痕较浅。地表暴露遗物特征与文化层包含物特征基本相同。根据标本特征分析，初步断定该遗址为商代晚期遗址。

三十五　丰润张辛庄北遗址

张辛庄北遗址位于丰润区新军屯镇张辛庄村北约20米新军屯镇中学东侧（图3-35）。遗址南约20米为张辛庄村民居，西隔民居为新军屯镇中学，北约200米为361县道，东临农田，遗址南侧有新变包家坎527主干输电线路通过。遗址地表较为平整，现为农田。遗址位置约呈方形分布，南北约100米，东西约100米，分布面积约10000平方米。

遗址区内未发现文化层及灰坑等遗迹，地表散落有较多陶片。陶片有夹砂灰褐陶、夹砂红陶、夹蚌红陶、泥质灰陶、泥质红陶等，外饰绳纹或素面，器型多不辨。从采集文物标本的陶质、陶色、纹饰等推断，该地为一处商周至秦汉时期聚落遗址。

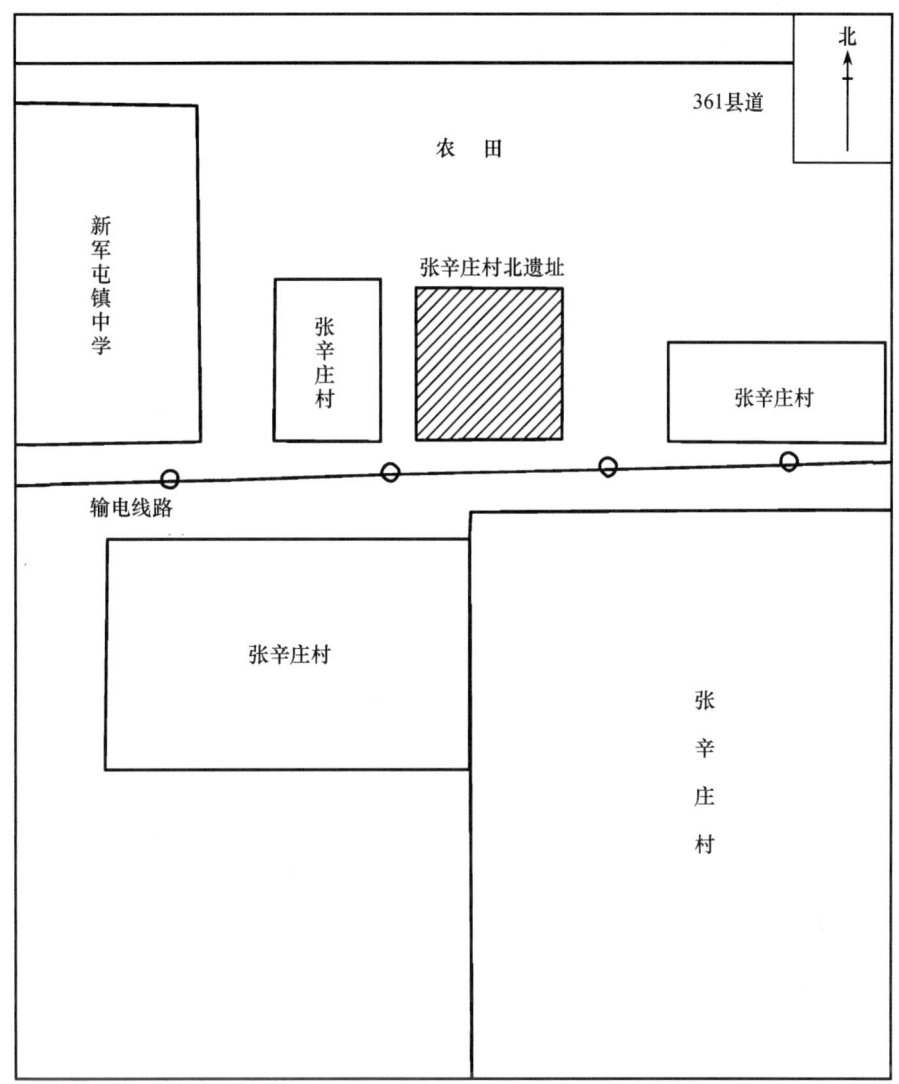

图3-35 张辛庄北遗址位置示意图

三十六 丰润后山坡遗址

后山坡遗址位于丰润区左家坞镇小松林村北台地之上，北距还乡河1千米，南与小松林村相连（图3-36），东与大松林村相接。遗址属于晚商时期遗址（围坊三期文化），文化层厚度约0.5米，在遗址的东侧与东南处皆发现遗迹，在遗址东侧断面上发现战国残破陶片若干；遗址东南处断面上发现灰坑，深1米，口径2.1米，呈梯状，包含灰褐陶绳纹罐（口沿）、夹砂红褐陶交错绳纹鬲（足）、泥质灰褐陶交错绳纹罐（腹）、夹砂灰褐陶绳纹鬲（裆）、泥质细绳纹罐（底）等遗物。

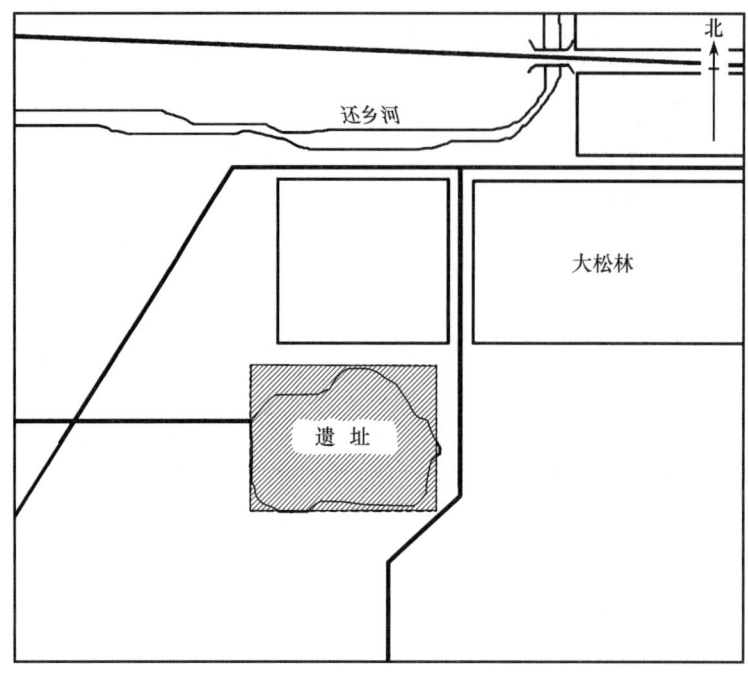

图3-36 后山坡遗址位置示意图

三十七 丰润古石城遗址

1. 遗址概况

1989年2月文物普查时发现，2008年"三普"时对该遗址进行复查，同年10月25日被河北省人民政府公布为第五批河北省重点文物保护单位。

古石城遗址位于泉河头镇古石城村北朝阳山上（图3-37），遗址南面是古石城村，东面是凹凸不平的山地，北面是南北走向的还乡河道，绕过遗址向南流去，西面1千米处是南北走向的丰邱公路。古石城遗址高出地面80米，南北宽200米，东西长100米，面积20000平方米（图版98）。遗址北面是较陡的石壁，其他三面覆盖黄土，呈阶梯状分布，文化层和遗物层主要分

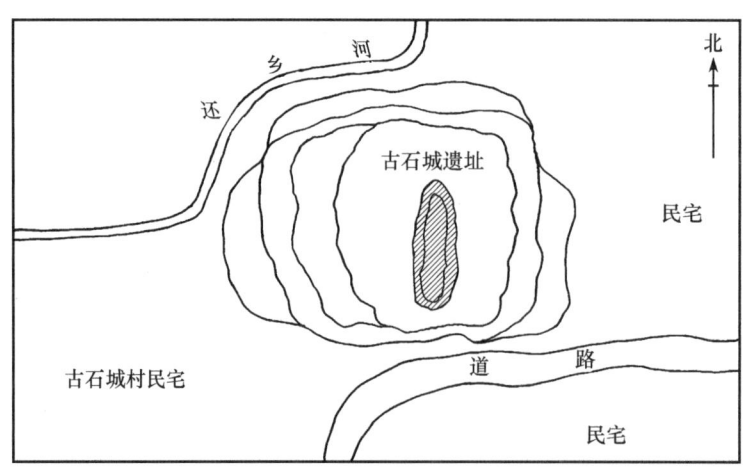

图3-37 古石城遗址位置示意图

布在台地东西两侧，文化层厚1～2米，地表和断层处有大量遗物，主要有石器、蚌器、陶器等。此外在遗址东坡的断壁上，可见数处较大的灰坑，在灰坑内均有大量的陶片暴露，并发现1件石斧。文化层中所含遗物以陶鬲、直筒罐残片为主，鬲足为实心，以夹砂红褐陶、灰褐陶为主，纹饰以绳纹和附件堆纹为主，另外还有压印三角形纹饰，这与滦州后迁义、迁安小山东庄等遗址的相关遗物特征相同，另外还采集有部分细石器和石斧等。

2. 采集遗物

在遗址中采集标本62件，其中石器1件，贝壳化石1件，红烧土4块，陶器残件56件。

石斧，1件。89GZY采1，刃部已残，磨制精细，残高9厘米，厚3.5厘米，宽5厘米（图3-38，1）。

贝壳残片，1件。89GZY采2，已石化，呈扇形，边缘有破损痕迹，残高4.3厘米（图3-38，2）。

罐，口沿3件。89GZY采3，宽平折沿，束径，肩略斜，肩下有一周锯纹，锯纹之下为交叉绳纹，泥质灰陶，残高10.4厘米（图3-38，3）。89GZY采5，直口，高领，方唇，各饰细绳纹，其中一件为夹砂红陶，并施加附加堆纹，一件为夹砂灰陶，残高6.9厘米（图3-38，4；图版99）。

盆，口沿，2件。89GZY采6，侈沿方唇，沿部略厚，夹砂红陶，外饰绳纹，其中一件并饰有压印堆纹，残高5.5厘米（图3-38，5）。

瓮，口沿，1件。89GZY采4，夹砂红陶，圆唇矮领，敛口折肩，素面，残高5.6厘米（图3-38，6）。

89GZY采37，夹砂红陶，除器壁外饰有绳纹外，器底也饰有绳纹（图3-39，1；图版100）。

甗腰，3件。89GZY采38、40，夹砂红陶，内外壁均有烧煮痕迹，除1件外壁饰有绳纹外，其余2件均饰有宽0.5厘米，相隔1.5～2厘米的涡纹一周，残高2.7厘米（图3-39，2；图版100）。

鬲足，9件。89GZY采49，夹砂红陶，锥状足，外饰绳纹，残高3.9厘米（图3-39，3；图版99）。

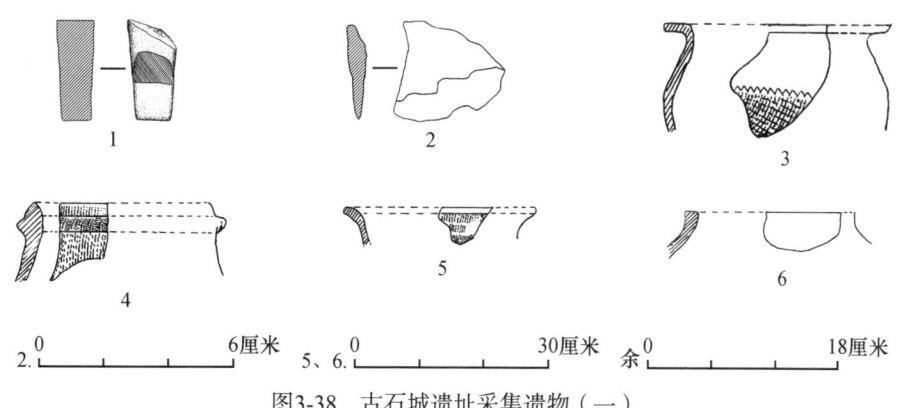

图3-38　古石城遗址采集遗物（一）

1. 石斧（89GZY采1）　2. 贝壳残片（89GZY采2）　3. 罐口沿（89GZY采3）　4. 罐口沿（89GZY采5）　5. 盆（89GZY采6）　6. 瓮（89GZY采4）

鼎足，3件。89GZY采55，夹砂红陶，外饰绳纹，1件实心锥足，残高12厘米（图3-39，4；图版99）；2件为柱状实心足。

豆，1件。89GZY采46，大部已残，可辨认的仅是一个圈足，夹砂红陶，素面，残高5厘米（图3-39，7）。

陶銎，2件，1件泥质灰陶，中间有孔直径3.8厘米，89GZY采58，夹砂灰陶，残高9.8厘米（图3-39，5）；89GZY采57，呈半月形，实心（图3-39，6；图版99）。

从以上分析来看，陶器以夹砂红陶为主，占90%以上，纹饰以绳纹为主，并兼有凹弦纹、附加堆纹、篮纹、划纹、压印堆纹、涡纹、锯齿纹等多种纹饰，陶器类型有罐、盆、瓮、甗、鬲、鼎。其中以蒸煮器鬲为主，并有少量的甗和鼎，陶器制法以手制为主，并兼有轮制。

古石城遗址文化层中所含遗物以陶鬲、直筒罐残片为主，鬲足为实心，以夹砂红褐陶、灰褐陶为主，纹饰以绳纹和附件堆纹为主，古石城遗址文化堆积较厚，文化内涵丰富，从遗物分析为商周时期遗址。

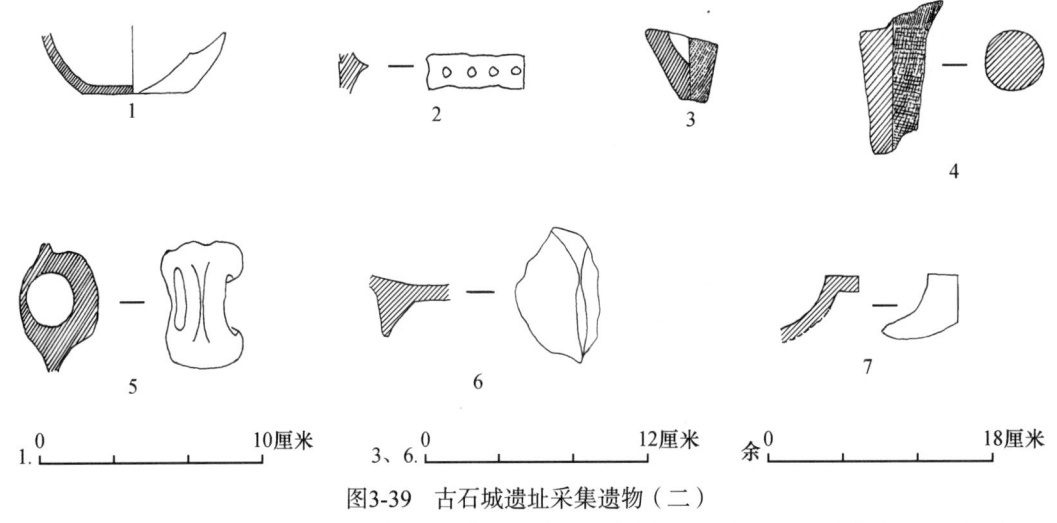

图3-39 古石城遗址采集遗物（二）
1. 器底残片（89GZY采37） 2. 甗腰（89GZY采38、40） 3. 鬲足（89GZY采49） 4. 鼎足（89GZY采55）
5. 陶銎（89GZY采58） 6. 陶銎（89GZY采57） 7. 豆（89GZY采46）

三十八　丰润白各庄遗址

1. 遗址概况

白各庄遗址位于丰润区泉河头镇白各庄村南400米，面积31658平方米（图3-40）。该遗址地理环境很典型，遗址位于一片高台地上，东面是还乡河，西面是白各庄南山，北面是一片洼地，南面也是一片洼地，中间有丰邱公路南北穿过。土壤为黄褐色，主要种植的农作物有高粱、玉米、大豆和谷子。在调查过程中，地表有遗物暴露，采集到陶片和石斧。根据遗物判断，该遗址的年代应该属于商代。

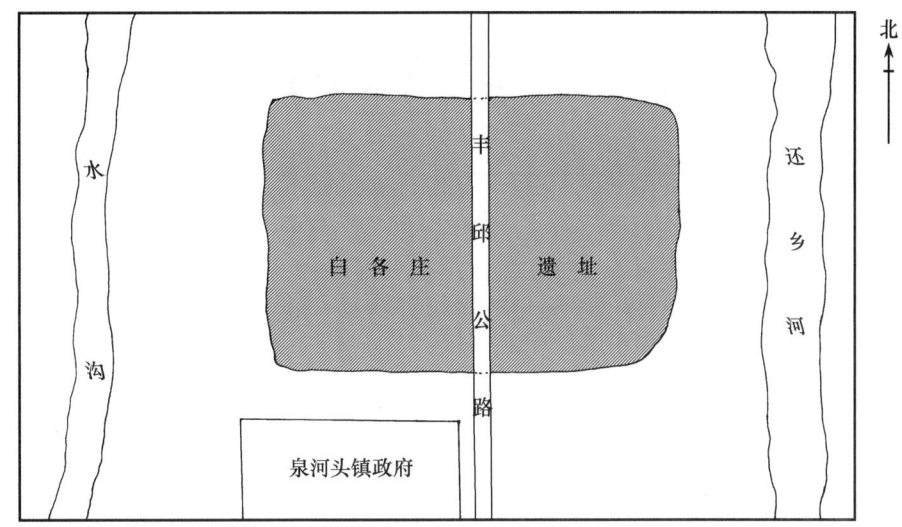

图3-40 白各庄遗址平面示意图

2007年唐山市文物管理处为配合华北电网工程，对遗址进行了试掘，试掘面积25平方米，发现文化地层厚约0.3米，灰坑一个深1.8米，发现有石器、玛瑙器、陶器等，石器主要以细石器为主，约200件。陶器以夹砂陶为主，纹饰除少量篮纹、绳纹和附加堆纹外，均为素面。器型主要有罐、盆、鬲、钵等。

2008年"三普"时地表采集有夹砂黄褐素面罐（残片）、红褐素面罐（底）、黄褐素面罐（耳）、石器（残）、灰褐陶（残片）、石梳等遗存物。同年10月25日被河北省人民政府公布为第五批河北省重点文物保护单位。

2. 采集遗物

石斧，BY采1，剖面呈梯形，高17.4厘米，顶宽6厘米，厚2.5厘米，刃宽8.5厘米。双面刃，青色河光石磨制而成，完好（图3-41，1）。

陶片，在遗址里共采集陶片标本8件。

BY采2，口沿标本，泥质红陶，束颈，侈口，尖唇。从标本可知，该器物是圆肩，鼓腹（图3-41，2）。

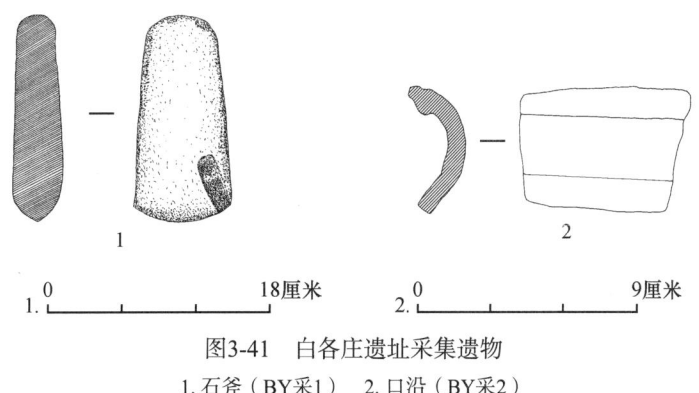

图3-41 白各庄遗址采集遗物
1. 石斧（BY采1） 2. 口沿（BY采2）

三十九　丰润黄各庄遗址

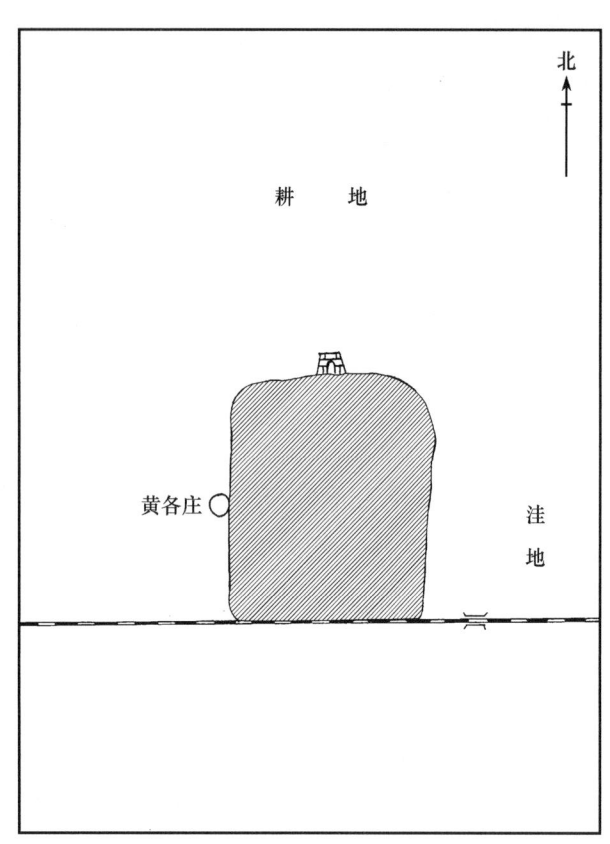

图3-42　黄各庄遗址平面示意图

1. 遗址概况

位于丰润区丰润镇黄各庄村东（图3-42），北到黄各庄砖厂，南到京秦铁路，西到黄各庄村头，东到京秦铁路地道桥西100米，南北长600米，东西宽500米，面积为3000000平方米。遗址东部为一片洼地，西部是一片高台地，高低相差7米，遗址北边也是洼地，与南面高地相差8米，遗址所在高地是还乡河故道的南岸。

2. 遗迹与遗物

遗址东部洼地有一处砖室木棺墓葬暴露，遗址东部南北走向的土地上，有5处明显的文化层遗迹，厚0.3～0.4米，距地表0.6～0.7米。

遗址西部的高地南端，距铁路30米处，有一处灶坑遗迹，灶坑上有一小底敞口灰陶盆。

遗址南端东部通乡路南面，也有一段高4米的坎，土坎地表80厘米下，有明显文化层存在。该遗址共采集到陶片37件，其中定标本的陶片11件，现分析如下：

口沿残片，3件。泥质灰陶，轮制，从标本看，器物均较小，鼓腹，束颈。HGY采3，直口折沿方唇（图3-43，2）；HGY采4，直口直沿圆唇（图3-43，3）；HGY采2，侈口侈沿圆唇（图3-43，4）。

器壁残片，5件。2件为泥质灰陶，3件为夹砂红陶，器壁纹饰，其中2件饰细绳纹施加弦纹，2件饰绳印纹，1件饰交叉绳纹。

器底残片，3件。HGY采1为盆底，残，泥质灰陶，敞口，平底，直径15厘米，残高10厘米（图3-43，1）。另2件分别为HGY采11和HGY采10，泥质灰陶，轮制，从残片上看，器物均为小底，鼓腹，均为素面（图3-43，5、6）。

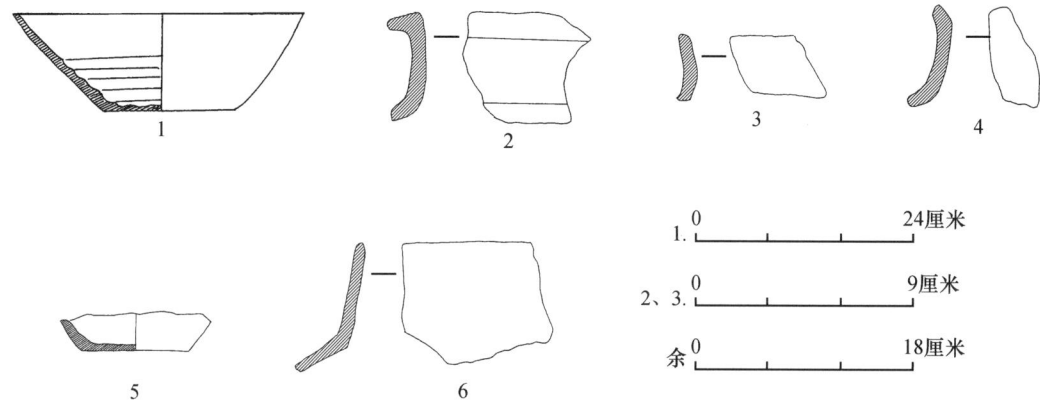

图3-43 黄各庄遗址采集遗物
1. 器底残片（HGY采1） 2. 口沿残片（HGY采3） 3. 口沿残片（HGY采4） 4. 口沿残片（HGY采2）
5. 器底残片（HGY采11） 6. 器底残片（HGY采10）

四十 丰润姜家营遗址

1. 遗址概况

姜家营遗址位于丰润区姜家营镇姜家营村东北的台地上（图3-44），东西长60米，南北宽82米，呈不规则长方形，面积约为7436平方米。上小下大呈台形，高4米，四周为平地，南部与村相连，其余三面均为良田，为褐色土壤，适宜种植各种作物。在距离遗址正北300米处，有陡河由东向西弯曲流过，河北岸有燕山余脉，形成天然屏障，遗址南面有一条宽阔的公路曲折穿村而过。在台地周边发现有夹砂红褐陶绳纹鬲（足）、泥质灰陶罐（口沿）、夹砂红褐陶绳纹罐（残片）、夹砂灰陶素面罐（残片）等遗物，根据发现的标本初步认定遗址年代为夏商时期。

2. 采集遗物

石器，1件。89JJYY采1，石斧，残，刃宽6.5厘米，残高6.5厘米，青石质，全部磨制，磨制较粗糙，弧刃，刃上有三个疤痕（图3-45，1）。

陶器，31件，尊口沿1件，鬲足4件，残件26件。

尊口沿，1件。89JJYY采5，残，侈口，方唇，腹径大于口径，泥质灰陶，肩部饰有弦断绳纹，长8.5厘米，高7厘米，厚0.9厘米（图3-45，2）。

鬲足，4件。

89JJYY采29，泥质红陶，细锥状，足跟略收，饰有细绳纹，残高6.5厘米（图3-45，3）。

89JJYY采30，泥质红陶，锥跟很粗，残高7.4厘米（图3-45，4）。

89JJYY采32，夹砂红陶，空心，锥跟很粗，饰有细绳纹，残高5.3厘米（图3-45，5）。

残片，26件，70%为泥质红陶，大部分饰绳纹，其余为夹砂灰陶，大部分为素面。

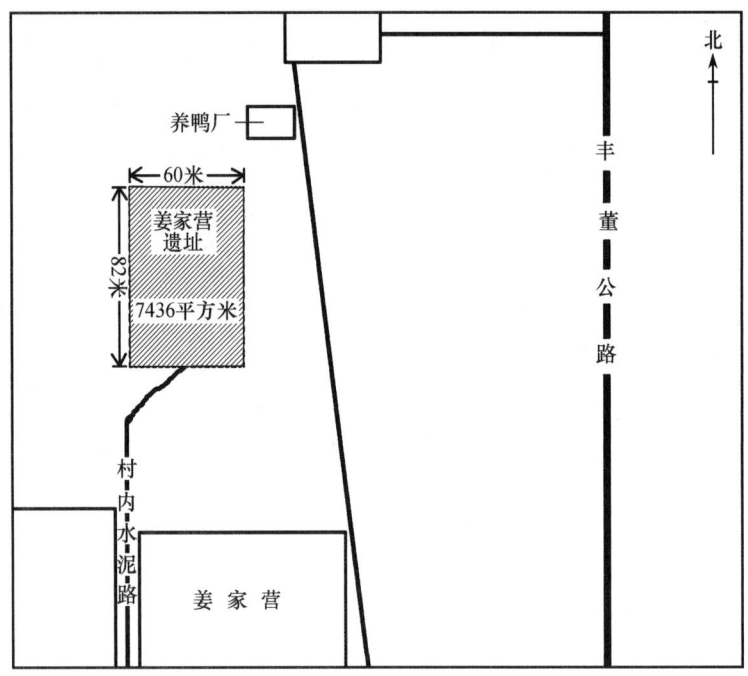

图3-44　姜家营遗址位置示意图

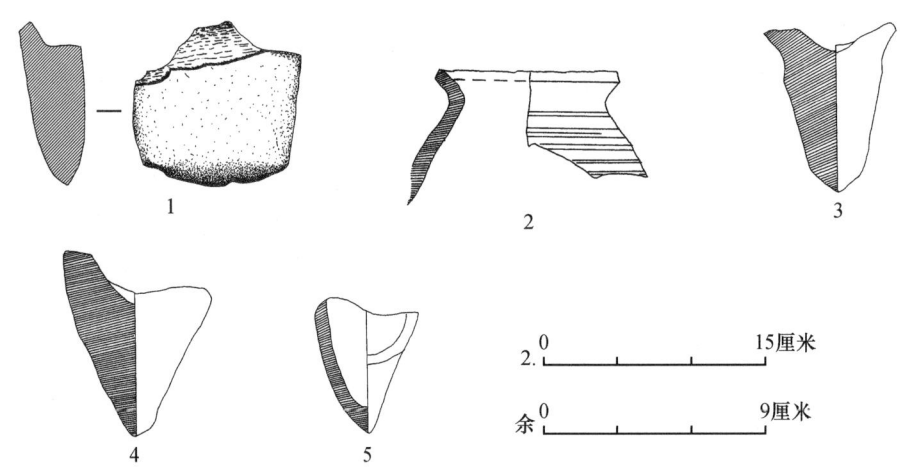

图3-45　姜家营出土遗物示意图

1. 石器（89JJYY采1）　2. 尊口沿（89JJYY采5）　3. 鬲足（89JJYY采29）　4. 鬲足（89JJYY采30）　5. 鬲足（89JJYY采32）

四十一　丰润小南山遗址

小南山遗址位于丰润区泉河头镇白各庄村西南（图3-46），小南山山脚下，遗址东西长95米，南北宽90米，面积7412平方米，整体接近于长方形。在阶梯断崖上能看到0.5米厚的文化层，并采集到夹砂灰陶、灰褐陶器残片，纹饰多为绳纹、弦断绳纹，采集到陶器器型主要是陶罐，从采集的标本分析遗址时代为晚商时期，属围坊三期文化。

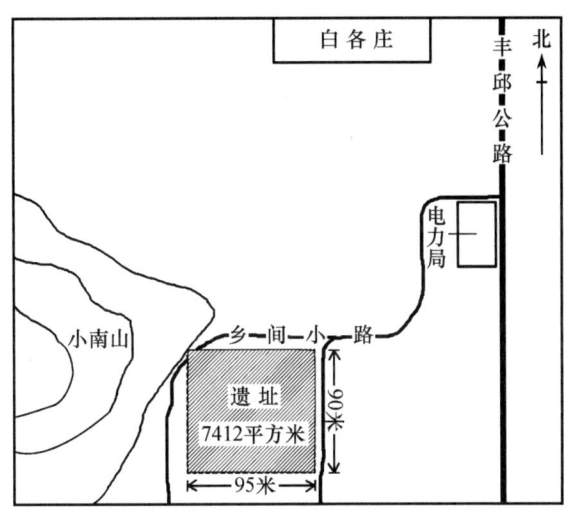

图3-46 小南山遗址位置示意图

四十二 丰润苏官屯村东遗址

苏官屯村东遗址位于丰润区白官屯镇苏官屯村东5米处（图3-47），与村相接，东、北为河埝，再往北260米为还乡河，南邻民房和骨灰盒厂，南20米为丰白公路，面积约11000平方米。文化层距地表0.6~0.7米、厚0.6米，灰褐色黏土。包含遗物有夹砂灰陶、夹砂红陶、泥质红陶、泥质灰陶等，器表饰绳纹、弦断绳纹等，可辨器型有鬲、罐等。地表暴露遗物特征与文化层相同，根据遗物特征分析，初步推断该遗址为商周时期遗址。

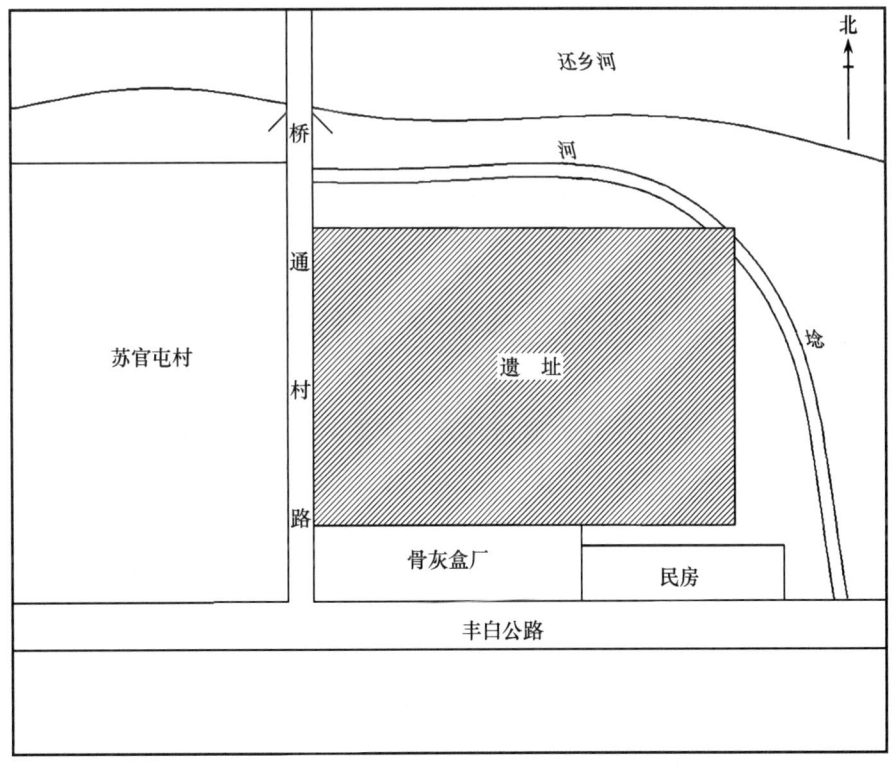

图3-47 苏官屯村东遗址位置示意图

四十三　丰润徐庄遗址

徐庄遗址位于丰润区火石营镇徐庄村东（图3-48），与村庄相连，东面有村民的蔬菜大棚，北靠大山。南北宽约90米，东西长约110米，面积为9900平方米，主要种植树木。在遗址北部的断坎上发现大量陶片，但未见文化层，采集有夹蚌红陶、夹砂褐陶、泥质灰陶等器物残片，部分器物器表饰绳纹、弦纹、交错绳纹，可辨器型有盆、豆、罐等。根据遗物的特征，初步断代为东周时期遗址。

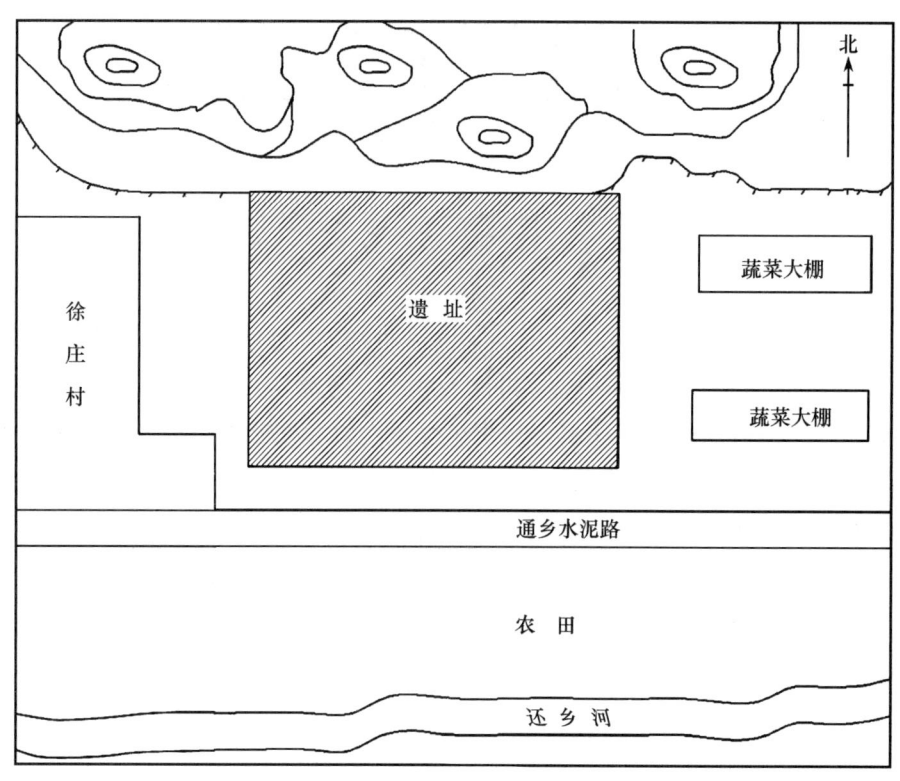

图3-48　徐庄遗址位置示意图

四十四　丰润火东村遗址

火东村遗址位于丰润区火石营镇火东村村东南（图3-49）。该遗址北部为村墓地，西100米处为南北走向的碾唐公路，东部为梯田，东南50米为民居，遗址中部有一个取土坑。该遗址东西长约80米，南北宽60米，遗址面积约4800平方米，整个遗址东高西低呈梯形状分布，地表现种植农作物玉米。遗址中部的土坑北部发现厚0.3米的文化层，根据采集的标本可以断定该遗址时代为东周时期。

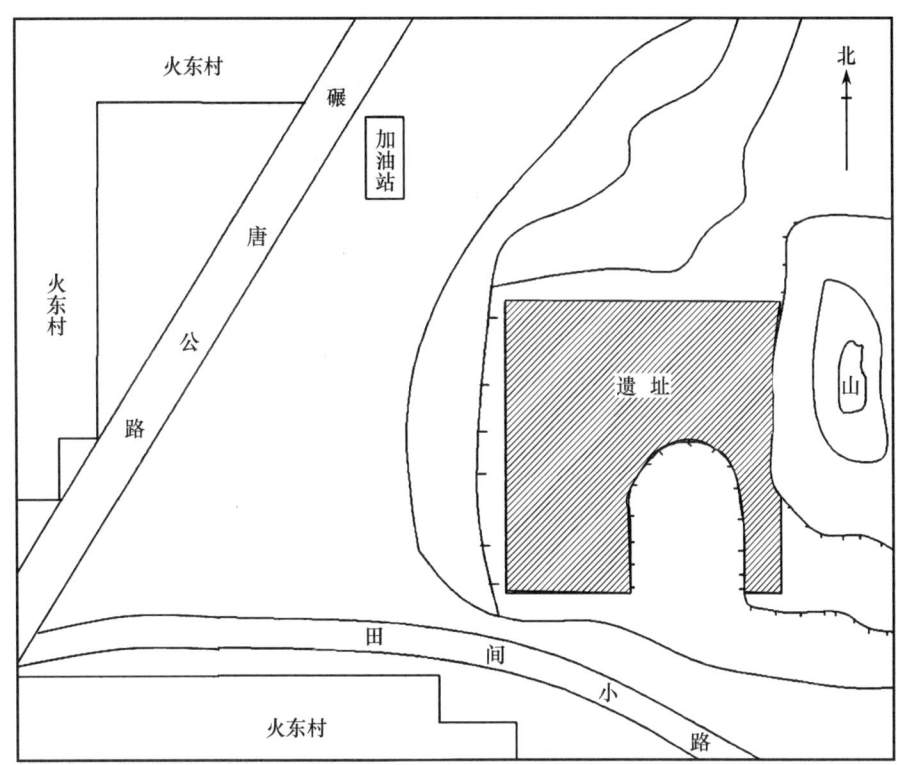

图3-49　火东村遗址位置示意图

四十五　丰润王家楼村遗址

1. 遗址概况

　　王家楼村遗址位于丰润区丰润镇王家楼村东南20米的一片高土岗上（图3-50）。北接王家楼村民房，东隔乡间土路与耕地相接，南面与黄各庄相距100米，西面也是一条南北方向的乡间小路。高岗地的南部，是著名寺院望华寺的所在地，现为王家楼小学校址。遗址地形自北向南呈阶梯状，逐渐升高。最高点比最低点高出4米，东半部略低于西半部，遗址往北渐渐低洼下去，至2.4千米处为现在还乡河河道，遗址东西两侧均为连续不断的高台地。经调查得知，遗址东西长155米，南北宽150米，总面积为23250平方米。

　　这次普查采集到大量陶器残片标本，同时也发现大量文化遗迹。据当地群众介绍，这里曾经发现过石斧和石臼，数目不多，但发现的陶片和石器很多。在遗址北面村民院内，曾发现一处古砖瓦窑的旧址，其中发现的一块古瓦长40厘米，宽20厘米。

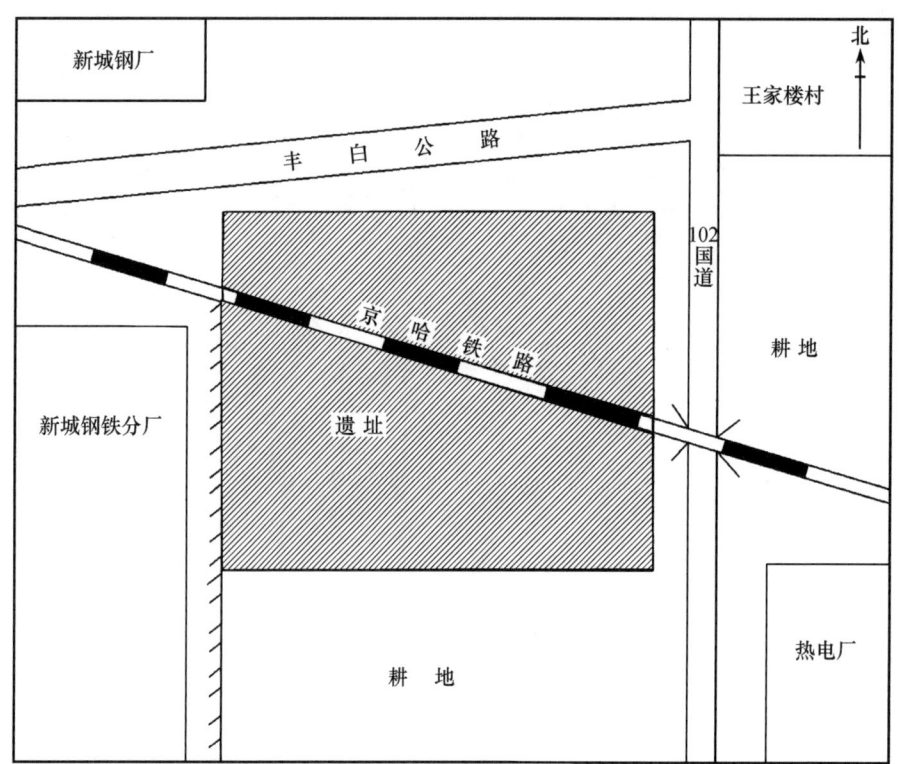

图3-50 王家楼村遗址位置示意图

2. 遗迹和遗物

（1）遗迹

H1，位于遗址南土坎中部，灰坑底部距地表2米，上部距地表0.5米。灰坑上部直径2.5米，灰坑塌落部分的文化土内裹有陶片，从中采集陶片标本35件。

H2，暴露于遗址南土坎西部断层上，坑底距地表1.5米，坑上口距地表0.5米，上口直径0.7米，从中采集陶片17件。

H3，位于北土坎东拐角，有陶片叠压在灰坑内。

H4，位于北土坎东拐内侧，灰坑塌落下来的遗物散布于地表。

（2）遗物

王家楼遗址共采集到陶片56件，其中泥质红陶8片，占14%，夹蚌红陶9片，占16%，泥质灰陶38片，占70%。

从纹饰上看，素面9片，占16%，弦纹1片，不足2%，且为泥质灰陶，质地细腻、坚实。绳纹46片，占82%；其中6片为弦断绳纹。

86W采1，为泥质灰陶的陶罐口沿残片，侈口，方唇，口沿唇内有凹弦纹，口沿外素面，该器物外腹部有绳纹，为轮制。

86W采2，为夹细砂红陶器的口沿残片，侈口，素面，圆唇，为轮制，残高6.8厘米（图3-51，1）。

86W采3，为夹砂灰陶的口沿残件，侈口，方唇，饰有绳纹，为手制，残高2厘米（图3-51，3）。

86W采4，为束颈夹砂红陶缸口沿残件，直口，方唇，饰有绳纹。

86W采5，为泥质夹砂灰陶缸的口沿残件，直口，方唇，口沿有绳纹，通体饰有绳纹，残高8厘米（图3-51，7）。

86W采6，为灰陶器物的口沿残件，直口，方唇，唇上和口沿外均饰有绳纹，为轮制。

鬲足标本中的86W采7，高尖足，半空心，夹砂红陶鬲足，通体饰有绳纹，残高5.3厘米（图3-51，5）。

陶片标本中的86W采9是泥质灰陶，饰有绳纹、弦纹组合纹的器物腹部残片，为手制。

86W采10，为夹砂红陶，饰有绳纹、弦纹组合纹的器物腹部残片，为手制，残高5.5厘米（图3-51，2）。

86W采11，为夹砂红陶器物颈部陶片，饰有绳纹，器壁厚1.3厘米，纹饰粗犷，手制（图3-51，6）。

86W采13，为泥质灰陶器壁残件，饰有粗绳纹。

86W采14，为泥质夹砂器壁残件，饰有绳纹和凹弦纹的组合纹。

86W采15，为泥质灰陶器物残件，纹饰为三道凹弦纹。

器底陶片标本中的86W采16和17，为泥质灰陶器底残件，86W采18是夹砂红陶器底残片。均为平底，内部饰有绳纹。

86W采8，为高尖平底鬲足，实心，夹砂红陶，通体饰有绳纹，残高9厘米（图3-51，4）。

86W采19，甗残片，泥质灰陶，甗片残留半个甑孔。

从采集的标本分析，王家楼遗址的陶器以罐、鬲为主，有少量钵，均为侈口、直口，未见敛口。器物除三足器外，另见平底器，并发现类似甑的局部陶片。鬲足多较高尖底，实心型形制较大。王家楼古遗址采集标本表明，器物纹饰以绳纹为主，分泥质、夹砂红陶、灰陶，以手制为主，少量轮制，初步断定为商周时期遗址。

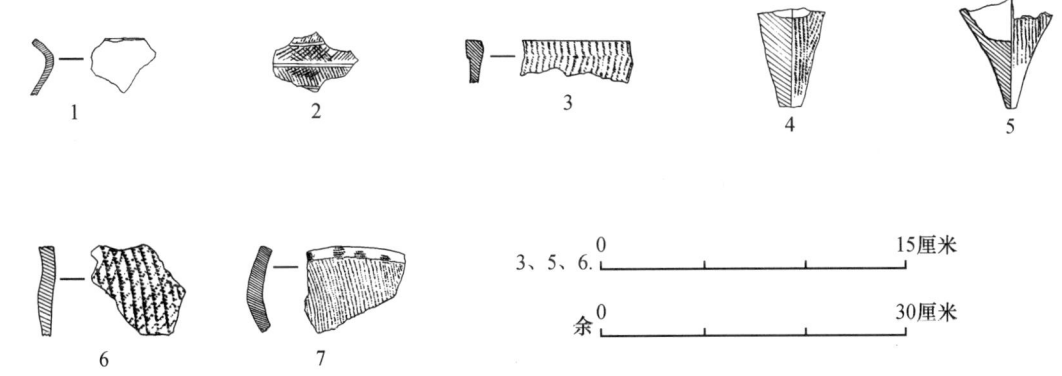

图3-51 王家楼遗址采集遗物
1.口沿（86W采2） 2.鬲足（86W采10） 3.口沿（86W采3） 4.口沿（86W采8） 5.口沿（86W采7）
6.陶片（86W采11） 7.鬲足（86W采5）

四十六　丰润区苗圃遗址

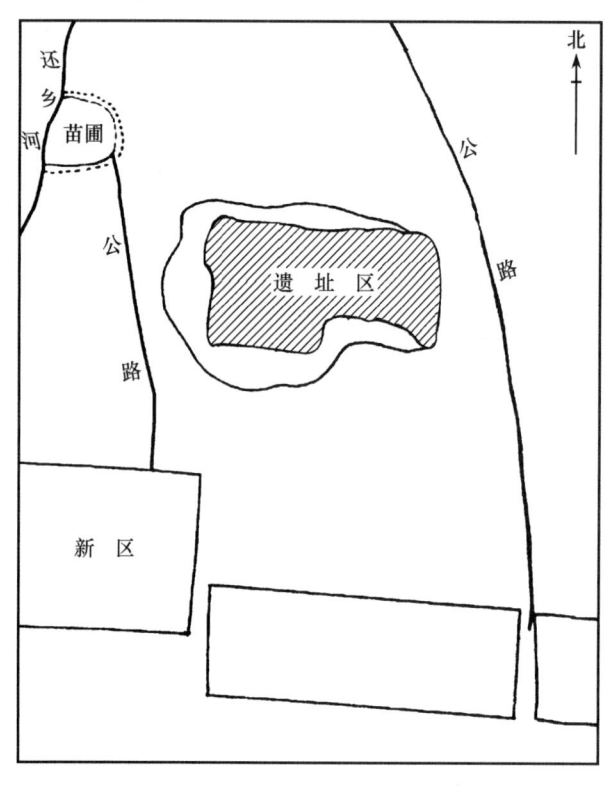

图3-52　新区苗圃遗址位置示意图

苗圃遗址位于丰润区丰润镇苗圃东南方向约700米处（图3-52），此处为还乡河故道中的一处沙土丘，地势较高，由南向北倾斜，下层为松软黄沙土，上部有约1米厚的黄沙土，遗址即位于上部，面积约1050平方米，东西长约70米，南北宽约15米。地表遗物不多，在西南侧发现灰坑一个，圆形锅底状，开口宽1米，深0.6米，土质呈灰黑色，非常坚硬，从灰坑中采集有夹砂红陶弦断绳纹陶罐口沿，夹砂黑皮陶，弦断绳纹陶片；夹砂红褐陶花边罐口沿、夹砂红褐陶直口绳纹罐口沿、夹砂红陶实心尖鬲足上饰绳纹。另有大量夹砂红陶弦断绳纹陶片，可辨器型有鬲、甗、罐等。

此遗址出土的遗物较为重要，陶片绝大多数为夹砂红陶和夹砂红褐陶，此外有少量的夹砂黑皮陶片，纹饰以浅细弦绳纹为大宗。陶质疏松，易碎，火候低。器型以鬲、罐为主，其中甗制作较为独特。遗址属于夏家店下层文化遗址。

四十七　丰润杨家营遗址

1. 遗址概况

杨家营遗址位于丰润区银城铺镇杨家营水泥厂东北侧的高台上（图3-53），遗址高台高出地面6米，东面30米处陡河自北向南流经，西南50米处是南北走向的丰董公路，北面50米是丰润乳品厂，西南60米处是杨家营村水泥厂，遗址高台为红色土壤，南北长100米，东西宽50米，面积5000平方米，遗址高台呈阶梯分布，上面种植果树，在遗址高台表面和遗址南面坡地上，有大量鬲足和陶片暴露。

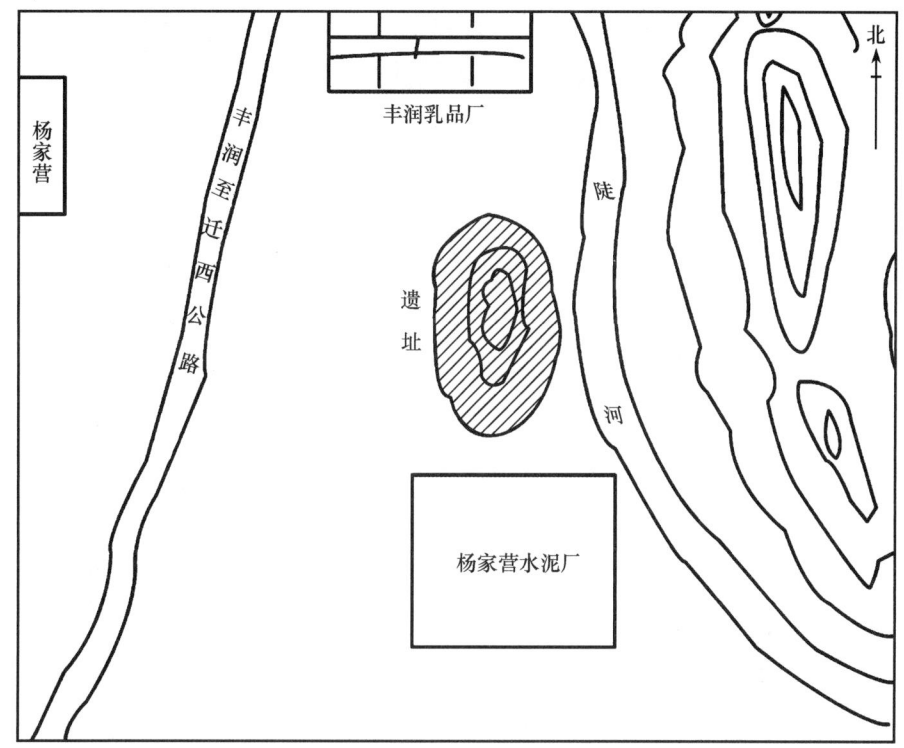

图3-53 杨家营遗址位置示意图

2. 采集遗物

石斧，89YY采27，青石质，椭圆长方形，斜刃，刃部有石片剥落痕迹，通体琢制，略加磨制，高14.8厘米，宽6.5厘米，厚5.5厘米（图3-54，1）。

陶器残件　26件。

罐口沿　8件，分三式。

Ⅰ式，2件，束颈，方唇，外饰绳纹，其中1件为夹砂红陶，如89YY采1，罐口沿，残高11.4厘米；为夹砂灰陶（图3-54，2）。

Ⅱ式，4件，侈口，高领，方唇，1件为泥质灰陶，素面，1件为夹砂红陶，素面，1件为夹砂红陶，分布绳纹，1件为夹砂红陶，分饰绳纹；89YY采2，罐口沿，为夹砂红陶，分饰绳纹，并在颈部饰一周附加堆纹，残高7.8厘米（图3-54，3）。

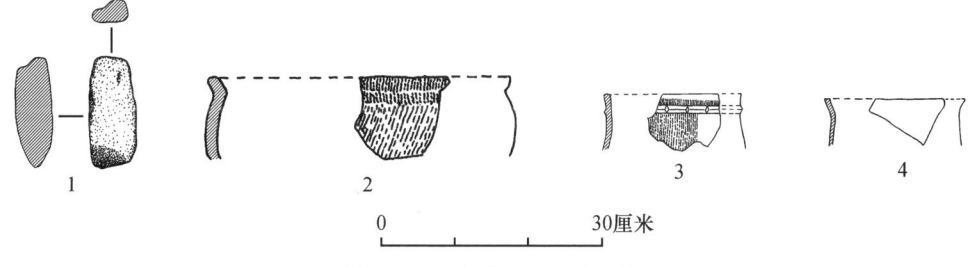

图3-54 杨家营遗址采集遗物

1.石斧（89YY采27）　2.罐口沿（89YY采1）　3.罐口沿（89YY采2）　4.罐口沿（89YY采7）

Ⅲ式，2件，89YY采7，罐口沿，为夹砂红陶，侈口，圆唇，素面，残高6.3厘米（图3-54，4）；1件为夹砂灰陶，直口叠沿，方唇，沿外壁饰有绳纹。

盆口沿，1件，侈口，圆唇，泥质灰陶，素面。

器壁残片，7件，其中5件外饰绳纹。

1件素面，夹砂红陶，1件在素面的器壁上附加一周锯齿状堆纹，夹砂灰陶。在饰有绳纹的器壁中，1件并施有三周凹旋纹，夹红陶，1件为夹砂灰陶，其余3件为夹砂红陶。

器底，2件，均为平底，底下部饰有绳纹，其中1件为夹砂灰陶，1件为泥质红陶。

器盖，1件，夹砂红陶，盖下饰有绳纹，盖边缘略厚，厚边宽1.4厘米。

甗腰，2件，1件夹砂灰陶，外饰绳纹，1件夹砂红陶，外饰绳纹加压印堆纹。

鬲裆，1件，夹砂灰陶，外饰绳纹。

鬲足，2件，均为夹砂红陶，外饰绳纹，一件为袋足，1件为实心锥足，残高6.1厘米。

鼎足，2件，均为夹砂红陶，外饰绳纹，略为蹄状，1件高8厘米，1件高6厘米。

从采集到的标本来看，在26件陶器残件中，以夹砂红陶居多，共17件，占总数的65%，此外有2件泥质灰陶；纹饰以绳纹为主，共20件，约占总数的80%，此外2件并有附加堆纹，5件为素面。从残片看器型可辨的有罐、盆、甗、鬲、鼎，多数为轮制；鬲足中等，锥状略瘦，鼎略高，较瘦。

四十八　丰润王官营四台子遗址

1. 遗址概况

王官营四台子遗址位于丰润王官营镇王官营村西南200米处的四台子（图3-55），四台子高出地面10米，北面20米处是陡河支流，并绕过西面自东北向西南流经，东面是地势平坦的农耕地。北面70米处是高10米的土台，西面1千米处是南北走向的丰董公路，台子表面红色土质，上面种植果树，台子遗址北面较陡，东面是用过的灰窑，与灰窑相邻的是一处石坑，遗址呈椭圆形，面积5439平方米。在遗址周围断壁上暴露有灰坑、红烧土、石器、陶片等遗迹和遗物。

2. 遗迹和遗物

（1）遗迹

遗迹主要是灰坑，在台子周围断壁上发现数个，其中台子东面的灰坑最大，长30米，深1.9米，在灰坑中内夹杂大量的陶片，并发现1件石斧。在遗址的南面同时发现陶窑3座。

（2）遗物

在该遗址共采集到标本54件，其中石器6件，红烧土1件，兽骨2件，蚌片1件，陶器残片44件。

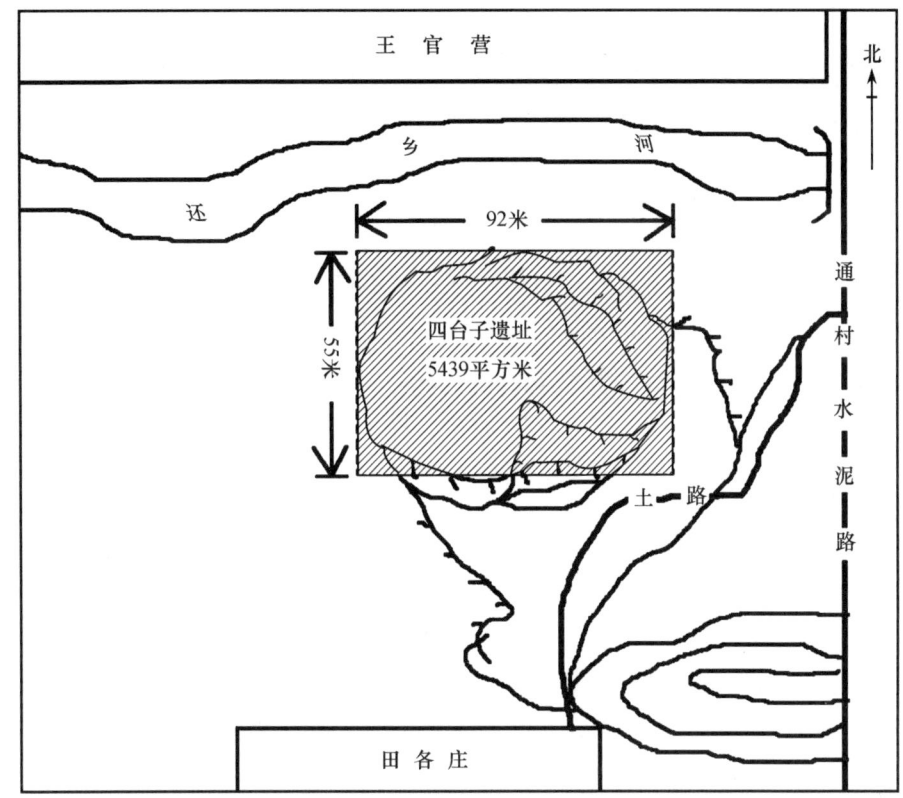

图3-55 王官营四台子遗址位置示意图

石斧，3件，1件较完整，磨制较细，顶部略残，扁条形，青石质，弧刃，刃部有三个小疤，高11.2厘米，宽6.1厘米，厚3.5厘米（图3-56，1）；1件顶部残缺，呈斜面状，打制而成，石斧腰部有两个相对打制而成的石窝，斜刃，刃部有三个较大的疤痕，残高10厘米，宽6.8厘米，厚5.5厘米（图3-56，2）；1件为舌形，顶部残缺，圆刃，刃部有砸击痕迹，青石质，残高8.8厘米，宽4.5厘米，厚4.8厘米（图3-56，3）。

石球，1件，大部分已残缺，打制，石灰岩，直径7厘米，所残留部分的厚度为2.9厘米，直径7厘米（图3-56，4）。

石盘，2件，圆盘状，花岗岩。1件较完整，直径14厘米，厚4.9厘米；1件大部分已残，厚2.8厘米。

红烧土，1件，红色，长方形，长10厘米，宽5厘米，高5.5厘米，烧土内有夹杂杂草痕迹。

兽骨，2件，1件为狗的上颌骨，有个牙齿；1件为动物肢骨。

蚌片，1件，银白色，内面平滑，外部呈乳钉状凹凸不平，已基本石化。

陶器残片，分口沿、器底和器壁。

瓮口沿，6件，其中2件为夹石英夹砂灰陶，敛口，方唇，唇上饰有压印纹，沿部沿着一周凹弦纹向外撇，手制，外饰绳纹（图3-56，5）。1件为泥质红陶，侈口，方唇，在口沿下饰有三角状附加堆纹。1件为夹砂红陶，侈口，方唇，沿部素面，腹部饰绳纹。其余2件为泥质灰陶，侈口、方唇，腹部饰绳纹。

尊口沿，2件，1件为夹砂灰陶，敛口，方唇，沿向内倾卷出，沿部素面，腹部饰有绳纹（图3-56，6）；1件为夹砂红陶，敛口，圆唇，唇略厚，素面。

罐口沿，10件，均为夹砂红陶，其中3件为直口，外饰绳纹，口沿外部施加一周压印附加堆纹（图3-56，7）。其余7件为侈口，3件外饰绳纹加弦纹（图3-56，8），4件素面。

器壁残片，12件，其中夹砂灰陶4件，夹砂红陶1件，夹砂夹石英红陶1件。8件饰绳纹，1件饰弦断绳纹，1件饰绳纹加三角形状附加堆纹，1件饰绳纹施加带有戳印痕迹的弦纹，1件饰弦断绳纹和窝纹。

器底残片，5件，均为平底，3件为夹砂红褐陶，1件泥质灰陶，1件为夹砂灰陶，3件均饰绳纹，其余素面，1件器底较完整，直径15.6厘米，厚0.8厘米。

甗腰，5件，3件为夹砂红褐陶，1件为夹砂石英灰陶，1件为夹砂灰陶。1件外饰凸弦纹加戳印纹，其余4件均饰绳纹。

鬲足，2件，锥状足，夹砂红陶，外饰绳纹。

鼎足，3件，2件为锥状足，1件为柱状足，外均饰绳纹，夹砂红陶。

王官营四台子遗址共采集标本54件，其中石器有6件，有打制和磨制，均有使用痕迹。在采集到的数件陶器中，夹砂红陶居多，其次有少量的红褐陶、夹砂灰陶和泥质灰陶等，纹饰以绳纹为主，同时并有一些绳纹施加弦纹、附加堆纹等，从陶器烧制上看，有火候较低的红褐陶，有火候较高的灰陶，陶器型有甗、鼎、鬲、罐、瓮、尊等，盛食器较多。根据以上分析，推断该遗址为一处商周时期遗址。

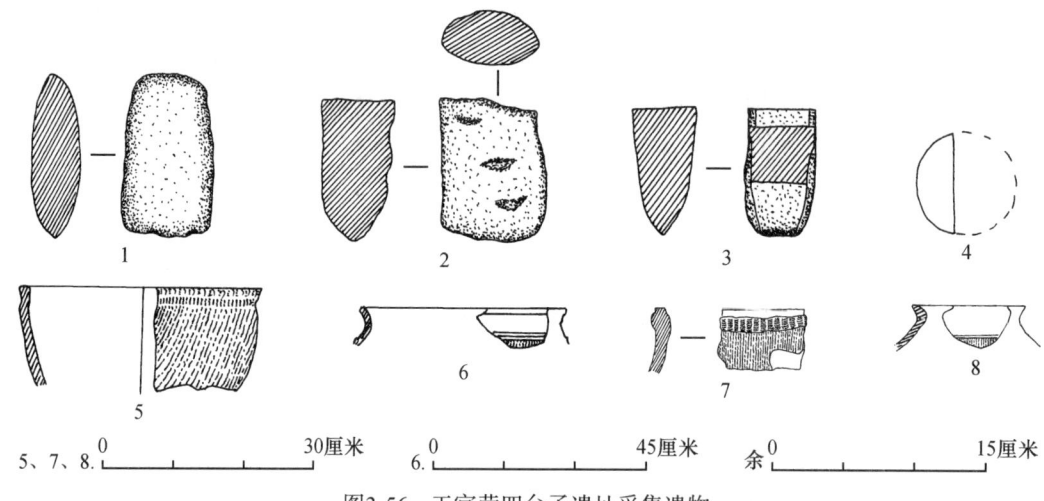

图3-56 王官营四台子遗址采集遗物
1. 石斧 2. 石斧 3. 石斧 4. 石球 5. 瓮口沿 6. 尊口沿 7. 罐口沿 8. 罐口沿

四十九　丰润宋李庄遗址

宋李庄遗址位于丰润区丰登坞镇宋李庄村南10米并与村相接（图3-57），西与杨甸子村相接，南50米有通往前军屯的水泥路，地势凹凸不平，为雨水冲积和人工取土所致。遗址南北长约200米，东西宽约150米，面积约30000平方米。该遗址处于平原地带，地势略高于四周，东2.5千米有黑龙河，土质为黑褐色土，水位较浅，适宜种植玉米、花生等农作物。北部地势略高，可见有文化层，约0.3米厚，分布有大量夹砂红陶、泥质灰陶等器物残片，部分器物器表饰绳纹，可辨器物有鬲等。根据遗物特征分析，初步断代为东周时期遗址。

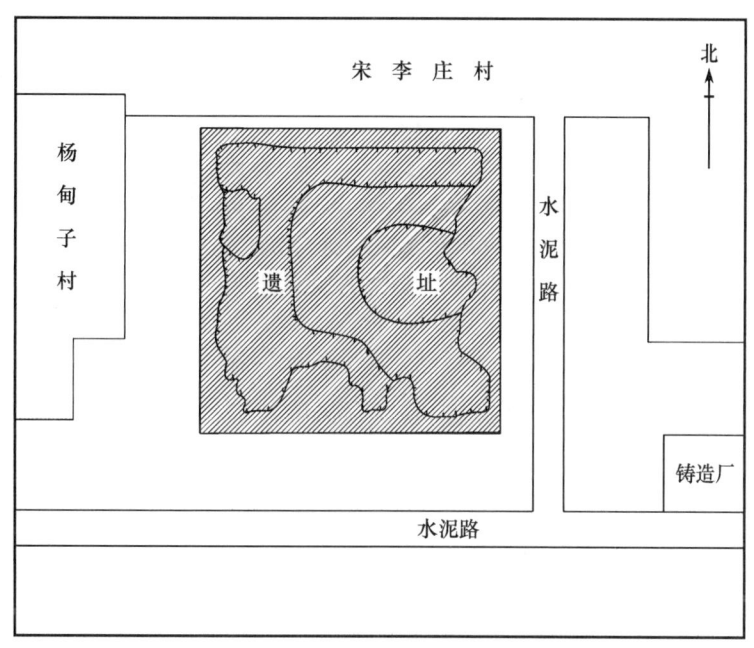

图3-57　宋李庄遗址位置示意图

五十　丰润袁各庄遗址

1. 遗址概况

袁各庄遗址位于丰润区姜家营镇袁各庄村西1.5千米处的一个高岗上（图3-58），处于二级台地，东、南两面个沟与山相连，西面与山坡梯田连为一体，北面隔一宽沟与燕山相望，西部远处有山峰把南、北两面山峰连接起来，形成口袋型盆地。遗址北面的宽沟地势由西向东逐渐低下，到袁各庄折而向南，与陡河相通。该遗址形状近似梯形，东面较短，长7米，向西逐渐扩大，与山脚梯田相连，在遗址东部一处断崖上发现大量陶片和1个灰坑。

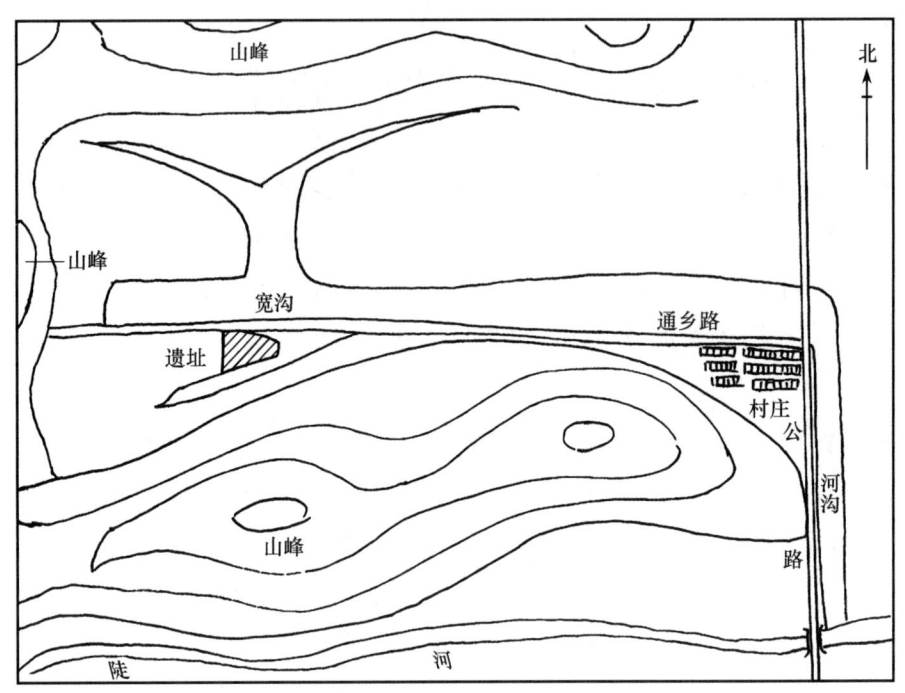

图3-58　丰润袁各庄遗址位置示意图

2. 采集遗物

陶器残件，41件，其中口沿3件，甗腰1件，残器壁片37件。

陶器口沿，3件（图3-59，1）。

89YGY采1，侈口，方唇，泥质，黄褐色，从腹至唇部全饰有绳纹，唇为手压绳纹痕迹。

89YGY采3，甗腰，1件，夹砂红陶，腰粗大，外壁饰有粗绳纹，腰部凸起，上有手压绳纹痕迹，也有烟熏痕迹（图3-59，2）。

89YGY采4，陶器壁片，共37件，以泥质红陶为主，有少量夹砂红陶和泥质灰陶，70%带有绳纹和网状纹（图3-59，3）。

该遗址采集的标本，以泥质红陶为主，只有少量的夹砂红陶和泥质灰陶，夹砂灰陶很少见。另出现黄褐色的泥质陶，95%带有纹饰，主要为绳纹、网状纹，器壁薄厚均匀，为轮制。红色，黄褐色陶器器壁厚，灰陶器壁较薄。

图3-59　丰润袁各庄遗址采集遗物
1. 口沿（89YGY采1）　2. 甗腰（89YGY采3）　3. 陶片（89YGY采4）

五十一 路北寨子遗址

1. 遗址概况

寨子遗址位于路北区韩城镇寨子村南,南北长250米,东西宽300米,面积75000平方米,北面与寨子村相接,东面100米处是干涸的猪龙河河道,西面是高出地表2米的麦田,遗址的东北角已建起了部分民房,因多年烧砖取土的缘故,遗址已成为一片低洼地,遗址中发现有灰坑1个,采集到的有石器、陶器标本。

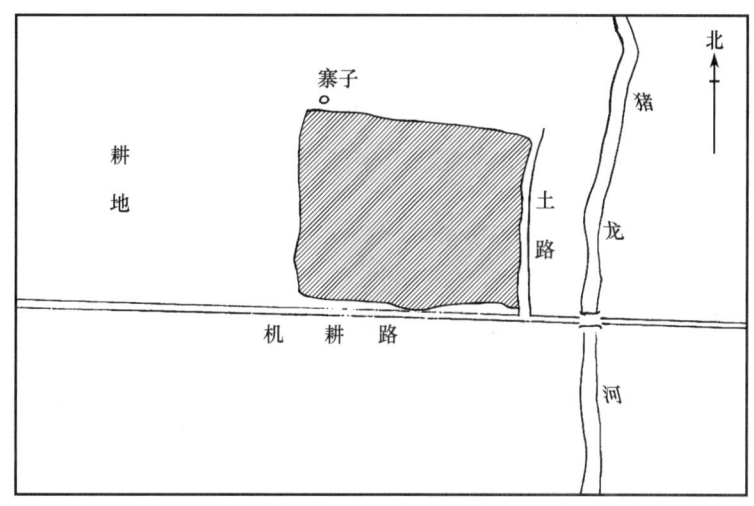

图3-60 丰润寨子遗址位置示意图

2. 采集遗物

勘察中,共采集标本38件,分石器和陶器两类,其中石器1件,陶器37件,介绍如下:

石斧,1件,无顶,青石质,打磨,呈梯形,较厚重,弧刃,有使用痕迹,刃宽3.5厘米,上部宽7.2厘米,最厚处5.8厘米,残长9厘米(图3-61,1)。

鬲,残片18片。

鬲足,3件,均为素面,1件为锥状袋足,较宽肥,夹砂灰陶,残高5.5厘米,2件为宽肥空足,附加锥状实足,跟部已残,夹砂红褐陶,残高分别为3.7厘米和4.6厘米(图3-61,2~4)。

鬲口沿,残片4件,2件为红褐胎,内外为黑陶衣,素面,2件内壁为夹砂黑陶,外壁为夹砂红陶,其中1件为素面,1件饰有细绳纹,口径15厘米,残高9.6厘米(图3-61,5)。

鬲壁残片,1件,夹砂红褐陶,外饰细绳纹。

豆柄,1件,泥质灰陶,手制,素面,残高7.1厘米,外径3.8厘米,孔径1.2厘米(图3-61,6)。

甗腰,1件,手制,夹砂红陶,外壁饰绳纹并施加一周不规则戳印纹,外径13.4厘米,内径7.5厘米,残高5.8厘米(图3-61,7)。

甗残片,1件,手制,夹砂红陶,颈外饰凸弦纹并施加一周戳印纹,甗腰直径12.3厘米,残高6厘米（图3-61，8）。

口沿，1件，夹砂红陶，侈口，侈沿，方唇，外壁饰弦断绳纹，口径35厘米，残高13.5厘米（图3-61，9）。

器底，2件，第一件夹细砂红陶，外壁饰细绳纹施加弦纹，壁厚1.3厘米，底径23.27厘米（图3-61，10）。第二件夹粗砂红陶，素面，壁厚1厘米，底径16厘米（图3-61，11）。

罐口沿残片，1件，泥质灰陶，素面，侈口，折沿，尖唇，残高5.3厘米（图3-61，12）。

其他器壁残片12件，8件为夹砂红陶，轮制，其中4件饰弦断绳纹，2件饰细绳纹，1件饰网纹，1件为素面；3件为泥质灰陶，轮制，2件外饰凸弦纹施加篦纹，内饰凹弦纹，1件为素面；1件为泥质黑陶胎，内外壁均饰白色陶衣，轮制，外壁饰盘筑压印花纹。

在采集到的陶器标本中，陶器制法除2件为手制外，其余均为轮制，陶质以夹砂陶为主，共22件，约占59%，陶色以红色为主，共31件，约占90%。纹饰有细绳纹、弦断绳纹、交错绳纹、凸弦纹施加篦纹、细绳纹施加戳印纹等，以弦断绳纹为主。在采集到的标本中，以夹砂红陶为主，夹砂灰陶与泥质陶较少。在可辨器型中，鬲残片较多，鬲足有锥状袋足和附加锥状实足。

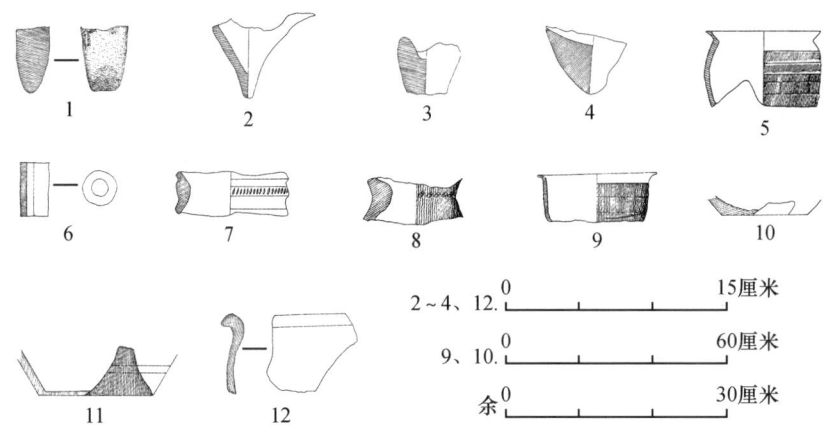

图3-61　丰润寨子遗址采集遗物
1.石斧　2.鬲足　3.鬲足　4.鬲足　5.瓮　6.豆柄　7.甗腰　8.甗残片　9.口沿　10.器底　11.器底　12.罐口沿

五十二　高新区七王庄村西遗址

七王庄村西遗址位于唐山市高新区老庄子镇七王庄村西（图3-62），隔田间小路与村子相连，北100米有一座中国移动信号塔。遗址西侧为唐山西外环高速公路，南是通乡路。该遗址东、北两侧均有深约1.5米的断崖。遗址呈长方形，东西长200、南北100米，面积20000平方米，现种植玉米、小麦等农作物。在地表和断崖上发现文化层距地表0.2～0.3米、厚0.4～0.5米，灰褐色黏土。在地表及文化层发现大量的泥质灰陶、泥质红陶、夹蚌红陶、夹砂灰陶等器物残片，器表饰绳纹，可辨器型有罐、釜等，地表暴露遗物特征与文化层包含物基本相同。根据遗物特征分析，初步断代为东周时期遗址。

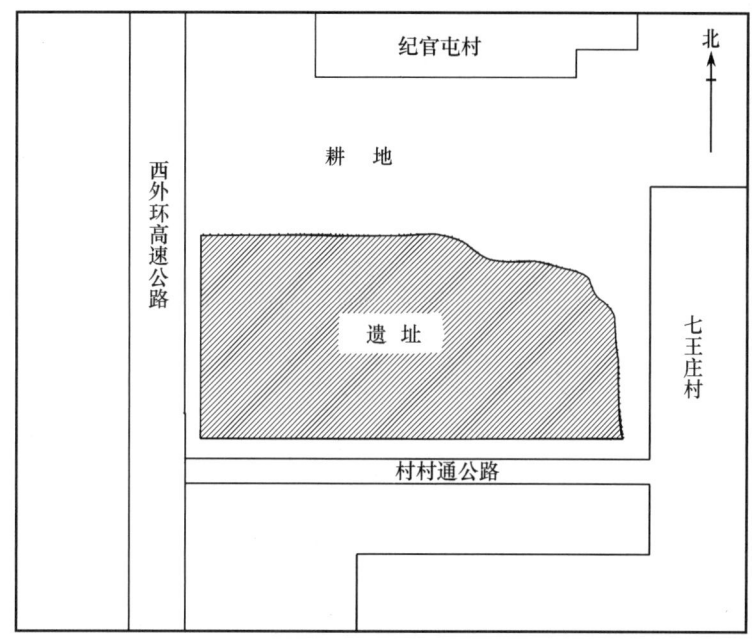

图3-62　七王庄村西遗址位置示意图

五十三　高新区七王庄遗址

1. 遗址概况

七王庄遗址位于唐山市高新区老庄子镇七王庄村北100米处的高土岗上（图3-63）。七王庄村砖窑建于上，遗址以砖窑处为最高点，向四周逐渐低落，有一条田间小路自遗址东半部按西北—东南方向穿过。遗址东西长420米，南北宽380米，面积约160000平方米。遗址南部有一条4米宽的东西走向的天然土沟，西北角与东南角因烧砖取土已形成低洼区。天然土沟的沟壁和烧砖取土形成的断崖上有明显的文化层，文化层厚度在0.5～1.2米。

2. 遗迹和遗物

（1）遗迹

QWYH1，位于南土沟南侧土坎中部，灰坑深0.8米，口径0.7米，坑口距地表1米，灰坑断壁上有叠压陶片可见，断壁根部有散落陶片。

QWYH2，位于遗址东南方低洼区北土坎，灰坑上面的土被取走，灰坑暴露于地表，口径0.8米，深度不详，坑的周围散布着被挖出来的陶片，坑内有陶片被埋压。

（2）遗物

在对遗址勘察中，共采集标本93件，分石器和陶器两类，石器4件，陶器89件，现将主要器物介绍如下。

86QWYH采30，石斧，青石质，打制而成，顶部已无，近似长方形，残长11.9厘米，宽7.3

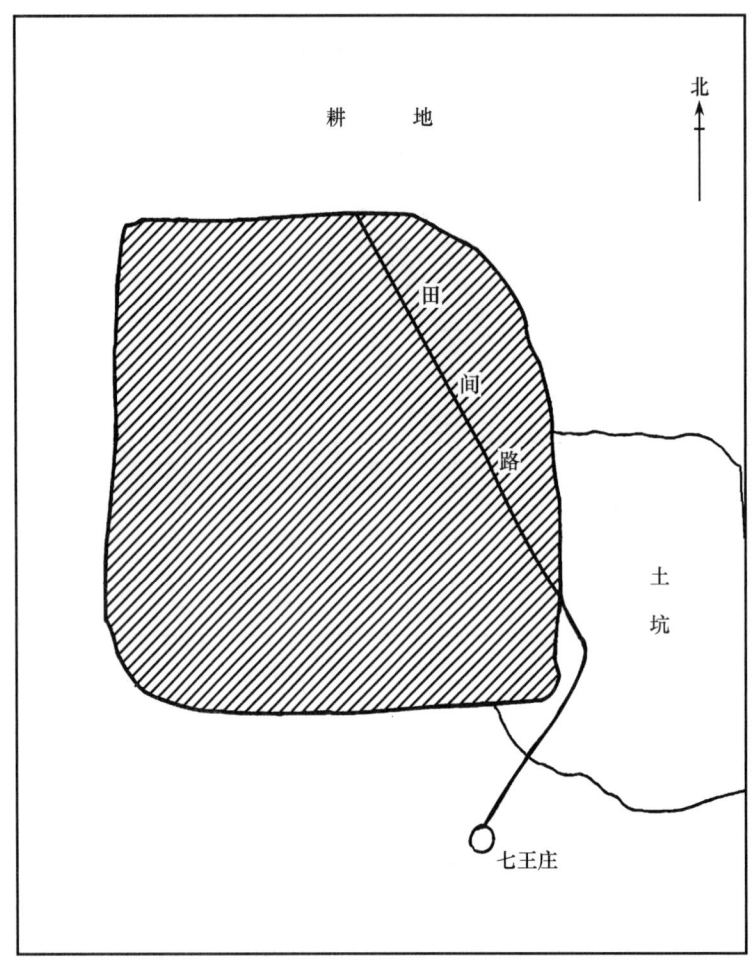

图3-63 七王庄遗址位置示意图

厘米,厚5.9厘米,两面刃,弧形(图3-64,1)。

86QWYH采31,石斧,青麻石质,打制而成,平顶,刃部残缺,近似梯形,肩宽4.8厘米,残刃宽7.2厘米,残长13.3厘米,厚4.4厘米(图3-64,2)。

86QWYH采32,石斧,麻石质,打制而成,近似梯形,圆顶,弧刃,肩宽3.9厘米,刃宽5.8厘米,长10.4厘米(图3-64,3)。

86QWYH采33,石斧,青石质,磨制而成,近似长方形,斜形顶,弧刃,宽5.9厘米,长14.2厘米(图3-64,4)。

86QWYH63,澄滤器,整体的三分之一,泥质红陶,局部灰色,平底,直腹,直口,直沿,底径9.2厘米,底中有孔,高7.8厘米,口沿为不规则圆弧形,器外壁局部有棱形格划纹(图3-64,5)。

86QWYH51,纺轮,近似二分之一,黑褐色夹砂陶,直径6厘米,高1.4厘米(图3-64,6)。

86QWYH78,深腹圜底盆,底残缺,泥质灰陶,侈口,侈沿,尖唇,沿上、下饰一周凸弦纹,腹向内斜收,上腹饰弦纹,下腹素面,口径37厘米,残高23.5厘米(图3-64,7)。

86QWYH26,器壁残片,泥质灰陶,侈口,折肩,腹外饰细绳纹,口径30.5厘米,残高18

厘米（图3-64，8）。

86QWYH3，大口尊残片，夹蚌粉红陶，侈口，尖唇，口沿内凹弦纹一周，器外唇下凹弦纹一周，通体饰条纹，口径35.4厘米（图3-64，9）。

86QWYH38，罐口沿，夹砂红陶，侈口，侈沿，圆唇，束颈，鼓腹，素面，口径17.7厘米，残高16.6厘米（图3-64，10）。

86QWYH35，罐口沿，夹砂灰陶，直口，斜沿，口外饰凸弦纹，残宽8.8厘米，残高4.8厘米（图3-64，11）。

86QWYH36，罐口沿，泥质灰陶，侈口，直沿，尖唇，腹部饰有锯齿纹与网格纹的组合体（图3-64，12）。

86QWYH41，罐口沿，泥质灰陶，侈口，侈沿，叠尖唇，素面，口径17.2厘米，残高7.6厘米（图3-64，13）。

86QWYH48，鬲足，夹砂红褐陶，矮足，宽肥，锥状袋足，裆浅而宽，局部饰细绳纹（图3-64，15）。

86QWYH44，豆柄，泥质灰陶，残高6.9厘米，外径4.2厘米，孔径2.2厘米（图3-64，16）。

86QWYH45，鬲足，夹砂红陶，实心，平底无尖，足底与外表饰有交错绳纹。1件肥而高，高8.9厘米，顶部直径6.5厘米，底部直径2.8厘米（图3-64，18）。

86QWYH46，鬲足，夹砂红陶，瘦而细，高6.8厘米，顶部直径4.6厘米，底部直径2.2厘米（图3-64，17）。

86QWYH34，甑腰，腰部残片1件，夹砂红陶，壁厚2厘米，外径5.8厘米，残高7.5厘米，

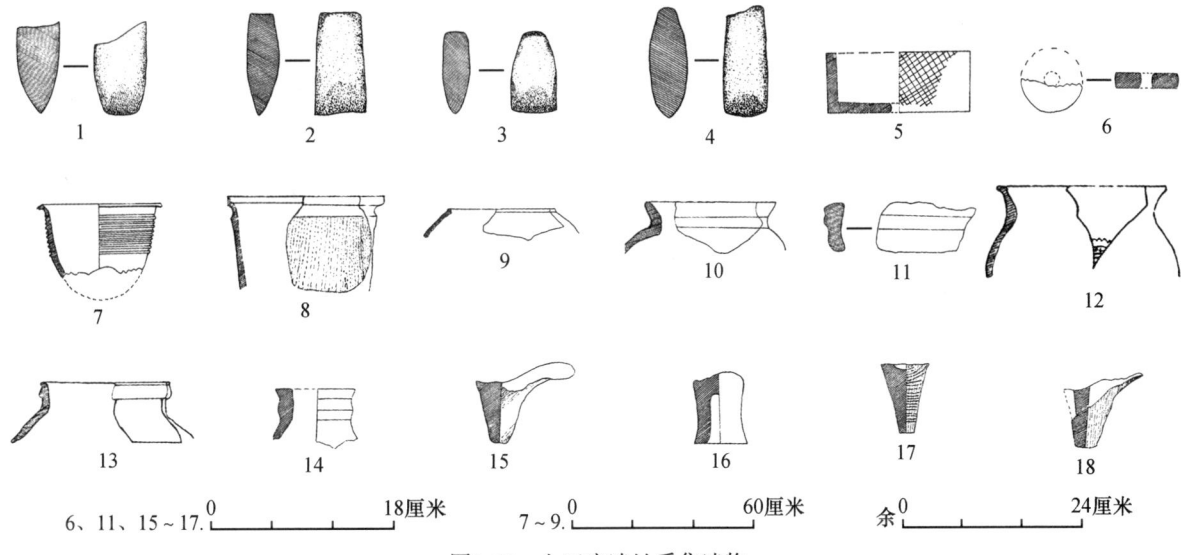

图3-64　七王庄遗址采集遗物

1. 石斧（86QWYH采30）　2. 石斧（86QWYH采31）　3. 石斧（86QWYH采32）　4. 石斧（86QWYH采33）
5. 澄滤器（86QWYH63）　6. 纺轮（86QWYH51）　7. 深腹圜底盆（86QWYH78）　8. 器壁残片（86QWYH26）
9. 大口尊残片（86QWYH3）　10. 罐口沿（86QWYH38）　11. 罐口沿（86QWYH35）　12. 罐口沿（86QWYH36）
13. 罐口沿（86QWYH41）　14. 甑腰（86QWYH34）　15. 鬲足（86QWYH48）　16. 豆柄（86QWYH44）
17. 鬲足（86QWYH46）　18. 鬲足（86QWYH45）

外饰凸弦纹一周，局部有绳纹（图3-64，14）。

筒瓦残片，1件，泥质灰陶，残宽8厘米，残长8.2厘米，胎厚1.6厘米，内饰布纹，外饰棱形网格纹。

在采集89件陶器标本中，可分四种质地。泥质陶42件，约占47%，只有1件泥质红陶，其余均为泥质灰陶；夹砂陶23件，约占26%，其中夹砂红陶12件，夹砂红褐陶9件，夹砂灰陶2件；夹蚌红褐陶11件，约占12%；夹石灰渣陶13件，约占15%。

器表除有少量为素面外，纹饰主要有，细绳纹、粗绳纹、网格纹、锯齿纹、弦纹、口沿压印纹、棱形格划纹、戳印纹、编织纹、绳纹施加弦纹、斜席纹，以细绳纹为多。

七王庄遗址的文化遗物中，没有骨器，石器较少，陶器种类与质地众多。在陶器中，泥质灰陶较多，夹砂陶次之，器物以鬲、罐、甗为主。鬲足有少数较高且为实足，大多数为宽肥矮小的袋足。

五十四　高新区前冯各庄遗址

1. 遗址概况

前冯各庄遗址位于唐山市高新区老庄子镇前冯各庄村村南150米处（图3-65）。遗址范围限于一个南窄北宽的梯形土坑内，断崖即为遗址各方的边缘，遗址南北长50米，南部边缘东西

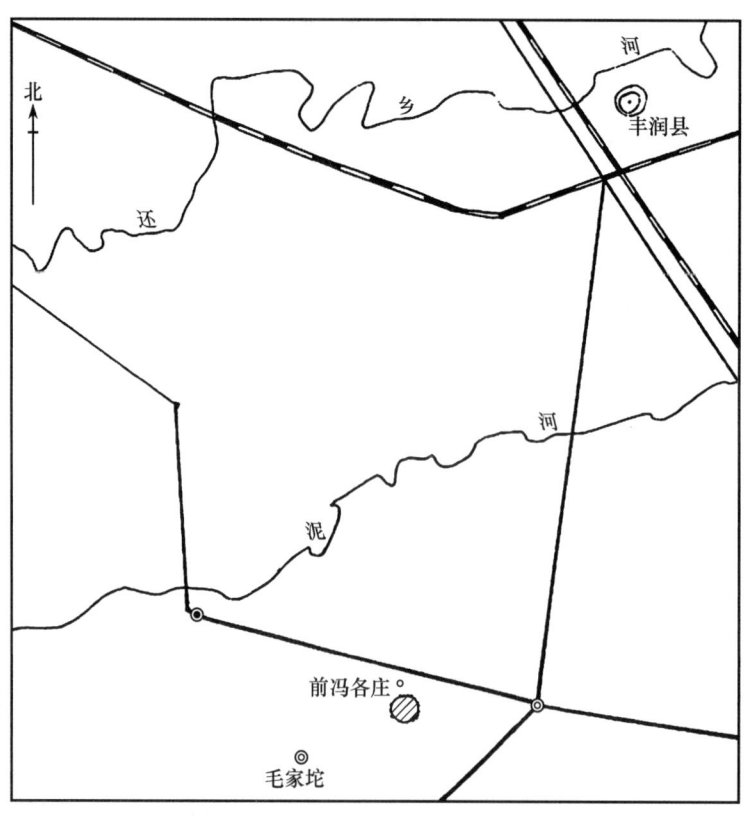

图3-65　丰润前冯各庄遗址位置示意图

宽为20米，北部边缘东西宽为30米，整体面积约2000平方米。遗址南面、东面与耕地相连，北面是一条田间小路，西面是前冯各庄村通往杨各庄村南北走向的通乡土路，遗址周围地势平坦，无明显凸出和低洼之别。

2. 遗迹与遗物

（1）遗迹

QHK1，位于南断崖西端，呈锅底状，口径0.8米，深0.2米，灰坑口距地表1.1米，灰坑断壁及由灰坑断壁塌落的文化土内，裹有陶片，但包含物不多，从中只采集陶片标本2片，编号是86QYQ采1~2。

QHK2，位于南断崖中部，呈锅底状，口径1.5米，深1米，坑口距地表约1米，包含物有炭和陶片，炭已成粉末。由该灰坑采集样本12件，编号是86QY采3~14。

QHK3，位于东断崖中部，形状不规则，口径1米，深0.5米，坑口距地表1米，包含物只有陶片，且不多。采集到标本2件，编号是86QY采15~16。

（2）遗物

前冯各庄遗址共采集标本16件，无完整器物，均为陶片。其中，口沿6件，器壁8件，鬲足2件。

陶质有4件为泥质陶，其余是夹砂陶。泥制陶全是灰陶。在夹砂陶中，有4件是灰色，1件外黑里红，1件里外为红色，而黑色夹于其中，其余6件为颜色分布不均匀的红褐陶。

器表均为素面。

制法分手制和轮制两种，以手制为多。

86Qy采13，鬲足，宽肥矮状，附加锥状实心足（图3-66，1）。

86Qy采15，口沿，侈口，尖唇（图3-66，2）。

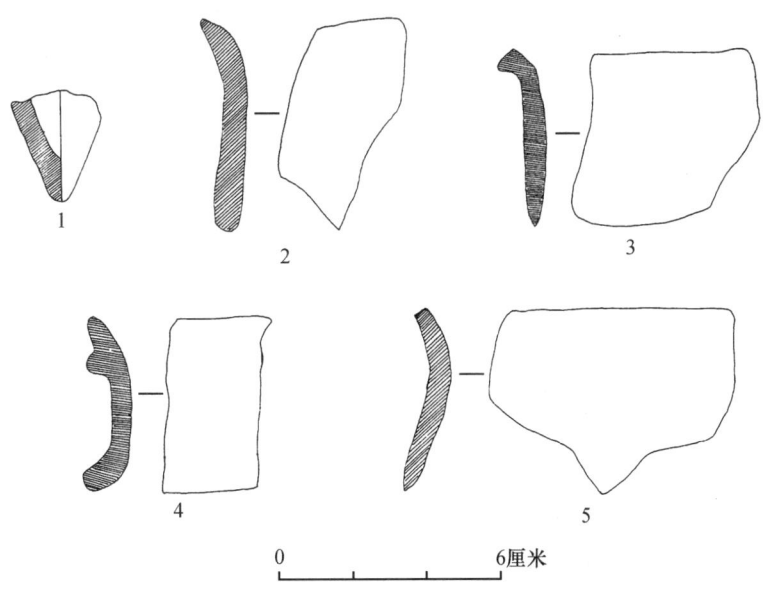

图3-66 丰润前冯各庄遗址采集遗物

1. 鬲足（86Qy采13） 2. 口沿（86Qy采15） 3. 口沿（86Qy采10） 4. 口沿（86Qy采9） 5. 口沿（86Qy采5）

86Qy采10，口沿，侈口，尖唇（图3-66，3）。
86Qy采9，口沿，侈口，方唇（图3-66，4）。
86Qy采5，口沿，侈口，圆唇（图3-66，5）。

从采集标本分析，陶器为素面，鬲足宽肥而矮，具有商代陶器表面纹饰常见素面、简单的凹弦纹和绳纹，鬲的变化由高足深裆变为矮足浅裆。

五十五　丰润饶家头遗址

1. 遗址概况

饶家头遗址位于丰润区丰润镇饶家头村西南的一片高台地上（图3-67），东西长1200米，南北宽600米，面积约720000平方米。遗址中部有京秦铁路由东向西经过，丰白公路自东北向西南从遗址西部经过，遗址北部与饶家头西部大片洼地相接，高出洼地12米左右，遗址往南低洼趋势较小，与大安乐乡砖厂相接。遗址东部与饶家头村相接，遗址西部边缘位于公路以西300米。

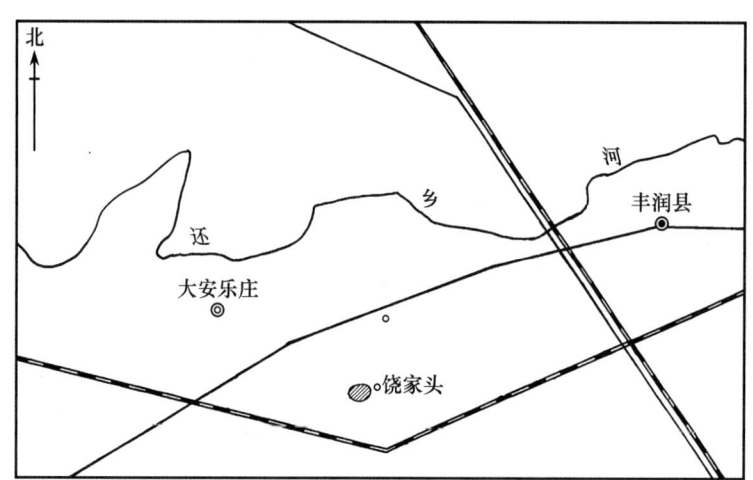

图3-67　丰润饶家头遗址位置示意图

2. 采集遗物

遗址中的铁路路基南面断崖有五处文化层遗迹暴露，文化层距地表0.5~0.7米，深度在0.3~0.5米。

遗址南半部砖厂用土的东坑坑壁上有多处灰坑遗迹，这些灰坑距地表0.5~0.7米，灰坑深度1.5~2.1米，内有陶盆、陶罐等。

采集的标本共39件，其中有33件陶器标本，2件瓷器标本，4件石器标本，现分析如下。

陶器，有口沿标本17件，6件器壁标本，4件鼎足标本，2件豆标本，还有其他一些陶器标本。

RJY采1，盆口沿，泥质灰陶，敞口、侈沿、尖唇，口沿宽度19厘米，残高9.2厘米，壁厚1.2厘米（图3-68，1）。

RJY采5，盆口沿，夹蚌红褐陶，敞口、侈沿、尖唇，口沿宽度7.5厘米，残高4.7厘米，壁厚1厘米（图3-68，2）。

RJY采10，罐口沿，直口，折沿，器壁有粗绳纹，最宽处8.6厘米，残高9厘米，壁厚1厘米（图3-68，3）。

RJY采7，罐口沿，夹蚌红褐陶，直口，内折沿，口沿外壁有一周凸弦纹，最宽处12.4厘米，残高13.2厘米，壁厚1.8厘米（图3-68，4）。

RJY采9，罐口沿，夹蚌红褐陶，直口、侈沿，最宽处10厘米，残高8.4厘米，壁厚1厘米（图3-68，5）。

RJY采15，盆口沿，夹砂灰陶，直口，尖唇，口沿处有三道凸弦纹，最宽处5.3厘米，残高4.7厘米，壁厚0.75厘米（图3-68，6）。

RJY采17，钵口沿，泥质灰陶，口径15.8厘米，壁厚0.6厘米（图3-68，7）。

鼎足，4件，除1件为泥质灰陶外，其余均为夹砂灰陶，鼎足上半部均饰绳纹，实心柱状足。

陶豆，2件，泥质灰陶。1件是矮足陶豆把，1件为喇叭口状的陶豆足。

陶网坠，1件，泥质灰陶，直径3.7厘米，孔径0.6厘米，高1.8厘米。

RJY采39，陶铃，1件，泥质灰陶，纵剖面为棱形，陶铃两面中间均有一个直径0.8厘米的圆孔，圆孔四周均排列有长2.2厘米，宽0.7厘米的条形孔。铃直径11.5厘米，高5.2厘米，壁厚1.2厘米（图3-68，8）。

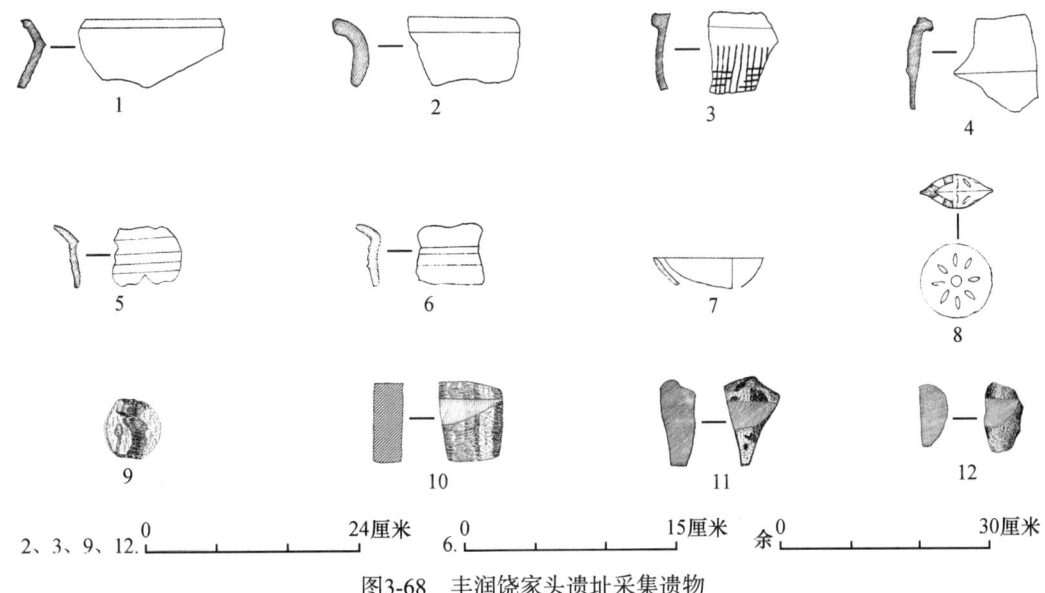

图3-68 丰润饶家头遗址采集遗物
1.盆口沿（RJY采1） 2.盆口沿（RJY采5） 3.罐口沿（RJY采10） 4.罐口沿（RJY采7） 5.罐口沿（RJY采9） 6.盆口沿（RJY采15） 7.钵口沿（RJY采17） 8.陶铃（RJY采39） 9.石球（RJY采36） 10.长刃砍砸器（RJY采37） 11.尖状砍砸器（RJY采35） 12.核状砍砸器（RJY采38）

RJY采36，石球，打制花岗岩，直径6.5厘米（图3-68，9）。

RJY采37，长刃砍砸器，石灰石，表层被水侵蚀，长11厘米，一端宽8厘米，另一端宽7厘米，脊厚3厘米（图3-68，10）。

RJY采35，尖状砍砸器，1件，青石质，下半部与顶部为四棱体，中部为三棱体，通高12厘米（图3-68，11）。

RJY采38，核状砍砸器，砂岩质，表层被水侵蚀过，高7.5厘米，中间长直径5厘米，短直径3.5厘米（图3-68，12）。

在采集到的39件标本中，以陶器为主，共31件，陶器大、中、小型都有，有瓮、罐、盆、鼎、豆等，种类繁多，形式多样，其制法粗犷，纹饰有细有粗，其中以绳纹为主，鼎足矮瘦而细的锥状实心足。

五十六　丰润曹庄子大石山遗址

曹庄子大石山遗址位于丰润区王官营镇曹庄子村南1000米的大石山脚下（图3-69），遗址呈长方形，南北长150米、东西宽80米，面积12000平方米。遗址东西北三面与农田相接，南面为大石山，在遗址地表暴露较多夹蚌红陶、泥质灰陶、泥质红陶等器物残片，器表饰绳纹、交错绳纹，可辨器型有豆等。因无断面，未见文化层。根据遗物特征分析，可以初步断代为东周时期遗址。

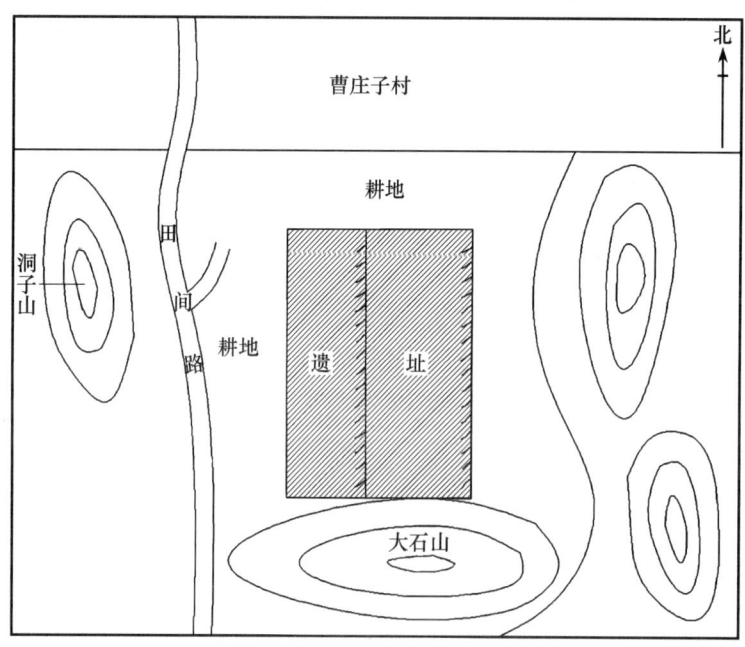

图3-69　曹庄子大石山遗址位置示意图

五十七　丰润花园村遗址

花园村遗址位于丰润区常庄镇花园村北（图3-70），与村住宅相连，遗址呈长方形分布，东西长220米，南北宽150米，面积33000平方米。遗址文化层距地表0.3米，厚约0.5米，灰褐色黏土。发现遗物为陶釜、陶罐、陶豆、陶盆等遗物。根据其特征分析为东周时期遗址。

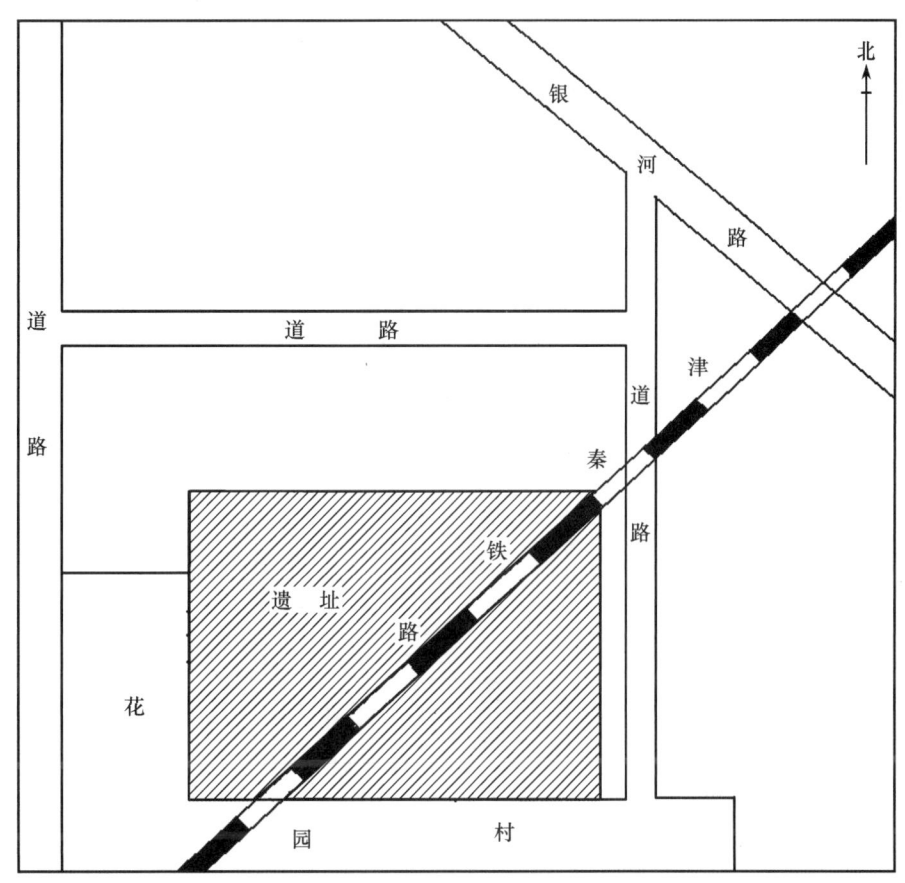

图3-70　花园村遗址位置示意图

五十八　丰润任各庄遗址

任各庄遗址位于丰润区任各庄镇任各庄村西北900米处（图3-71），遗址东邻津秦铁路客运线，再往东600米为唐丰公路，西300米为光新庄子村，遗址东部上盖有任各庄养鸡场。遗址北高南低，南北长150米，东西宽100米，面积15000平方米。地表黄褐色黏土，暴露大量陶器残片，主要有夹砂灰陶、夹蚌红陶、泥质灰陶等器物残片，器表饰绳纹，可辨器型有罐、豆、釜等。在遗址西部断崖上可见0.5米厚的文化层，地表下即是黄褐色黏土。文化层包含物特征与地表暴露遗物特征基本相同。根据遗物特征分析，初步判定为东周时期遗址。

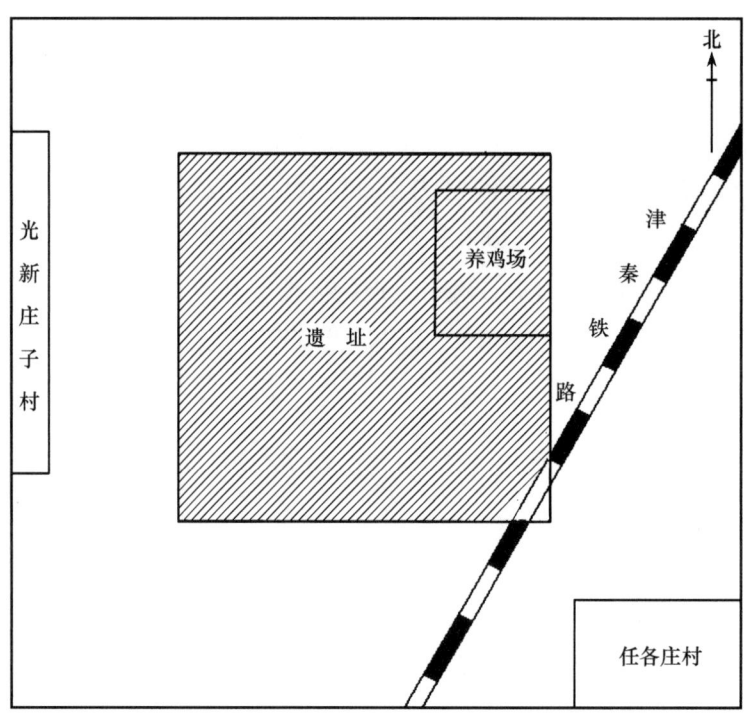

图3-71 任各庄遗址位置示意图

五十九 丰润董庄子遗址

1. 遗址概况

董庄子遗址位于丰润区白官屯镇董庄子村东南30米处（图3-72），再往北500米处，是自东向西流经的黑龙河，东面是南北向的道路，南面是取过土的低洼地带，再往南是一条东南—西北走向的乡间道路，西北面与村头的一个三角形的水塘相连接。遗址南北宽110米，东西长125米，面积13416平方米。为黑褐色土质，中间部位地势较高，南部因民用土向北开挖近30米，文化层厚度1米，其中采集了大量的陶片。

2. 采集遗物

该遗址共采集标本37件，均为陶器，其中口沿14件，高足13件，器壁7件，器底3件。现介绍如下：

口沿残片，14件，除2件为泥质灰陶外，其余12件均为红陶，其中3件为泥质红陶，9件为夹砂红陶。

DZHY采1，口沿，圆唇，侈口，束颈，手制，口径16.6厘米，残高7.4厘米，壁厚0.4厘米（图3-73，1）。

DZHY采8，侈口，尖唇，束颈，口沿外有凸弦纹，宽约7.2厘米，残高3.6厘米，厚1厘米（图3-73，2）。

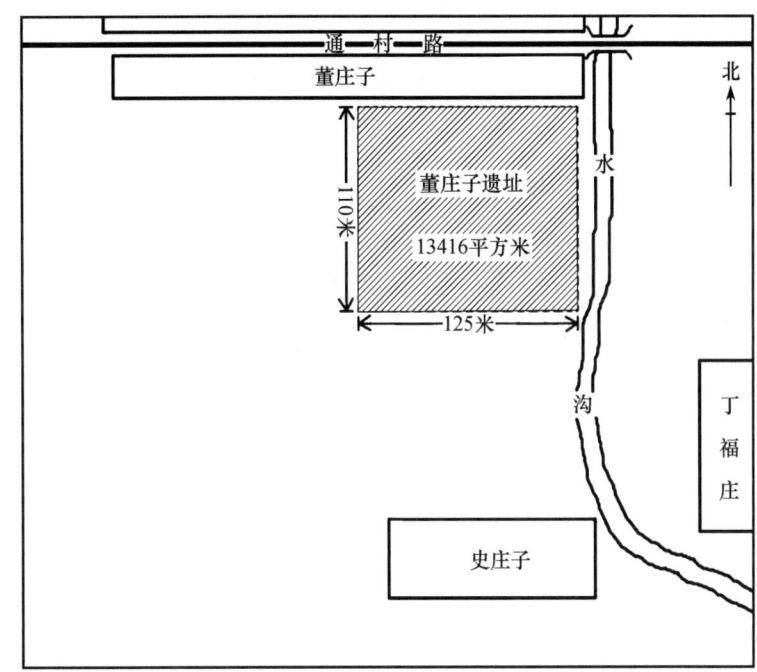

图3-72 丰润董庄子遗址位置示意图

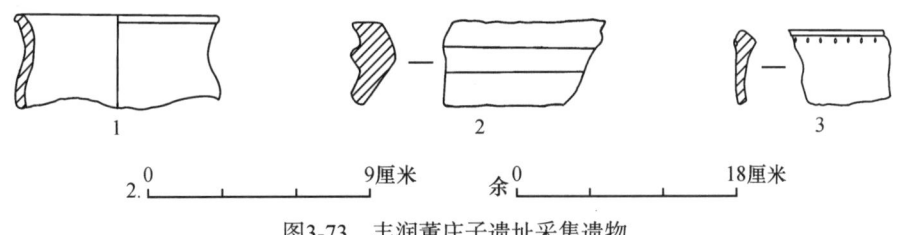

图3-73 丰润董庄子遗址采集遗物
1. 口沿残片（DZHY采1） 2. 口沿残片（DZHY采8） 3. 口沿残片（DZHY采6）

DZHY采6，口沿，口沿外有呈2厘米宽等距离排列的窝点，宽约8.5厘米，残高6.2厘米，厚0.75～1.97厘米（图3-73，3）。

器壁残片，7件，除1件为泥质灰陶外，其余均为夹细砂红陶，手制，1件弦断绳纹，7件细绳纹。

器底残片，3件，1件为鬲裆残片，泥质红陶，手制，另2件，1件为夹砂红陶，手制，平底，外饰绳印纹，底径约12.2厘米，1件为泥质红陶，手制，平底，外壁饰绳纹。

鬲足，13件，均为夹细砂红陶，手制，实心足较多，其中5件为附加堆状足，高在4.2～7.5厘米，除9件饰细绳纹外，余者为素面。

董庄子文化遗址，其文化内涵较丰富，采集的标本均为陶器制品，共37件，陶器以夹砂红陶居多，质地较松散，有火烧痕迹，其纹饰以绳纹为主，口沿大部分为束颈，侈口，圆唇，鬲足以实心足和附加堆状足居多，其中有肥矮浅裆的足，也有较高宽裆的足。根据以上特点，初步断定该遗址为商周时期遗址。

六十　丰润龟地遗址

龟地遗址于1990年4月河北省文物普查时发现，2004年唐山市文物管理处为了配合电网工程对遗址进行了试掘，2008年10月23日被河北省人民政府公布为第五批省级文物保护单位。

遗址位于丰润区火石营镇后刘城子村东北台地上（图3-74），地势陡峭，还乡河在遗址的北侧、东侧流过，遗址大体呈椭圆形，南北长65米，东西宽59米，面积约3320平方米。在遗址断崖处发现文化层，厚2米，采集有石磨盘、夹砂红褐陶绳纹罐、泥质灰陶绳纹罐、夹砂灰褐陶绳纹鬲等残片。

遗址分布整个龟地范围内，2004年唐山市文物管理处为了配合电网工程对遗址进行了试掘，试掘面积75平方米。发现有房址、墓葬、灰坑、灶坑等遗迹。遗物主要有金器、玉器、蚌器、骨器、石器、铁器、铜器、陶器等。陶器主要器型有鬲、甗、鼎、尊、瓮、豆、盆、钵、罐等。遗址中发现墓葬一座，为土坑竖穴墓（图版101），死者为一名儿童，随葬品有金鬟环（图版103）、绿松石饰件、红褐色绳纹陶鬲（图版102）、陶钵、绳纹平底鼓腹陶罐（图版104）等。墓葬填土中发现有殉葬的牛头骨一具，其葬俗与滦州后迁义遗址非常相近。

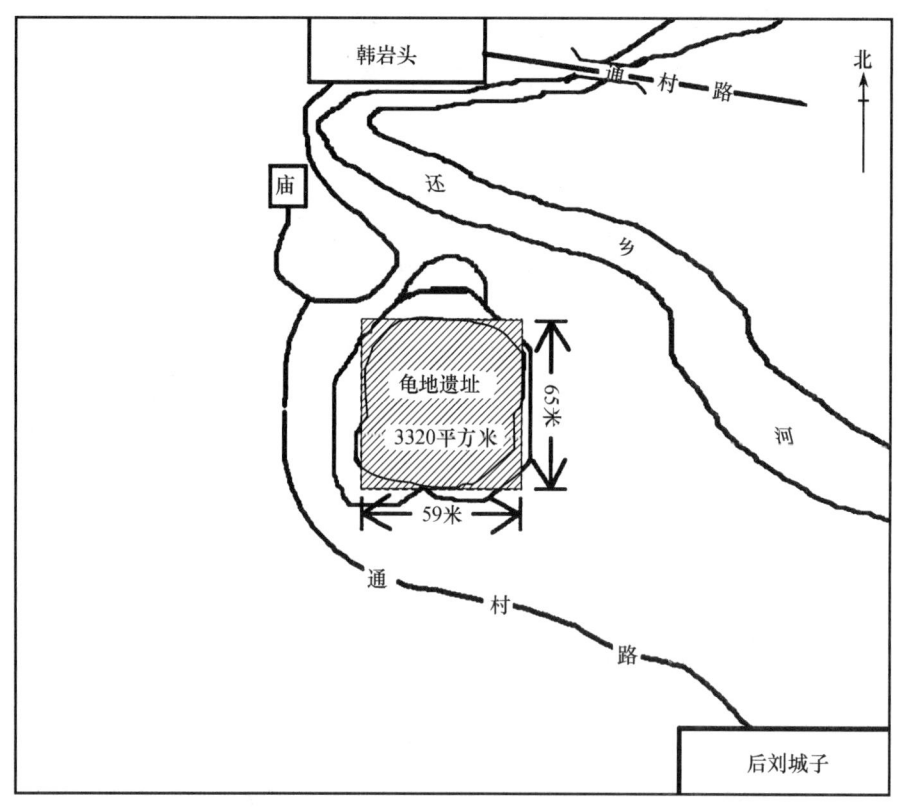

图3-74　龟地遗址位置示意图

六十一　高新区韩家街遗址

韩家街遗址于1985年3月河北省文物普查时发现，2008年10月23日被河北省人民政府公布为第五批省级文物保护单位。

遗址位于唐山市高新区三女河办事处韩家街村东50米的一片高台地上（图3-75）。土质为深褐色沙质土，宜种植玉米、花生等农作物。北为泥河，南、西为耕地。南北宽100米，东西长120米，面积12000平方米。文化层深度1.8米。其主要遗迹有灰坑、灶坑、墓葬等，遗物有石器、骨器、蚌器、陶器、铜器（图版108）等。石器主要有石刀、石镰、石斧、石镞、石网坠、石环、磨光器、石球、砍砸器、石锛、石凿、石磨棒等（图版107），其中细石器较多（图版106）。骨器主要有骨贝（图版105）、骨刀、骨锥、骨戒指、骨钻等（图版109）。陶器主要有鼎（图版110）、鬲、罐、盆、坠、环和纺轮等。

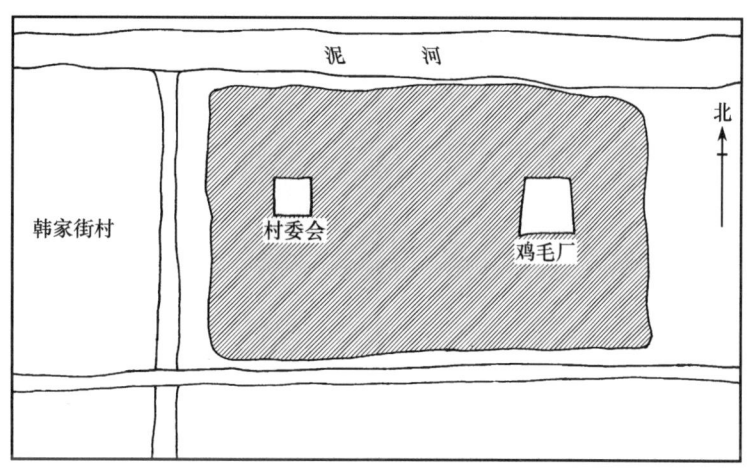

图3-75　韩家街遗址位置示意图

第四章　沙河、陡河流域先秦遗址

一　迁安田家店遗址

1. 遗址概况

田家店遗址位于迁安市木厂口镇田家店村南250米，沙河西岸台地上（图4-1）。遗址呈长方形，南北长60米，东西宽20米，面积1200平方米。遗址已遭严重破坏，文化层不详，地表暴露的陶片以夹砂褐陶居多，泥质红陶较少，饰绳纹。可辨器型有鬲、罐等。根据遗物判断年代为商周时期。

2. 采集遗物

QTJD01，陶片，残，夹砂黄褐陶，内夹杂少量蚌壳粉，器表饰有绳纹，通高9.6厘米，宽10.4厘米，壁厚0.9厘米（图4-2，1）。

QTJD02，器底，残，夹砂黄褐陶，器表饰有绳纹，复原底径为14.8厘米，残高6.9厘米，壁厚薄不均，约为0.8厘米（图4-2，2）。

QTJD03，口沿，残，泥质黄褐陶，斜平沿，敞口，沿以下饰绳纹，分为竖绳纹和斜绳纹。通高13厘米，宽15厘米，壁厚0.9厘米（图4-2，3）。

QTJD04，陶片，残，夹砂黄褐陶，器表饰绳纹。通高8.6厘米，宽8.8厘米，壁厚1.3厘米（图4-2，4）。

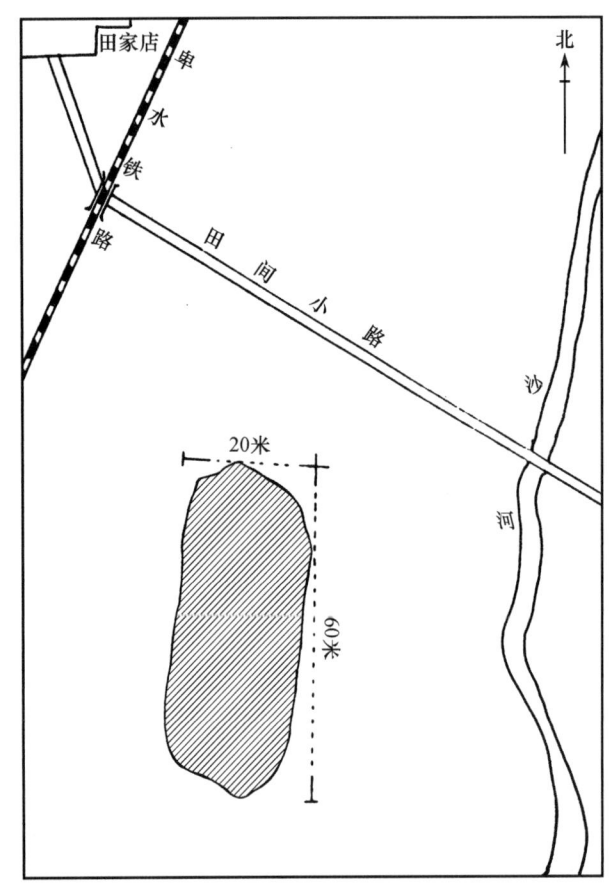

图4-1　田家店遗址位置示意图

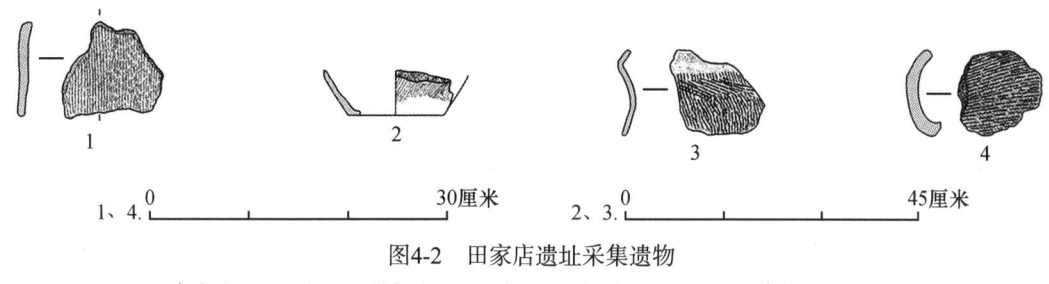

图4-2 田家店遗址采集遗物
1. 陶片（QTJD01） 2. 器底（QTJD02） 3. 口沿（QTJD03） 4. 陶片（QTJD04）

二 迁安张家峪遗址

张家峪遗址位于迁安市大五里镇张家峪村东南山脚下，土质为黄黏土，大体呈长方形，面积8800平方米（图4-3）。遗址文化层不详，地表采集到粗绳纹夹砂红陶鬲足、磨光红陶鬲足、夹砂褐陶高领罐口沿、夹砂褐陶腰、细绳纹褐陶口沿、夹蚌红陶罐残片、灰陶罐口沿等。根据遗物断定遗址年代为东周时期。

三 迁安老庄户遗址

老庄户遗址位于迁安市赵店子镇康官营村西沙丘上（图4-4），土质为黄沙土，面积9100平方米。该遗址文化层不详，地表暴露遗物有夹砂红陶、夹蚌红陶、泥质灰陶。纹饰多为素面，绳纹较少，可辨器型有鬲、釜、豆。根据遗物断定遗址年代为东周时期。

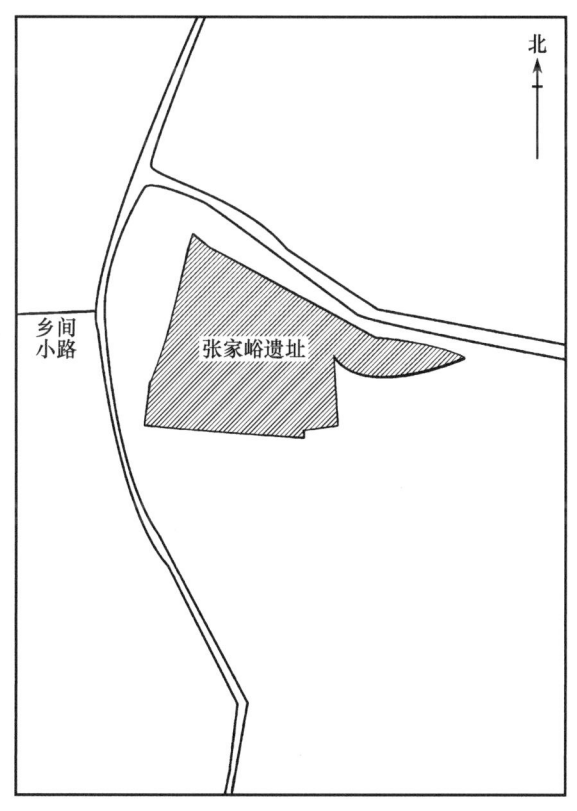

图4-3 张家峪遗址位置示意图

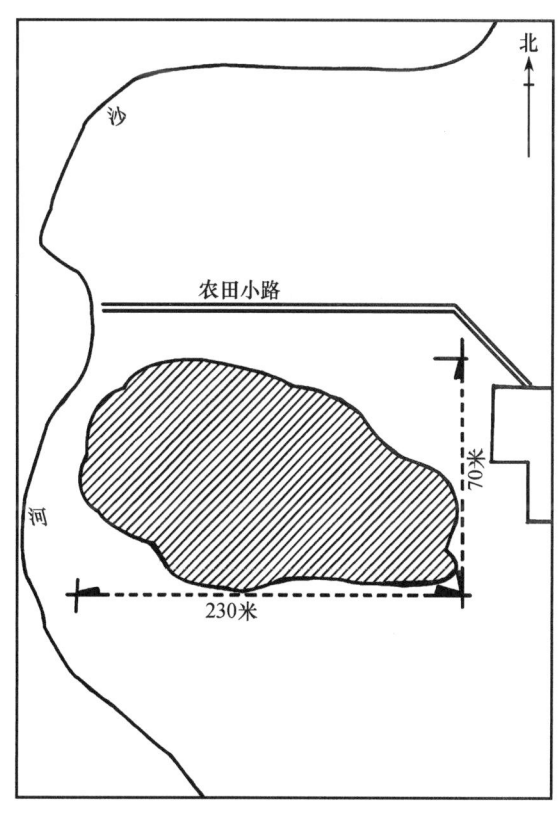

图4-4 老庄户遗址位置示意图

四 滦州朗石台遗址

1. 遗址概况

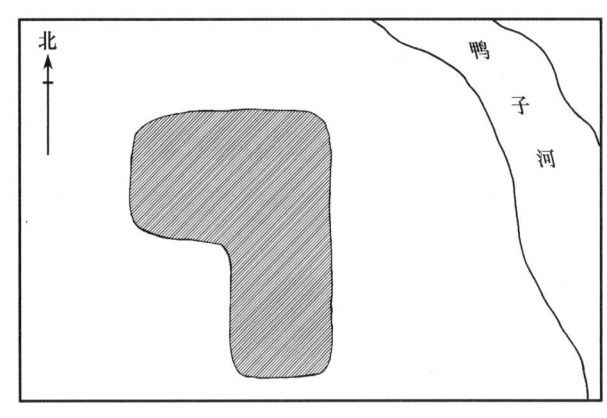

图4-5 朗石台遗址位置示意图

朗石台遗址位于滦州市榛子镇正西1.5千米的镇砖厂西北侧200米处，当地称其为"朗石台"（图4-5），陡河支流（鸭子河）在北面自西向东折而向南将遗址半边包围。遗址西侧450米处是吴庄子村，正南是京沈公路。遗址坐落在距河约200米处的二级台地上，东西宽约200米，南北长约250米，面积约50000平方米（图版111）。

遗址主要堆积于北侧高台地上，遗址范围较大，略呈三角形，南侧断壁上土层明显。文化层厚约1.25米，其中明显层次可分为灰土、红砂土、黑灰土、灰黄土等，最底层是生土和山石。各层分别含有不同花纹和质地的陶片，不同形状的鬲足以及木炭等。调查中于地表和断壁上采集到大量陶片、鬲足和部分石器，并从当地群众手中征集到过去农业生产中出土的石斧、鬲足、陶拍等。其中石器全部为磨制石器，以石斧为主。

调查中只发现极少量的网坠，未发现其他渔猎工具，说明当时人们的渔猎并不是主要生活来源。根据所采集的陶片和鬲足分析，其生活用具、炊具以鬲为主，另有少量的盆、罐等。器物大部分是敞口的，方唇、卷沿、平底，纹饰以绳纹、篦点纹、压印纹、附加堆纹为主，极少之字纹。陶质主要以夹砂红陶为主，其次为灰黑陶、细泥质陶。遗址年代应为夏至春秋战国时期，文化面貌主要为夏家店下层文化。

2. 采集遗物

鬲足，残，夹砂黄褐陶，内夹杂少量蚌壳粉，器表有灰黑色火烧痕迹，饰绳纹。通高9.1厘米，宽6.4厘米（图4-6，1）。

鬲足，残，夹砂黄褐陶，实心足，器表饰有绳纹，通高6.3厘米，宽5.3厘米（图4-6，2）。

鬲足，残，夹砂黄褐陶，器表饰绳纹，为竖状分布，通高8.8厘米，宽6.1厘米（图4-6，3）。

鬲足，残，夹砂灰黑陶，器表无纹饰，该足制法不同于别的足，根据断面可知，应该分为"内芯"和"外壳"，很明显能够看到"外壳"包着"内芯"，制作过程应该是先制作"内芯"，之后再包裹一层"外壳"。通高8.8厘米，宽8.4厘米（图4-6，4）。

石斧，残，砂岩，有一个钻孔，为对钻制法，通高6.2厘米，宽5.6厘米，厚2厘米左右（图4-6，5）。

纺轮，残，夹砂黄褐陶，中间有一个圆形孔，平面呈圆形，器表无纹饰，通高6.4厘米，宽4.2厘米，壁厚1.6厘米（图4-6，6）。

纺轮，完整，夹砂黄褐陶，圆形，中间有一个圆孔，直径3.4厘米，壁厚1.4厘米（图4-6，7）。

陶片，残，夹砂灰黑陶，器表有一圈附加堆纹，其下为向左倾斜分布的绳纹，通高5.4厘米，宽8.1厘米，壁厚1.2厘米（图4-6，8）。

陶片，残，夹砂灰黑陶，器表有两条横向凸弦纹，两条弦纹之间为斜向弦纹带，通高7.6厘米，宽8.1厘米，壁厚0.7厘米（图4-6，9）。

陶片，残，夹砂灰黑陶，器表有一条附加堆纹，其上压印斜向凹弦纹，附加堆纹往上，饰有很浅的凸弦纹。通高6.6厘米，宽6.6厘米，壁厚0.8厘米（图4-6，10）。

陶片，残，夹细砂灰黑陶，外表有明显的轮制痕迹，器表有附加堆纹，据观察，应该有两带，附加堆纹上有窝纹。通高5.9厘米，宽6厘米，壁厚1.2厘米（图4-6，11；图版112）。

陶片，残，夹细砂黄褐陶，器表有条状弦纹，弦纹带之间器表饰细绳纹。通高7.6厘米，宽7.5厘米，壁厚1厘米（图4-6，12）。

陶片，残，夹砂灰黑陶，器表饰有篮纹。通高6.6厘米，宽6.5厘米，壁厚0.6厘米（图4-6，13）。

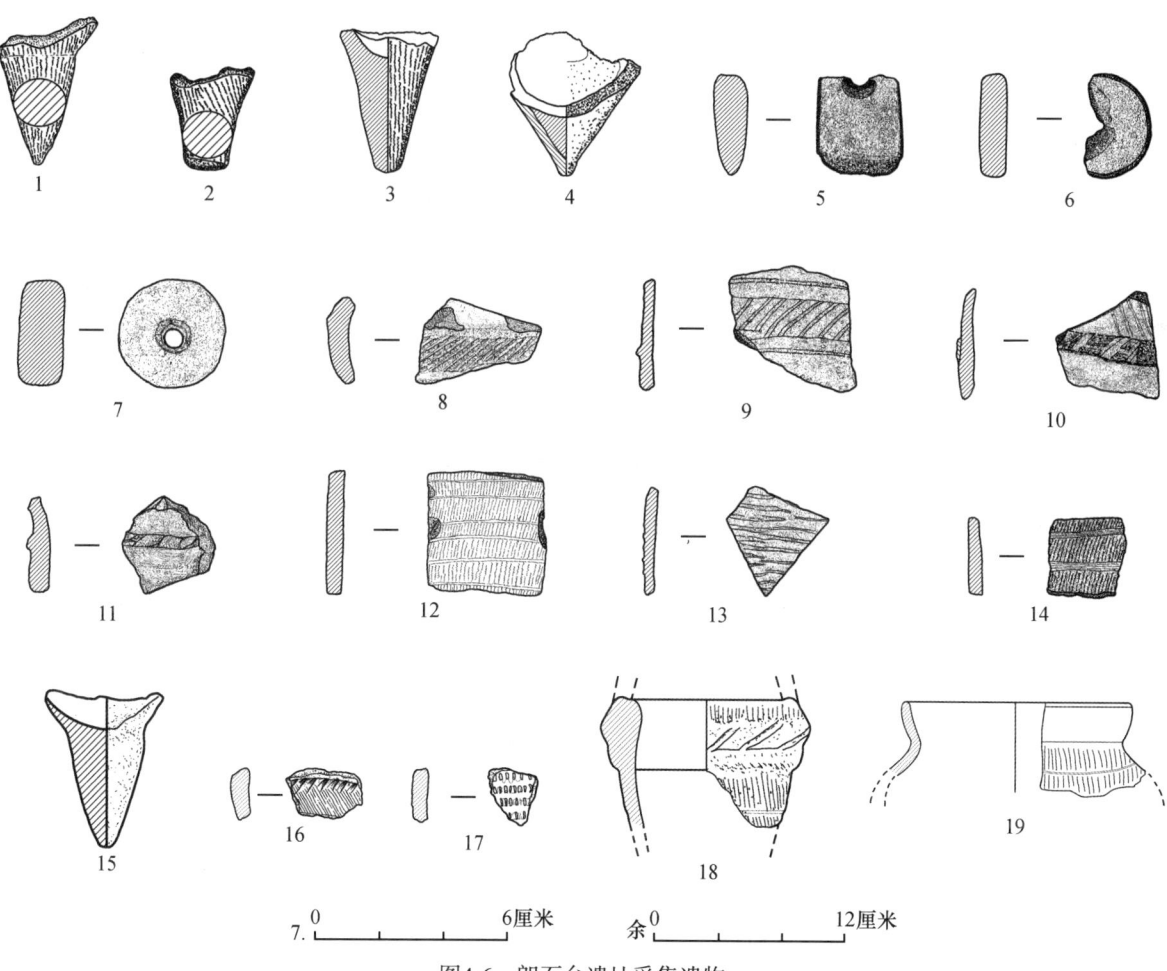

图4-6　朗石台遗址采集遗物

1. 鬲足　2. 鬲足　3. 鬲足　4. 鬲足　5. 石器　6. 纺轮　7. 纺轮　8. 陶片　9. 陶片　10. 陶片　11. 陶片　12. 陶片　13. 陶片　14. 陶片　15. 鬲足　16. 陶片　17. 陶片　18. 甗腰　19. 口沿

陶片，残，夹砂黄褐陶，器表饰有弦纹，由几条细小的弦纹组成，器表主体纹饰为细绳纹，被弦纹分割开来。通高4.9厘米，宽4.9厘米，壁厚0.9厘米（图4-6，14）。

鬲足，残，夹砂红褐陶；开口处呈喇叭状，实心，素面；残高约9.8厘米，残宽约7.3厘米，开口处壁厚约0.5厘米，足部厚度1～5.2厘米（图4-6，15；图版112）。

陶片，残，夹砂红褐陶；表面饰有压印纹和绳纹；残高约3.3厘米，残宽约5厘米，厚度约1厘米（图4-6，16；图版112）。

陶片，残，夹砂红褐陶；表面饰有不规则竖条状压印纹；残高约3.5厘米，残宽约3.2厘米，厚度约0.7厘米（图4-6，17；图版112）。

甗腰，残，夹砂红褐陶；表面饰有压印纹和绳纹；残高约7.8厘米，残宽约8.7厘米，腰部厚度约2厘米，器物厚度约1厘米（图4-6，18）。

口沿，残，夹砂红褐陶；圆唇、敞口、鼓腹，表面饰有绳纹和刻划线；残高约6.2厘米，残宽约7.3厘米，厚度约0.7厘米，口沿半径约为6.8厘米（图4-6，19；图版112）。

五　滦州铲土地遗址

1. 遗址概况

铲土地遗址位于滦州市榛子镇棋盘村东北（图4-7），陡河由西北方向转向西流到遗址下面再向南流，形成一个转弯处台地，其北、西两面地势略高，向南较为平坦。北距罗古庄约1千米，南距八里王官营约1.3千米，西为南北向土路。在南侧20米、北约400米处各有一条水渠。遗址南北宽300米，东西长450米，总面积135000平方米。相传此地是唐王东征点将台，后修京秦铁路取土变成平地，故人称"铲土地"，因此命名为铲土地遗址。

遗址东侧断面暴露有文化层和灰坑，文化层距地表深1～1.5米，厚约1米，内含陶片。灰坑一般深为1.5米，最深约2.5米，内含大量陶片和兽骨、红烧土、草木灰等，土质呈黑色，其数量在4座以上。

2. 采集遗物

陶器和石器两类。陶器以夹砂灰陶为主，部分夹砂红陶、泥质红、灰陶。夹砂陶器表饰以不同形式的绳纹，并有少量的压印纹。而泥质陶以素面为主，一些盆、尊类器物的底部饰有绳纹。可辨器型有鼎、鬲、尊、甗、盆、釜等。石器仅有砾石制作的石耜1件。此处在灰坑中还可见鹿、狗等动物骨骼。

采集的典型陶片，大部分具有商代器物的特征，从下层采集的部分陶片，尤其是大尊，磨光红陶，磨光黑陶陶片又具有夏家店下层文化的特点，故推测该遗址主体文化内涵为夏家店下层文化。

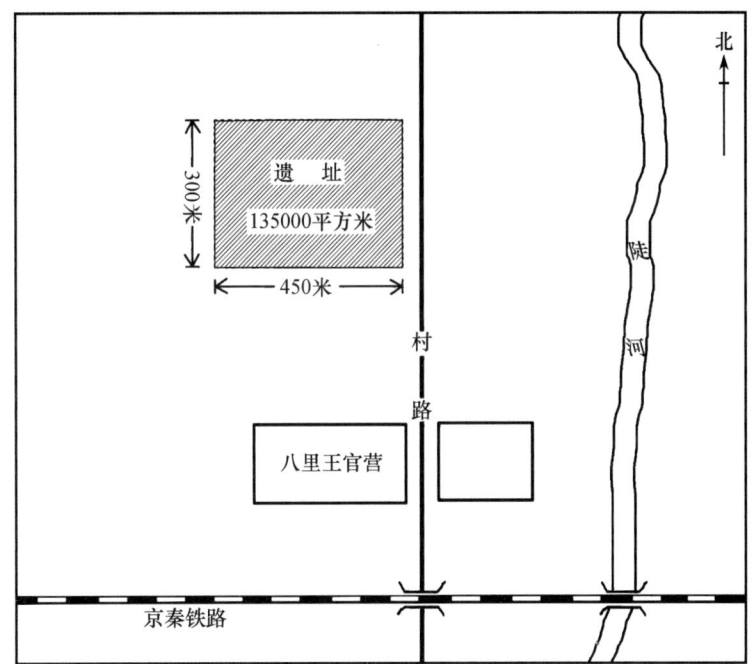

图4-7 铲土地遗址平面示意图

鬲足，残，夹砂红褐陶，足口呈喇叭状，约1/4空心，内部可见清晰裂缝，整个表面饰有绳纹；残高约9.8厘米，残宽约7.6厘米，厚度2~6.2厘米，空心处壁厚约1厘米（图4-8，1）。

鬲足，残，夹砂红褐陶，开口呈喇叭状，表面饰有凹凸不平、深浅不一的绳纹；残高约11.3厘米，残宽约9.3厘米，厚度2.8~7.3厘米，开口处壁厚约1.2厘米（图4-8，2）。

鬲足，夹砂红褐陶，整体细小，表面饰有压印纹，可见明显压印痕迹；残高约7.3厘米，残高约2.9厘米，厚度1.5~2.5厘米（图4-8，3）。

鬲，残，夹砂黄褐陶，约1/2部分残缺，裆部完整，三足中有一足底残缺；敞口，圆唇，口沿下方约1.8厘米处有一道棱线，垂腹微鼓，由棱线处开始整体施绳纹；残高约11.8厘米，残宽约7厘米，壁厚约0.7厘米（图4-8，4）。

口沿，残，夹砂黄褐陶，敞口，方唇，鼓腹，首先在颈部下方饰有一圈压印纹，随后在下方饰网格状绳纹；残高约13.9厘米，残宽约11.5厘米，厚度约1厘米（图4-8，5）。

口沿，残，夹砂红褐陶，敞口方唇，垂腹，腹部最大径以下饰有纹饰，为不规则网格状绳纹；残高约12厘米，残宽约8.6厘米，厚度约0.6厘米（图4-8，6）。

口沿，残，夹砂红褐陶，敞平口，圆唇，颈部以下饰有竖条状压印纹；残高约7.6厘米，残宽约11.5厘米，厚度约1.4厘米（图4-8，7）。

口沿，残，夹砂红褐陶，敞口，直径，平肩。圆唇，素面；残高约4.9厘米，残宽约7.2厘米，厚度约0.5厘米（图4-8，8）。

陶纺轮，直径3.2厘米，孔直径0.7厘米，厚1厘米（图4-8，9）。

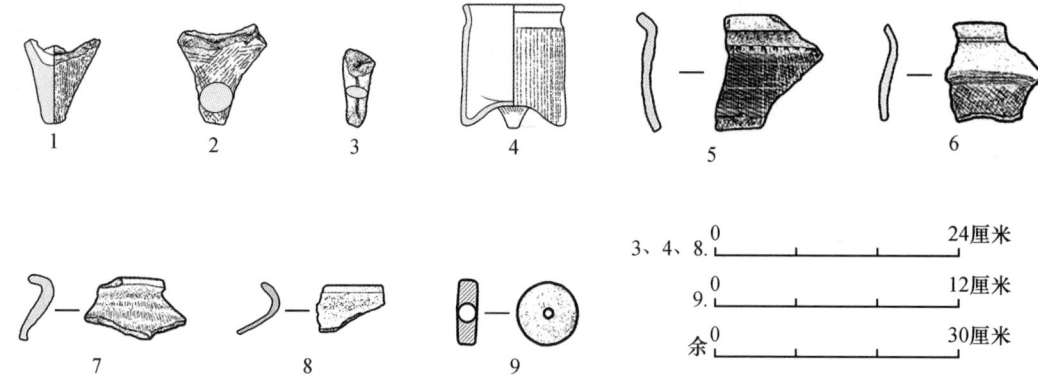

图4-8 铲土地遗址采集遗物
1.鬲足 2.鬲足 3.鬲足 4.鬲 5.口沿 6.口沿 7.口沿 8.口沿 9.纺轮

六 滦州南赵庄子遗址

1. 遗址概况

南赵庄子遗址位于滦州市九百户镇南赵庄子村西，沙河直流北岸的高台地上（图4-9），台地高出周围约3米，四周皆为断崖，遗址大部分被村庄占据。遗址面积很大，南北长约150米，东西宽120米，面积达18000平方米。台地地表和四周断面上到处可见遗物，尤以西面断崖遗物最为丰富。断崖西侧暴露有灰坑、灰层、红烧土层，文化层达2米之厚。遗物以夹砂红陶为主，另有少量褐陶。采集标本有鼎足、罐口沿、甗腰等夹砂红陶残片，还有褐陶鬲残片。从遗物材料质地和器型判断此遗址的年代应为商代。

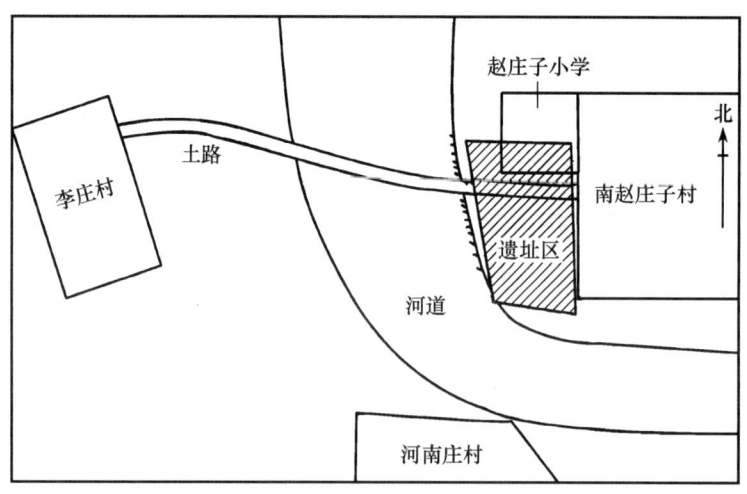

图4-9 南赵庄子遗址位置示意图

2. 采集遗物

口沿，残，夹砂红褐陶，内夹杂大量蚌壳粉，斜宽平沿，敞口，器表纹饰不清。通高7.68厘米，宽13.5厘米，壁厚1.1厘米（图4-10，1；图版113）。

口沿，残，夹砂红褐陶，有灰黑色火烧痕迹。圆唇，唇上饰有细弦纹，颈部以下饰有弦断绳纹。复原口径为22厘米（图4-10，2；图版113）。

甗腰，残夹砂红褐陶，器表有灰黑色火烧痕迹，腰部饰有附加堆纹，其上饰有凹窝纹和绳纹，腰以下通体饰绳纹。复原腰的直径为12.8厘米（图4-10，3；图版113）。

鬲足，残，夹砂黄褐陶，实心足，器表饰绳纹，通高11.1厘米，宽5.7厘米（图4-10，4；图版113）。

陶片，残，夹砂黄褐陶，器表饰有几条附加堆纹，每条附加堆纹上饰有压印的指甲纹。通高6.4厘米，宽6厘米，壁厚0.9厘米（图4-10，5；图版113）。

陶片，残，夹砂陶，外壁呈现黄褐色，内壁呈现灰黑色，器表饰篮纹，通高3.7厘米，宽5.1厘米，壁厚0.5厘米（图4-10，6；图版113）。

陶片，残，夹砂红褐陶，器表饰有弦断绳纹。通高5厘米，宽8.1厘米，壁厚1.1厘米（图4-10，7；图版113）。

陶片，残，夹砂红褐陶，内夹杂有大量蚌壳粉，器身中部偏上压印的窝纹，其下为弦断绳纹。通高9厘米，宽11.9厘米，壁厚0.8厘米（图4-10，8；图版113）。

陶片，残，夹砂红褐陶，器表饰有压印的窝纹，窝纹下的为绳纹。通高4.1厘米，宽8.6厘米，壁厚0.8厘米（图4-10，9；图版113）。

陶片，残，夹砂陶，外壁呈灰黑色，内壁呈黄褐色，器表饰绳纹，通高4.3厘米，宽4.4厘米，壁厚0.8厘米（图4-10，10；图版113）。

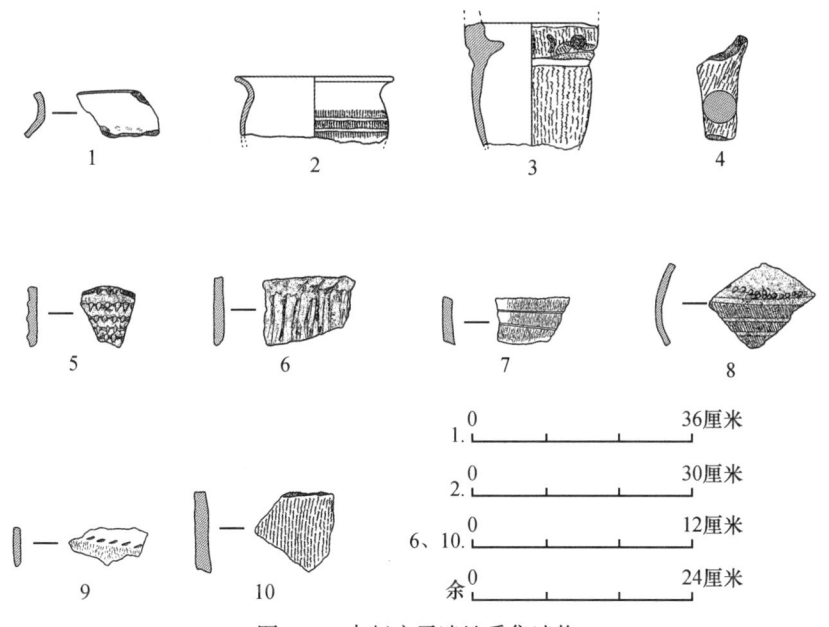

图4-10　南赵庄子遗址采集遗物
1.口沿　2.口沿　3.甗腰　4.鬲足　5.陶片　6.陶片　7.陶片　8.陶片　9.陶片　10.陶片

七 滦州南台子遗址

南台子遗址位于滦州市九百户镇南180米处的南台子上（图4-11），南北长80米，东西宽50米，面积约4000平方米，西靠南山，东、北两面环河，南为平坦的河滩地。

在遗址东部断面上，明显暴露有地穴或房址、灰坑、堆积层和两座清代墓葬。文化层距地表为1.2~1.8米，灰坑呈锅底状，深0.3米，房址宽1.8米，地穴深0.32米，堆积层厚度为0.2米。

采集标本有黄褐陶、灰陶、夹云母粉红陶器口沿残片。可辨器型有侈口罐。纹饰以绳纹为主。根据标本判断，此处应为商代遗址。

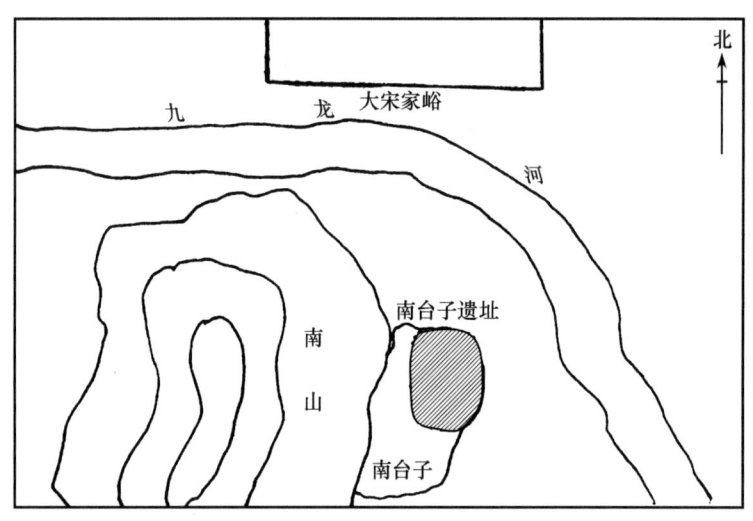

图4-11 南台子遗址位置示意图

八 滦州小河湾西北遗址

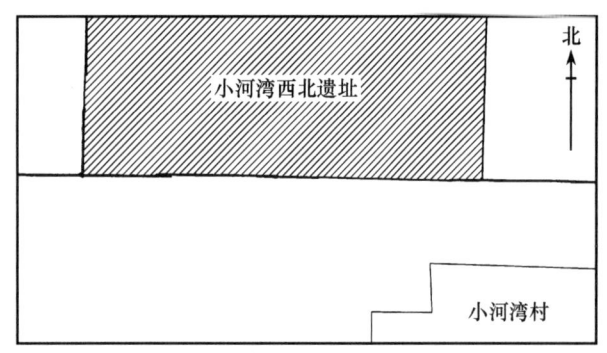

图4-12 小河湾西北遗址位置示意图

小河湾西北遗址位于滦州市九百户镇易安乡小河湾村西北300米处（图4-12），其东、南、北三侧均为沙土耕地，西侧为唐山通往迁安的南北向铁路。东西宽50米，南北长150米，面积约7500平方米。文化层深度0.5米，暴露遗迹有灰坑。

采集遗物有釜、盆、罐口沿；陶质为夹砂红陶、夹蚌红陶、泥质灰陶、黑皮夹砂陶、红皮陶。纹饰有粗绳纹、细绳纹、弦断绳纹。

依据相关遗迹采集的遗物判断，分析推测此遗址为商周时期遗址。

九　滦州彭塔坨遗址

彭塔坨遗址位于滦州市茨榆坨镇彭塔坨村北300米的沙河右岸的台地上（图4-13），北为沙河，西侧有通往村内的南北向乡间土路，东、北侧皆为农田。遗址所在台地地势较为平坦，高0.5米，南北长200米、东西宽100米，面积约20000平方米，中部有取土坑，深2米左右，坑底暴露大量陶器残片，但不见文化层堆积。遗址采集标本较多，从出土遗物特征分析，年代可以分为夏商及东汉两个时期，夏商时期文化面貌为夏家店下层文化。夏家店下层文化陶器均为夹砂红褐陶，纹饰为素面和绳纹，鬲足实足内收，施交错绳纹。东汉时期遗物较为丰富，主要有陶器、灰砖等。陶器均泥质灰陶，纹饰有素面、凸棱纹和绳纹，可辨器型有侈口高领绳纹罐、侈口短束颈凸棱纹罐、敛口平沿（沿中部有凸棱纹一周）罐等。灰砖为绳纹砖，绳纹粗大。从其遗物特征分析，应属于鲜卑文化，其年代相当于东汉时期。

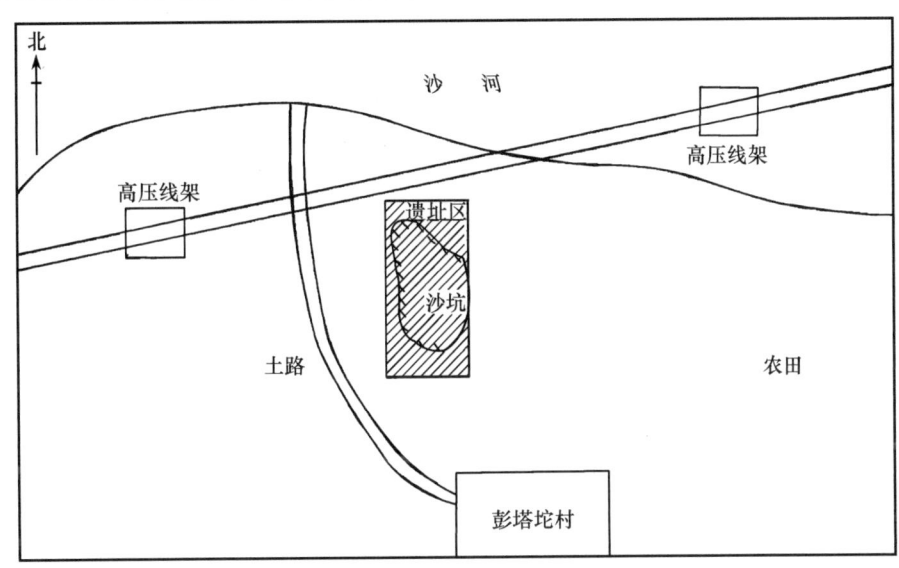

图4-13　彭塔坨遗址位置示意图

十　滦州前小寨遗址

前小寨遗址位于滦州市榛子镇前小寨村西南角的临河台地处（图4-14），东邻管河，南为管河支流，西侧因取土形成断崖，北侧台地下有小路。遗址处于两河交汇处的台地处，南北长120米、东西宽100米，面积约12000平方米，高出周围地表2米左右，上种植玉米。遗址的西北部因取土遭受破坏，断壁可见文化层堆积，可分为两层，上层为清代文化层堆积，内含大量的板瓦及筒瓦残块，据村民讲，这里原有寺庙叫洪家寺。下层文化层土色为灰褐色，其下暴露大型灰坑1座，开口宽约2米，深2米，灰褐色土堆积，内含有较多遗物。下层文化层内采集遗物有夹砂红褐陶或夹砂灰褐陶两种（鬲足），纹饰有素面、绳纹、弦断绳纹，可辨器型有罐、鬲。从出土遗物特征分析，年代为商周时期。

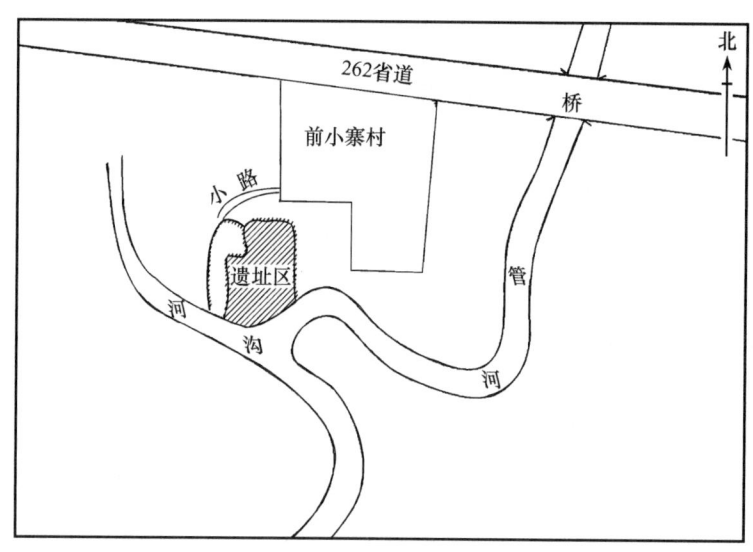

图4-14 前小寨遗址位置示意图

十一 滦州阚家坟地遗址

1. 遗址概况

阚家坟地遗址位于滦州市小马庄镇贺庄村北约300米的沙丘上（图4-15），东距小青龙河约200米，西北距游观庄约500米，村民俗称阚家坟，东西长约80米，南北宽约60米，面积约4800平方米。

沙丘高出地表约3米，暴露有灰坑、红烧土、灰烬等，地表暴露大量陶片。经调查耕地层下为文化层，其深度约0.4米，厚度不详。所采遗物均为地表暴露物。陶质以夹砂红陶为主，少量夹砂灰陶和泥质红陶。器表除素面外，以绳纹为主，少量指压窝纹、附加堆纹等。可辨器型有鬲、罐、盆、网坠等。

采集器物的纹饰及鬲、罐等都具有商代遗物的特征。故推断，该遗址的年代应为商代。

2. 采集遗物

鬲足，残，夹砂红褐陶，体型较小，器表纹饰已不清晰，依稀可以看出为绳纹，通高3.3厘米，宽2.8厘米（图4-16，1）。

网坠，完整，夹砂红褐陶，器表也有少量的灰黑色，该网坠呈橄榄形，中间粗，两边细，器表有一条凹进去的条带，器物中间有一个穿孔。通高2.5厘米，宽6.2厘米（图4-16，2）。

口沿，残，夹砂黄褐陶，圆唇，敞口，器表无纹饰。通高3.9厘米，宽7.6厘米，壁厚1.1厘米（图4-16，3）。

口沿，残，夹细砂黄褐陶，尖圆唇，器表无纹饰。通高4.8厘米，宽4.6厘米，壁厚0.4厘米（图4-16，4）。

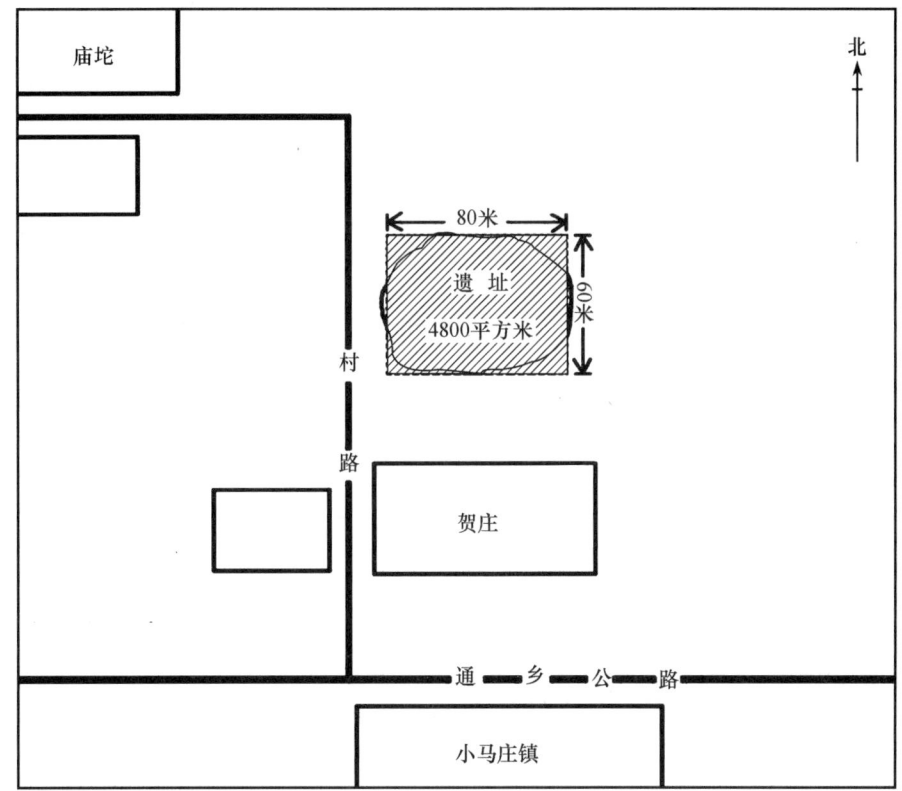

图4-15　阚家坟地遗址位置示意图

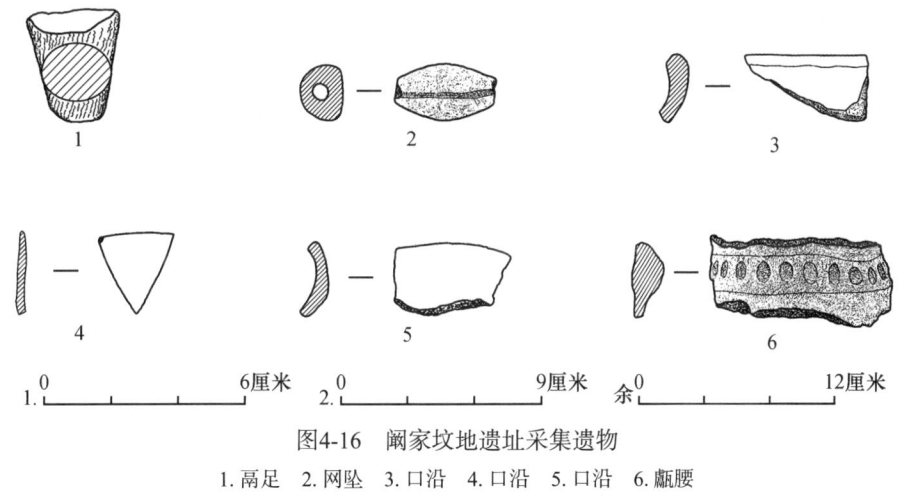

图4-16　阚家坟地遗址采集遗物
1.鬲足　2.网坠　3.口沿　4.口沿　5.口沿　6.甗腰

口沿，残，夹砂红褐陶，方圆唇，器表无纹饰。通高4.3厘米，宽7厘米，壁厚0.7厘米（图4-16，5）。

甗腰，残，夹砂黄褐陶，腰部有一圈附加堆纹，其上饰窝纹。通高5.4厘米，宽11.2厘米，壁厚0.6～1.9厘米（图4-16，6）。

十二　滦州樊庄子遗址

樊庄子遗址位于滦州市九百户镇东的沙河支流南岸台地上（图4-17），台地高出河床4米以上，地表平坦，种有小麦，距范庄村50米。南北长约150米，东西宽200米，面积约30000平方米。

台地表面和断面皆可见一些遗物，文化层堆积超过1米。因离河岸较近，推测遗址未遭大的破坏。

采集的标本：夹砂红陶绳纹器底和腹片、泥质灰陶矮领圆唇瓮和泥质灰陶兽足三足盘等。

从暴露的遗物来看，遗址较复杂，年代跨度大，有商、汉、金元时期的遗存。

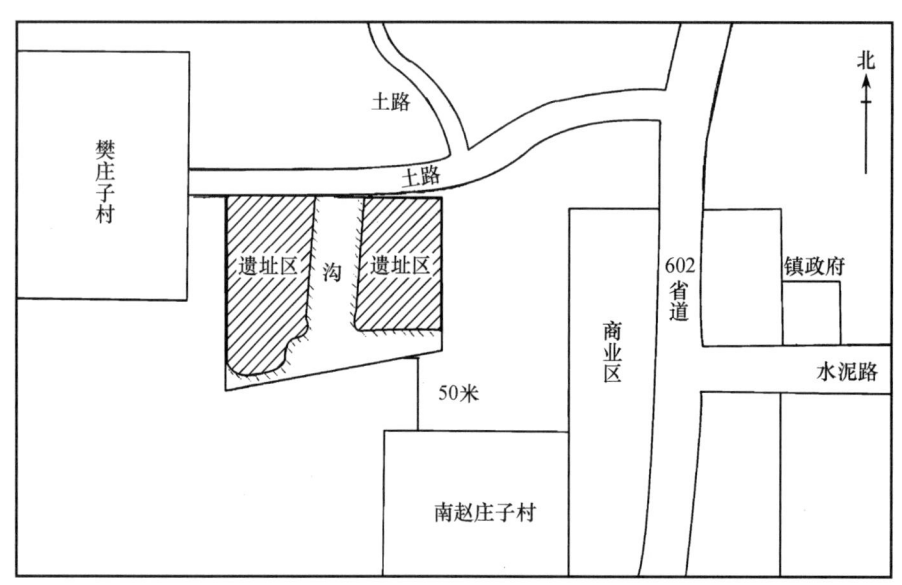

图4-17　樊庄子遗址位置示意图

十三　滦州陈山头遗址

1. 遗址概况

陈山头遗址位于滦州市雷庄镇陈山头村北50米处沙河东岸二级台地上（图4-18），该遗址北、东两面依陈泉山，南为陈山头村，西距沙河500米。

1988年12月15日，陈山头村村民在取土中发现部分文物，有敛口斜腹平底罐（口沿饰彩绘云雷纹）、细绳纹鬲、斜方格乳钉纹青铜簋、青铜斧、弓形器、青铜鼎等，经过进一步调查，采集的标本有细泥质红陶片、细绳纹袋状鬲足、马齿和牛齿的化石、石斧等。

遗址文化层深度为0.3~1.2米，断崖上有明显的灰坑痕迹。经过钻探估计，遗址面积为东西长约250米，南北宽约30米，勘探面积约为7500平方米。

依据出土器物推断，该遗址文化年代为晚商西周初期。

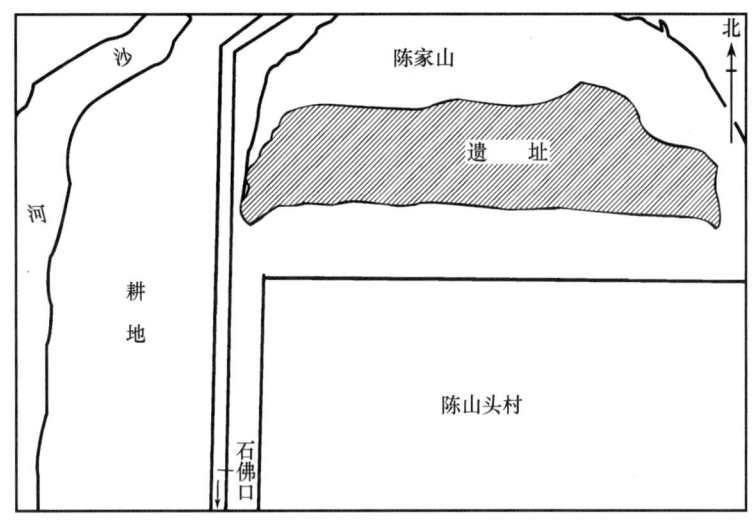

图4-18 陈山头遗址位置示意图

2. 采集遗物

陶片，残，夹细砂红褐陶，通高3.6厘米，宽5.4厘米，壁厚0.28厘米（图4-19，1；图版114）。

鬲足，残，夹砂黄褐陶，外壁颜色呈灰黑色，疑似为火烧痕迹，器表饰有细绳纹，通高5.6厘米，宽5.4厘米（图4-19，2；图版114）。

陶片，残，夹砂红褐陶，表面有部分的灰黑色部分，疑似为火烧痕迹，该陶片上还有一个錾耳，耳上有压印的凹纹，陶片器表无纹饰。通高7厘米，宽9.4厘米，壁厚0.8厘米（图4-19，4；图版114）。

口沿，残，夹砂灰黑陶，敞口，斜平沿，器表饰细绳纹，通高9.9厘米，宽9.6厘米，壁厚1.1厘米（图4-19，3；图版114）。

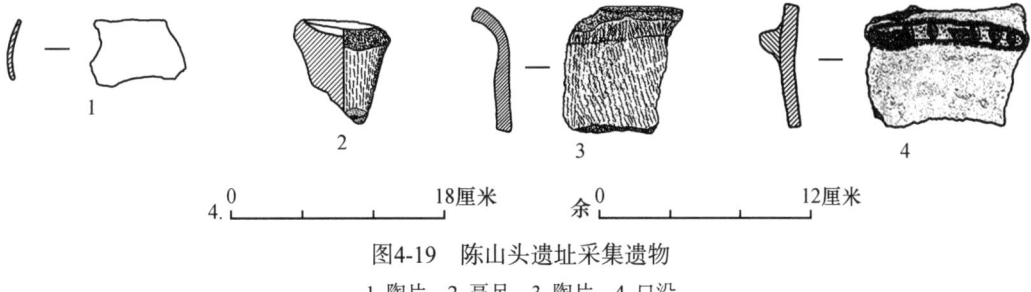

图4-19 陈山头遗址采集遗物
1.陶片 2.鬲足 3.陶片 4.口沿

十四　开平后屯遗址

后屯遗址位于开平区开平镇后屯村东北1千米的唐榛公路东侧（图4-20），北为唐山市第60中学，南为开平区福利瓷厂，西、北为陡河，遗址西侧（公路旁）断面高出公路约2米。从断面上看，可以发现绳纹陶片，器物口沿若干，并有数个不规则的灰坑，传说此处为山大王屯粮草之地，故又叫"古城"。遗址南200米处有清代"善士功德"碑文可以证明。此处初步判定为商周时期遗址。

2008年"三普"时，又对该遗址进行了复查，遗址南北60米、东西40米，大体呈长方形，面积约为2400平方米。现其地表为煤矿石渣所覆盖，在现场采集到泥质灰陶、泥质黑陶等残片，亦有些夹砂绳纹灰陶、夹砂交错绳纹灰陶、夹砂黑陶残片等遗存，根据遗物特征初步确定该处遗址为夏商时期遗址，文化属性应为夏家店下层文化。

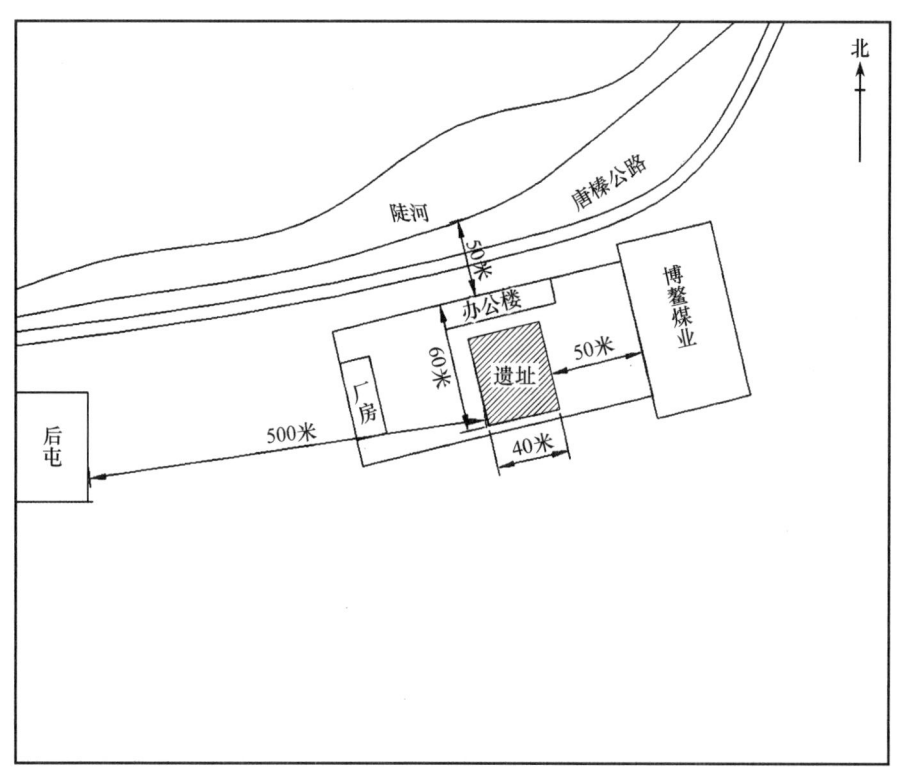

图4-20　后屯遗址位置示意图

十五　开平擂鼓台遗址

擂鼓台遗址位于开平区双桥镇双桥村南2千米处，东与凤山相连，西为陡河水库（图4-21），陡河故道在水库中穿流而过。擂鼓台又叫蜗牛山，叫擂鼓台，是因为传说此处为山大王擂鼓聚将处，叫蜗牛山，是说其形状如蜗牛。遗址西侧是断面，从断面上看有残存陶片，如鬲足等，纹饰多是绳纹，另外，断面上有几处灰坑遗迹，初步判定为商周时期遗址。

1986年12月，区文物普查小组对此进行了实地调查，发现上述情况，现此处为陡河水库游览区，遗址保存完好。

2008年"三普"时对该遗址进行了复查，遗址南北90米、东西10米，大体呈不规则长条形，南北宽30米，东西长20米，面积为600平方米。遗址西侧原为断壁，现在其断壁处修筑有一条南北向长墙，将凤山与陡河水库分开，在其地表处采集到石斧（残）、石网坠遗存物，根据遗存物特征初步确定该处为夏商时期遗址，属夏家店下层文化。

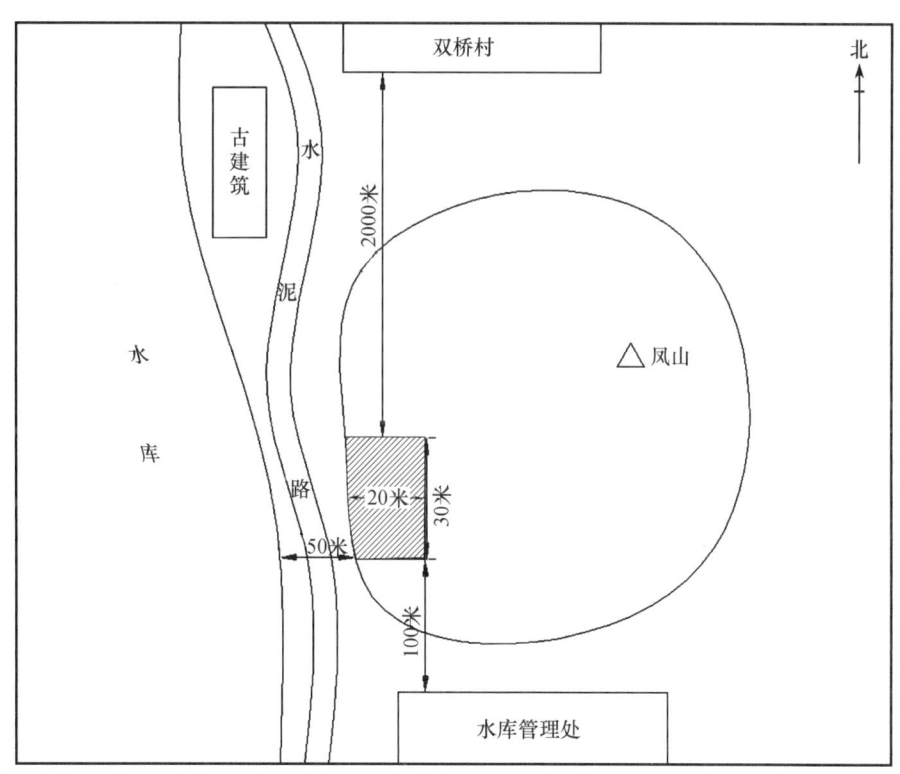

图4-21　擂鼓台遗址位置示意图

十六　开平陈庄遗址

陈庄遗址位于开平区开平镇陈庄村西南100米处（图4-22），为一块平地，三面由于修路和农民取土而形成断崖，遗址东侧为京山铁路，土质为黄沙土，较细腻，松软。遗址南北长约50米，东西宽约20米，面积约1000平方米。断崖上观察到的文化层不连续，厚0.5米左右，呈黑褐色并有少量烧土块，文化层及地表遗物不甚丰富，陶片较为破碎，采集的遗物有夹砂黑皮褐胎绳纹陶片、夹砂灰陶绳纹罐口沿、夹砂红褐陶绳纹陶片、夹砂灰褐陶片、夹蚌红陶口釜沿、夹砂红陶鬲足等。遗址东部靠近铁路一侧已遭严重破坏。

从遗址采集遗物分析，分属商周时期和战国时期，因此将遗址年代定为商周至战国时期。

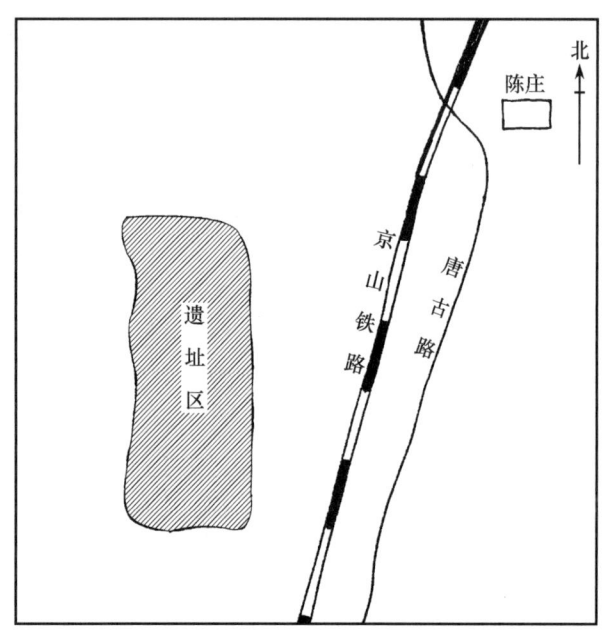

图4-22　陈庄遗址位置示意图

十七　开平双桥遗址

双桥遗址位于开平区双桥镇双桥村西30米，陡河水库东岸（图4-23），双桥村西30米处，整个遗址南北长150米，东西宽80米，面积12000平方米。双桥遗址没有横断面，只有沿水库岸边河水冲刷出来的众多遗物可以证明此处是新石器至商周时期遗址。

1990年河北省文物普查时，发现这里有新石器时代晚期出现的绳纹陶片，还有三足器器足、细柄豆，故该遗址时代应为新石器时代晚期至战国时期，主体文化可能属龙山文化。

2008年"三普"时，发现该遗址大体呈南北长、东西窄的长方形二级台地，文化层厚约1.5米，面积约为12000平方米。西侧形成断壁，在其地表采集到泥质夹蚌交错绳纹灰陶（残片）、泥质灰陶罐（口沿）等遗存物，根据现场采集到的遗存物特征初步确定该处为夏商时期遗址，应属夏家店下层文化。

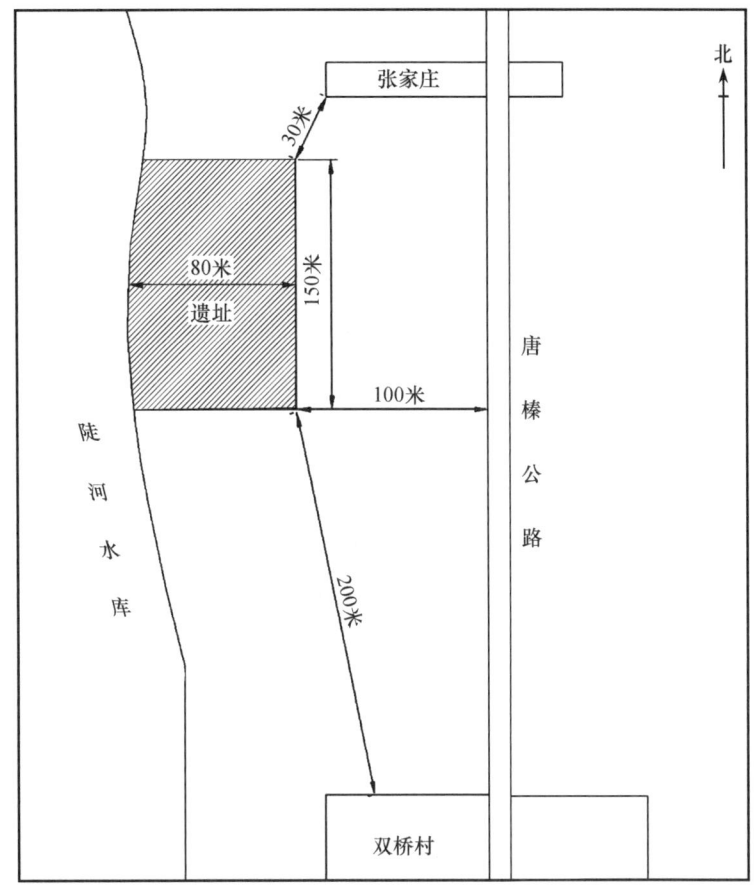

图4-23 双桥遗址位置示意图

十八 开平唐山六十中遗址

唐山六十中遗址位于开平区双桥镇六十中学西北方向约50米（图4-24），为陡河东岸一阶台地。西侧紧邻陡河，东侧为唐山—榛子镇公路。遗址东高西低，呈缓坡状，大致呈长方形，面积约600平方米，南北长约40米，东西宽约15米。遗址由于修建公路取土和平整土地，已遭严重破坏，文化层等遗迹无处可寻，地表暴露遗物也较少，经过反复调查，采集遗物有夹砂红陶绳纹尖鬲足、夹砂灰陶柱状鬲足、夹砂红陶绳纹陶片、夹砂灰陶弦断绳纹陶片、夹细砂灰陶豆柄、夹蚌红陶片等，可辨器型有鬲、罐、豆、釜等，陶片碎小。

遗址所出遗物不甚丰富，文化性质分为商周和战国两个时期。距此不远为后屯商周遗址，因此该遗址可能为同时期另一处居民生活点。

2008年"三普"调查时对该遗址进行复查，遗址现为南北50米、东西20米、大体呈不规则长方形，面积约为1000平方米。现在其地表处采集到泥质红陶（残片）遗存物，根据遗存特征初步判断该处遗址为战国时期遗址。

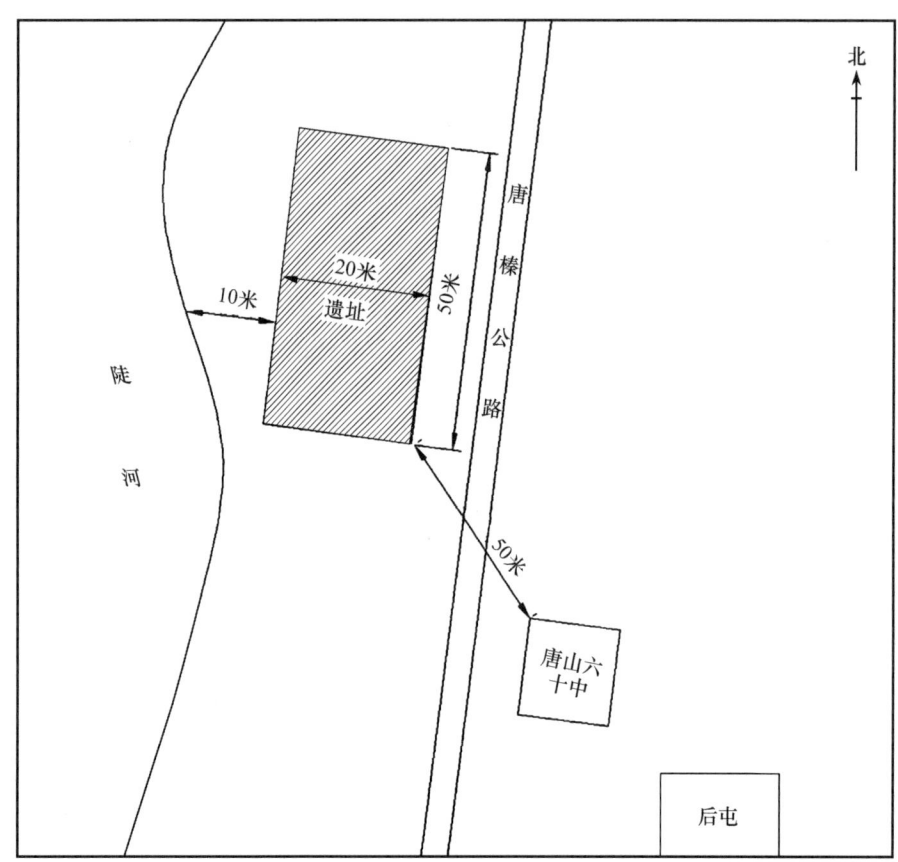

图4-24　唐山六十中遗址位置示意图

十九　开平张家庄遗址

张家庄遗址位于开平区双桥镇唐山市第六十一中西20米处（图4-25），南北长150米，宽100米，面积达15000平方米。整个遗址的四周全是断面，西侧断面达6米，紧贴陡河水库，东面断面较低，也达2.5米以上。

整个遗址最大特点是灰坑甚多，一般深至2米左右，每坑都有特色，都可以成为一个单元。灰坑中，蚌壳、木炭渣、陶片较多，可辨器型有鬲、罐等，通体绳纹，据判断该遗址为商周时期遗址。

第四章　沙河、陡河流域先秦遗址

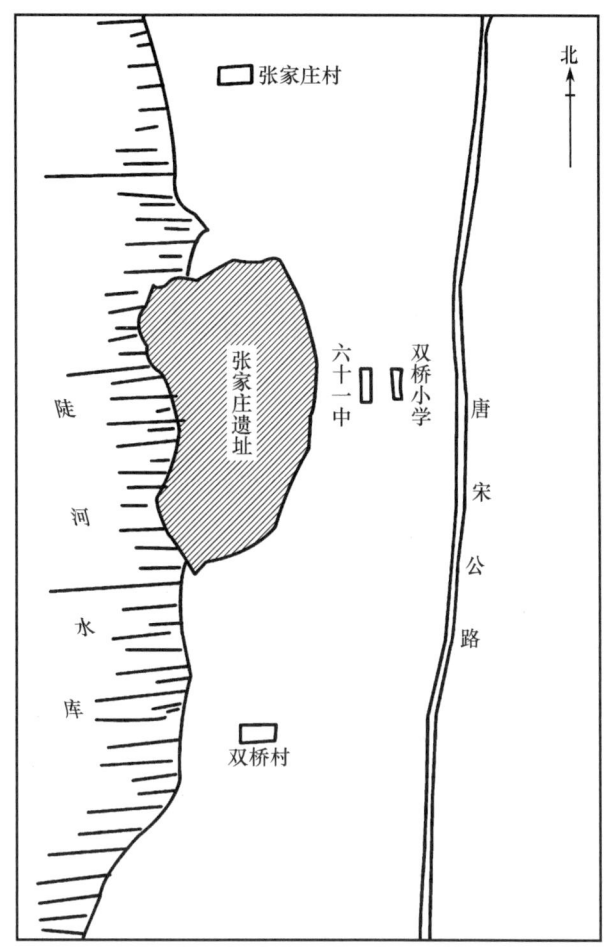

图4-25　张家庄遗址位置示意图

第五章　城址的调查与发现

20世纪80年代以来，滦州市文物管理所工作人员一直关注油榨镇孙薛营村及其附近区域，并在此进行过相关考古调查，征集到青铜车马器、兵器、陶礼器等。1990年原唐山市文物管理所在该地区调查时，当地群众曾提供此地有城墙的信息，但地面无痕迹，采集陶片以泥质灰陶和夹砂红陶为主，可辨器型有鬲、罐、豆、盆、纺轮等，另有一件磨光石斧。2008年"三普"唐山市文物管理处又对该区域进行了复查。2014年河北师范大学考古系对该区域附近进行了区域系统调查，发现孙薛营村附近区域有战国秦汉时期的大型聚落遗址，面积超过50万平方米。

为了对孙薛营遗址进行全面了解，2018年4、5和11月，唐山市文物古建研究所对孙薛营遗址分别进行了三次勘探。此次文物勘探严格按照《田野考古工作操作规程》划分区域展开，并采用了目前国内使用较普遍、适应性强、效率高、携带方便、精准度高的"洛阳铲"作为勘探工具。针对具体情况，结合不同地层变化状况，采取了5米×5米梅花布孔法进行勘探，对发现的遗迹现象以0.5米×0.5米的梅花孔和单线追踪的方法进行密探，确定其分布范围与形制。对于遗迹以只勘探到开口线为准，为了解深度只勘探1~2个深孔，尽量减少对遗迹造成二次破坏。按照发现遗迹的顺序划片并以文字记录、绘图、照相、GPS定位等方式翔实记录，以确保勘探工作的可靠性、准确性和严谨性。勘探区域内数据采集均使用国家2000坐标系为坐标的三维数据，所有遗迹现象和遗址范围都用RTK进行测绘，较大遗迹用无人机进行航拍。

由于土地原因，根据现场实际情况，勘探主要对孙薛营古城址范围内当地人称"牙城"和"皇城角"的区域内进行，勘探面积16万平方米，共发现古城址2座，汉墓群1个。现就2座古城址作简要说明。

第一节　皇城角古城址

皇城角古城址位于孙薛营村内，通过勘探发现，城址大部已被村庄叠压，只在西北部还保存有夯土墙和壕沟遗迹，最终发现夯土墙3段、壕沟3条（图5-1）。墙体1位于村庄西部，位置呈南北向长条状，根据勘探判断墙体上小下大，未发现明显夯层，开口距地表1米，未被民房占压南北长约190米，上部东西宽4~4.5米，下部宽约12米，民房占压部分长约194米，总长

第五章　城址的调查与发现

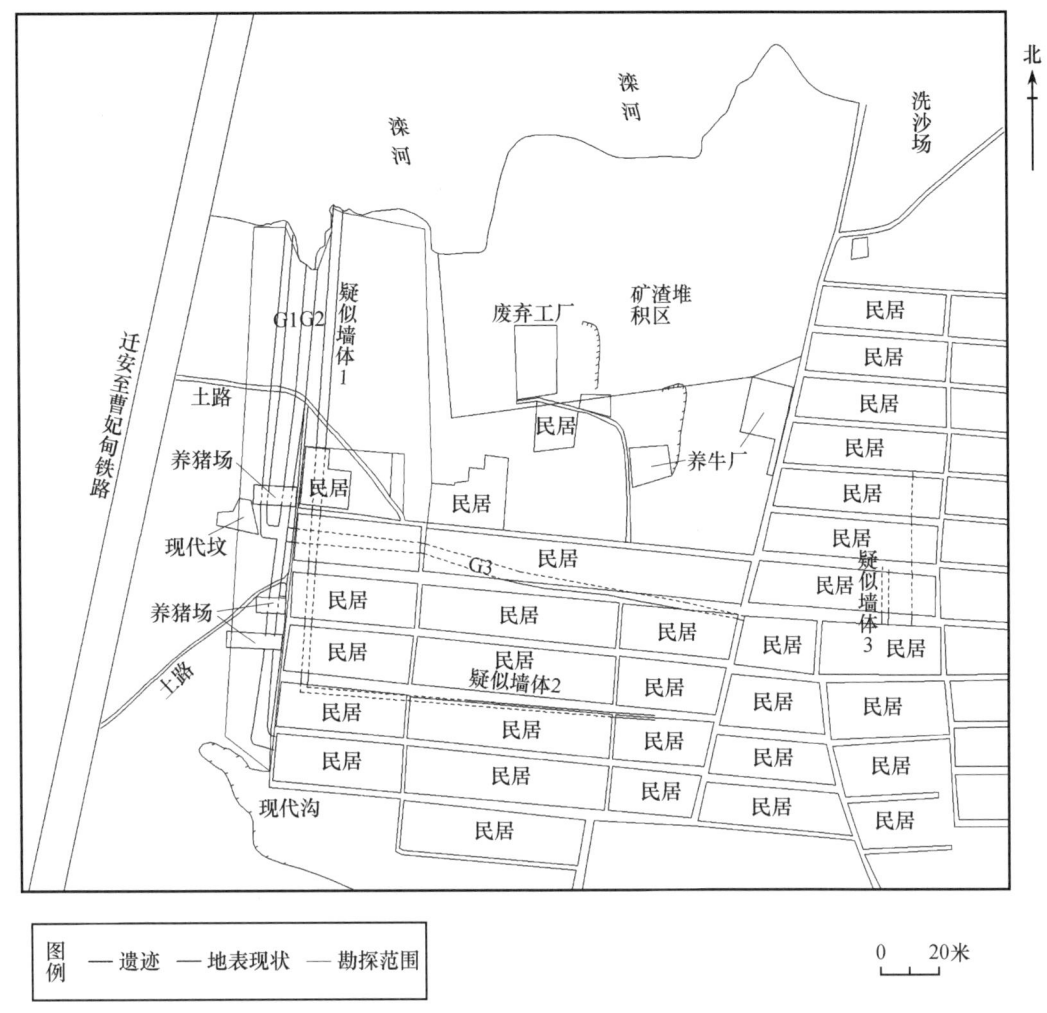

图5-1　皇城角古城址平面示意图

约385米，生土层距地表2.4米，堆积厚约1.2米。北段向北延伸至滦河消失，南段被村庄西部民房叠压。墙体2位于村庄西南部，位置呈东西向长条状，东西长约155米，宽约4米，未发现明显夯层，开口距地表0.9米，疑似夯土厚0.7米，底距地表1.6米，整体被民房和村庄道路叠压。墙体3位于村庄中部，位置呈南北向长条状，开口距地表1米，南北长约45米，东西宽约5米，底距地表2.5米，堆积厚0.5～0.9米。在村庄西北部发现两道南北向平行的壕沟（西为G1、东为G2），其中G1在靠近村庄最后一排民房时折向东，而G2则继续向南延伸至村南第一排民房下。两道壕沟向北均至滦河河套，未发现北墙存在。G1位置呈南北向长条状，敞口寰底状沟，开口距地表0.8米，南北长约236米，东西宽5～6米，沟底距地表2.5米，堆积厚1.4～1.7米。G2位置呈南北向长条状，敞口寰底状沟，开口距地表0.8米，南北长约388米，东西宽7～8米，沟底距地表3.6～3.8米，堆积厚2.6～2.8米。

一 壕 沟

G1 位于孙薛营村西北部,西距迁安至曹妃甸铁路80米,北部伸入滦河,东部与G2相距13米,中部被1条乡间土路穿过,南部在现代坟东侧、养猪场南侧向东延伸,穿过G2。开口于第2层下,位置呈南北向长条状,敞口窶底状沟,开口距地表0.8米,南北长约236米,东西宽5~6米,沟底距地表2.5米,堆积厚1.4~1.7米,沟内呈两次堆积,由上而下,第一层堆积为深灰褐色,土质胶质土,黏软,包含炭灰、泥质素面灰陶、泥质绳纹灰陶、泥质砂红陶,厚0.5~0.8米。第二层堆积为黑褐色,土质胶质土,黏软,包含少量炭灰粒,厚0.9米。年代初步判断为战国秦汉时期,海拔52米(图5-2)。

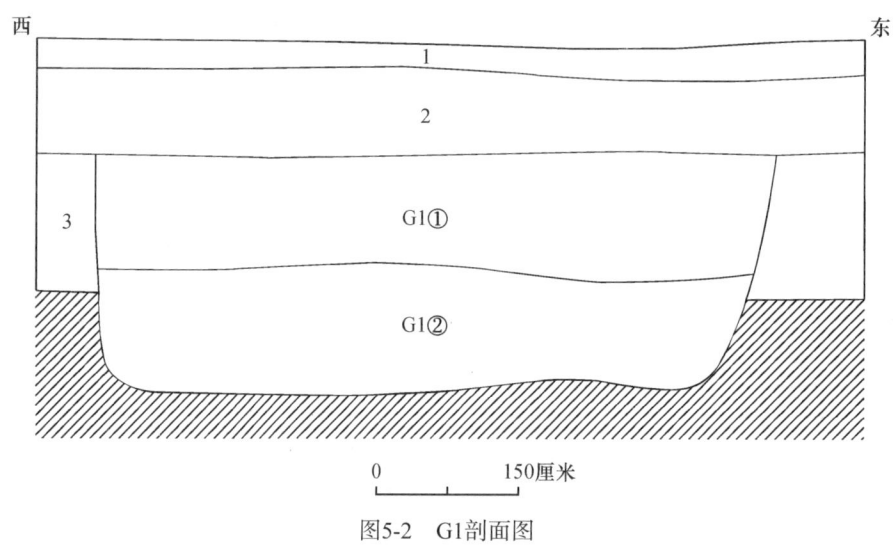

图5-2 G1剖面图

G2 位于孙薛营村西北部,西距迁安至曹妃甸铁路93米,北部伸入滦河,东部与疑似墙体1相距10米,西部与G1相距13米,中部被G3穿过,东部紧邻村内水泥路,南部在最后一排民房向东部延伸,进入民房内。开口于第二层下,位置呈南北向长条状,敞口窶底状沟,开口距地表0.8米,南北长约388米,东西宽7~8米,沟底距地表3.6~3.8米,堆积厚2.6~2.8米。沟内呈两次堆积,由上向下,第一层堆积为深灰褐色,土质胶质土,黏软,包含炭灰、泥质素面灰陶、泥质绳纹灰陶、泥质砂红陶,厚0.8~1米。第二层堆积为黑褐色,土质胶质土,黏软,包含少量炭灰粒,厚1.8米。年代初步判断为战国秦汉时期,海拔高52米(图5-3)。

G3 位于孙薛营村北部,被北部最后一排民房占压,沟东部位于由北向南数第二条水泥路两侧,东侧由于进入民房具体长度不明,西侧根据走向判断应该可能跟G1相连。开口于第三层下,位置呈东西向长条状,敞口窶底状沟,开口距地表1.9米,东西长约380米,东西宽7~8米,沟底距地表4.1米,堆积厚2米。沟内呈两次堆积,由上向下,第一层堆积为黑褐色,土质胶质土,黏软,包含炭灰、泥质红陶,厚0.9~1米。第二层堆积为黄褐色,土质细沙土,较疏松,包含少量炭灰粒,厚1米。年代初步判断为战国秦汉时期,海拔高50米(图5-4)。

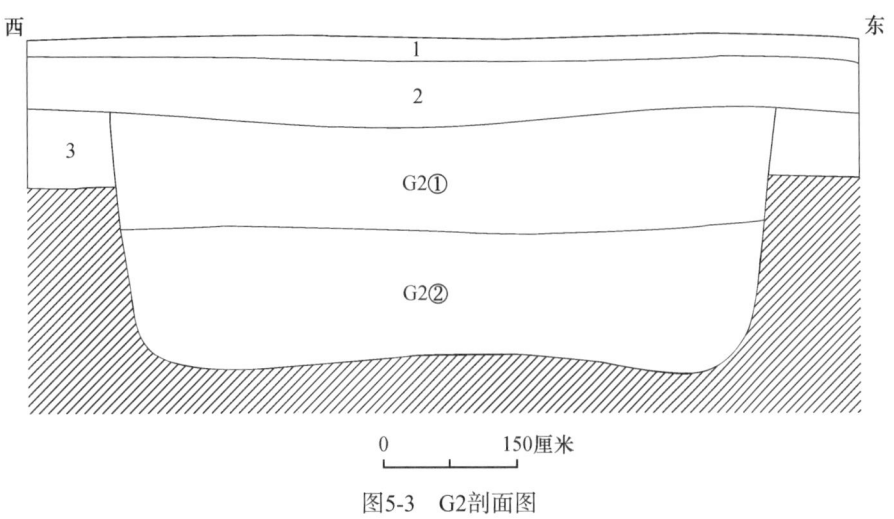

图5-3　G2剖面图

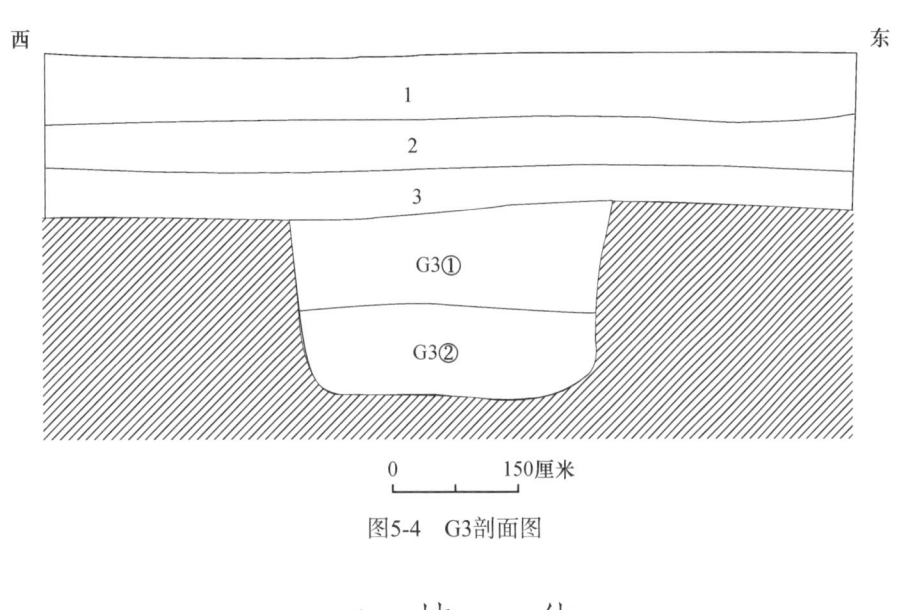

图5-4　G3剖面图

二　墙　体

墙体1：位于孙薛营村西部，西部与G2相距10米，北部被滦河打破，南部伸入民房内，北部墙体部分地势较高，高约0.8米，南部由于民房占压，只能根据走向判断墙体总长度。开口于第2层下，位置呈南北向长条状，根据勘探判断墙体上小下大，未发现明显夯层，开口距地表1米，未被民房占压南北长约190米，上部东西宽4~4.5米，下部宽约12米，民房占压部分长约194米，总长385米，生土层距地表2.4米，堆积厚约1.2米。黄褐色与灰褐色，胶质土与细沙土，致密，包含绳纹灰陶、炭灰粒。年代初步判断为战国秦汉时期，海拔高52米（图5-5）。

墙体2：位于孙薛营村西南部，由南向北数第三排民房后，由于被民房占压只勘探出部分墙体。开口于第二层下，位置呈东西向长条状，东西长约155米，宽约4米，未发现明显夯层，开口距地表0.9米，疑似夯土厚0.7米，底距地表1.6米。黄褐色与灰褐色，胶质土与细沙土，致密，包含少量草木灰。年代初步判断战国秦汉时期，海拔高50米（图5-6）。

墙体3 位于孙薛营村西中部，西距通往洗沙场南北向水泥路约100米。开口于第2层下，位置呈南北向条状，开口距地表1米，南北长约45米，东西宽约5米，底距地表2.5米，堆积厚0.5~0.9米。黄褐色与灰褐色，胶质土与细沙土，致密，包含绳纹灰陶、炭灰粒。年代初步判断为战国秦汉时期，海拔高50米（图5-7）。

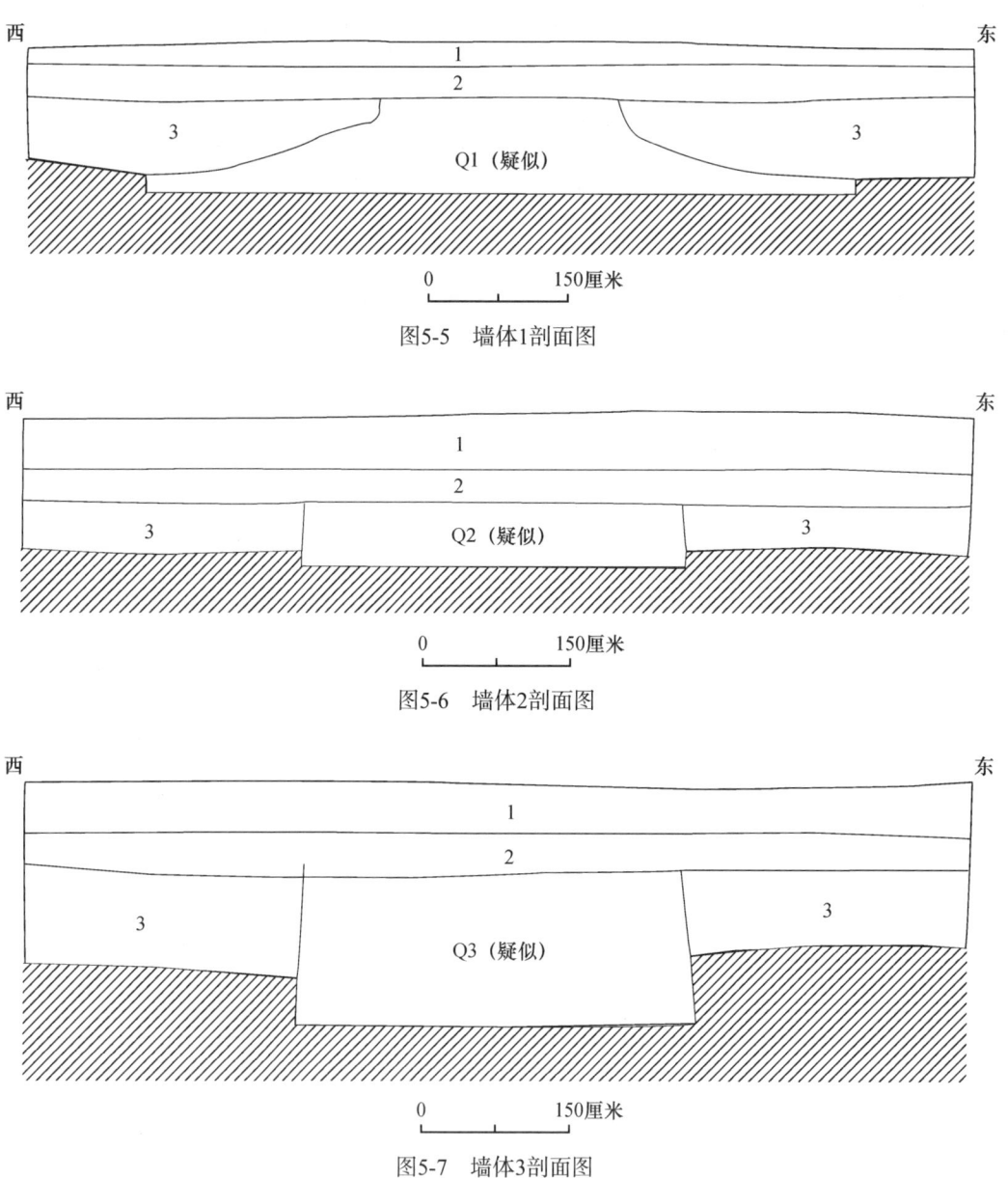

图5-5 墙体1剖面图

图5-6 墙体2剖面图

图5-7 墙体3剖面图

第二节 牙城城址

牙城城址位于孙薛营村西部，北、西与迷谷村相接，南与王官营村相邻，地势平坦，地表种植花生、玉米等农作物。2018年牙城遗址经过考古勘探，发现疑似墙体3段和护城河4条（图5-8）。随后在2020年与2021年进行了三次勘探工作，最终发现墙体9段，现就有关情况简要介绍如下。

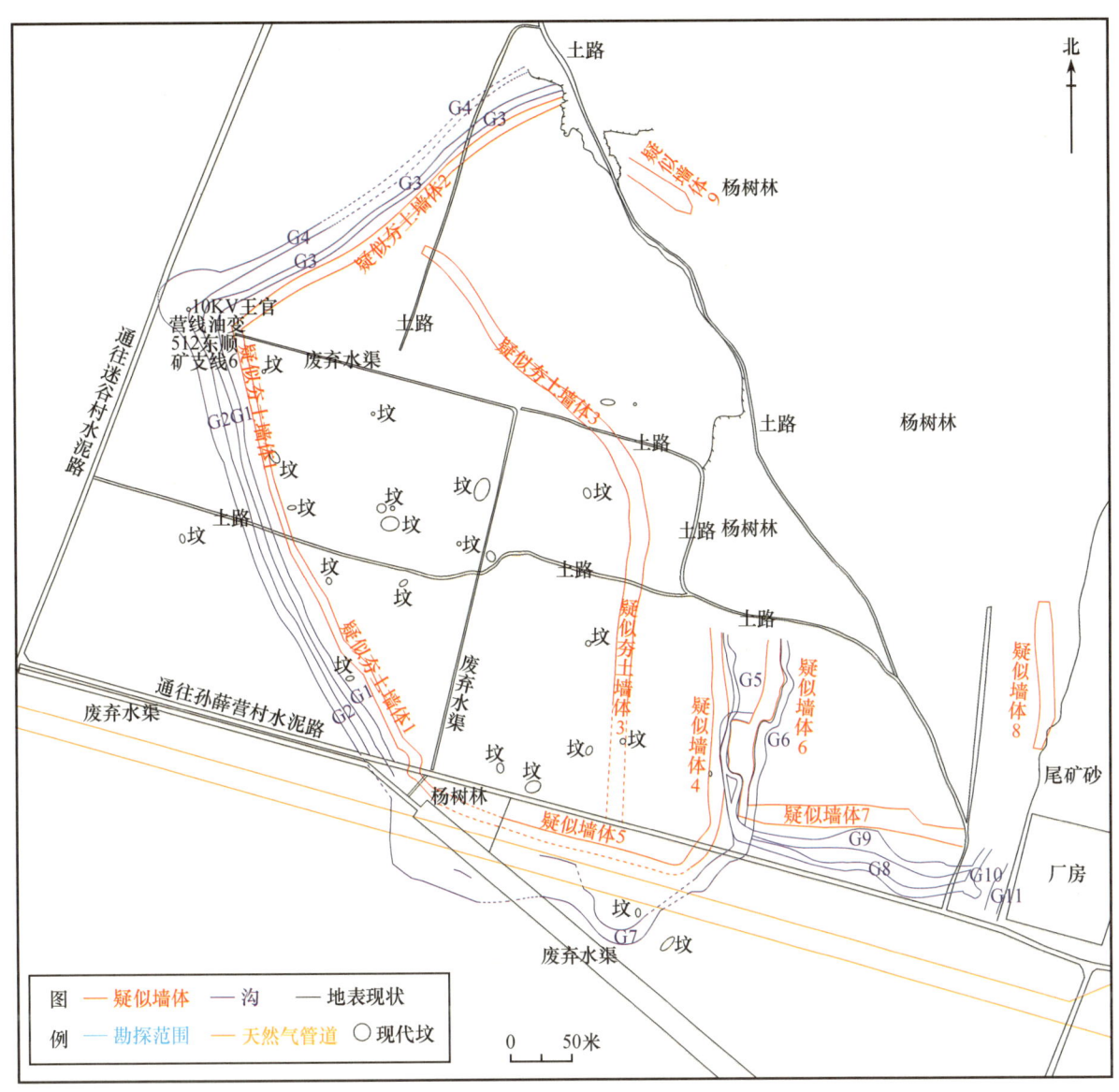

图5-8 牙城遗址勘探示意图

一 城 墙

墙体1与G1、G2位于勘探区西部（图5-9），依次由东向西并排，平面呈西北—东南向条带状分布，南端被通往孙薛营村东西向水泥路占压，并延伸至20世纪70年代修建的夷齐庙大渠，北端疑似夯土墙体1与疑似夯土墙体2西端相交，G1北端与G3西端相交，G2北端与G4西端相交。疑似夯土墙体1与G1、G2东西分布，总宽35～40米，南北残长400～500米。墙体1位置呈西北至东南向条带状，北端与疑似夯土墙体2相交，南端被通往孙薛营村东西向水泥路占

图5-9　勘探区域等高线图

压，并延伸至70年代修筑水利工程下。整体南北残长约400米，东西总宽约12米，开口距地表0.2~0.3米。G1位于墙体1西侧6~7米处，与之呈平行状，北端与G3相交，南端进入通往孙薛营村东西向水泥路下消失。遗迹平面呈西北—东南向不规则条带状，剖面呈敞口寰底状，土色为黑褐色，底部为灰褐色含沙粒层，土质黏硬湿润，南北残长约380米，东西宽6~7米。开口距地表1~1.2米。G2位于G1西侧7~8米处，与之呈平行状，北端与G4相交，相交处部分被通往迷谷村南北向水泥路占压，南端被通往孙薛营村东西向水泥路占压，并延伸至70年代修建的夷齐庙大渠，走向不明。遗迹平面呈西北—东南向不规则条带状，剖面呈敞口寰底状，土色为黑褐色，土质黏硬湿润，南北残长约500米，东西宽7~8米。开口距地表1~1.1米。

墙体2与G3、G4位于勘探区北部，依次由南向北并排，平面呈东北—西南向不规则条带状分布，东端至通往迷谷村土路断崖处。西端疑似夯土墙体2与疑似夯土墙体1北端相交，G3西端与G1北端相交，G4西端与G2北端相交，G2与G4相交处局部被通往迷谷村水泥路叠压。疑似夯土墙体2与G3、G4南北分布总宽30~37米，南北总残长320~340米。墙体2位置呈东北至西南向不规则条带状，西端与疑似夯土墙体1相交，东端延伸至滦河河滩断崖处消失，夯土墙体土质致密，东西残长约320米，南北宽5~6米，开口距地表0.2~0.3米。G3位于疑似夯土墙体2北侧6~7米处，与之呈平行状，西端与G1相交，东端延伸至滦河河滩断崖处消失。遗迹平面呈东北—西南向不规则条带状，剖面呈敞口寰底状，土色为黑褐色，土质黏硬湿润，东西残长约330米，南北宽5~6米，开口距地表1~1.2米。G4位于G3北侧7~8米处，与之呈平行状，西端与G2相交，相交处部分被通往迷谷村南北向水泥路占压，东端因地势，西高东低，向东堆积逐渐变薄，沟内残存为沙层，并延伸至滦河河滩。遗迹平面呈东北—西南向不规则条带状，剖面呈敞口寰底状，东西总长约340米。由于东部地势低约1米，呈现西半段与东半段地层堆积不同，西半段土色为黑褐色，土质黏硬湿润，东西残长约130米，东西宽7~8米，开口距地表1~1.1米。

墙体3位于勘探区东部，由疑似主墙体与两侧坍塌层组成，遗迹平面呈南北向不规则弧形条带状，北端位于疑似夯土墙体2中部南侧，未与之相交，南端夯土层保存较薄，疑似延伸至通往孙薛营村东西向水泥路下并消失，夯土墙体土色为灰黑褐色花土，土质致密，南北残长约490米，东西总宽约12米，主夯土墙体，开口距地表0.5~0.8米，东西宽5~6米。

墙体4位于勘探区东部，墙体南部被通往孙薛营村柏油路东西叠压穿过，南端与疑似墙体5东端相连形成拐角，北端在距一条东西向田间土路南侧约13米处消失，东侧与G5紧邻，疑似墙体4为南北向，开口于第1层下，打破第2层，开口距地表深约0.3米，南北残长约190米，东西残宽9~12米，底距地表约1.5米，墙体残存厚度1~1.1米。遗迹内填土为红褐色夹杂灰褐色，土质为胶质土夹杂细沙土，致密度为致密。疑似墙体4北部由于在滦河河套内，初步推断已被河水冲毁无存，年代应为汉代。残存北端海拔58米，南端海拔59米（图5-10）。

遗迹内地层：

第1层：表土层，土色为灰褐色，土质为细沙土，疏松，包含植物根系，厚0.2~0.3米。

疑似墙体4：土色为红褐色夹杂灰褐色，土质为胶质土夹杂细沙土，致密，距地表深0.2~0.3米，厚1~1.1米。

第3层：生土层，土色为黄褐色，土质为细沙土，疏松，纯净，距地表深1.2~1.4米，未穿透。

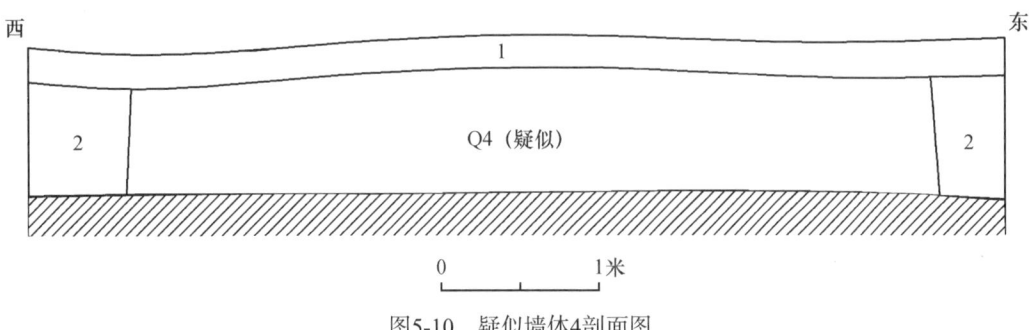

图5-10 疑似墙体4剖面图

墙体5位于勘探区南部，距通往孙薛营村的柏油路南侧约27米，东端与疑似墙体4南端相连形成拐角，西端与疑似墙体1南端相连形成拐角，疑似墙体5为东西向，开口于第1层下，打破第2层，开口距地表深约0.3米，东西残长约200米，底距地表约1.2米，墙体残存厚度0.9~1米。遗迹内填土为红褐色夹杂灰褐色，土质为胶质土夹杂细沙土，致密度为致密。墙体南边由于被天然气管道打破，无法探明其宽度，年代初步推断为汉代。东端海拔59米，西端海拔59米（图5-11）。

遗迹内地层：

第1层：表土层，土色为灰褐色，土质为细沙土，疏松，包含植物根系，厚0.2~0.3米。

疑似墙体5：土色为红褐色夹杂灰褐色，土质为胶质土夹杂细沙土，致密，距地表深0.2~0.3米，厚1~1.1米。

第3层：生土层，土色为黄褐色，土质为细沙土，疏松，纯净，距地表深1.2~1.4米，未穿透。

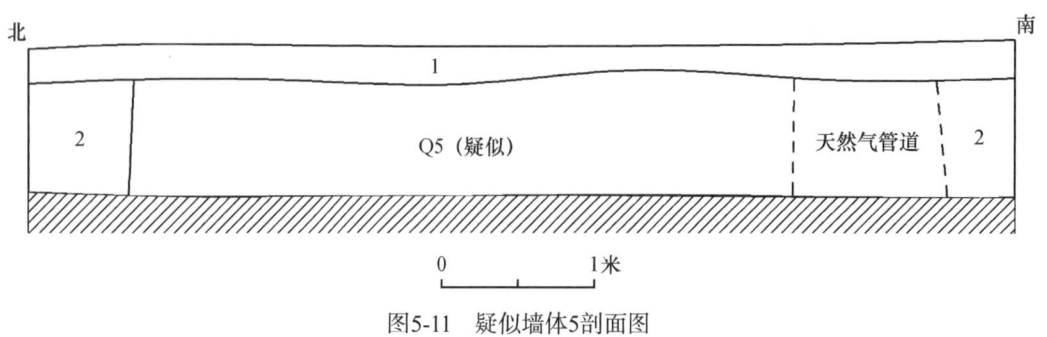

图5-11 疑似墙体5剖面图

墙体6（疑似西墙体）位于G5和G6之间，南端与疑似墙体7西端相交，形成夹角，北端在东西向土路南边约15米消失，平面呈南北向不规则条带状，开口于第1层下，距地表0.3米，堆积厚1.2米，南北残长约130米，东西残宽10～20米，底距地表1.5米，堆积内为红褐色胶黏土夹杂灰褐色细沙土，土质致密，外围堆积为红褐色胶质土，勘探中怀疑被G5和G6破坏，残存北端海拔58米，南端海拔59米（图5-12）。

遗迹内地层：

第1层：表土层，土色为灰褐色，土质为细沙土，疏松，包含植物根系，厚0.2～0.3米。

疑似墙体6：土色为红褐色夹杂灰褐色，土质为胶质土夹杂细沙土，致密，距地表深0.2～0.3米，厚1.2米。

第3层：生土层，土色为黄褐色，土质为细沙土，疏松，纯净，距地表深1.4～1.5米，未穿透。

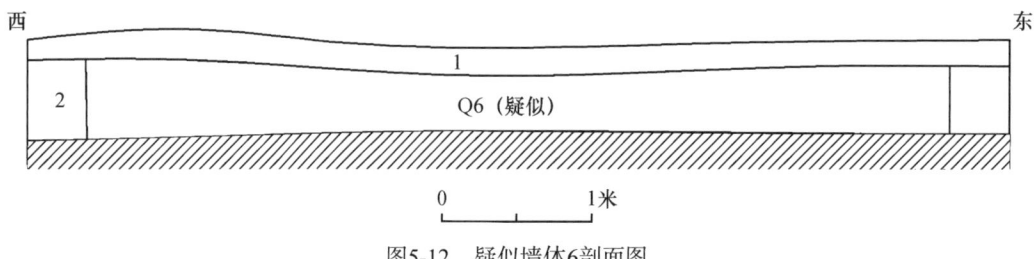

图5-12 疑似墙体6剖面图

墙体7（疑似南城墙）位于勘探区南侧，南侧约30米为水泥路，西端与疑似墙体6南端相交形成夹角，东端在杨树林内消失，西段疑似被G6南北向穿过破坏，南侧与G9相邻，平面呈东西向不规则条带状，开口于第1层下，距地表0.3米，堆积厚1.2米，底距地表1.5米，东西残长约138米，南北残宽5～17米，堆积内为红褐色胶黏土夹杂灰褐色细沙土，土质致密，外围堆积为红褐色胶质土，残存东端海拔58米，西端海拔59米（图5-13）。

遗迹内地层：

第1层：表土层，土色为灰褐色，土质为细沙土，疏松，包含植物根系，厚0.2～0.3米。

疑似墙体7：土色为红褐色夹杂灰褐色，土质为胶质土夹杂细沙土，致密，距地表深0.2～0.3米，厚1.2米。

第3层：生土层，土色为黄褐色，土质为细沙土，疏松，纯净，距地表深1.4～1.5米，未穿透。

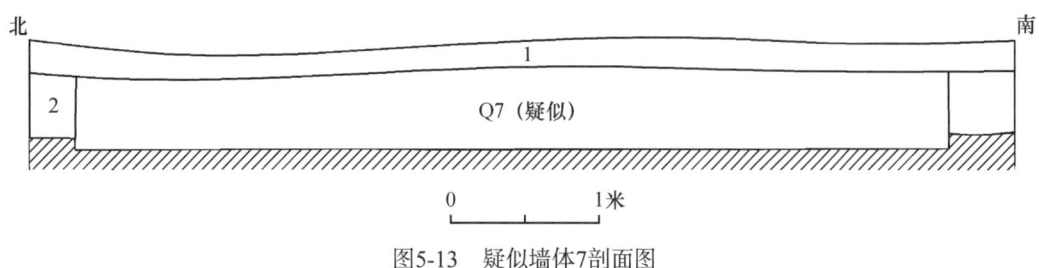

图5-13 疑似墙体7剖面图

墙体8（疑似东城墙）位于勘探区东部，东侧为尾矿砂存放区域，地表种植杨树，平面呈南北向不规则条带状，开口于第1层下，距地表0.3米，堆积厚0.7～0.8米，底距地表1～1.1米，南北残长115米，东西残宽10～14米，堆积内为黄褐色胶质土夹杂细沙土颗粒，土质较致密，外围堆积均为沙层，残存北端海拔57米，残存南端海拔58米（图5-14）。

遗迹内地层：

第1层：表土层，土色为灰褐色，土质为细沙土，疏松，包含植物根系，厚0.2～0.3米。

疑似墙体8：土色为灰褐色，土质为胶质土夹杂细沙土，致密，距地表深0.2～0.3米，厚0.7～0.8米。

第3层：生土层，土色为黄褐色，土质为细沙土，疏松，纯净，距地表深1～1.1米，未穿透。

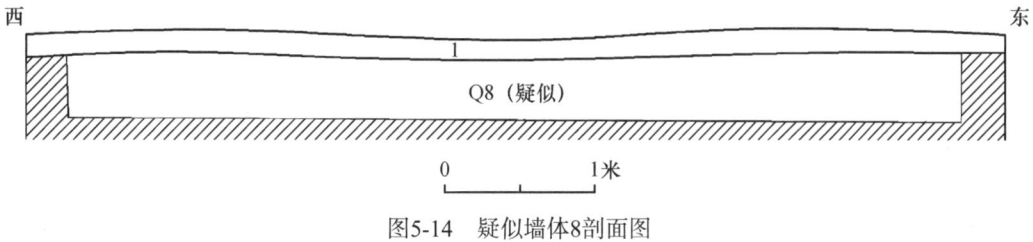

图5-14 疑似墙体8剖面图

墙体9（疑似北城墙）位于勘探区北部，2018年疑似墙体2东南侧约60米，西侧为西北—东南向土路，地表种植杨树，平面呈西北—东南向不规则条带状，开口于第1层下，距地表0.3米，堆积厚0.7～0.8米，底距地表1～1.1米，疑似夯土堆积残长约65米，残宽约14米，堆积内为黄褐色胶质土夹杂细沙土颗粒，土质较致密，外围堆积均为沙层，残存北端海拔58米，残存南端海拔56米（图5-15）。

遗迹内地层：

第1层：表土层，土色为灰褐色，土质为细沙土，疏松，包含植物根系，厚0.2～0.3米。

疑似墙体9：土色为灰褐色，土质为胶质土夹杂细沙土，致密，距地表深0.2～0.3米，厚0.7～0.8米。

第3层：生土层，土色为黄褐色，土质为细沙土，疏松，纯净，距地表深1～1.1米，未穿透。

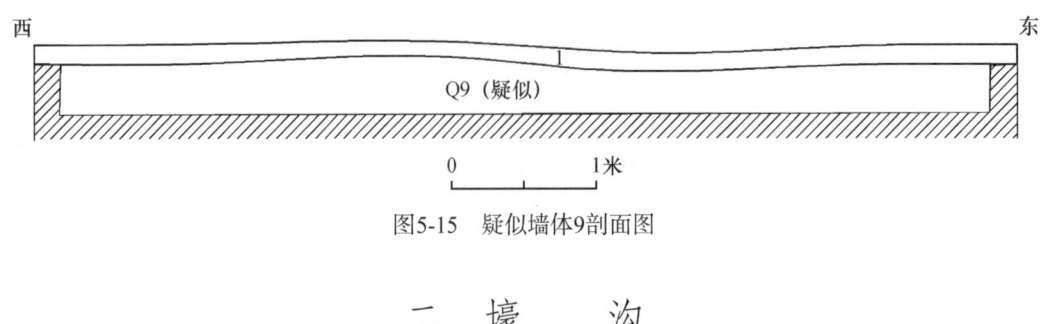

图5-15 疑似墙体9剖面图

二 壕　　沟

G1，位于疑似夯土墙体1西侧6~7米处，与之呈平行状，北端与G3相交，南端进入通往孙薛营村东西向水泥路下消失。遗迹平面呈西北—东南向不规则条带状，剖面呈敞口寰底状，土色为黑褐色，底部为灰褐色含沙粒层，土质黏硬湿润，南北残长约380米，东西宽6~7米。开口于第2层下，距地表约1~1.2米，第3层与第4层为沟内堆积，底距地表2.2~2.4米，层厚约1~1.6米，包含炭灰粒与草木灰。南端海拔60米；北端海拔60米（图5-16）。

地层堆积如下：

第1层，耕土层，灰褐色细沙土，土质疏松，层厚0.2~0.3米，包含植物根系和现代垃圾。

第2层，淤积层，黄褐色细沙土，土质较疏松，湿润，较纯净，距地表0.2~0.3米，层厚0.9~1米。

第3层，淤积层，黑褐色胶质土，黏硬，包含炭灰粒和草木灰，距地表1.1~1.3米，层厚1~1.2米。

第4层，淤积层，浅灰褐色胶黏土，较黏硬，包含沙粒，距地表2.1~2.5米，层厚0.4米。

第5层，生土层，纯沙，土质致密，纯净，距地2.5~2.9米，未穿透。

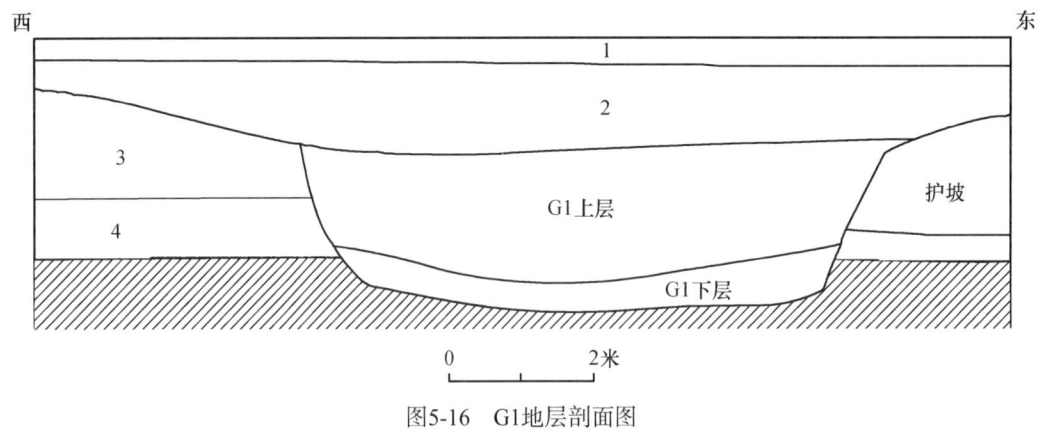

图5-16 G1地层剖面图

G2，位于G1西侧7~8米处，与之呈平行状，北端与G4相交，相交处部分被通往迷谷村南北向水泥路占压，南端被通往孙薛营村东西向水泥路占压，并延伸至70年代修建的夷齐庙大渠，走向不明。遗迹平面呈西北—东南向不规则条带状，剖面呈敞口寰底状，土色为黑褐色，土质黏硬湿润，南北残长约500米，东西宽7~8米。开口于第2层下，距地表约1~1.1米，第

3层与第4层为沟内堆积，底距地表2.2~2.5米，层厚1~1.5米，包含炭灰粒、草木灰、少量陶片。南端海拔60米，北端海拔60米（图5-17、图5-18）。

地层堆积如下：

第1层，耕土层，灰褐色细沙土，土质疏松，层厚0.2~0.3米，包含植物根系和现代垃圾。

第2层，淤积层，黄褐色细沙土，土质较疏松，湿润，较纯净，距地表0.2~0.3米，层厚0.9~1米。

第3层，淤积层，浅灰褐色胶质土，较黏硬，包含少量炭灰粒，距地表1.1~1.3米，层厚0.3~0.4米。

第4层，淤积层，黑褐色胶黏土，黏硬，包含少量陶片和草木灰，距地表1.4~1.7米，层厚0.8米。

第5层，生土层，纯沙，土质致密，纯净，距地2.2~2.5米，未穿透。

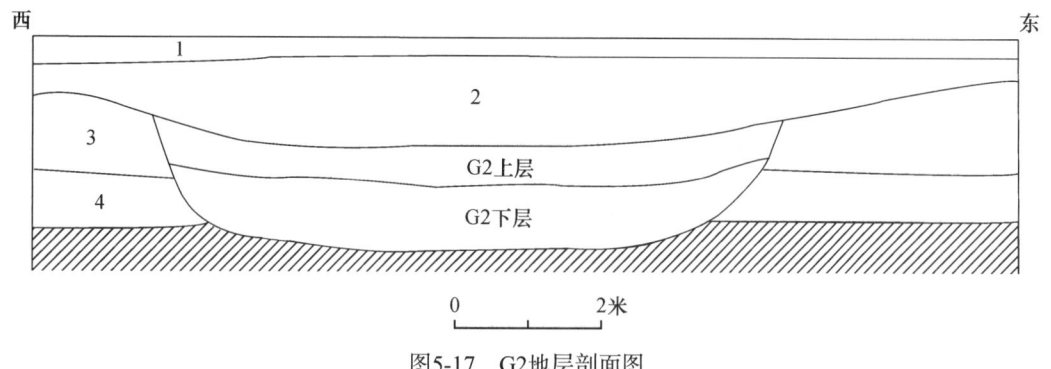

图5-17　G2地层剖面图

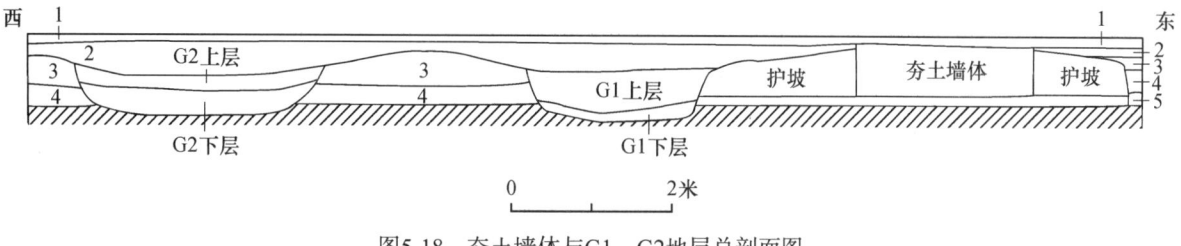

图5-18　夯土墙体与G1、G2地层总剖面图

G3，位于夯土墙体2北侧6~7米处，与之呈平行状，西端与G1相交，东端延伸至滦河河滩断崖处消失。遗迹平面呈东北—西南向不规则条带状，剖面呈敞口寰底状，土色为黑褐色，土质黏硬湿润，东西残长约330米，南北宽5~6米。开由于第2层下，距地表1~1.2米，第3层至第6层为沟内堆积，底距地表2.8~3米，层厚1.6~2米，包含炭灰粒与草木灰。东端海拔60米，西端海拔60米（图5-19）。

地层堆积如下：

第1层，耕土层，灰褐色细沙土，土质疏松，层厚0.2~0.3米，包含植物根系和现代垃圾。

第2层，淤积层，黄褐色细沙土，土质较疏松，湿润，较纯净，距地表0.2~0.3米，层厚0.8~0.9米。

第3层，淤积层，黑褐色胶质土，土质黏硬，包含少量炭灰粒，距地表1~1.2米，层厚0.9米。

第4层，淤积层，黄褐色胶质土与细沙土，土质疏松，距地表1.9~2.1米，层厚0.3米。

第5层，淤积层，黑褐色胶质土，土质黏软，包含少量炭灰，距地2.2~2.4米，层厚0.3~0.4米。

第6层，淤积层，黄褐色胶质土，土质疏松，包含少量沙粒，距地表2.5~2.8米，层厚0.3米。

第7层，生土层，纯沙，土质致密，纯净，距地表2.8~3米，未穿透。

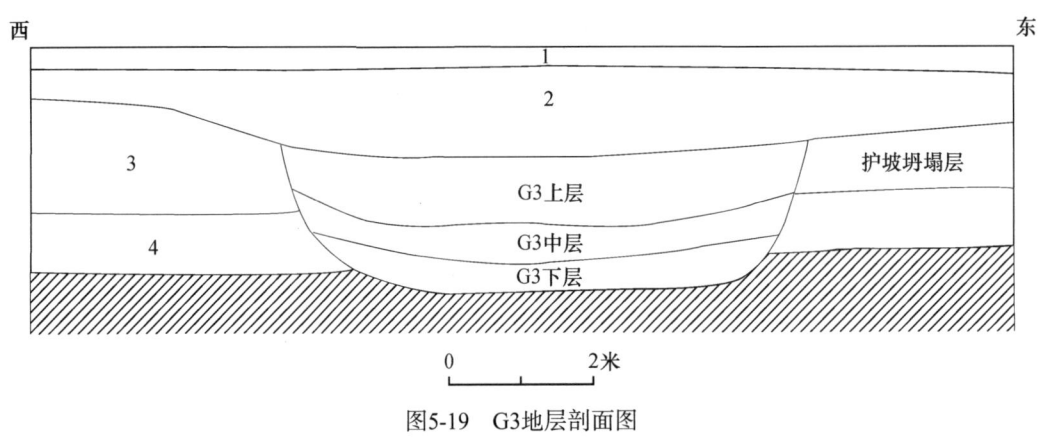

图5-19　G3地层剖面图

G4，位于G3北侧7~8米处，与之呈平行状，西端与G2相交，相交处部分被通往迷谷村南北向水泥路占压，东端因地势西高东低，向东堆积逐渐变薄，沟内残存为沙层，并延伸至滦河河滩。遗迹平面呈东北—西南向不规则条带状，剖面呈敞口寰底状，东西总长约340米。由于东部地势低约1米，呈现西半段与东半段地层堆积不同，西半段土色为黑褐色，土质黏硬湿润，东西残长约130米，东西宽7~8米，开口于第2层下，距地表1~1.1米，第3层与第4层为沟内堆积，底距地表2.2~2.5米，层厚1~1.5米，包含炭灰粒、草木灰、少量陶片。东半段土色为黄褐色，土质为粉沙土，致密度为疏松，东西残长210米，开口于第1层下，距地表0.2~0.3米，地距地表约0.8米，层厚0.4~0.5米。东端海拔60米，西端海拔60米（图5-20~图5-22）。

西半段地层堆积如下：

第1层，耕土层，灰褐色细沙土，土质疏松，层厚0.2~0.3米，包含植物根系和现代垃圾。

第2层，淤积层，黄褐色细沙土，土质较疏松，湿润，较纯净，距地表0.2~0.3米，层厚0.9~1米。

第3层，淤积层，浅灰褐色胶质土，较黏硬，包含少量炭灰粒，距地表1.1~1.3米，层厚0.3~0.4米。

第4层，淤积层，黑褐色胶黏土，土质黏硬，包含少量陶片和草木灰，距地表1.4~1.7米，厚0.8米。

第5层，生土层，纯沙，土质致密，纯净，距地2.2~2.5米，未穿透。

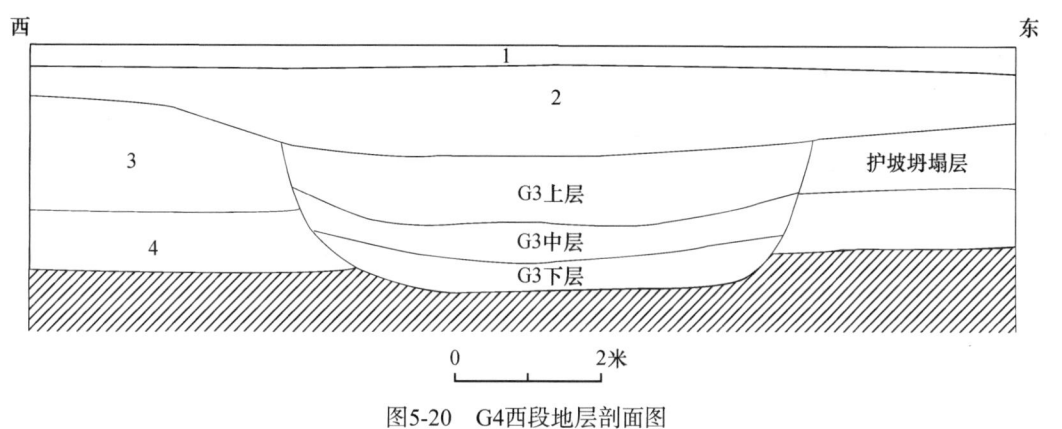

图5-20　G4西段地层剖面图

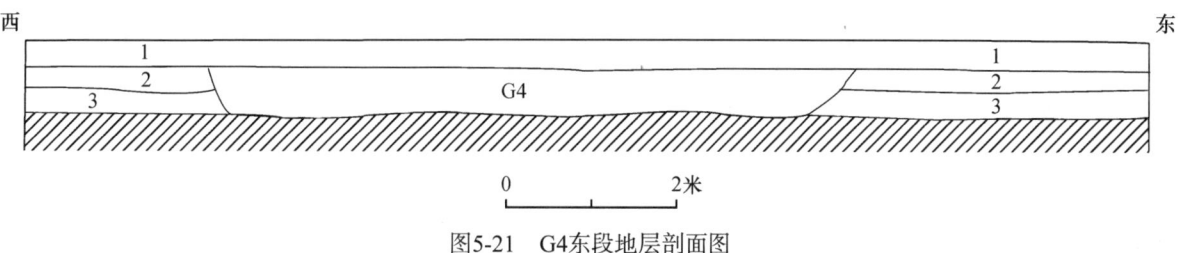

图5-21　G4东段地层剖面图

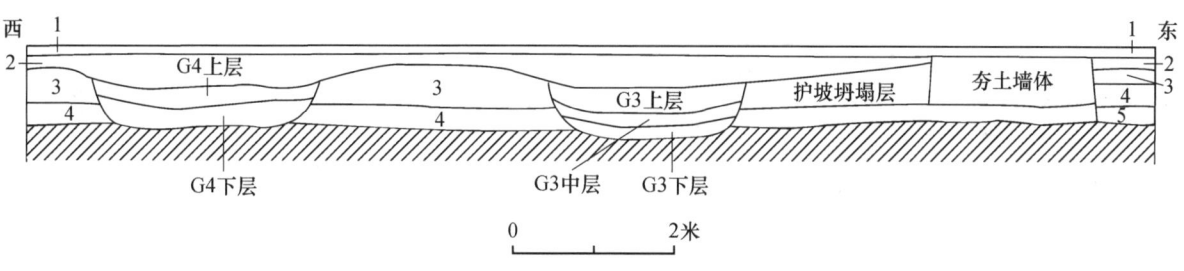

图5-22　夯土墙体与G3、G4地层总剖面图

东半段地层堆积如下：

第1层，耕土层，灰褐色细沙土，土质疏松，层厚0.2～0.3米，包含植物根系和现代垃圾。

第2层，淤积层，黄褐色细沙土，土质疏松，距地表0.2～0.3米，层厚0.4～0.5米。

第3层，生土层，纯沙，土质致密，纯净，距地表0.6～0.8米，未穿透。

G5位于勘探区南部，通往孙薛营村柏油路北侧，西侧为疑似墙体4与之平行，北端在距一条东西向田间土路南侧约13米处消失，南端与G6南部相交，G5为南北向，开口于第1层下，打破第2、3层，开口距地表深约0.3米，南北残长约160米，东西残宽3～4米，底距地表约2.3米，遗迹内填土为黑褐色淤积土，土质较疏松，堆积厚1.9米，年代初步推断为汉代。残存北端海拔58米，南端海拔59米（图5-23）。

遗迹内地层：

第1层：表土层，土色为灰褐色，土质为细沙土，疏松，包含植物根系，厚0.2～0.3米。

G5：土色为黑褐色，土质为胶质土，较疏松，包含少量炭灰，距地表0.2～0.3米，厚1.9米。

第3层：生土层，土色为黄褐色，土质为细沙土，疏松，纯净，距地表深2.3米，未穿透。

G6位于勘探区南部，南部被通往孙薛营村柏油路东西向穿过，西侧约20米为G5，北端在距一条东西向田间土路南侧约13米处消失，南侧与G5相交形成夹角，形状如"Y"，南端与G7南部相交，形成拐角，G6为南北向，开口于第1层下，打破第2、3层，开口距地表深约0.4米，南北残长约210米，东西残宽4~6米，底距地表约1.7米，堆积厚1.5米，遗迹内填土分为两层堆积，上层堆积为灰褐色，沙质土，较疏松，堆积厚0.5米，下层为黑褐色，土质为胶质土，较疏松，堆积厚1米，包含少量炭灰，年代初步推断为汉代。残存北端海拔58米，南端海拔59米（图5-24）。

遗迹内地层：

第1层：表土层，土色为灰褐色，土质为细沙土，疏松，包含植物根系，厚0.3~0.4米。

G6：上层堆积为灰褐色，沙质土，较疏松，堆积厚0.5米，下层为黑褐色，土质为胶质土，较疏松，堆积厚1米，包含少量炭灰，距地表0.2~0.3米，整体堆积厚1.5米。

第3层：生土层，土色为黄褐色，土质为细沙土，疏松，纯净，距地表深1.7米，未穿透。

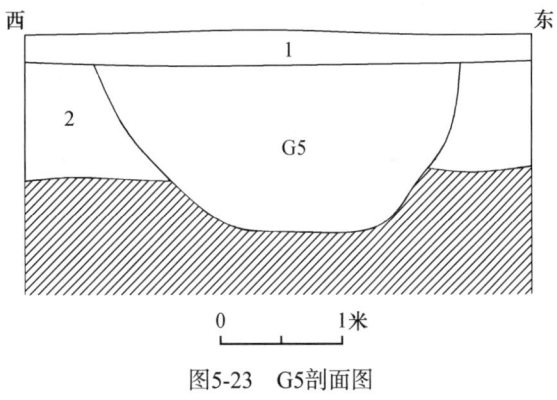

图5-23　G5剖面图

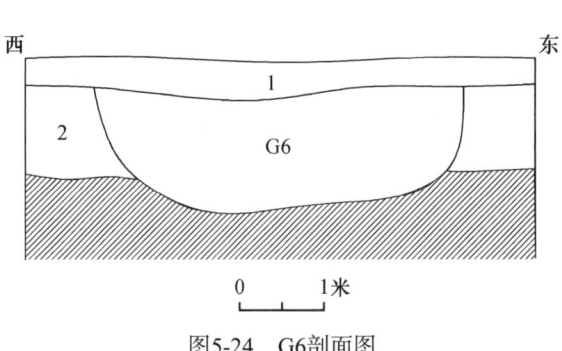

图5-24　G6剖面图

G7位于勘探区南部，通往孙薛营村柏油路南侧，东端与G6南端相交，西端伸入废弃水渠内，沟内被两条天然气管道平行打破，G7为东西向，开口于第1层下，打破第2层，开口距地表深约0.3米，东西残长约150米，南北残宽9~10米，底距地表约1.4米，遗迹内填土灰褐色淤积土，较疏松，包含少量炭灰，年代初步推断为汉代。残存西端海拔58米，东端海拔59米（图5-25）。

遗迹内地层：

第1层：表土层，土色为灰褐色，土质为细沙土，疏松，包含植物根系，厚0.2~0.3米。

G7：黑褐色淤积土，较疏松，包含少量炭灰，距地表0.2~0.3米，厚1.1米。

第3层：生土层，土色为黄褐色，土质为细沙土，疏松，纯净，距地表深1.4米，未穿透。

G8位于勘探区南部，南侧约7米为水泥路，北侧与G9相邻，东端在杨树林内消失，西端与G9西端相交，呈三岔口状，然后向北转向，与G5、G6、G7均有相连关系，打破关系较为混乱，平面呈东西向不规则条带状，开口于第1层下，距地表0.3米，堆积厚1.7米，底距地表2米，残宽4~7米，东西残长约110米，整体堆积呈上下两层堆积，上层堆积厚0.5米，堆积内为灰褐色淤积土，下层堆积厚1.2米，堆积内为黑褐色淤积土，外围堆积为红褐色胶质土，残存东端海拔58米，西端海拔59米（图5-26）。

遗迹内地层：

第1层：表土层，土色为灰褐色，土质为细沙土，疏松，包含植物根系，厚0.2~0.3米。

G8：上层土色为灰褐色，土质为胶质土，较疏松，包含少量炭灰，距地表0.2~0.3，厚0.5米；下层土色为黑褐色，土质为胶质土，较疏松，包含少量炭灰，距地表0.7~0.8米，厚1.2米。

第3层：生土层，土色为黄褐色，土质为细沙土，疏松，纯净，距地表深1.9~2米，未穿透。

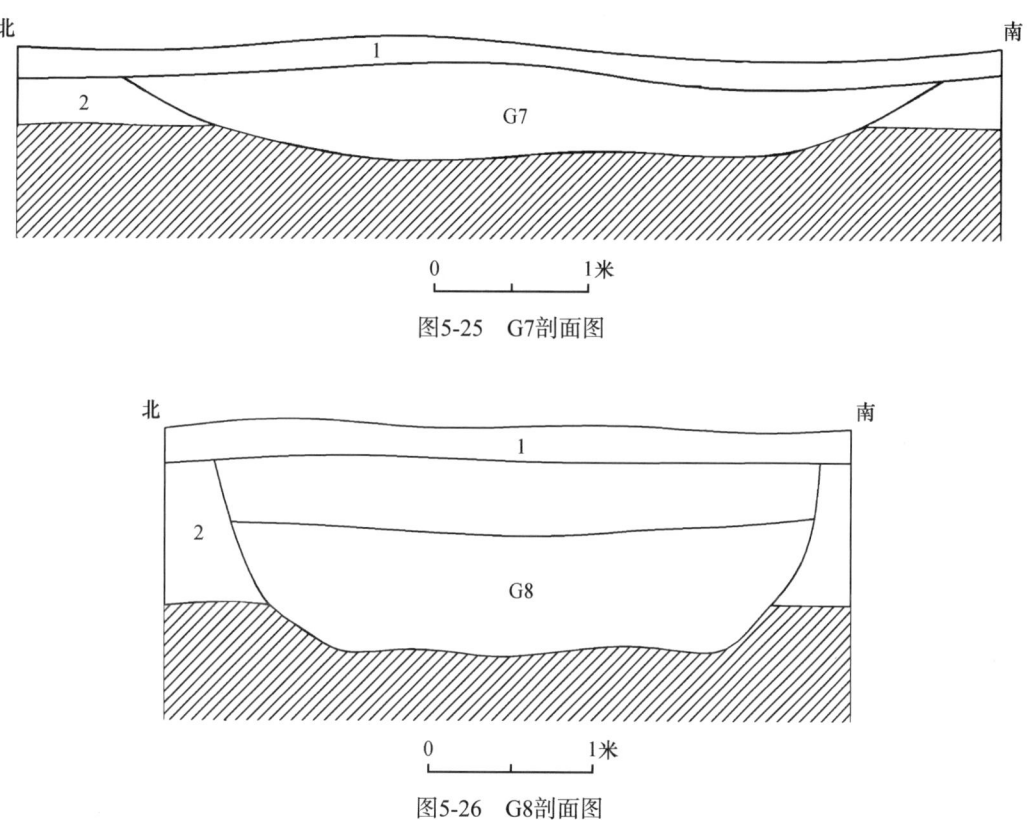

图5-25　G7剖面图

图5-26　G8剖面图

G9位于勘探区南部，北侧与疑似墙体7相邻，南侧与G8相邻，西端与G8相交，呈三岔口状，平面呈东西向不规则条带状，开口于第1层下，距地表0.4米，堆积厚2.1米，底距地表2.5米，残宽7~15米，东西残长110米，整体呈上下两层堆积，上层堆积厚0.5米，堆积内为灰褐色淤积土，下层堆积厚1.6米，堆积内为黑褐色淤积土，外围堆积为红褐色胶质土，残存东端海拔58米，西端海拔59米（图5-27）。

遗迹内地层：

第1层：表土层，土色为灰褐色，土质为细沙土，疏松，包含植物根系，厚0.3~0.4米。

G9：上层堆积为灰褐色，沙质土，较疏松，堆积厚0.5米，下层为黑褐色，土质为胶质

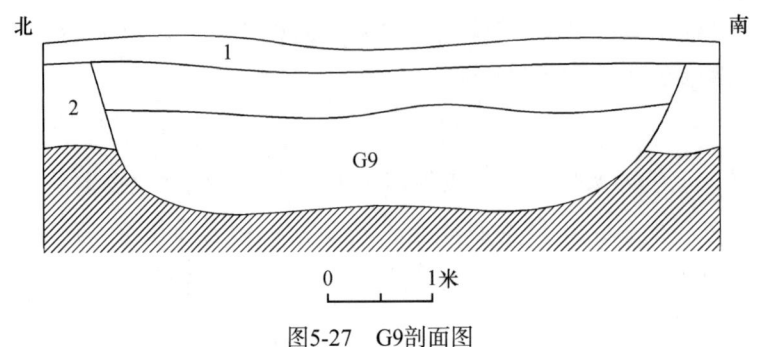

图5-27 G9剖面图

土，较疏松，堆积厚1.6米，包含少量炭灰，距地表0.3~0.4米，整体堆积厚2.1米。

第3层：生土层，土色为黄褐色，土质为细沙土，疏松，纯净，距地表深2.4~2.5米，未穿透。

第六章　滦州前小寨遗址勘察

前小寨遗址位于滦州市榛子镇前小寨村西南的台地上（图版115）。2008年8月"三普"期间发现该遗址。中心360°方向0.84千米处为京沈高速公路，90°方向0.13千米处为管河西岸，270°方向0.14千米处为管河支流龙湾河主河道。171°方向0.13千米处为管河与支流龙湾河交汇处，遗址所在的台地处于两河交汇的三角地区。为全面了解该遗址文化内涵以及考古文化年代，唐山市文物古建研究所于2019年9月21日至11月16日对该遗址进行了考古勘察，共划布2米×14.5米探沟一条，编号TG1，合计揭露面积47.5平方米（含扩方），探沟方向165°。现就试掘情况简报如下。

第一节　地层堆积

本次试掘区位于遗址偏西部位。据调查，此处在原始地表曾经建有早期寺庙，该庙毁于1948年，此后虽经几十年的耕种，但仍有较多的建筑垃圾以及相关的遗迹现象残存于地层之中，诸如为修葺寺庙而挖的熟石灰坑，近现代建筑垃圾堆积坑，废土坑等。试掘区暴露地层中，1~4层属于扰乱严重的晚期地层，5层以下为早期地层（图6-1）。

第1层，耕土层，灰褐色壤土，较疏松。包含物除一些植物根系外，另见有较多的砖瓦碎

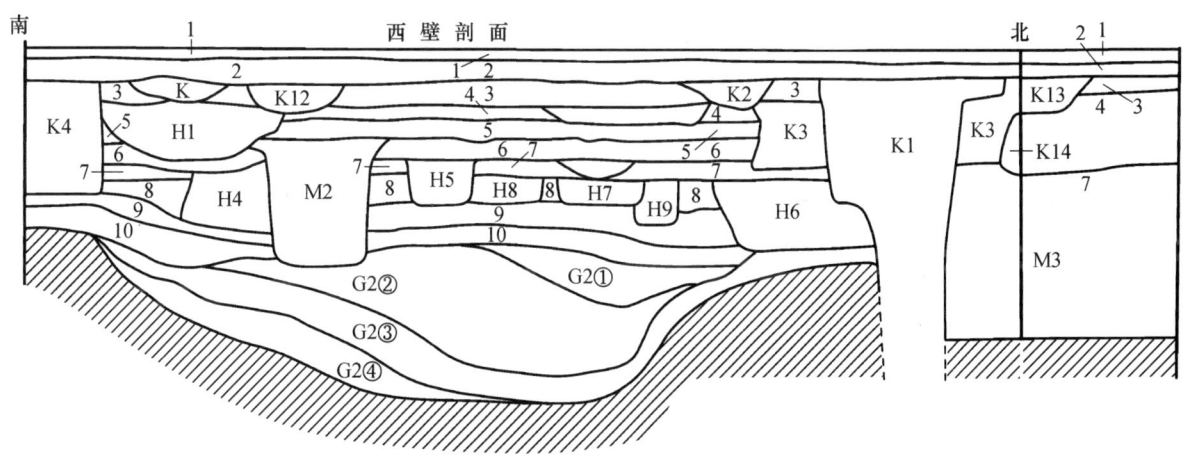

图6-1　TG1地层剖面图

渣以及现代生活垃圾，且伴有扰乱到地表的早期陶片。层厚约0.15米，本层全方内均有分布。

第2层，扰土层，浅褐色黏土，稍硬，较致密，层内包含物除较多的碎砖瓦外，偶见有现代弃物。层厚0.15~0.2米，全方内均有此层。在探方内，层下开口遗迹有近代灰沟1条，编号2019LZQG1。晚期建筑垃圾坑11个，编号K1~K6、K9、K11~K14。东西排列的码垛残砖三处。

第3层，杂花色黏土，致密，较坚硬。层厚0.15~0.3米，层内包含物见有建筑饰件、酱釉瓷片、碎砖瓦及大量的白灰颗粒，偶见青花瓷片、泥质灰陶片等遗物。该层在发掘区内均有分布。层下开口的晚期扰坑3个，编号K7、K8、K10。这些坑为建筑垃圾坑或晚期废土堆积坑。灰坑1座，编号H1。

第4层，杂花偏黄色黏土，致密、坚硬。层厚0.15~0.3米。包含物以碎砖瓦为主，并有残建筑饰件，少见青花酱釉瓷片、陶片等遗物。本层遗存在全发掘区内均有分布。第4层下开口的遗迹兼有灰坑座编号H2、H3。

第5层，该层土质黏性，较致密，稍硬。土色灰褐色，层位厚0.2~0.4米，层内包含有少量碎石块，较多泥质灰陶，兼有部分夹砂灰褐陶，主要器型为夹砂瓮、泥质灰陶罐、泥质灰陶盆，偶见夹砂灰陶、褐陶鬲、甗残片，器表纹饰除素面外多为粗绳纹或弦断绳纹。本层出土的生产工具有石刀、石斧、玛瑙石研磨器等。该层在全方内均有分布。发掘中见有该层下开口的墓葬4座，编号M1~M4，未见其他遗迹。

第6层，土质致密黏硬，土色灰褐色偏黄，层位厚0.2~0.35米，土层中含有少许炭粒和草木灰，偶见一些碎石块。层内包含物多见夹砂灰褐陶，少量泥质灰陶，器表除素面外，多为绳纹或弦断绳纹，部分器物肩颈部位饰有压印三角纹。可辨器型有夹砂褐陶平底盆、夹砂灰褐陶罐、侈口撇沿泥质褐陶盆、夹细砂弦断绳纹褐陶瓮等，偶见有夹砂灰褐陶粗绳纹花边口鬲、甗等，器物特点是一般较大，少见小型器，三足器中平尖足较多。层内出土器物见有陶纺轮、陶拍、陶扁球等。本层在试掘区内除墓葬打破位置外均有分布。层下开口的灰坑4座，编号H4、H5、H11、H12。

第7层，土质致密坚硬，黏性，土色灰褐色。层厚0.15~0.25米，层内含有少许草木灰，炭粒和碎石渣，包含物以泥质灰陶和夹细沙灰褐陶为多，红褐陶少见。器表纹饰主要是交叉中绳纹，肩部一般饰有压印三角或短线纹。泥质陶中灰褐陶多于灰陶。器型以瓮、罐、盆为主，夹细砂红褐陶中见有带流直口罐残片。三足器中平尖足和锥状足兼有。层中出土有石斧一件。分布范围除了被墓葬和灰坑的位置外均有分布。层下开口的灰坑有6座，编号H6~H10、H14。

第8层，土质黏性，致密，坚硬，呈块状，土色灰褐色偏黄，探方西北部含草木灰炭粒较多，颜色偏灰，层厚0.2~0.25米，该层器物以夹砂器为主，三足器和大型平底器一般夹细砂，小型平底器夹粗砂，器表除素面外以细绳纹为主，颈肩部位见有压印三角纹。可辨器型有盆、罐、鬲等，器物较上层相对较小。纹饰变细，三足器中未见平尖足。层内出土纺轮1件，本层堆积在试掘范围内均有分布。

第9层，土质黏性，致密坚硬，探方西北部含草木灰和炭粒较多颜色相对偏灰，层厚

0.15～0.3米。层内采集标本中，夹砂红褐陶约占72%，夹砂灰褐陶约占12.6%，泥质灰陶约占8.8%，夹砂灰陶约占5.8%，极少量的泥质红褐陶，泥质黑皮陶，夹砂黑皮陶。器表纹饰以绳纹，交叉绳纹和弦断绳纹为主，约占总数的91%，且多装饰在夹砂陶表面，素面器约占8.8%，其他纹饰如刻划纹，压印纹，弦纹附加堆文等，比例极小约占0.2%。标本中可辨器型有贯耳盆、鬲、甗、盆、罐等。层内出土小件器物见有石箭镞、陶纺轮、陶网坠等。此外在探方西北角本层下还见有0.5米×0.6米的用火痕迹，红褐色烧结面厚约1厘米，但不是常规的灶。层下开口的遗迹现象有房址F1和灰坑H16。

第10层，土质黏性致密，稍硬。土色黑灰褐色，厚0.2～0.35米，内含较多草木灰和木炭，采集标本以夹砂红褐陶为主，约占57.3%，泥质灰陶次之，约占26.6%，夹砂灰褐陶约占12%，磨光黑陶约占3%，极少量灰白陶，约占1.2%。器表素面约占44%，各类绳纹约占53%，篮纹和压印三角纹约占3%。可辨器型有鬲、直口罐、盆等。出土小件器物有石刀、陶饼等。本层分布范围除各类遗迹打破部位以外，仅在探方西北角少量缺失。10层下开口的遗迹有灰坑H15。

以上各层堆积中，第1、2层属于近代耕土和扰乱层；第3、4层属于辽金时期文化层；第5层属于汉代；第6层属于战国秦汉时期文化层；第7层属于商周时期；第8层属于后迁义二期晚段，约相当于二里岗上层，二里头一期；第9、10层属于后迁义遗址早商文化阶段。

第二节　辽金时期遗存

一　遗　迹

其中开口于第2层和第3层下的近现代坑14座，这些晚期坑的坑内堆积一般是建筑垃圾，少量是废土堆积。其成因主要是晚期建筑修葺时挖掘而成，初始用途有些是为熟化石灰，或者为用土而掘坑，用完以后以建筑垃圾或废土垃圾填埋。这些坑在本次试掘中只作为一般遗迹对待，未予单独处理。

地层的第3、4层属于辽金时期遗迹，灰坑仅发现H1、H2、H3。

属于四期灰坑，共3座，分别是开口于第3层下的灰坑1座，H1开口于第4层下的灰坑2座。H2、H3。仅以H3为例介绍如下。

2019LZQH3，位于探沟南端东南角，开口于第4层下，打破第5～9层。因为试掘条件的局限，该灰坑未能全部揭露，就其清理部分推断，该坑可分为上下两部分，其上部为圆形敞口弧壁，下部为直壁桶形平底。开口直径1.84米，下部直径0.94米，坑深0.93米，坑底距地表1.81米。坑内堆积土质疏松，土色浅灰褐色，其中含有较多的灰土和少量残砖，残砖的可辨形状有汉代长方形绳纹砖和楔形绳纹砖。依据坑内堆积特征和坑体形状推断，该坑的成因为扰乱坑，坑内包含的汉砖应与晚期汉墓盗扰有关。形成时代早于明清时期，但不可确定具体时期（图6-2）。

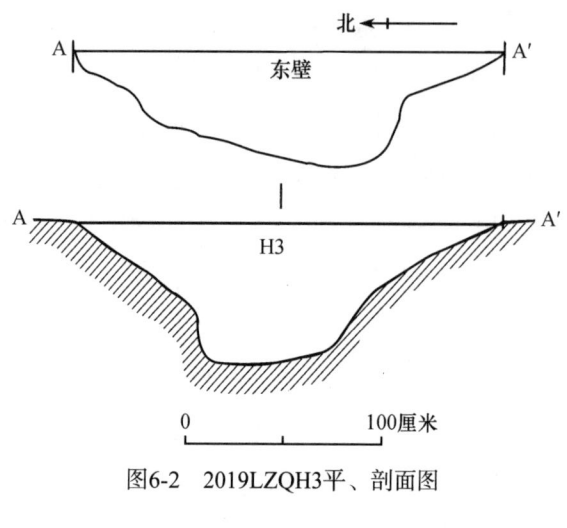

图6-2　2019LZQH3平、剖面图

二　遗　物

仅出土了2件，1件为建筑饰件，1件为酱釉碗。

2019LZQTG1③：1，建筑饰件，泥质灰陶。直径6.2厘米，高4.1厘米（图6-3，1）。

2019LZQTG1③：2，酱釉碗，瓷器，残缺。口径18.75厘米，残高5.4厘米，厚0.9厘米（图6-3，2）。

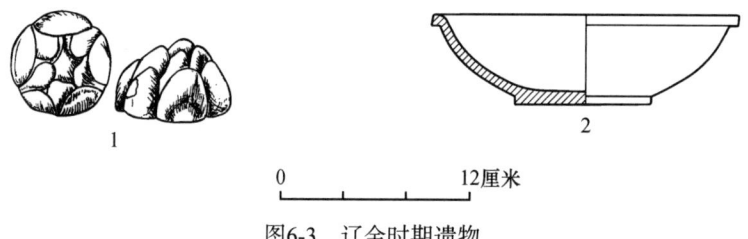

图6-3　辽金时期遗物
1. 建筑饰件（2019LZQTG1③：1）　2. 酱釉碗（2019LZQTG1③：2）

第三节　战国秦汉时期遗存

一　遗　迹

战国秦汉时期遗存包含第5层和第6层及层下开口遗存，包含墓葬和灰坑，即M1～M4，H4、H5、H11、H12等。

（一）墓葬

在本次试掘区域，共发现墓葬4座，均开口于第5层下，由于试掘面积的限制，其中M2和M4只对探沟和探方内暴露部位做了局部清理，M1和M3做了完整发掘，现就清理发掘状况分别简述如下。

M1位于探沟南部，墓室开口于第5层下，打破遗址地层第6~10层，打破G2和灰坑H4，形制为长方形土圹竖穴木棺墓，单室单棺，墓壁竖直，方向30°，墓圹长2.62米，宽1.16米，深1.9米。墓底距地表3.1米。清理时木棺已经朽烂无存，依据棺痕可见，木棺前宽0.75米，后宽0.7米，长1.9米。板灰厚度2~5厘米。墓主人骨架保存极差，葬式为仰身直肢葬，头向北面向上。墓室周围未见盗洞。墓室内无随葬品。但是填土中含有大量陶片，其中以夹砂红褐陶和夹砂灰陶居多，泥质红褐陶和泥质灰陶次之，可辨器型有鬲、盆等。出土小件器物有陶拍和陶盒各1件。依据地层打破状况推断，墓室填土内的包含物应是开掘墓室时扰动所致，没有明确的地层时代依据。

M2位于探沟南部，M1西侧，由于试掘环境局限，该墓仅清理了探沟内暴露的部分。墓室开口于第5层下，打破遗址地层第6~10层，打破G2和灰坑H4，形制为长方形土圹竖穴木棺墓，单室单棺，墓壁竖直，方向46°，墓底距地表2.7米。清理部位墓圹可见长度1.6米，宽0.86米，深1.5米。清理时木棺已经朽烂无存，依据板灰痕迹可知，葬具前宽0.6米，暴露长度1.6米，板痕厚度约5厘米。墓主人骨架保存极差，可辨葬式为仰身直肢葬。墓室内未见任何随葬品。周围未见盗洞。墓室填土内未见特殊遗存物品。

M3位于试掘探方T1西壁下，开口于第5层下，上部被现代扰坑K3、K14、K11打破，同时墓葬又打破了遗址地层第6~9层直至生土，该墓形制为长方形土圹竖穴木棺墓，单室单棺，墓壁竖直，方向30°，墓圹长2.6米，宽1.6米，深2.2米。墓底距地表3.4米。清理时木棺已经朽烂无存，依据棺痕可见，木棺前宽0.6米，后宽0.66米，长2.1米。板灰厚度2~5厘米。墓主人骨架保存极差，葬式为仰身直肢葬，头向北面向上。墓室周围未见盗洞。墓室内随葬有陶罐2件。

M4位于试掘探方南壁下，探方内暴露部位系墓圹最前端，墓圹尾端部分暴露于试掘探沟北端东壁下，由于试掘环境局限，该墓仅清理了探方内暴露的部分。依据探方和探沟内墓葬的暴露状况可知，M4开口于第5层下，探方内的暴露部位打破了遗址地层的第6层口的H13，第7层和第7层下开口的H14，以及H14叠压的房址F1直至生土，探沟内暴露的墓葬尾端同时打破了第8~10层和G2的堆积地层第1~3层。本次试掘只清理了探方内暴露的墓葬西北角东西宽1.4米、南北长0.6~0.7米的一角。由于清理部分所提供的遗存不能揭示墓葬的具体情况，如墓葬的形制结构、葬具、墓向、葬式、随葬品组合等，故此这里对墓葬不做赘述，下文只对局部清理所获的6件随葬陶器简述之。

（二）灰坑

灰坑均属于三期灰坑，共5座，均开口于第6层下，分别是H4、H5、H11、H12、H13，仅以H4为例介绍如下。

2019LZQH4，位于探沟南端西壁下，打破第7、8两层，西北部被墓葬M1和M2打破，该坑形状为圆形袋状，口径1.3米，底部直径1.5米，坑深0.6米，坑底距地表2.1米。坑内堆积土质疏松，土色黑褐色，含有较多炭灰，包含物以夹砂红褐陶和夹砂灰褐陶为主，约占88.2%，泥质灰陶和泥质红褐陶较少，约占11.8%。器表纹饰以绳纹为主，交叉绳纹和弦断绳纹较少，偶见压印三角纹。可辨器型见有鬲和罐，出土小件器物有纺轮两件。坑底部位见有较大面积的用火痕迹。依据坑体形制和坑内堆积推断，该坑的成因为人为加工而成，初始用火，后来废为垃圾坑。

二　遗　物

出土遗物包括陶器、石器等。

（一）陶器

墓葬仅出土8件完整器，其中包括罐、鼎、壶、豆等。

M3∶1，夹砂灰褐陶罐，圆唇，直口，束颈，溜肩，鼓腹，下腹斜直，平底。口径8厘米，腹径9.8厘米，底径6厘米，通高8.2厘米。壁厚0.8厘米（图6-4，1）。

M3∶2，夹砂灰褐陶罐，圆唇，直口，束颈，溜肩，鼓腹，下腹斜直，平底。口径8.6厘米，腹径10.4厘米，底径6.8厘米，通高7.1厘米。壁厚0.8厘米。墓室填土内未见特殊遗存物品（图6-4，2）。

其中，陶鼎共2件。

M4∶7，三纽盖鼓腹斜耳鼎，泥质灰陶，轮手合制，整体由鼎盖和鼎身两部分组成，鼎身子口微敛，上腹竖直，下腹斜弧，微鼓，寰底，底部等分置三蹄足，外沿下对称置附耳，附耳由泥条弯折贴附而成，耳尖微斜，长方形耳孔。鼎盖尖唇直口微侈，下折沿成母口，平顶面，面上外缘等分置三个兽头纽，外缘饰两周凹弦纹。该鼎的蹄足、附耳和盖纽均为手捏粘附，而非模印粘附。口径14.5厘米，腹径18.2厘米，通高23厘米（图版118）。

M4∶8，三纽盖垂腹撇耳鼎，泥质灰陶，轮手合制，整体由鼎盖和鼎身两部分组成，鼎身子口微敛，上腹竖直，下腹斜弧，微垂，寰底，底部等分置三蹄足，外沿下对称置附耳，附耳由泥条弯折贴附而成，耳尖外撇，长方形耳孔。鼎盖尖唇直口微侈，下折沿成母口，平顶面，面上外缘等分置三个兽头纽，外缘饰两周凹弦纹。该鼎的蹄足、附耳和盖纽均为手捏粘附，而非模印粘附。口径13厘米，腹径17厘米，通高19.3厘米（图6-4，3）。

三系带盖陶壶共2件，形制相同，尺寸稍异。

M4∶5，泥质灰陶，圆唇，口微侈，短颈稍内弧，溜肩弧腹，下腹微垂，覆碗式圈足，平内底。肩部等分置三系，三壶系用半圆形泥片中间穿圆孔后，粘附于肩部，壶盖为圆形高子口，盖顶位置微弧，外缘部等分置三纽，盖纽为圆形泥片中间穿圆孔然后粘附于盖面。轮制过程中，器表抹光后，在器胎表以尖状器刻划成细线凹弦纹。肩部饰两道刻划细线弦纹，上腹饰

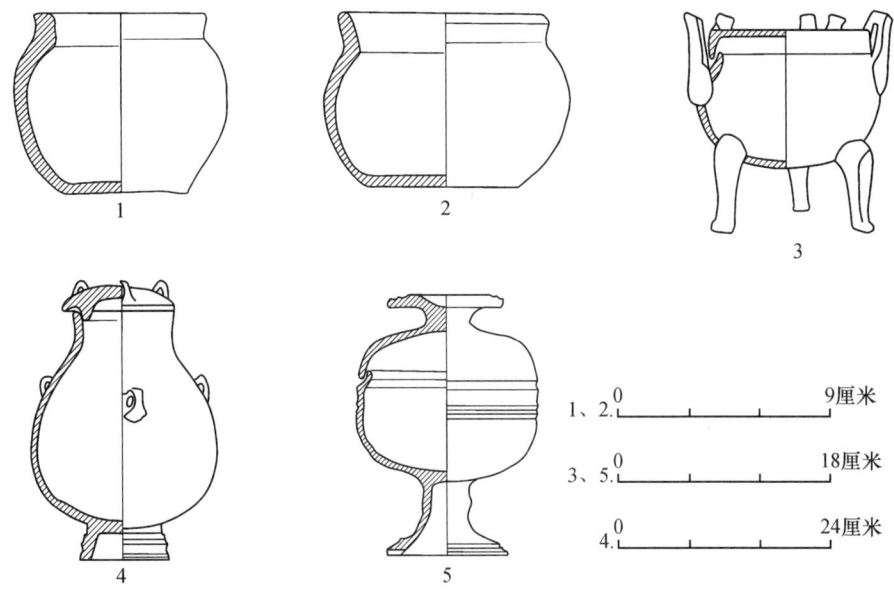

图6-4 墓葬出土器物
1.陶罐（M3：1） 2.陶罐（M3：2） 3.陶鼎（M4：8） 4.陶壶（M4：6） 5.陶豆（M4：3）

两组刻划细线弦纹，每组三道弦纹，每道之间不等距。盖面饰两周刻画细线弦纹。口径12厘米，腹径22.5厘米，底径11厘米，通高30厘米（图版116）。

M4：6，形制纹饰以及制法均与M4：5相同。口径11.6厘米，腹径21.5厘米，底径10厘米，通高31.5厘米（图6-4，4）。

带盖陶豆共2件，型式相同，尺寸稍异。

M4：3，泥质灰陶，由身和盖两部分组成，豆盘尖唇子口微敛，上腹竖直下腹斜弧，凹底，呈罐形，外壁中腹饰两周凹弦纹间凸弦纹。圆形短直柄内空，方唇喇叭口形豆座。圆唇弧壁覆盘形豆盖，盖顶置短直柄凹心圆饼状捉手。豆盖外壁、捉手经刮修，表面因刮修形成弦纹和刮修面。内壁抹光。口径17厘米，腹径19.2厘米，底径12.5厘米，通高26.8厘米（图6-4，5；图版117）。

M4：4形制纹饰以及制法均与M4：3相同。口径16.6厘米，腹径18.8厘米，底径12厘米，通高25厘米。

2019LZQH4：1，口沿，夹砂灰褐陶。方唇，侈口，饰粗绳纹。口径7.95厘米，残高11.1厘米，厚0.9厘米（图6-5，4）。

2019LZQH4：2，口沿，夹砂灰褐陶。方唇，侈口。肩饰抹平绳纹，肩腹转折处有压印窝点纹上覆盖绳纹，再下饰绳纹。口径4.3厘米，残高10.6厘米，厚0.8厘米（图6-5，1）。

2019LZQH4：3，口沿，夹砂灰陶。方唇，侈口，唇部饰花边，通体饰粗绳纹。口径10.9厘米，残高6厘米，厚1厘米（图6-5，5）。

2019LZQH4：5，口沿，夹砂红褐陶。圆唇，敞口，束颈，素面。口径5.2厘米，残高8.6厘米，厚0.8厘米（图6-5，7）。

2019LZQH4，8，腹片，夹砂红褐陶。饰压印三角纹绳纹。宽7厘米，残高5.3厘米，厚0.65

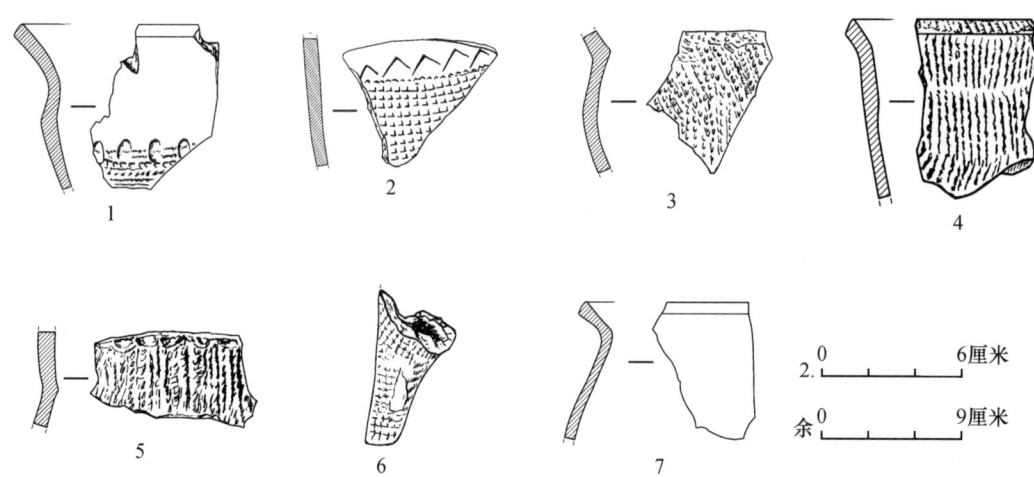

图6-5 H4出土遗物

1. 口沿（2019LZQH4∶2） 2. 腹片（2019LZQH4∶8） 3. 口沿（2019LZQH4∶10） 4. 口沿（2019LZQH4∶1）
5. 口沿（2019LZQH4∶3） 6. 鬲足（2019LZQH4∶9） 7. 口沿（2019LZQH4∶5）

厘米（图6-5，2）。

2019LZQH4∶9，鬲足，夹砂红褐陶。平足跟，足底、周身饰交错绳纹。残高9.6厘米，最大宽度6厘米（图6-5，6）。

2019LZQH4∶10，口沿，夹砂灰陶。方唇，侈口，唇部饰花边，通体饰粗绳纹。口径6厘米，残高9厘米，厚0.6厘米（图6-5，3）。

2019LZQTG1⑥H4∶1，纺轮，夹砂灰褐陶。直径4.5厘米，孔径0.4厘米，厚3.3厘米（图6-6，5）。

2019LZQTG1⑥H4∶2，纺轮，夹砂褐陶。直径3.5厘米，孔径0.4厘米，厚2.1厘米（图6-6，6）。

2019LZQTG1⑥∶3，纺轮，泥质红褐陶。直径3.9厘米，孔径0.6厘米，厚1.9厘米（图6-6，7）。

2019LZQH11∶1，残片，罐。泥质黑皮褐陶。双唇侈口，溜肩斜弧腹，颈饰抹光绳纹、肩腹转折部位饰压印三角纹，腹部饰弦断绳纹。宽19.6厘米，残高17.6厘米，厚1.6厘米（图6-6，4）。

2019LZQH11∶2，残片，鬲。夹砂灰褐陶，侈口，斜方唇，通体饰细绳纹。口径9.9厘米，残高10.8厘米，厚0.9厘米（图6-6，1）。

2019LZQH12∶1，口沿，夹砂红褐陶。侈口，束颈，尖圆唇，素面。口径7.8厘米，残高4.2厘米，厚1厘米（图6-6，2）。

2019LZQH13∶2，鬲足，夹砂红褐陶。平足跟饰绳纹。残高11.6厘米，最大直径8.7厘米（图6-6，3）。

2019LZQT1G1⑤∶3，器底，夹砂灰陶。平底，通体绳纹。底径7.2厘米，残高6.2厘米，厚0.8厘米（图6-7，1）。

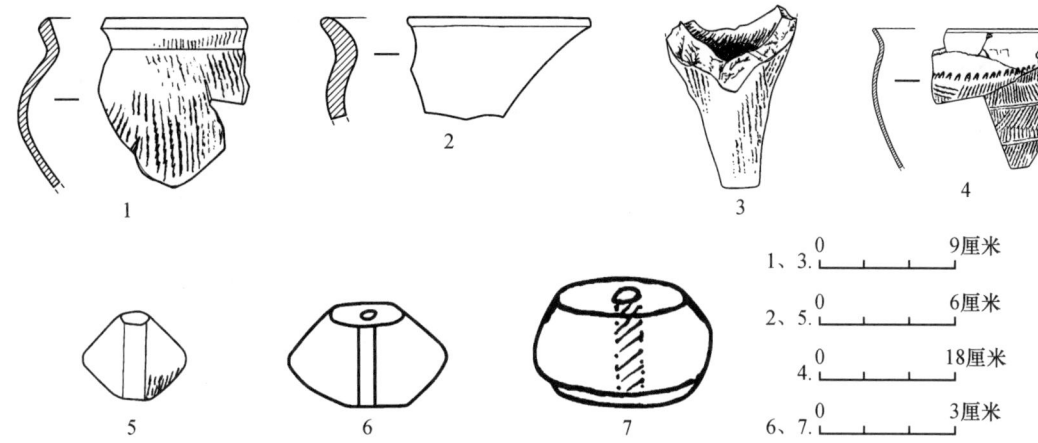

图6-6 其余灰坑出土器物
1.残片（鬲）（2019LZQH11∶2） 2.口沿（2019LZQH12∶1） 3.鬲足（2019LZQH13∶2） 4.残片（罐）（2019LZQH11∶1） 5.纺轮（2019LZQTG1⑥H4∶1） 6.纺轮（2019LZQTG1⑥H4∶2） 7.纺轮（2019LZQTG1⑥∶3）

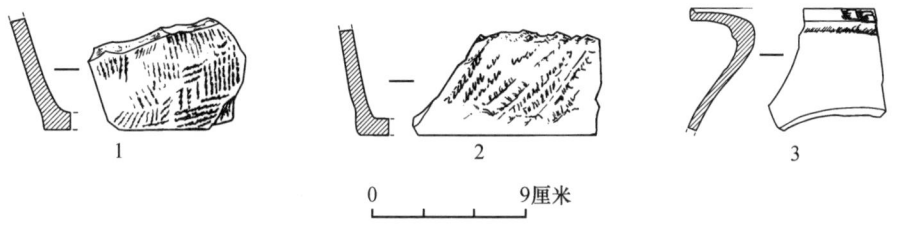

图6-7 2019LZQTG1⑤和2019LZQT1⑤出土陶器
1.器底（2019LZQTG1⑤∶3） 2.器底（2019LZQTG1⑤∶4） 3.器底（2019LZQT1⑤∶21） 4.口沿（2019LZQTG1⑤∶1）

2019LZQTG1⑤∶4，器底，夹砂灰陶。平底，通体绳纹。底径11厘米，残高6.2厘米，厚0.6厘米（图6-7，2）。

2019LZQTG1⑤∶1，口沿，夹砂灰褐陶。圆唇，侈口，素面。口径8.2厘米，残高4厘米，厚0.4厘米（图6-7，4）。

2019LZQT1⑤∶21，器底，泥质灰皮褐陶。平底，素面。底径7.4厘米，残高7.2厘米，厚0.4厘米（图6-7，3）。

2019LZQT1⑥∶1，口沿，夹砂灰褐陶。口沿外折贴附，呈斜方唇，外唇饰戳印线形短窝纹，体饰粗绳纹。口径10.8厘米，残高9.2厘米，厚1厘米（图6-8，1）。

2019LZQT1⑥∶2，陶拍，残，夹砂灰褐陶。直径9厘米（图6-8，2）。

2019LZQT1⑥∶3，口沿，夹砂灰陶。方唇，直口，外唇花边，通体饰绳纹。口径6.2厘米，残高5.9厘米，厚0.8厘米（图6-8，3）。

2019LZQT1⑥∶4，口沿，夹砂灰褐陶。斜方唇，直口，通体饰绳纹。口径6.3厘米，残高5.1厘米，厚1~1.2厘米（图6-8，4）。

2019LZQT1⑥∶5，甗腰，夹砂红褐陶。腰部饰附加堆条、戳印窝点纹。宽7.6厘米，残高5厘米，厚0.5厘米（图6-8，5）。

2019LZQT1⑥：6，鬲足，夹砂红陶，平足跟，通体饰粗绳纹。残高10.5厘米，最大宽度8.7厘米（图6-8，6）。

2019LZQT1⑥：7，鬲足，夹砂红陶。平足跟，通体饰粗绳纹。残高3.2厘米，最大宽度6.1厘米（图6-8，7）。

2019LZQT⑥：8，口沿，夹砂黑褐陶。尖圆唇，侈口，束颈，颈部以下饰细绳纹。口径5.4厘米，残高6厘米，厚1.1厘米（图6-8，8）。

2019LZQT1⑥：9，器底，夹砂红褐陶。平底，通体饰交错绳纹。底径19.8厘米，残高10.2厘米，厚0.9厘米（图6-8，9）。

2019LZQT1⑥：10，口沿，夹砂灰褐陶。圆唇，侈口，素面。口径12厘米，残高10.5厘米，厚0.6厘米（图6-8，10）。

2019LZQT1⑥：14，口沿，泥质灰褐陶。方唇，侈口。上部素面，颈部以下饰粗绳纹。口径4.2厘米，残高6厘米，厚0.6厘米（图6-8，11）。

2019LZQT1⑥：15，口沿，泥质红褐陶。圆唇，敞口，溜肩，肩下压印三角纹，腹饰弦断粗绳纹。口径14.85厘米，残高15.9厘米，厚0.9厘米（图6-8，12）。

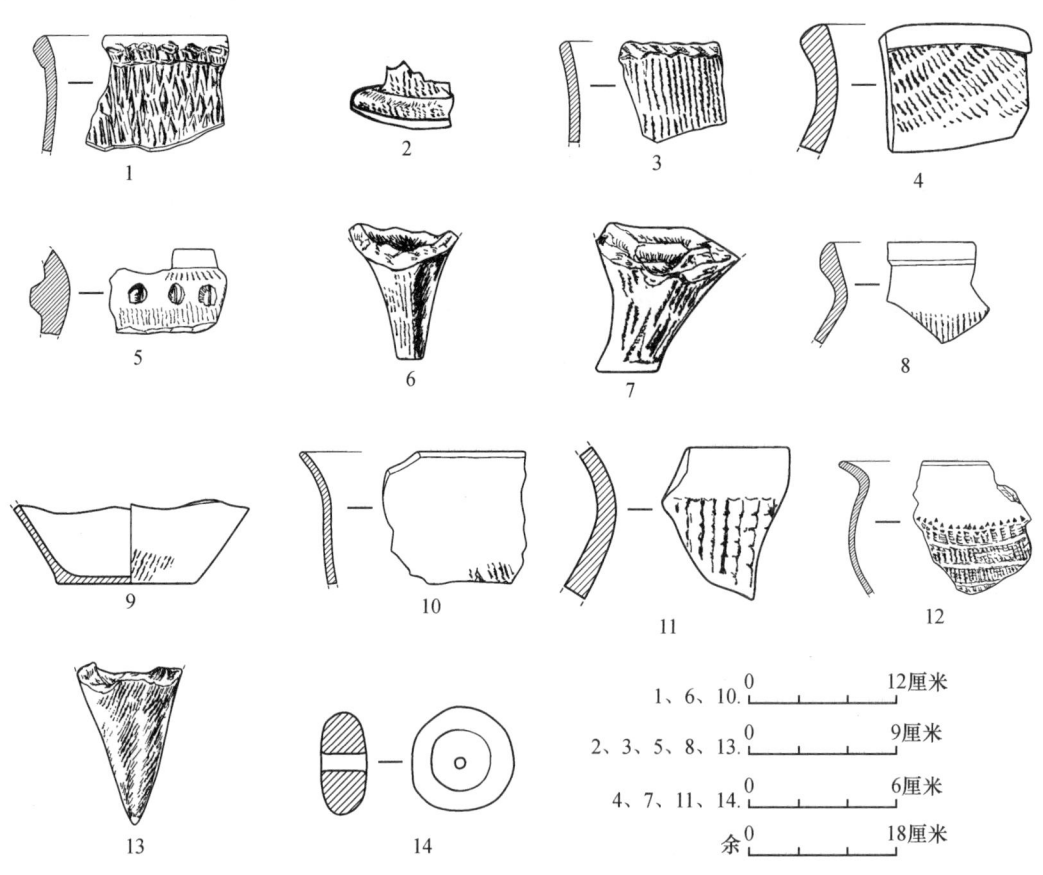

图6-8　2019LZQT1⑥出土器物

1. 口沿（2019LZQT1⑥：1）　2. 陶拍（2019LZQT1⑥：2）　3. 口沿（2019LZQT1⑥：3）　4. 口沿（2019LZQT1⑥：4）
5. 瓿腰（2019LZQT1⑥：5）　6. 鬲足（2019LZQT1⑥：6）　7. 鬲足（2019LZQT1⑥：7）　8. 口沿（2019LZQT1⑥：8）
9. 器底（2019LZQT1⑥：9）　10. 口沿（2019LZQT1⑥：10）　11. 口沿（2019LZQT1⑥：14）　12. 口沿（2019LZQT1⑥：15）
13. 鬲足（2019LZQT1⑥：16）　14. 纺轮（2019LZQTG1⑥：2）

2019LZQT1⑥∶16，鬲足，夹砂灰褐陶。尖足跟，饰抹光细绳纹（图6-8，13）。

2019LZQTG1⑥∶2，纺轮，泥质红褐陶。直径3.8厘米，孔径0.6厘米，厚1.8厘米（图6-8，14）。

（二）石器

出土石器数量仅3件。

2019LZQT1⑤∶1，石刀，残。残长4厘米，宽5厘米，厚1.1厘米（图6-9，1）。

2019LZQT1⑤∶2，石斧。长12厘米，宽6.4厘米，厚3.1厘米（图6-9，2）。

2019LZQT1⑤∶3，研磨器，玛瑙石。长4.3厘米，宽2.3厘米，厚1.2厘米（图6-9，3）。

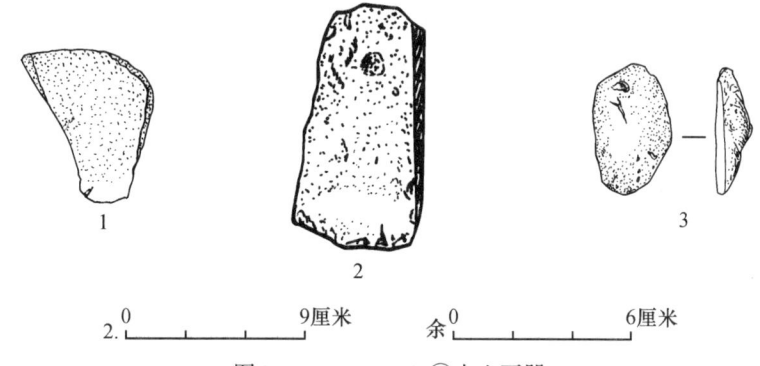

图6-9　2019LZQT1⑤出土石器

1.石刀（2019LZQT1⑤∶1）　2.石斧（2019LZQT1⑤∶2）　3.研磨器（2019LZQT1⑤∶3）

第四节　商周时期遗存

一　遗　迹

属于本时期的遗迹现象计有灰坑8座，房址1座，沟2条。下文将依照顺序进行相关论述。

（一）灰坑

第7、8、9、10层地层皆属于商周时期，其中有6座灰坑开口于第7层下，2座分别为开口于第9层下的H16和开口于第10层下的H15。

开口于第7层下的灰坑有H6、H5、H8、H9、H10、H14，现仅以H14和H15为例介绍如下。

2019LZQH14，位于探沟东北角与探方的交汇处。打破了第8、9层，其东部探方南壁下被M4打破，整体叠压在房址F1之上。因为试掘范围的局限，该坑没能全部揭露，仅在试掘探方南壁下和探沟东北角做了局部清理，依清理部位状况推断，该坑为圆形斜壁平底坑，开口直径2.52米，坑底直径1.6米，坑深1.04米，坑底距地表2.64米。坑内堆积土质致密，土色灰褐色，

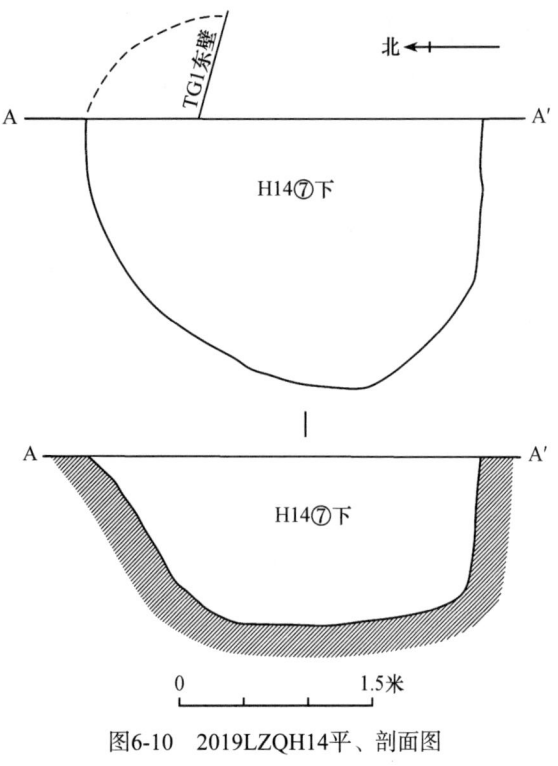

图6-10 2019LZQH14平、剖面图

其中包含有大量陶片，约占86.5%，夹砂灰褐陶较少，约占11.2%，泥质灰陶约占2.3%。器表纹饰以弦断绳纹为主，交叉绳纹和绳纹次之。可辨器型见有鬲、瓮、罐、盆等，出土小件器物有石镰和石垫各1件。依据坑体形制和坑内堆积推断，该坑的成因为人为加工而成，用途为垃圾堆积坑（图6-10）。

2019LZQH15，位于试掘探方北壁下，打破生土。形制为圆形斜直壁平底坑，开口直径1.85米，底径1.65米，深0.6米。坑内堆积土质黏性，略疏松，土色灰褐色，含有较多的炭灰。采集陶片标本中夹砂红褐陶约占总数的52.4%，夹砂灰褐陶约占总数的17.3%，泥质灰陶约占总数的20.6%，泥质红褐陶约占总数的8.5%，黑皮褐陶较少，约占总数的1.2%。器表纹饰以绳纹为主，交叉绳纹和弦断绳纹次之，偶见压印三角纹，篮纹约占3%。可辨器型见有鬲、罐、盆。出土小件器物见有纺轮1件，石片石器2件，双贯耳盆1件，斜腹盆1件。该坑成因为人工挖掘而成，使用性质为垃圾坑（图6-11）。

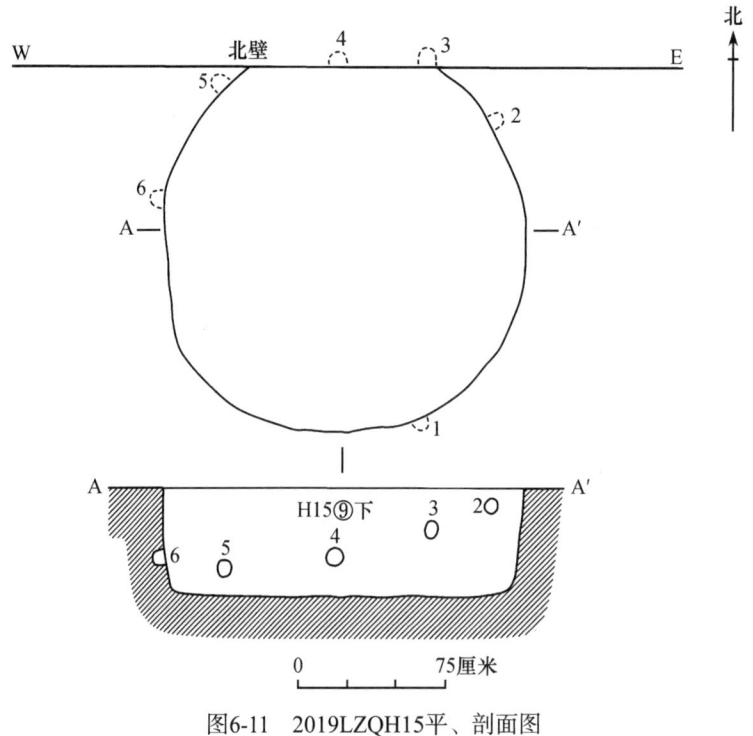

图6-11 2019LZQH15平、剖面图

（二）房址

2019LZQF1，位于探沟北端与探方交汇处。其结构为圆形半地穴式建筑。地穴呈斜直壁凹底状。开口于第9层下，打破第10层和生土，上部被H14叠压，东北侧被M4打破，西侧被现代坑H1和M3打破。暴露部位地穴开口直径2.56米，地穴中心深度0.98米。由于发掘面积局限，该房址东部尚有部分被叠压而未能全部暴露。因此其门道以及其他房址要素无法获取，只有房址地面正中的灶被揭露。该灶用3组石块摆成三角形，灶坑下凹，便于用火。下凹的地面便于用火。灶旁残碎的炊器以及兽骨、箭镞等，映射出当时人类生活的缩影（图6-12）。

房内堆积以疏松的黑褐色杂花土为主，土中包含有较多的炭灰、炭粒、烧土、动物骨骼等。房内出土的陶片以夹砂陶为主，泥质陶仅占1%。纹饰以弦断绳纹、绳纹为主，素面占6%，可辨器型有甗、鬲。出土器物有骨锥1件、凹底三角形石箭镞1件。

该房址从暴露的状况看，灶址位于正中偏北部位，可供人类居住的位置偏小，地面未见中

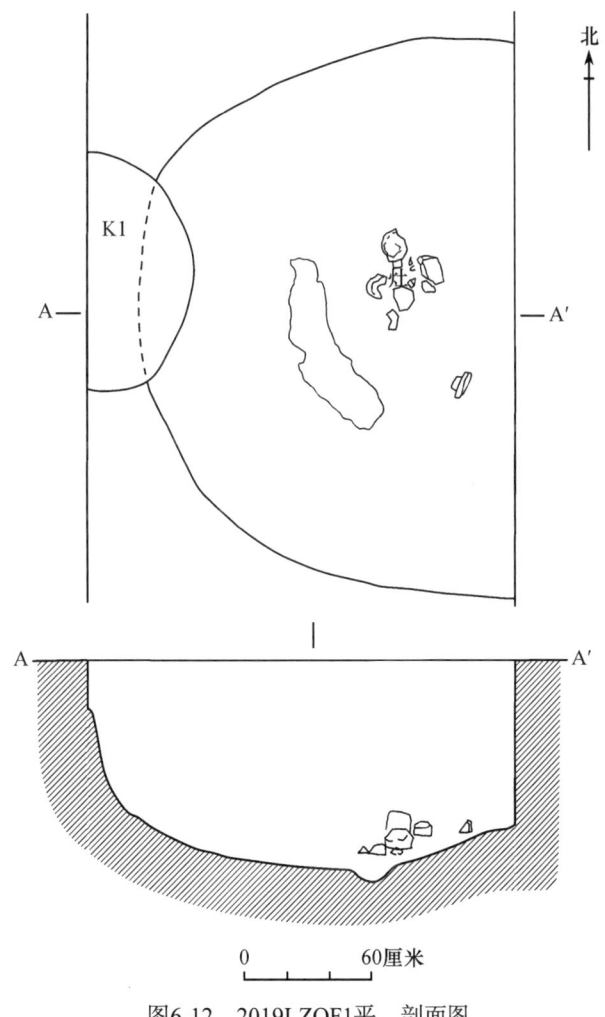

图6-12　2019LZQF1平、剖面图

心柱洞，地穴外周也未见柱洞。即便是门道被压未发现，其他的房址构成要素也有欠缺。因此推断，该房址属于主体建筑以外的附属简易建筑。

（三）沟

本次试掘共清理沟两条，其中G1位于试掘探方内，开口于第2层下，打破第3~5层，属清以后的晚期遗迹。G2位于试掘探沟内，开口于第10层下，打破生土，同时被M1、M2、M4打破，属于早期遗迹。在此，仅以G2为例介绍如下。

2019LZQG2，位于发掘探沟内大部分地段，截面近梯形，两侧沟壁呈斜弧状，沟底略有凹凸。沟口南北宽8.1米，底宽4米，沟深2.15米，沟底距地表4.4米。

沟内堆积共可分4层，每层的堆积状态各有区别，通过堆积状态的不同可以看出不同时期沟内的淤塞形态。

第1层，位于沟的最北面靠近沟北壁，剖面呈斜坡浅窄沟形，说明沟的位置已经逐渐移到最北面，属该沟结束使用的最后时期，该时期最浅最窄。南北宽3.25米，最深0.73米。该层堆积土质致密，黏性，土色黄褐色，包含物较少，这说明此时期一是人类活动较少，二是时间短。层内采集的20余片陶片中，见有夹砂褐陶、黑皮褐陶、泥质灰陶和泥质黄褐陶等，可辨器型有鬲和平底器。

第2层，位于沟的中间部位，沟面宽约6米，沟的形态为南坡斜直缓平，北坡斜直立陡。而这一时期的堆积地层，土质致密黏硬，土色显黄色，层内基本没有人类活动遗存。此时的地层堆积，南坡平缓处堆积较厚，北坡立陡处堆积偏薄。最后沟体逐渐向北偏移。最厚处堆积厚约1.77米。从该时期的堆积状态可以看出本层堆积是短时期一次性形成，成因属于自然水流淤积所致。层内无可采集的标本。

第3层，该层堆积整体分布于沟的全部底层，从堆积状态看，南坡斜直平缓，北坡斜直立陡，呈弧底沟形，层位厚度变化较小，而且使用时期较长，本层堆积呈黑褐色黏泥状，应该是沟内常年有水沉积而成。层位厚0~0.7米。在较多的包含遗物中，夹砂红褐陶约占总数的86.6%，夹砂灰褐陶约占8.1%，泥质灰陶约占4.1%，磨光泥质黑褐陶约占1.2%。器表素面器约占43%，绳纹器物占47.7%，弦断绳纹，交叉绳纹，压印窝纹等约占9.3%。出土标本中可辨器型有鬲、甑和平底器等。层内出土小件有纺轮1件，陶饼1件。

第4层，该层堆积位于沟南壁下，呈斜坡状自坡顶至沟底，两端薄中间厚。从堆积状态看，属短期形成，是沟内的最早期堆积。该层堆积土质致密黏性，土色黑灰色。层内包含物极少，无可采集的标本。

二 遗 物

出土遗物包括陶器、石器、骨器等。

（一）陶器

2019LZQH14：1，瓮底。夹细砂红褐陶，平底，腹部饰弦断细绳纹。底径12.4厘米，残高17.2厘米，厚1.6厘米（图6-13，1）。

2019LZQH14：2，口沿，夹细砂红褐陶，圆唇，侈口，饰磨光细绳纹。口径16.4厘米，残高6.4厘米，厚0.8厘米（图6-13，3）。

2019LZQH14：3，敛口罐，夹砂灰褐陶。平底，溜肩，弧腹内收，素面抹光。口径8厘米，残高5.4厘米，厚0.6厘米（图6-13，7）。

2019LZQH14：4，鬲足，夹砂灰褐陶。饰抹光细绳纹。残高8厘米，最大宽度12.4厘米（图6-13，8）。

2019LZQH14：5，残片，鬲。夹砂灰褐陶，饰弦断细绳纹。残高15.6厘米，宽13.5厘米，厚0.4厘米（图6-13，2）。

2019LZQH14：6，鬲足，夹砂灰褐陶。尖足跟，扁足，素面抹光。残高9.6厘米，最大宽

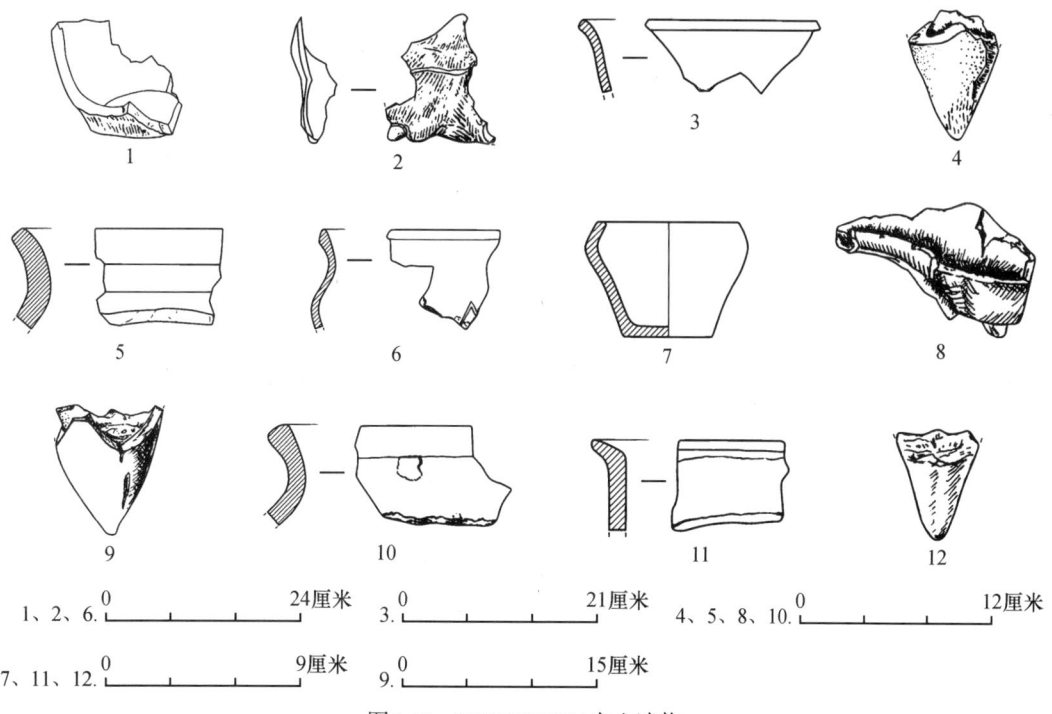

图6-13 2019LZQH14出土遗物

1.（瓮）残片（2019LZQH14：1） 2.（鬲）残片（2019LZQH14：5） 3.口沿（2019LZQH14：2） 4.鬲足（2019LZQH14：7）
5.口沿（2019LZQH14：8） 6.口沿（2019LZQH14：11） 7.（罐）残片（2019LZQH14：3） 8.鬲足（2019LZQH14：4）
9.鬲足（2019LZQH14：6） 10.口沿（2019LZQH14：9） 11.口沿（2019LZQH14：10） 12.鬲足（2019LZQH14：12）

度8厘米（图6-13，9）。

2019LZQH14：7，鬲足，夹砂灰褐陶，尖足跟，扁足，素面磨光。通高7.8厘米，最大直径为5.4厘米（图6-13，4）。

2019LZQH14：8，口沿，夹砂红陶，方圆唇，侈口，素面磨光。口径8厘米，残高6厘米，厚1.4厘米（图6-13，5）。

2019LZQH14：9，口沿，夹砂灰褐陶。口沿外折贴附呈方唇，侈口，素面。口径7.2厘米，残高6厘米，厚1.2厘米（图6-13，10）。

2019LZQH14：10，口沿，夹细砂红褐陶。圆唇，平沿，饰抹光弦断细绳纹。口径5.2厘米，残高4厘米，厚0.6厘米（图6-13，11）。

2019LZQH14：11，口沿，夹砂红褐陶。口沿外折贴附呈圆唇、侈口，肩下饰压印几何线条纹。口径14.4厘米，残高12.4厘米，厚0.8厘米（图6-13，6）。

2019LZQH14：12，鬲足，夹砂红褐陶。尖足跟，饰细绳纹。残高5厘米，最大宽度3.8厘米（图6-13，12）。

2019LZQH15：1，腹片，泥质灰皮褐陶，饰篮纹。残高13.8厘米，宽15.6厘米，厚0.45厘米（图6-14，1）。

2019LZQH15：2，口沿，夹细砂灰陶，圆唇沿外翻，颈、口沿素面，腹部饰篮纹。口径8.6厘米，残高6厘米，厚0.4厘米（图6-14，2）。

2019LZQH15：3，口沿，夹砂灰褐陶。圆唇，侈口，素面抹光，上腹有堆塑錾手。口径15.3厘米，残高12.75厘米，厚0.9厘米（图6-14，10）。

2019LZQH15：4，腹片，泥质灰皮褐陶。饰粗绳纹。宽22.6厘米，残高6厘米，厚0.8厘米（图6-14，11）。

2019LZQH15：5，器底，泥质灰皮褐陶，平底，底腹结合处饰凸弦纹。底径5.7厘米，残高4.8厘米，厚0.4厘米（图6-14，16）。

2019LZQH15：6，口沿，夹砂灰褐陶。尖唇外翻，沿素面抹光。口径11.1厘米，残高6.6厘米，厚1.8厘米（图6-14，4）。

2019LZQH15：7，器底，泥质灰皮褐陶。平底，素面。底径3.9厘米，残高3.5厘米，厚0.6厘米（图6-14，5）。

2019LZQH15：8，器耳，泥质黑皮褐陶。桥形，素面。残高6厘米，宽3:4厘米，厚0.6厘米（图6-14，12）。

2019LZQH15：9，腹片，鬲。夹砂灰褐陶。饰交错细绳纹。宽14.55厘米，残高6.9厘米，厚0.9厘米（图6-14，3）。

2019LZQH15：10，器底，泥质红褐陶。平底，素面。底径6.9厘米，残高4.6厘米，厚0.5厘米（图6-14，13）。

2019LZQH15：11，器底，夹砂红褐陶。平底，素面抹光。底径6厘米，残高6.5厘米，厚0.8厘米（图6-14，6）。

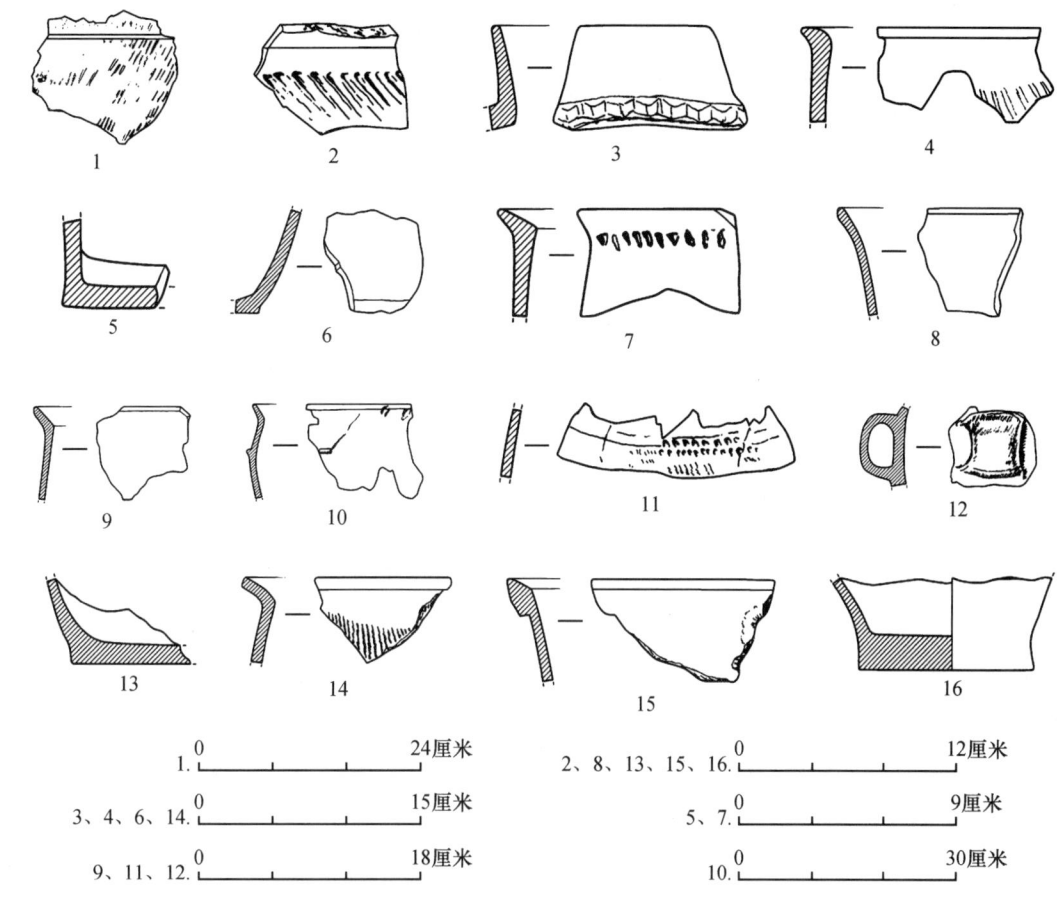

图6-14 2019LZQH15出土遗物

1. 腹片（2019LZQH15：1） 2. 口沿（2019LZQH15：2） 3. （鬲）腹片（2019LZQH15：9） 4. 口沿（2019LZQH15：6）
5. 器底（2019LZQH15：7） 6. 器底（2019LZQH15：11） 7. 口沿（2019LZQH15：14） 8. 口沿（2019LZQH15：18）
9. 口沿（2019LZQH15：13） 10. 口沿（2019LZQH15：3） 11. 腹片（2019LZQH15：4） 12. 器耳（2019LZQH15：8）
13. 器底（2019LZQH15：10） 14. 口沿（2019LZQH15：15） 15. 口沿（2019LZQH15：17） 16. 器底（2019LZQH15：5）

2019LZQH15：13，口沿，夹砂灰褐陶。方唇，侈口，素面抹光。口径8厘米，残高7.6厘米，厚0.4厘米（图6-14，9）。

2019LZQH15：14，口沿，夹砂红褐陶。圆唇，侈口，素面，颈沿结合处饰压印短线纹。口径6.4厘米，残高4.2厘米，厚0.4厘米（图6-14，7）。

2019LZQH15：15，口沿，夹砂红褐陶。圆唇，沿面外缘有1道凹弦纹，肩部以上素面，腹部饰细绳纹。口径9.1厘米，残高5.6厘米，厚0.8厘米（图6-14，14）。

2019LZQH15：17，口沿，泥质灰陶。口沿外折贴附呈尖唇，斜平沿，素面，腹部有1锔孔。口径10厘米，残高5.4厘米，厚0.6厘米（图6-14，15）。

2019LZQH15：18，口沿，泥质灰皮褐陶。圆唇外翻沿，沿面有两道凹弦纹，素面。口径6.2厘米，残高6厘米，厚0.4厘米（图6-14，8）。

2019LZQH8：1，口沿，泥质红褐陶。方唇，侈口，颈部转折处饰压印三角纹，余素面。口径23.6厘米，残高8.8厘米，厚1.2厘米（图6-15，1）。

2019LZQTG1⑦H8：1，纺轮，泥质褐陶。直径3厘米，孔径0.4厘米，厚2厘米（图6-15，2）。

2019LZQH8：6，鬲足，夹砂红褐陶。平足跟，通体饰绳纹。残高6.7厘米，最大宽度6厘米（图6-15，3）。

2019LZQH8：9，口沿，夹砂红褐陶。圆唇，侈口，颈部饰附加堆塑纹，余素面。口径3.7厘米，残高3.1厘米，厚0.5厘米（图6-15，4）。

2019LZQTG1H9：1，甗腰，夹细砂黑皮褐陶。通体饰竖向绳纹，腰部贴塑陶片，饰斜向绳纹。宽7.2厘米，残高7.2厘米（图6-15，5）。

2019LZQH9：3，鬲足，夹砂红褐陶。尖足跟绳纹。残高6厘米，最大直径5.4厘米（图6-15，6）。

2019LZQH16：1，口沿，夹砂灰褐陶。圆唇，侈口。口径9.3厘米，残高5.2厘米，厚1厘米（图6-15，7）。

2019LZQH16：2，腹片，泥质灰褐陶。饰篮纹。宽6.8厘米，残高8.8厘米，厚0.7厘米（图6-15，8）。

2019LZQH16：3，器底，泥质黑皮褐陶，素面磨光。底径9.7厘米，残高4.3厘米，厚0.6厘米（图6-15，9）。

2019LZQH16：5，口沿，夹砂红陶。尖唇，素面，口沿外缘有一道凹旋纹。口径7厘米，残高3.4厘米，厚0.8厘米（图6-15，10）。

2019LZQF1：1，甗盆，夹砂红褐陶。尖圆唇，侈口，饰弦断细绳纹。口径31.5厘米，残高27.6厘米，厚1.2厘米（图6-17，12）。

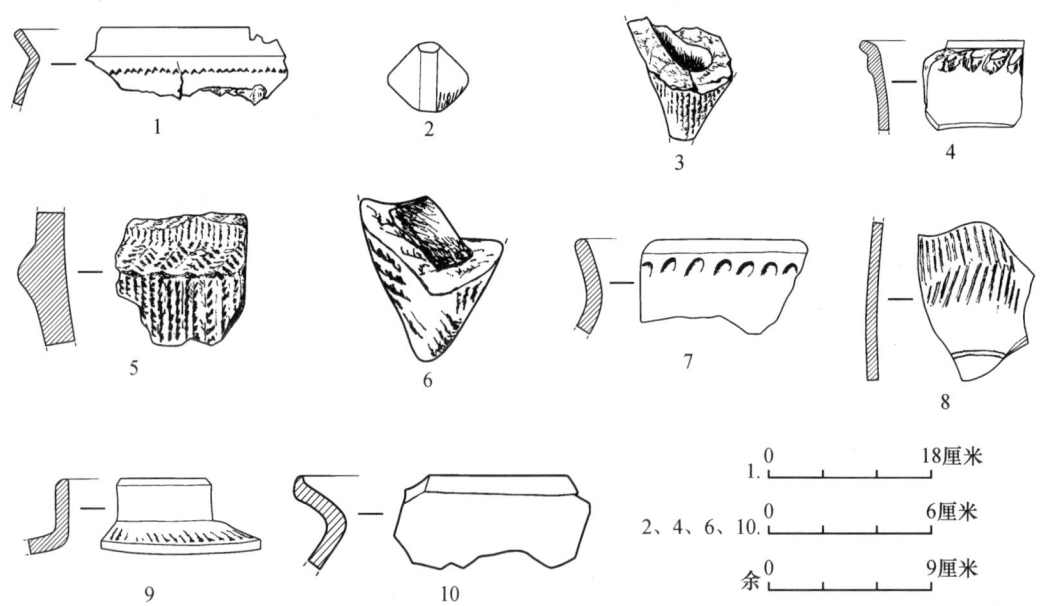

图6-15　部分灰坑出土遗物

1.口沿（2019LZQH8：1）　2.纺轮（2019LZQTG1⑦H8：1）　3.鬲足（2019LZQH8：6）　4.口沿（2019LZQH8：9）　5.甗腰（2019LZQTG1H9：1）　6.鬲足（2019LZQH9：3）　7.口沿（2019LZQH16：1）　8.腹片（2019LZQH16：2）　9.器底（2019LZQH16：3）　10.口沿（2019LZQH16：5）

2019LZQF1：2，鬲足，夹砂灰褐陶。尖足跟，扁足，饰细绳纹。通高8.36厘米，最大直径3.32厘米（图6-16，3）。

2019LZQF1：3，鬲足，夹砂红褐陶。尖足跟，饰抹光绳纹。通高10.8厘米，最大直径10厘米（图6-17，2）。

2019LZQF1：4，甗腰，夹砂红褐陶。腰部附加堆条饰戳点窝纹，余细绳纹。宽度为10.8厘米，残高8厘米，厚0.8厘米（图6-16，4）。

2019LZQF1：5，口沿，夹细砂黑褐陶，圆唇，侈口，素面，颈部磨光。口径12.8厘米，残高8.4厘米，厚0.8厘米（图6-16，1）。

2019LZQF1：6，口沿，夹细砂黑褐陶，圆唇，侈口，素面，颈部磨光。口径8厘米，残高8厘米，厚0.8厘米（图6-16，2）。

2019LZQF1：7，口沿，夹细砂黑褐陶。圆唇，侈口，素面，肩部饰压印三角纹，腹部饰绳纹。口径10厘米，残高8厘米，厚0.8厘米（图6-16，5）。

2019LZQF1：8，口沿，夹细砂黑褐陶。圆唇，侈口，素面，颈部磨光。口径10.4厘米，残高7.6厘米，厚0.8厘米（图6-17，3）。

2019LZQF1：9，口沿，夹细砂黑褐陶。圆唇，侈口，素面，肩部饰压印三角纹、腹部饰

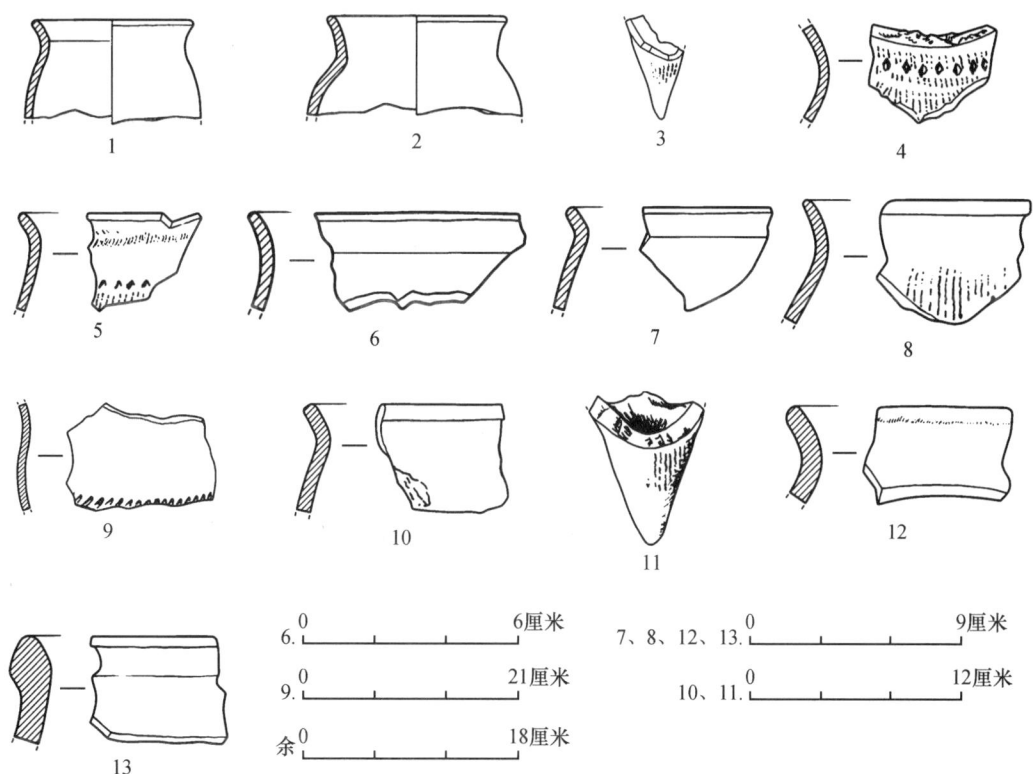

图6-16　2019LZQF1内遗物（一）
1. 口沿（2019LZQF1：5）　2. 口沿（2019LZQF1：6）　3. 鬲足（2019LZQF1：2）　4. 甗腰（2019LZQF1：4）
5. 口沿（2019LZQF1：7）　6. 口沿（2019LZQF1：13）　7. 口沿（2019LZQF1：22）　8. 口沿（2019LZQF1：17）
9. 腹片（2019LZQF1：15）　10. 口沿（2019LZQF1：16）　11. 鬲足（2019LZQF1：19）　12. 口沿（2019LZQF1：20）
13. 口沿（2019LZQF1：21）

绳纹。口径8.8厘米，残高6.8厘米，厚0.6厘米（图6-17，4）。

2019LZQF1：10，口沿，夹砂红褐陶。方圆唇，侈口，腹部饰细绳纹。口径10.4厘米，残高8.8厘米，厚0.8厘米（图6-17，5）。

2019LZQF1：11，口沿，夹细砂黑褐陶。圆唇，侈口，素面，肩部饰压印三角纹、腹部饰绳纹。口径12厘米，残高8厘米，厚0.8厘米（图6-17，6）。

2019LZQF1：12，口沿，夹砂黑陶。圆唇，侈口，素面抹光。口径8厘米，残高6厘米，厚0.9厘米（图6-17，7）。

2019LZQF1：13，口沿，夹细砂黑褐陶。圆唇，侈口，素面，颈部磨光。口径6.8厘米，残高2.8厘米，厚0.4厘米（图6-16，6）。

2019LZQF1：14，腹片，夹砂红褐陶。饰交叉绳纹。宽5.2厘米，残高6厘米，厚1.2厘米（图6-17，8）。

2019LZQF1：15，腹片，夹砂红褐陶。肩部素面，肩下压印短条状窝纹。残高10.5厘米，宽度14.4厘米，厚0.9厘米（图6-16，9）。

2019LZQF1：16，口沿，夹砂红褐陶。圆唇，直口，素面。口径6厘米，残高5.8厘米，厚0.8厘米（图6-16，10）。

2019LZQF1：17，口沿，夹砂红褐陶。圆唇，直口，素面。口径6.4厘米，残高5厘米，厚0.4厘米（图6-16，8）。

2019LZQF1：18，口沿，夹砂红褐陶。圆唇，直口，通体绳纹。口径7.2厘米，残高7厘米，厚0.4厘米（图6-17，10）。

2019LZQF1：19，鬲足，夹砂红褐陶，尖足跟，饰抹光绳纹。残高8.4厘米，最大直径为5厘米（图6-16，11）。

2019LZQF1：20，口沿，夹砂红褐陶。圆唇，直口，素面。口径6厘米，残高4厘米，厚1厘米（图6-16，12）。

2019LZQF1：21，口沿，夹砂红陶。沿部外贴附，呈方圆唇，侈口，素面。口径6厘米，残高4.4厘米，厚2厘米（图6-16，13）。

2019LZQF1：22，口沿，夹细砂黑褐陶。圆唇，侈口，素面。口径5.2厘米，残高4厘米，厚0.5厘米（图6-16，7）。

2019LZQF1：23，口沿，夹细砂黑褐陶。圆唇，侈口，素面。口径7.2厘米，残高3.4厘米，厚0.7厘米（图6-17，11）。

2019LZQF1：24，甗盆，夹砂红褐陶。尖圆唇，侈口，饰弦断细绳纹。口径30厘米，残高21.9厘米，厚0.9厘米（图6-17，13）。

2019LZQF1：25，鬲足，夹砂红褐陶。尖足跟，饰抹光绳纹。残高7厘米，最大直径7.3厘米（图6-17，9）。

2019LZQF1：26，腹片，夹砂黑陶。上部磨光，下部抹光绳纹。残高4.8厘米，宽度10厘米，厚0.4厘米（图6-17，1）。

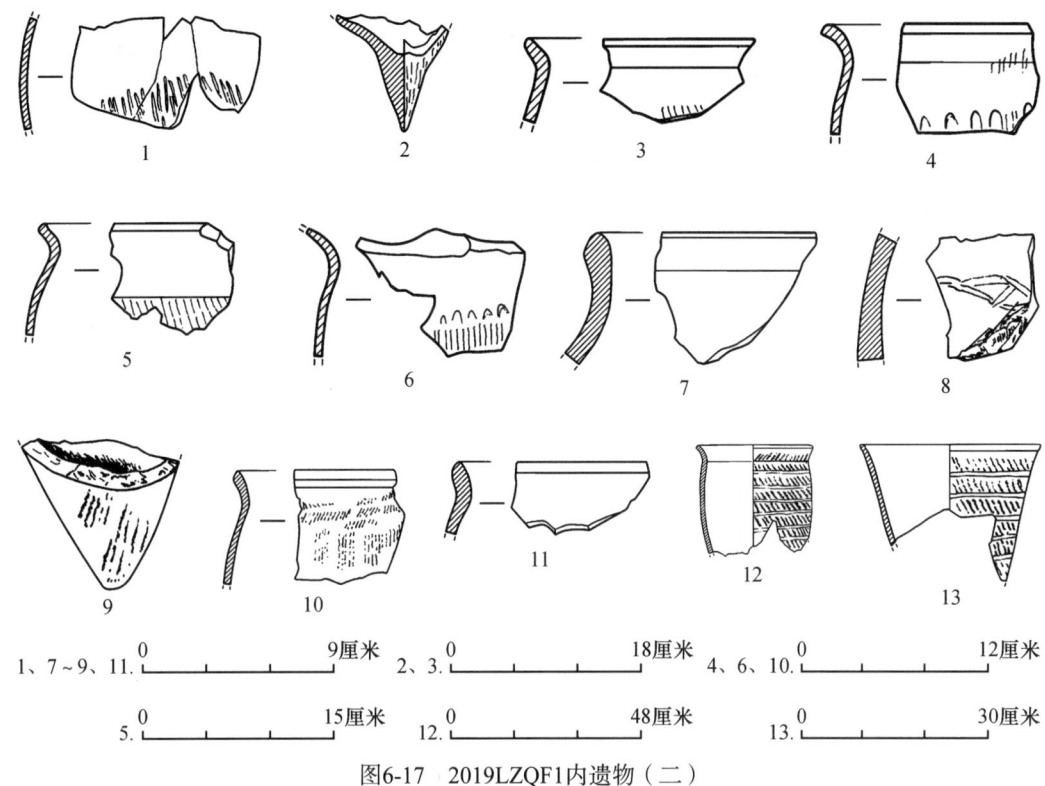

图6-17 2019LZQF1内遗物（二）

1.腹片（2019LZQF1：26） 2.鬲足（2019LZQF1：3） 3.口沿（2019LZQF1：8） 4.口沿（2019LZQF1：9）
5.口沿（2019LZQF1：10） 6.口沿（2019LZQF1：11） 7.口沿（2019LZQF1：12） 8.腹片（2019LZQF1：14）
9.鬲足（2019LZQF1：25） 10.口沿（2019LZQF1：18） 11.口沿（2019LZQF1：23） 12.甗盆（2019LZQF1：1）
13.甗盆（2019LZQF1：24）

2019LZQG2①：1，器底，泥质灰陶。平底，素面。底径4.4厘米，残高6.2厘米（图6-18，1）。

2019LZQG2①：3，鬲足，夹砂红褐陶。平足跟，通体绳纹。残高6厘米，最大宽度4厘米（图6-18，2）。

2019LZQG2①：4，口沿，夹砂红陶。尖唇，侈口。口径9.2厘米，残高3.6厘米，厚0.8厘米（图6-18，3）。

2019LZQG2③：1，鬲足，夹砂红褐陶。尖足跟，抹光细绳纹。残高9.8厘米，最大宽度9厘米（图6-18，4）。

2019LZQG2③：2，鬲足，夹砂红褐陶。尖足跟，抹光细绳纹。残高12厘米，最大宽度7.2厘米（图6-18，5）。

2019LZQG2③：4，口沿，鬲，夹砂红褐陶。方圆唇，侈口，口部素面，下抹光绳纹。口径15厘米，残高5.7厘米，厚0.6厘米（图6-18，6）。

2019LZQG2③：5，口沿，夹砂黑皮褐陶。方唇，侈口，溜肩，弧腹，素面抹光。口径6.8厘米，残高8厘米，厚0.8厘米（图6-18，7）。

2019LZQG2③：6，腹片，夹砂红褐陶。肩素面磨光，肩下饰压印短线条纹，腹部饰弦断细绳纹。宽11.2厘米，残高8厘米，厚0.5厘米（图6-18，8）。

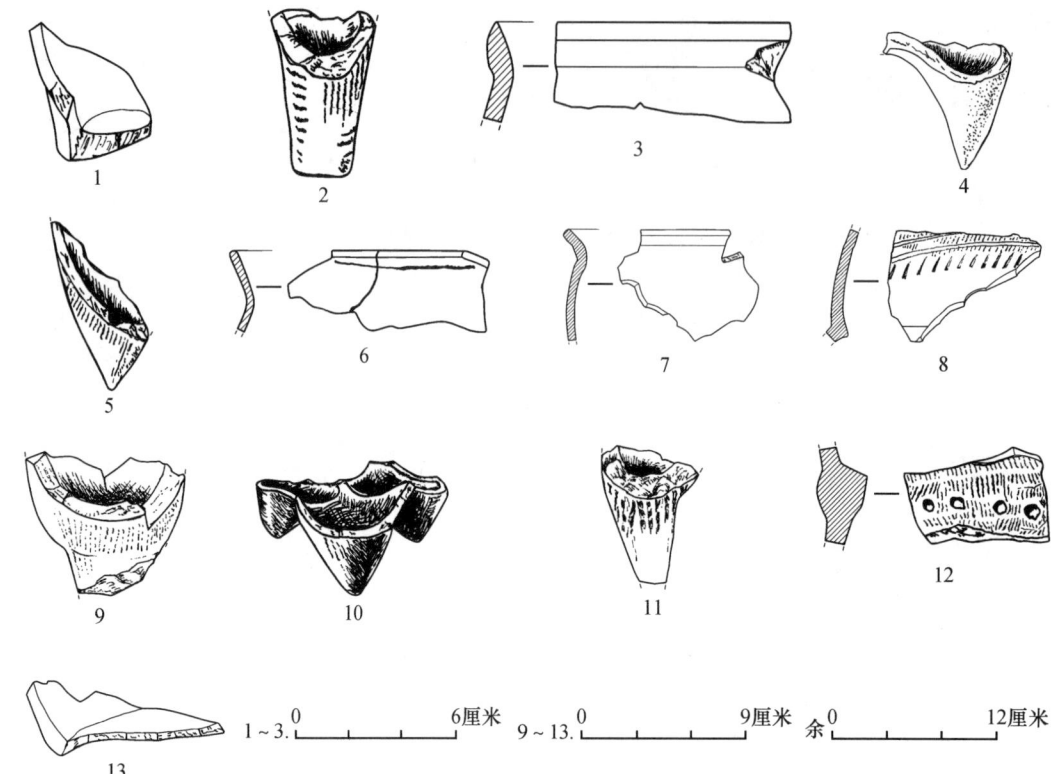

图6-18 G2出土遗物

1. 器底（2019LZQG2①：1） 2. 鬲足（2019LZQG2①：3） 3. 口沿（2019LZQG2①：4） 4. 鬲足（2019LZQG2③：1）
5. 鬲足（2019LZQG2③：2） 6. 口沿（2019LZQG2③：4） 7. 口沿（2019LZQG2③：5） 8. 腹片（2019LZQG2③：6）
9. 鬲足（2019LZQG2③：8） 10. 鬲裆足（2019LZQG2③：9） 11. 鬲足（2019LZQG2③：11） 12. 甗腰（2019LZQG2③：11） 13. 器底（2019LZQG2③：13）

2019LZQG2③：8，鬲足，夹砂灰陶。足跟残缺，饰抹光绳纹。残高7.8厘米，最大宽度9.1厘米（图6-18，9）。

2019LZQG2③：9，鬲裆足，夹砂红褐陶。三足均为尖足跟，抹光绳纹。残高7厘米，最大宽度10.4厘米（图6-18，10）。

2019LZQG2③：10，鬲足，夹砂红褐陶。平足跟，饰绳纹。残高7.4厘米，最大宽度5.4厘米（图6-18，11）。

2019LZQG2③：11，甗腰，夹砂红褐陶。腰部附加堆塑，饰圆窝纹。宽8厘米，残高5.2厘米，厚1厘米（图6-18，12）。

2019LZQG2③：13，器底，夹砂灰褐陶。平底，饰抹光绳纹。底径12.2厘米，残高4.6厘米（图6-18，13）。

2019LZQT1⑦：1，器底，泥质灰褐陶。圜底，饰交错绳纹。底径34.2厘米，残高30厘米，厚0.6厘米（图6-19，1）。

2019LZQT1⑦：2，腹片，夹砂红褐陶。饰压印三角纹，弦断交错绳纹。宽13.5厘米，残高9.6厘米，厚0.45厘米（图6-19，2）。

2019LZQT1⑦：4，口沿，泥质灰褐陶。圆唇，侈口，素面。口径12厘米，残高4.5厘米，厚0.9厘米（图6-19，3）。

2019LZQT1⑦：5，口沿，泥质灰陶。尖圆唇，侈口，肩部饰压印三角纹。口径5.2厘米，残高6.4厘米，厚0.8厘米（图6-19，4）。

2019LZQT1⑦：7，口沿，残，夹砂红陶。圆唇，侈口，斜直壁，沿部有流，腹部饰细绳纹。口径7厘米，残高8.4厘米，厚0.8厘米（图6-19，5）。

2019LZQT1⑦：11，鬲足，夹砂褐陶。尖足跟，饰细绳纹。残高9厘米，最大宽度6厘米（图6-19，6）。

2019LZQT1⑦：12，鬲足，夹砂红褐陶。平足跟，饰绳纹。残高7.1厘米，最大宽度6.4厘米（图6-19，7）。

2019LZQT1⑧：1，口沿，夹砂红褐陶。圆唇，侈口，素面抹光。口径16.5厘米，残高9厘米，厚0.9厘米（图6-20，1）。

2019LZQTG1⑧：1，纺轮，泥质红褐陶。直径3.6厘米，孔径0.6厘米，厚2.5厘米（图6-20，2）。

2019LZQT1⑧：2，口沿，夹砂红褐陶。圆唇，侈口，素面抹光。口径5.4厘米，残高7.5厘米，厚0.4厘米（图6-20，3）。

2019LZQT1⑧：3，口沿，夹砂灰褐陶。圆唇，侈口，抹光细绳纹。口径4.8厘米，残高8.2厘米，厚0.8厘米（图6-20，4）。

2019LZQT1⑧：4，口沿，夹砂灰褐陶。圆唇，侈口，抹光细绳纹。口径5.2厘米，残高4.8厘米，厚0.3厘米（图6-20，5）。

2019LZQT1⑧：6，器底，夹砂红褐陶。平底，腹壁饰凹弦纹。底径5.1厘米，残高4.8厘米，厚0.4厘米（图6-20，6）。

2019LZQT1⑧：7，鬲足，泥质红褐陶。夹圆足跟，饰细绳纹。残高11厘米，最大宽度9厘米（图6-20，7）。

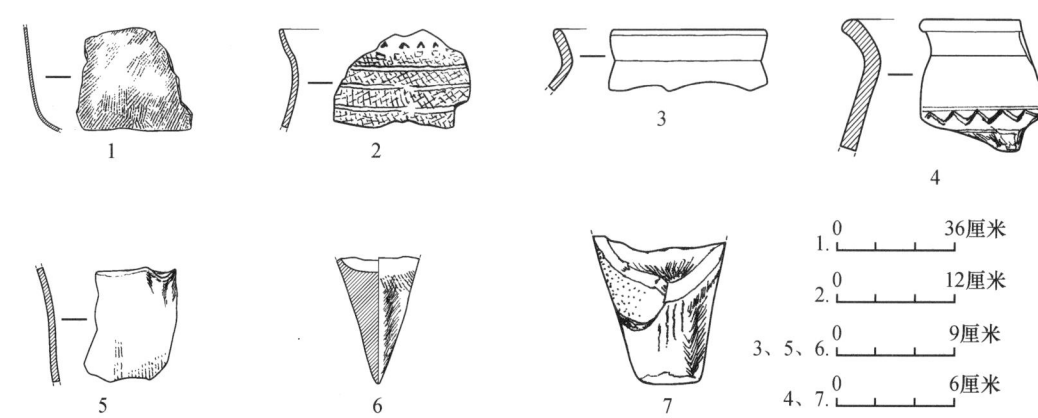

图6-19　2019LZQT1⑦出土遗物
1.器底（2019LZQT1⑦：1）　2.腹片（2019LZQT1⑦：2）　3.口沿（2019LZQT1⑦：4）　4.口沿（2019LZQT1⑦：5）
5.口沿（2019LZQT1⑦：7）　6.鬲足（2019LZQT1⑦：11）　7.鬲足（2019LZQT1⑦：12）

2019LZQT1⑧：8，口沿，夹砂灰褐陶。尖唇，斜平沿，饰弦断细绳纹。口径10.2厘米，残高7厘米，厚0.8厘米（图6-20，8）。

2019LZQT1⑧：9，口沿，夹砂灰褐陶。圆唇，斜平沿。素面，磨光。口径12.6厘米，残高9厘米，厚0.9厘米（图6-20，9）。

2019LZQT1⑨：1，甗腰，夹砂红褐陶。腰饰附加堆条，条上又戳印窝点，下饰弦断细绳纹。宽20厘米，残高12厘米（图6-21，1）。

2019LZQT1⑨：2，甗腰，夹砂红褐陶。腰饰附加堆条，条上又戳印窝点，下饰弦断细绳纹。宽8.1厘米，残高12厘米，厚0.9厘米（图6-21，2）。

2019LZQT1⑨：3，甗腰，夹砂红褐陶。腰饰附加堆条，条上又戳印窝点，下饰弦断细绳纹。宽14.4厘米，残高14.7厘米，厚1.2厘米（图6-21，3）。

2019LZQT1⑨：4，口沿，夹砂红褐陶。口沿外翻，颈部素面，下饰弦断细绳纹。残宽15厘米，残高12厘米，厚0.5厘米（图6-21，4）。

2019LZQT1⑨：5，口沿，夹砂黑褐陶。圆唇，侈口，颈部磨光，下饰弦断细绳纹。口径9.9厘米，残高12厘米，厚0.9厘米（图6-21，5）。

2019LZQT1⑨：6，口沿，夹砂黑褐陶。圆唇，侈口，颈部磨光，下饰弦断细绳纹。口径10.35厘米，残高12厘米，厚0.9厘米（图6-21，6）。

2019LZQT1⑨：7，口沿，夹砂红褐陶。圆唇，侈口，沿部素面，沿下饰细绳纹。口径

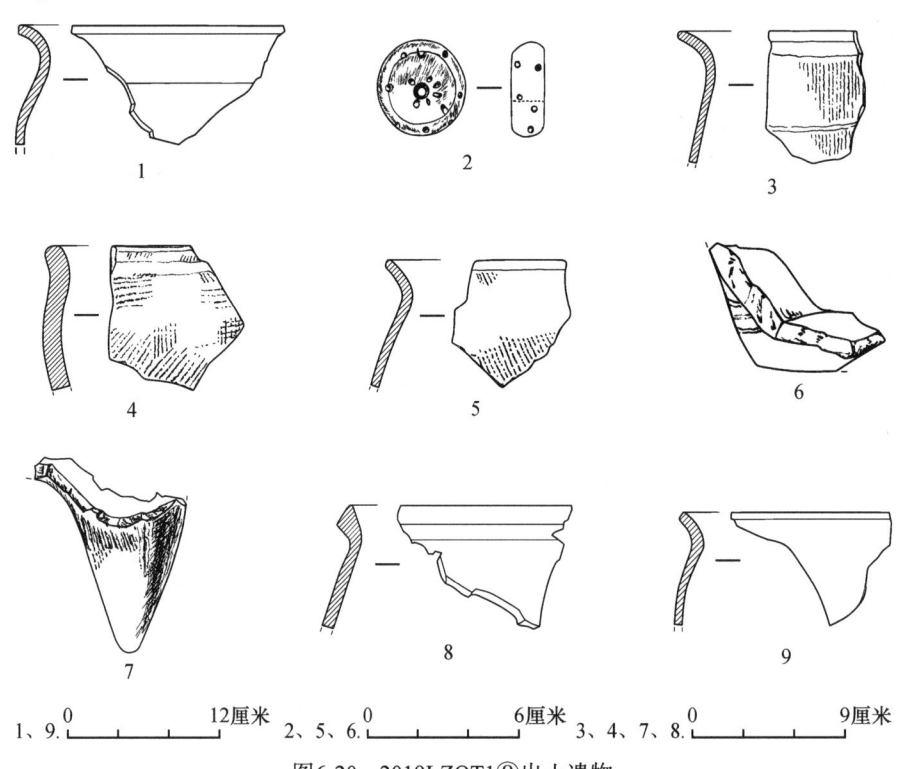

图6-20　2019LZQT1⑧出土遗物

1. 口沿（2019LZQT1⑧：1）　2. 纺轮（2019LZQTG1⑧：1）　3. 口沿（2019LZQT1⑧：2）　4. 口沿（2019LZQT1⑧：3）
5. 口沿（2019LZQT1⑧：4）　6. 器底（2019LZQT1⑧：6）　7. 鬲足（2019LZQT1⑧：7）　8. 口沿（2019LZQT1⑧：8）
9. 口沿（2019LZQT1⑧：9）

12.3厘米，残高3厘米，厚0.6厘米（图6-21，7）。

2019LZQT1⑨：8，器底，夹砂红褐陶。圆形平底，饰细绳纹。底径9厘米，残高8.4厘米，厚0.6厘米（图6-21，8）。

2019LZQT1⑨：9，器底，夹砂红褐陶。圆形平底，饰细绳纹。底径9.75厘米，残高5.7厘米，厚0.6厘米（图6-21，9）。

2019LZQT1⑨：10，口沿，夹砂红褐陶。圆唇，侈口，沿部素面，沿下饰细绳纹。口径11.4厘米，残高6厘米，厚0.6厘米（图6-21，10）。

2019LZQT1⑨：11，口沿，夹砂黑褐陶。尖圆唇，侈口，素面，手制。口径8.8厘米，残高6厘米，厚0.8厘米（图6-21，11）。

2019LZQT1⑨：12，器底，夹砂灰褐陶。素面。底径5.3厘米，残高2.4厘米，厚0.4厘米（图6-21，12）。

2019LZQT1⑨：13，鬲足，夹砂红褐陶。尖足跟，饰抹光细绳纹。残高10.4厘米，最大宽

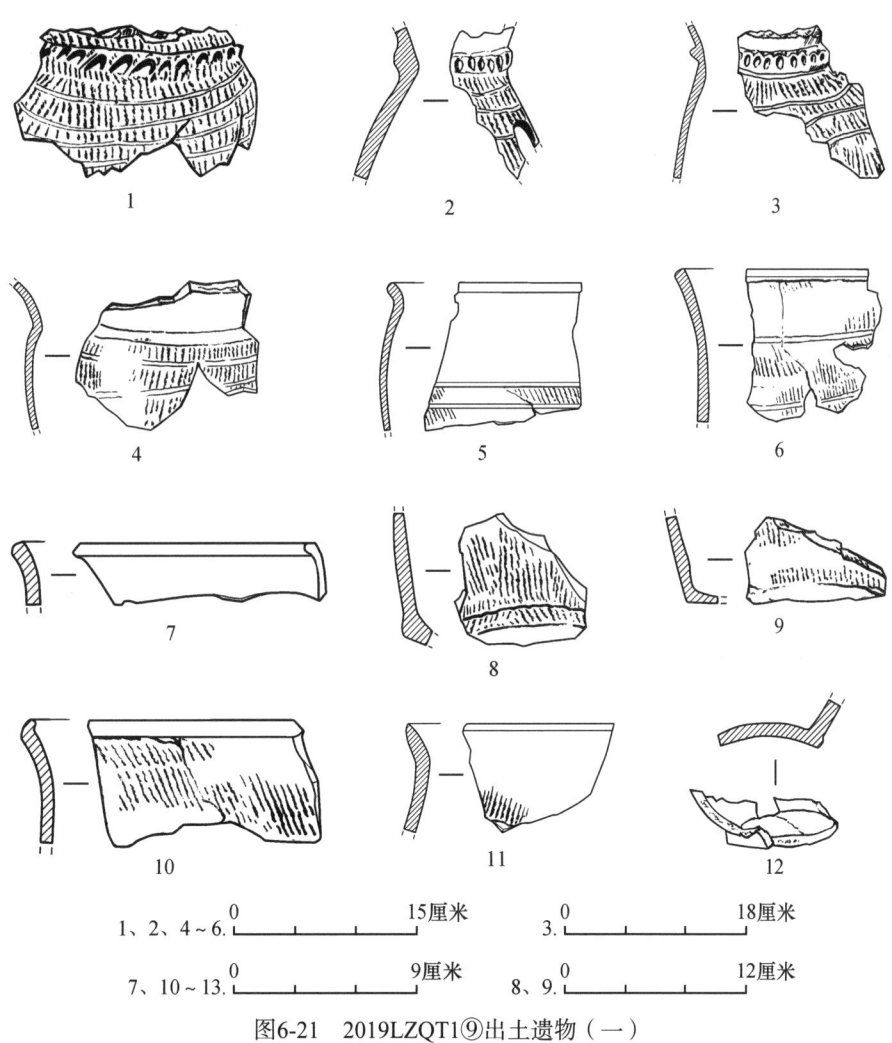

图6-21　2019LZQT1⑨出土遗物（一）
1. 甗腰（2019LZQT1⑨：1）　2. 甗腰（2019LZQT1⑨：2）　3. 甗腰（2019LZQT1⑨：3）　4. 口沿（2019LZQT1⑨：4）
5. 口沿（2019LZQT1⑨：5）　6. 口沿（2019LZQT1⑨：6）　7. 口沿（2019LZQT1⑨：7）　8. 器底（2019LZQT1⑨：8）
9. 器底（2019LZQT1⑨：9）　10. 口沿（2019LZQT1⑨：10）　11. 口沿（2019LZQT1⑨：11）　12. 器底（2019LZQT1⑨：12）

度8.2厘米（图6-22，1）。

2019LZQT1⑨：14，鬲足，夹砂红褐陶。尖足跟，饰抹光细绳纹。残高7.8厘米，最大宽度6.5厘米（图6-22，2）。

2019LZQT1⑨：15，鬲足，夹砂红褐陶。尖足跟，饰抹光细绳纹。残高5.8厘米，最大宽度4.3厘米（图6-22，3）。

2019LZQT1⑨：16，口沿，鬲，夹砂黑褐陶。尖圆唇外翻，平沿，素面磨光。口径7.6厘米，残高7.8厘米，厚0.8厘米（图6-22，4）。

2019LZQT1⑨：17，口沿，鬲，夹砂黑褐陶。尖圆唇外翻，平沿，素面，磨光。口径8.6

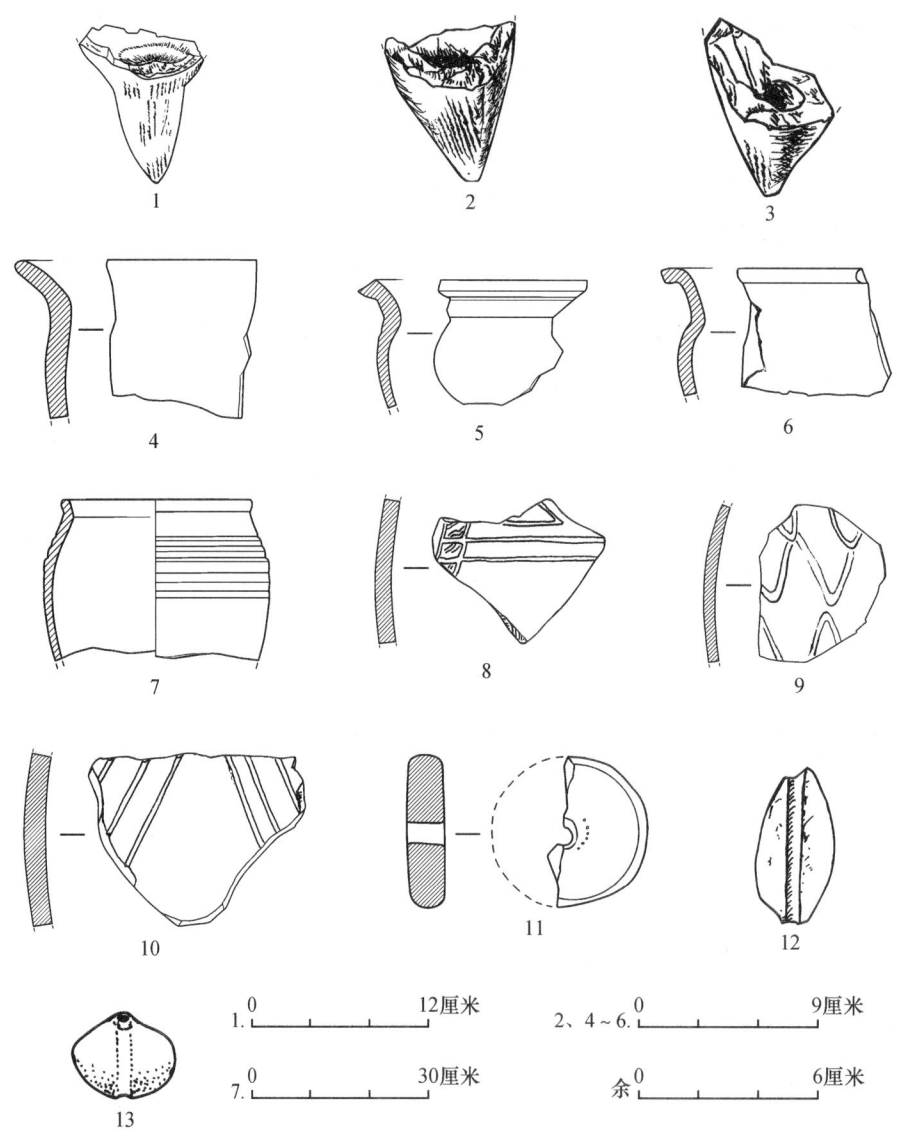

图6-22　2019LZQT1⑨出土遗物（二）

1. 鬲足（2019LZQT1⑨：13）　2. 鬲足（2019LZQT1⑨：14）　3. 鬲足（2019LZQT1⑨：15）　4. 口沿（2019LZQT1⑨：16）
5. 口沿（2019LZQT1⑨：17）　6. 口沿（2019LZQT1⑨：18）　7.（瓮）残片（2019LZQT1⑨：19）　8. 腹片（2019LZQT1⑨：20）
9. 腹片（2019LZQT1⑨：21）　10. 腹片（2019LZQT1⑨：22）　11. 纺轮（2019LZQT1⑨：23）　12. 网坠（2019LZQT1⑨：24）
13. 纺轮（2019LZQT1⑨H15：1）

厘米，残高6厘米，厚0.8厘米（图6-22，5）。

2019LZQT1⑨：18，口沿，鬲，夹砂黑褐陶。尖圆唇外翻，平沿，素面，磨光。口径7.3厘米，残高6厘米，厚0.6厘米（图6-22，6）。

2019LZQT1⑨：19，残片，瓮，夹砂红陶。圆唇外卷沿，矮颈溜肩弧腹，口颈肩素面，腹部饰弦断细绳纹。口径33.6厘米，残高25.6厘米，厚1.6厘米（图6-22，7）。

2019LZQT1⑨：20，腹片，泥质红褐陶。刻划三角纹。宽5.55厘米，残高4.5厘米，厚0.6～0.7厘米（图6-22，8）。

2019LZQT1⑨：21，腹片，夹砂灰褐陶。刻划之字纹。宽4.1厘米，残高5.1厘米，厚0.3厘米（图6-22，9）。

2019LZQT1⑨：22，腹片，夹砂灰褐陶。磨光，压划不平行条纹。宽7.45厘米，残高5.65厘米，厚0.8厘米（图6-22，10）。

2019LZQT1⑨：23，纺轮，夹砂褐陶。直径5厘米，孔径0.8厘米，厚1.2厘米（图6-22，11）。

2019LZQT1⑨：24，网坠，夹砂褐陶。直径3.3厘米，长5.1厘米，孔径0.9厘米（图6-22，12）。

2019LZQT1⑨H15：1，纺轮，泥质红褐陶。直径3.5厘米，孔径0.4厘米，厚2.6厘米（图6-22，13）。

2019LZQTG1⑨：1，鬲足，夹砂灰褐陶。尖足跟，素面。残高11.6厘米，最大宽度11.2厘米（图6-23，1）。

2019LZQTG1⑨：2，鬲足，夹砂灰陶。饰细绳纹。残高8.8厘米，最大宽度11厘米（图6-23，2）。

2019LZQTG1⑨：3，口沿，泥质灰陶。圆唇，侈口，溜肩，素面。口径8.2厘米，残高8厘米，厚0.8厘米（图6-23，3）。

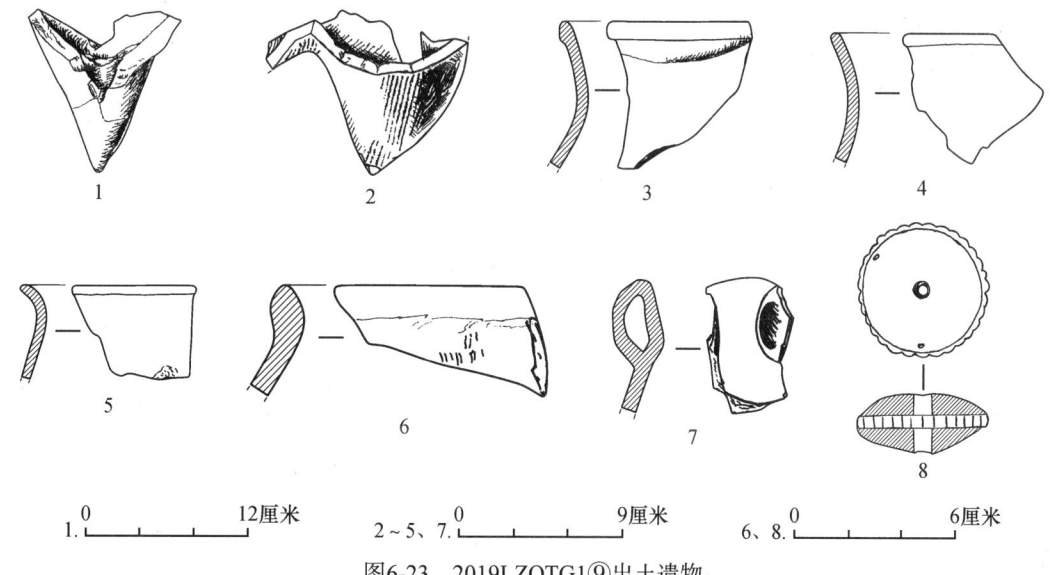

图6-23　2019LZQTG1⑨出土遗物

1.鬲足（2019LZQTG1⑨：1）　2.鬲足（2019LZQTG1⑨：2）　3.口沿（2019LZQTG1⑨：3）　4.口沿（2019LZQTG1⑨：4）
5.口沿（2019LZQTG1⑨：5）　6.口沿（2019LZQTG1⑨：7）　7.鬲耳（2019LZQTG1⑨：9）　8.纺轮（2019LZQTG1⑨：14）

2019LZQTG1⑨：4，口沿，泥质黑皮褐陶。圆唇，侈口，素面。口径8厘米，残高7厘米，厚0.7厘米（图6-23，4）。

2019LZQTG1⑨：5，口沿，夹砂灰褐陶。圆唇，外翻口沿，抹光绳纹。口径7厘米，残高5厘米，厚0.4厘米（图6-23，5）。

2019LZQTG1⑨：7，口沿，夹砂红陶。尖圆唇，平沿，侈口，矮颈下抹光绳纹。口径8.6厘米，残高4厘米，厚0.9厘米（图6-23，6）。

2019LZQTG1⑨：9，鬲耳，夹砂灰褐陶。桥形耳与唇相连，素面手制。宽4.9厘米，残高7.2厘米，厚0.6厘米（图6-23，7）。

2019LZQTG1⑨：14，纺轮，泥质红褐陶。直径4.5厘米，孔径0.5厘米，厚2厘米（图6-23，8）。

2019LZQT1⑩：1，口沿，夹砂灰褐陶。圆唇，侈口，外饰抹光绳纹。口径7.6厘米，残高6.2厘米，厚0.6厘米（图6-24，1）。

2019LZQT1⑩：2，腹片，泥质灰陶，饰篮纹。宽3.5厘米，残高3.1厘米，厚0.5厘米（图6-24，2）。

2019LZQTG1⑩：4，腹片，夹砂红褐陶。饰压印三角纹、弦断细绳纹。宽7.4厘米，残高6.4厘米，厚0.4厘米（图6-24，3）。

2019LZQT1⑩：11，口沿，泥质灰皮褐陶。饰粗绳纹，颈部断裂处有一道弦纹。宽6.4厘米，残高9.6厘米，厚1厘米（图6-24，4）。

2019LZQT1⑩：15，腹片，夹砂红褐陶。饰细绳纹，戳印窝点纹。宽4.6厘米，残高4.55厘米，厚0.4厘米（图6-24，5）。

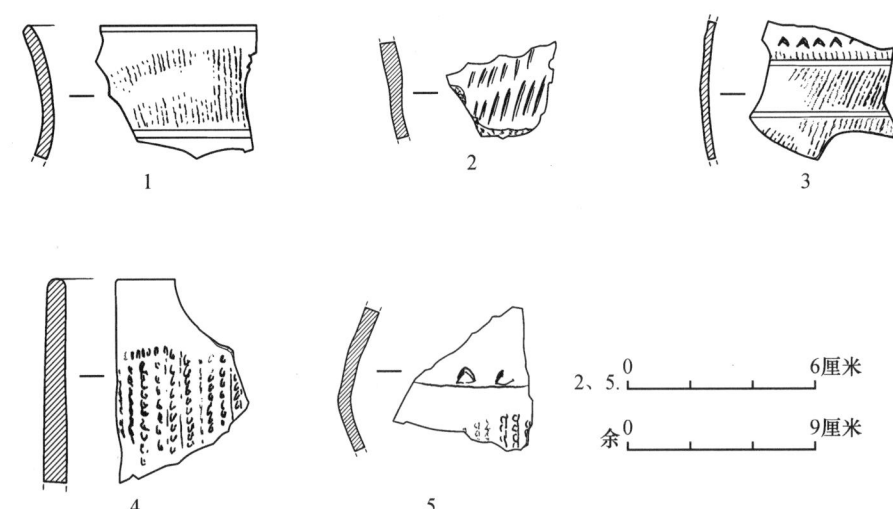

图6-24　2019LZQT1及TG1⑩出土遗物

1.口沿（2019LZQT1⑩：1）　2.腹片（2019LZQT1⑩：2）　3.腹片（2019LZQTG1⑩：4）　4.口沿（2019LZQT1⑩：11）
5.腹片（2019LZQT1⑩：15）

（二）石器

2019LZQT1⑦：1，石斧。长7.8厘米，宽4厘米，厚2厘米（图6-25，1）。

2019LZQT1⑧：1，箭镞。残长1.5厘米，宽1.3厘米（图6-25，2）。

2019LZQTG1⑨：1，箭镞。残长3.3厘米，宽2.1厘米（图6-25，3）。

2019LZQT1⑨H15：2，石片石器。长3厘米，宽1.3厘米，厚0.5厘米（图6-25，4）。

2019LZQT1⑨H15：3，石片石器。长3厘米，宽2厘米，厚0.3厘米（图6-25，5）。

2019LZQTG1⑨：1，箭镞。残长3.3厘米，宽2.1厘米（图6-25，6）。

2019LZQG2①：2，穿孔残刀，沉积岩。平底，素面。长6.4厘米，宽4.5厘米，厚0.4厘米（图6-25，7）。

2019LZQF1：27，骨锥，保存较完整，横断面呈椭圆形。上端扁平，有一个穿孔，下端磨出尖锋，通体磨制。长8.1厘米，宽1.5厘米，孔径0.4厘米（图6-25，8）。

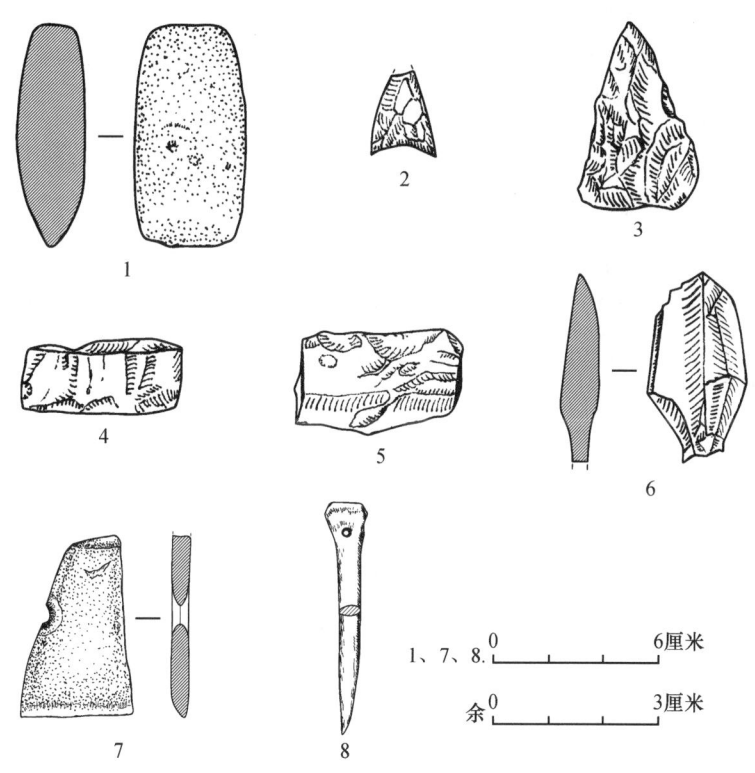

图6-25 出土石器、骨器

1.石斧（2019LZQT1⑦：1） 2.箭镞（2019LZQT1⑧：1） 3.箭镞（2019LZQTG1⑨：1） 4.石片石器（2019LZQT1⑨H15：2）
5.石片石器（2019LZQT1⑨H15：3） 6.箭镞（2019LZQTG1⑨：1） 7.穿孔残刀（2019LZQG2①：2）
8.骨锥（2019LZQF1：27）

第五节　讨　论

　　前小寨遗址的勘察，获取了一批重要资料。首先，生产工具和渔猎用具、纺织工具的发现，一定程度上使我们了解了该聚落遗址当时人类诸如农耕、渔猎、纺织等生产生活的基本状态。其次，陶拍、陶垫、石垫等工具的发现还让我们初步对该遗址在不同时期的制陶业及其他生产生活工具的制作有了一定的认识。

　　发掘中，不同地层采集的各类标本的基本形态，结合不同地层发现的各种遗迹现象，相对清楚地展现了遗址年代以及文化类型。前小寨遗址的第1、2层属近现代耕土和扰乱层。第3、4层中，较多的明清建筑垃圾堆积以及一些辽代沟纹砖的使用，反映了这里辽金至明清时期建筑的使用、修葺、毁灭的全过程。第5层中发现的具有汉代风格的泥质灰陶器物残片，以及第4层下开口打破第5~9层H3中出土的汉代绳纹长方形和楔形砖，彰显了汉代人类活动的缩影。尽管地层中也有一些早期陶片遗存，但那只能说明当时人类的各种活动扰动了早期的文化遗存。第6层堆积，主要以夹砂褐陶为主，还有少量泥质灰陶和泥质红陶，其中的夹细砂红褐陶瓮和夹砂灰褐陶平底器的使用与本地区郎石台遗址战国时期层位的同类遗存相近，泥质灰陶器物与本地区汉代遗存相近，同时第5层下开口的墓葬出土的具有明显战国时期器物特征的随葬品，也侧证了本层具有战国秦汉时期遗存的特征，属于战国秦汉时期地层。第7层堆积的遗存特征是陶器以夹砂灰褐陶为主，夹砂红褐陶、泥质红褐陶、泥质灰陶次之，器表装饰以粗绳纹为主，弦断绳纹次之，其他纹饰较少，偶见素面器，可辨器型有鬲、甗、盆等。其主要文化特征与滦州后迁义遗址晚期的晚商西周初期的文化遗存相近，据此推断，该地层的考古文化年代为晚商西周初期。第8层陶质以夹砂红褐陶为主，夹砂灰褐陶次之，少量夹砂黑皮陶，其文化特征与后迁义遗址二期晚段时期的文化遗存特征相近。第9、10层的文化遗存，陶质陶色以夹砂红褐陶为主，同时出现了磨光黑褐陶、黑皮褐陶和少量的磨光黑陶。器表纹饰出现了篮纹，压印三角，曲线纹划纹等，可辨器型见有鬲、甗、盆、罐等，具有后迁义遗址中早商文化的特征。

　　此外，开口于第6层下的灰坑大部分都是掘土成坑，而后随意填埋，并非以垃圾废物填埋，也就是其使用性质并非真正意义上的灰坑，结合同层位中曾经发现了陶泥，出土了制陶工具等现象，推断这种灰坑属于取土制陶形成的土坑。但由于发掘面积的局限，目前尚未发现制陶作坊和窑址。

　　清理结果显示，遗址中的房址F1，因缺少房屋建筑所应有的必备要素，所以推断属于非居住的简易附属建筑。

　　墓葬的发现，由于客观因素的局限，所获资料尚有不足，据目前出土少量的随葬品推断，墓葬的埋葬年代属战国晚期到西汉早期。

第七章 结 语

第一节 遗址分期与年代

本次调查青铜时代遗址共计176处,其中滦河流域96处,蓟运河流域61处,沙、陡河流域19处,可以看出滦河流域遗址数量分布最多,蓟运河流域其次,沙陡河流域最少。总体来讲,唐山地区青铜时代遗址分布广泛,在山前丘陵及冀东冲积平原广泛分布,但大部分距河流位置不超过2千米,具有临河分布特征。

经过考古工作者多年工作和众多学者研究,大致可初步建立唐山地区青铜时代考古学文化序列:龙山文化→大坨头文化→围坊三期文化→张家园上层文化→燕文化。

龙山文化在唐山地区的首次发现是在大城山遗址。20世纪50年代,河北省文物管理委员会对大城山遗址进行发掘,清理出蛋壳磨光黑陶等典型的山东龙山文化遗存,另外还清理出2件铜牌及玉铲、玉圭和玉琮等,学术界对于大城山遗址的年代和文化性质有诸多讨论,唐云明先生认为主体为山东和河南龙山文化及后冈二期文化,韩嘉谷先生认为其主体应为大坨头文化和较晚的张家园上层文化,张忠培先生认为其主体为龙山文化遗存,但亦有夏家店下层文化因素,文启明先生认为很难界定大城山遗址为某一种文化,将其划为古冶下层和上层类型,沈勇先生认为大城山遗址有围坊三期文化遗存,王青先生将其归入海岱龙山文化"哑巴庄类型",赵辉先生认为其与山东龙山文化城子崖类型相似,张锟先生认为大城山遗址一类属于海岱龙山文化"哑巴庄类型",第二类属于岳石文化系统。但不可否认的是大城山遗址属于龙山文化系统,并有大坨头文化和岳石文化因素。所以此次调查将大城山遗址作为唐山地区龙山文化的源头。另外属于龙山文化系统的遗址还有后迁义遗址、前小寨遗址、万军山遗址和封山寺遗址等。

大坨头文化的名称最早由韩嘉谷先生提出的,之前学界一直将其归为夏家店下层文化"大坨头类型",韩嘉谷先生认为其不属于夏家店下层文化,而是不同源也不同流的独立考古学文化。大坨头文化陶器典型特征以夹砂褐陶为主,纹饰除素面外,以绳纹为主。常见器型有鬲、甗、盆、罐、瓮、钵、尊、纺轮等,陶鬲特征有弧腹鬲、筒腹鬲和折肩鬲等,甗的主要特征为多在束腰处用泥条加固,并在泥条上附一圈窝点纹。唐山地区属于大坨头文化遗址的有大城山遗址、古冶遗址、东庄店遗址、东八户遗址、后迁义遗址、前小寨遗址、郎石台遗址等。

围坊三期文化是由天津市文物管理处考古队于1977年在蓟县（现天津市蓟州区，下同）围坊遗址发掘时提出来的，认为其为夏家店下层文化之后新的文化类型，主要特点为陶器以泥质灰陶为主，流行僵直交叉绳纹和压印三角形纹饰等，器型有直口罐、敛口钵等，陶鬲体型大、高领、空足、深裆。考古工作者认为其年代应在商周之际到春秋早期。围坊三期文化的发现对研究京津唐地区史前文化增添了重要研究材料，学界对其展开了深入研究，尤其是《镇江营与塔照》发表之后，学界对围坊三期文化面貌和分布有了清晰认识，其年代上限为早商，下限到西周初。唐山地区属于围坊三期文化的遗址有玉田东蒙各庄遗址、滦州后迁义遗址、滦州前小寨遗址、迁安小山东庄遗址、迁安万军山遗址、迁安封山寺遗址等。

张家园上层文化最早是在北京西便门外古庙村发现。1965年天津市文物管理处发掘了蓟县张家园遗址，韩嘉谷先生将其独特的第三层文化命名为"张家园上层类型"，陶器以夹砂灰陶为主，纹饰以交叉拍印绳纹为主，多花边鬲和甗，其与围坊三期文化的主要区别在于90%以上为夹砂灰陶，而围坊三期文化有较多数量的褐色陶；张家园上层文化流行带状花边鬲和甗，而围坊三期文化几不见此器型。唐山地区属于张家园上层文化的遗址有唐山古冶遗址、滦州市前小寨遗址、滦州后迁义遗址、丰润龟地遗址等。

第二节　孤竹国与孤竹城

夏商周时期，唐山地区属于"四荒"中的"北荒"，地方文化以当地土著文化为主，受周边辽西夏家店下层文化、廊坊大坨头文化、围坊三期文化和天津张家园上层文化、中原商文化和燕文化影响较大，主要遗址有滦州后迁义遗址、滦州前小寨遗址、丰润龟地遗址、迁安小山东庄遗址、迁安万军山遗址、古冶遗址等，这一时期本地土著文化实力增强，创建了地方诸侯国孤竹国、令支国等，这是唐山地区第一次出现在历史文献记载中，另外在最早的甲骨文中也有关于孤竹的大量记载。

孤竹第一次出现是在甲骨文中，后续在《国语》《齐语》《春秋》《管子·小问篇》《韩非·说林上》《史记》等皆有出现，现今学界对孤竹相关研究也是方兴未艾，有关孤竹姓氏、种族、范围、都城、生产生活、文化等都发表了诸多研究成果。总的来讲孤竹为商代同姓诸侯国，是华夏民族之一，活动范围东起辽西、西至幽燕、南至渤海，在长达千余年的时间里都城应是不断迁移，直至春秋早期被齐桓公攻灭。文化面貌以夏家店下层文化、大坨头文化、围坊三期文化和张家园上层文化为主，不断延续发展。更加重要的是孤竹以伯夷、叔齐闻名，伯夷、叔齐本是孤竹君的儿子，老孤竹君年老时传位给叔齐，叔齐以伯夷为长兄表示让国，伯夷不受坚持按照老孤竹君意愿让叔齐就位，二子最后出孤竹国前往西周，正值周武王伐商，二人"叩马而谏"，劝阻周武王，武王弗听，最终伯夷、叔齐"耻食周粟、饿死首阳"。二者"忠君爱国、诚信礼让、清正廉明"之风，到汉代时已有祠庙祭祀，经过各代不断累积，到北宋徽宗时封伯夷为清惠侯、叔齐为仁惠侯，元世祖至正十八年伯夷被封为昭义清惠公、叔齐被封为崇让仁惠公，明朝在永平府建庙祭祀（地址位于滦州市油榨镇孙薛营村北），清乾隆年曾在夷齐庙建行宫，现已废。

关于令支国，学界大多认为其地应在迁安市，古城在迁安市西，也有记载有迁安市东，属于山戎，令支在文献中出现时一般与孤竹一起，主要与齐桓公北伐山戎、刜令支、斩孤竹有关。孤竹和令支均属于冀东地区商周时期古诸侯国。进入春秋之后，孤竹和令支在文献中基本消失，代之以孤竹故城和令支县。

孤竹国作为商初分封在冀东地区的诸侯国，立国千余年，对后世影响最深的当为伯夷、叔齐二人。"夷齐让国""扣马而谏""耻食周粟"等均与二人有关。孤竹自商汤到春秋早期齐桓公灭孤竹，距今已有三千余年，在甲骨文、金文和史料中均有孤竹相关记载。学界对孤竹的国名、姓氏、地域、都城、经济和周边民族关系等进行了深入探讨，但迄今为止并未找到孤竹城址和明确高等级的墓葬。本书就此次调查结果推论与孤竹有关的遗存，不足之处，请方家指正。

《滦州志》记载，商汤分墨台氏于孤竹（索引云：汤正月丙寅封技庶墨台氏于孤竹，台一作胎，括地志作默氏）城黄洛。此后一直到商代武丁时期"析孤竹以封黄洛"，认为现滦州古城址为黄洛国都，亦即武丁之前的孤竹国城。此后孤竹国另择地建都一直到国灭[①]。

学界对孤竹国都城的讨论很多，但并未形成一致意见。历史文献中最早记载孤竹城位置的是《汉书·地理志》，"辽西郡令支县下：有孤竹城"[②]。故有了孤竹城在令支一说。另外还有《史记·周本纪》正义引《括地志》云，平州卢龙城南十二里为古孤竹城，为卢龙说[③]。另外还有辽宁喀左说，主要是在喀左出土了一批关于孤竹的青铜窖藏。

根据此次调查结果，并结合历史文献，我们认为春秋时期的孤竹城应位于滦州市油榨镇孙薛营村及其附近区域。2018年开始在孙薛营村先后发现了共计5座古城址，其中村庄内为夷齐庙古城、皇城角古城（大小2座城址），村西2座古城址分别为东牙城和西牙城。如此密集分布的古城址说明此地原来是周边的区域中心之一。随着未来考古工作的深入，相信会有更多新发现。

第三节　历史文献有关孤竹城的记载

（1）《舆地广记》记载，平州，商为孤竹国。春秋时山戎、肥子三国地。战国属燕。秦为辽西、右北平二郡地。二汉因之。晋属辽西郡。元魏属辽西、北平二郡，兼立平州。北齐废辽西入北平。隋开皇初郡废，大业初州废，复为北平郡。唐武德二年曰平州，天宝元年曰北平

---

① （清）杨文鼎、王大本等纂修：《滦州志》清光绪二十四年（898年）刻本。
② （汉）班固：《汉书》，中华书局，1962年，第12～99页。
③ （唐）李泰著，贺次君辑校：《括地志·辑校》，中华书局，1980年，第110页。

郡。领县三。

卢龙县　本肥如。春秋晋灭肥，肥子奔燕，受封于此，故曰肥如。二汉及晋属辽西郡。元魏为郡治，兼立平州。北齐属北平郡。隋开皇六年省肥如入新昌，十八年改新昌曰卢龙，为郡治焉。唐为平州。故令支县，二汉属辽西郡。晋省之。有孤竹故城，伯夷、叔齐让国于此。汉灵帝时，辽西太守廉翻梦人谓己曰："余孤竹君之子，伯夷之弟也。辽海漂吾棺椁，闻君仁善，愿见藏覆。明日视之水上，有浮棺，吏笑者无疾而死，于是改葬之，为立祠焉。"①

（2）《太平寰宇记》卷之七十，河北道十九，平州，记载：平州（北平郡，今理卢龙县），禹贡冀州之域。虞十二州，为营州之境。周官职方又在幽州之地。春秋时为山戎孤竹、白狄肥子二国地。《史记》："齐桓公北伐山戎，至孤竹。"《尔雅》云："觚竹、北户、西王母、日下，谓之四荒。"战国时斯地属燕。秦兼天下，为右北平及辽西二郡之境。汉因之，为辽西郡之肥如县。后汉末，公孙度自号平州牧，擅据，及子康，康子渊，俱得辽东之地，东夷九种皆伏焉。晋属辽西郡，后魏亦然。隋开皇初为右北平郡，十年改为平州。炀帝即位，又废州，复为郡。唐武德二年废郡为平州，领临渝、肥如二县，其年自临渝移治肥如，仍改肥如为卢龙县，更置抚宁县；七年省临渝、抚宁二县。天宝元年改为北平郡。乾元元年复为平州。领县三：卢龙、石城、马城。

卢龙县（五乡），本汉肥如县也，属辽西郡，应劭曰：肥子奔燕，封于此。唐武德三年省临渝，移平州置此，仍改肥如县为卢龙县，复隋开皇之旧名。

孤竹城，在今县东。殷之诸侯，即伯夷、叔齐之国。又按县道记云："孤竹城在肥如县南十二里。"《史记》谓："齐桓公伐山戎，北至孤竹。"又《隋图经》云："孤竹城，汉灵帝时，辽西太守廉翻梦人曰：'孤竹君之子，伯夷之弟，辽海漂吾棺，闻君仁善，愿见藏覆。''明日，水际见浮棺，于津收之，乃为改葬。吏人嗤笑者，皆无疾而死。今改葬所尚存，祠在山下，极岩。"②

（3）《汉唐地理书钞》中《大魏诸州记（北魏）》记载："肥如城西十里有濡水，南流注迳孤竹城西，右合元水也。"《梁载言十道志上》记载："平州北平郡禹贡冀州之域，舜十二州，为营州之境，周为幽州之地，春秋时为山戎、孤竹、白狄、肥子四国地，秦兼天下为辽西郡肥如县地。"《郡国县道记（唐）》记载："孤竹在肥如南十二里。"③

（4）《北齐地理志》记载：平州，治肥如城。晋治平州，后魏及北齐因之。《魏书地形志》云："平州，晋置。治肥如城。"其实在晋置平州之前，已有置平州之事。《晋书地理志》云："平州，汉属右北平郡。后汉末，公孙度自号平州牧。魏置东夷校尉，而分辽东、昌黎、玄菟、带方、乐浪五郡为平州，后还合为幽州。是曹魏时已置平州，不过时间不长。至晋咸宁二年十月，又"分昌黎、辽东、玄菟、带方、乐浪等郡国五置平州，统县二十六。"后魏

---

① （宋）欧阳忞撰，李勇先、王小红校注：《舆地广记》，四川大学出版社，2003年，第335、336页。
② （宋）乐史撰，王文楚等点校：《太平寰宇记》，中华书局，2007年，第1417~1419页。
③ （清）王谟：《汉唐地理书钞》，中华书局，1961年，第164、176、271、272页。

时，亦于此地置平州，领辽西、北平二郡。《读史方舆纪要》云："高齐亦曰北平郡，以辽西郡并入。"则北齐时平州只领北平郡矣。

按平州治肥如城，肥如本汉县，在今河北卢龙县北约三十里。东晋隆安二年（后燕慕容盛建平元年），慕容盛置幽州于此。义熙四年（后燕高云正始二年），高云置幽、冀二州，亦镇肥如。后魏有其地，为辽西郡治。此地盖与卢龙要塞相近，故历来受到重视。顾祖禹云："永平府（平州明代为永平府）西接蓟门，东达渝关，负山阻海，四塞险固。"真军事要地也。①

（5）《北周地理志》记载：平州（治肥如），旧置。魏书地形志：平州，晋置。治肥如城……领郡一，北平郡（治新昌），旧置。魏书地形志：北平郡，秦置。按秦及前汉之右北平郡，治平刚，在今河北平泉县境。后汉之右北平郡，治土垠，在今河北丰润县东十里南关城。后魏之北平郡治新昌……领县二，新昌（今河北卢龙县城关），旧置。按二汉晋辽东郡有新昌县，故城在今辽宁海城县东。北燕时，已失辽东，而侨置辽东郡及新昌县于辽水西岸青山附近。魏书世祖纪："延和元年，讨冯文通，徙营丘、成周、辽东、乐浪、带方、玄菟六郡民三万家于幽州。"此盖后魏伐北燕，以辽东新昌民侨置县于幽州界者。有旧置朝鲜县今河北卢龙县北。魏书地形志：朝鲜，二汉晋属乐浪，后罢。延和元年，徙朝鲜民于肥如，复置朝鲜县，属北平郡焉。

肥如（今河北卢龙县西北三十里），平州治。旧置，魏书地形志：肥如，二汉晋属辽西郡。并置辽西郡。魏书地形志：辽西郡，秦置。水经濡水注：阳乐水出东北阳乐县溪。地理风俗记曰，阳乐，故燕地，辽西郡治。秦始皇二十二年置。魏土地记曰，海阳城西南有阳乐城。按辽西郡旧治阳乐，后魏移郡治于肥如。北齐省郡。又有旧置阳乐今河北抚宁县西。魏书地形志：阳乐，二汉晋属辽西郡。真君七年并令支、含资属焉。海阳今河北滦南县东北。魏书地形志：海阳，二汉晋属辽西郡。水经濡水注：新河又东径海阳县故城南。魏土地记曰，令支城南六十里有海阳城者也。二县，并北齐废入。隋书地理志：后齐又省辽西郡并所领海阳县入肥如。清一统志：阳乐，汉置县，后魏仍属辽西郡，北齐省。有卢龙塞。今喜峰口附近。通典州郡典：卢龙塞，在卢龙城西北二百里。水经濡水注：濡水又东南径卢龙塞。塞道自无终县东出，渡濡水，向林兰陉，东至清陉。②

（6）《读史方舆纪要》记载：永平府，东至山海关一百八十里，南至海岸百六十里，西至顺天府蓟州三百里，北至桃林口六十里，东北至废营州六百九十里，自府治至京师五百五十里。古冀州地，有虞时分为营州地，夏仍为冀州地，商时为孤竹国，周属幽州，春秋时为山戎、肥子二国地，战国属燕。秦为右北平、辽西二郡地，汉因之，汉志右北平郡治平冈道，在今蓟州北境。辽西郡治且虑县，在今府东境。后汉亦为辽西等郡地。三国魏曰卢龙郡。晋为辽西郡，其后石勒、慕容皝、苻坚相继有其地。后魏亦曰辽西郡，兼置平州，又分置北平郡。高齐亦曰北平郡，以辽西郡并入。后周因之。隋初郡废，仍曰平州，炀帝又改为北平郡。唐武德

---

① 施和金：《北齐地理志》，中华书局，2008年，第128页。
② 王仲荦：《北周地理志》，中华书局，1980年，第1009~1011页。

二年复曰平州，天宝初亦曰北平郡，乾元初复故。后唐同光初陷于契丹，仍曰平州，亦曰辽兴军。宋宣和四年得其地，亦曰平州，赐郡名曰渔阳，又为抚宁军节度。旧志作"泰宁军"，误。寻没于金。金初升为南京，天会四年复曰平州，亦曰兴平军。贞佑三年尝侨置临潢府，明年降于蒙古。元曰兴平府，中统初曰平滦路，大德四年改曰永平路。明洪武初曰平滦府，属山东行省，明年改隶北平。四年又改府曰永平府，永乐十八年直隶京师。领州一，县五。

卢龙县，附郭。古肥子国，汉置肥如县，属辽西郡，晋因之。后魏亦曰肥如县，为辽西郡及平州治。高齐属北平郡，隋省入新昌县，开皇十八年改置卢龙县，属平州，大业初为北平郡治。唐武德二年改为肥如县。刘昫曰："平州治临渝，是年移治肥如，又改县曰卢龙。"自是皆为州郡治。今编户十五里。

肥如城，府西北三十里。应劭曰："春秋晋灭肥，肥子奔燕，燕封之于此。"汉为肥如县，高帝六年封蔡寅为侯邑。后汉亦曰肥如县。永元九年鲜卑寇肥如，中平五年渔阳张纯等叛，屯肥如，即此。晋太康六年鲜卑慕容廆寇辽西，幽州帅败廆于肥如。其后石赵得其地。赵灭，没于慕容燕，慕容令曰"守肥如之险"是也。东晋隆安二年慕容盛置幽州于此。义熙四年北燕高云置幽、冀二州，镇肥如。宋元嘉九年拓跋魏取其地，为辽西郡治。高齐废郡入北平郡，已县属焉。隋开皇六年省入新昌县，后改曰卢龙县。唐初复曰肥如，寻复为卢龙县。城邑考："郡城洪武四年因旧城修筑，易土以砖石，景泰以后相继增修，有门四，周九里有奇。"

新昌城，即今府治。汉置新昌县，属辽东郡，后汉因之，晋属辽东国，在今辽东海州卫境。后魏侨置于此，属北平郡，后齐为郡治，隋改曰卢龙县。又朝鲜城，在府北四十里。汉乐浪郡属县也，在今朝鲜境内。后魏主焘延和初徙朝鲜民于肥如，置朝鲜县，并置北平郡治此。高齐移郡治新昌，并朝鲜县入焉。

孤竹城，府西十五里。世记："汤十有八祀，封墨胎氏孤竹国，后九叶孤竹君二子伯夷、叔齐以让国逃去。"管子："齐桓公北征孤竹，至卑耳之溪。"史记："齐桓公北伐山戎，至于孤竹。"是也。汉志注："令支县有孤竹城。"括地志："孤竹古城在卢龙城南十二里。"今故迹已不可考，城或后人所筑，而冠以故名云。①

（7）《水经注》记载：濡水又东南流迳令支县故城东，王莽之令氏亭也。秦始皇二十二年分燕置，辽西郡令支隶焉。《魏土地记》曰：肥如城西十里有濡水，南流径孤竹城西，右合玄水，世谓之小濡水，非也。水出肥如县东北玄溪，西南流径其县东，东屈南转，西回径肥如县故城南，俗又谓之肥如水。故城，肥子国。应劭曰：晋灭肥，肥子奔燕，燕封于此，故曰肥如也……《地理志》曰：卢水南入玄。玄水又西南径孤竹城北，西入濡水。故《地理志》曰：玄水东入濡，盖自东而注也。《地理志》曰：令支有孤竹城，故孤竹国也……自孤竹城东南径西乡北，瓠沟水注之，水出城东南，东流注濡水。②

（8）《滦河史料集》中提到：横河者，盖即《水经注》之瓠沟水也，源出卢龙县西

---

① （清）顾祖禹撰，贺次君、施和金点校：《读史方舆纪要》，中华书局，2005年，第748~752页。
② （北魏）郦道元著，陈桥驿校证：《水经注校正》，中华书局，2007年，第346、347页。

二十五里独子山，会东、西安河诸水及清凉山泉，南流至横山营后，又东至泡石淀（《安澜志》作泡皮淀），经榆山北刘家庄入滦河（此横河与前景山、洪山两横河俱别）。①

（9）《水经注疏》记载：……又东南流，径令支县故城东，王莽之令氏亭也。秦始皇二十二年，分燕置辽西郡，（守敬按：《史记·始皇本纪》二十一年，王贲破燕，盖破燕后置辽西郡。《汉志》但言秦置，郡治阳乐，详下。）令支隶焉。（朱隶作县。《笺》曰：宋本作隶。戴、赵改。守敬按：汉县并属辽西郡，后汉、魏、晋陷，后魏废。《地形志》，肥如有令支城，在今迁安县南。）《魏土地记》曰：肥如城西十里，有濡水，南流径孤竹城西，（朱流下有注字，赵存，删径字，戴删注字。会贞按：城详下。）左合玄水，（朱左作右。赵、戴同。会贞按：玄水在濡水之左，作右误也，今订。）世谓之小濡水，（朱世讹作也，赵同，戴改。会贞按：戴改是也。）非也。水出肥如县东北玄溪，（朱脱县字，赵、戴增。守敬按：《隋志》，卢龙有玄水，今名青龙河，出平泉州东。）西南流径其县东，东屈，南转，西回，径肥如县故城南。（守敬按：汉县属辽西郡，后汉、魏、晋因，后魏为郡治，在今卢龙县北三十里。）俗又谓之肥如水，非也。（朱脱之字，赵、戴增，戴删非也二字。）故城肥子国，应劭曰：晋灭肥，肥子奔燕，（全云：肥子为晋荀吴所俘，不得云奔燕。守敬按：应劭固多望文生义，然肥子绵皋为晋所俘，或其嫡庶子奔燕，燕封之，未可知也。全本不载此条，盖后觉其非而删之。）燕封于此，（守敬按：师古亦采应说，而删晋灭肥三字。）故曰肥如也。汉高帝六年，封蔡寅为侯国。（全云：按汉人封国，如河西五郡、巴蜀及辽海、闽粤等地不以封，不委功臣于极边也。蔡寅封肥如，盖本是辽人，故封之，观其孙尚为肥如大夫，可证。守敬按：《史》《汉表》同。）②

《地理志》曰：卢水南入玄……玄水又西南径孤竹城北，西入濡水。故《地理志》曰：玄水东入濡，盖自东而注也……《地理志》曰：令支有孤竹城，故孤竹国也。（赵云：《地理志》辽西郡令支县下云，有孤竹城。应劭曰，故伯夷国。守敬按：上言濡水径孤竹城西，左合玄水，玄水径孤竹城北，西入濡水，则城在濡水东、玄水南，二水交会处。下言肥如县南十二里，水之会也。故《寰宇记》谓孤竹城正在肥如县南十二里。而《括地志》谓在卢龙南十二里，误。唐卢龙即今县治。今二水合于卢龙西北，古合处去肥如十二里，则不得在卢龙南。）《史记》曰：孤竹君之二子伯夷、叔齐，让国于此，而饿死于首阳。（守敬按：钞略《伯夷传》文。）汉灵帝时，辽西太守廉翻（会贞按：《文选·桓元子荐谯元彦表·注》引《博物志》亦作廉翻，而《博物志》七、《御览》三百九十九、五百四十九引《博物志》并作黄翻，异。）梦人谓己曰：余孤竹君之子，伯夷之弟。辽海漂吾棺椁，闻君仁善，愿见藏覆。明日视之，水上有浮棺，吏（朱作矣，《笺》曰：宋本作吏。戴、赵改。会贞按：《大典》本、明抄本并作吏。）嗤笑者，皆无疾而死。于是改葬之。《晋书地道志》曰：辽西人见辽水有浮棺，

---

① 郭坤、戴建兵编：《滦河史料集》，天津古籍出版社，2013年，第26页。
② （北魏）郦道元撰，（清）杨守敬、熊会贞疏，段熙仲点校，陈桥驿复校：《水经注疏》，江苏古籍出版社，1989年，第1251~1256页。

欲破之。语曰，我孤竹君也，（赵君下增子字，云：《太平广记》引《博物志》作我孤竹君子也。会贞按：《文选·注》引《博物志》作余孤竹君之子，与《广记》引《博物志》同。而今本《博物志》云，我伯夷之弟，孤竹君也。《御览》引同。《御览》五百五十一引《搜神记》亦同。则两说错出。《注》上文作孤竹君之子，此引《地道志》作孤竹君，盖两存其说。）汝破我何为？因为立祠焉。祠在山上，（会贞按：《地形志》，肥如有孤竹山祠。旧《志》，铜山，古孤竹山也，距卢龙城西十五里。）城在山侧。肥如县南十二里，水之会也①。

（10）《括地志辑校》记载：平州　卢龙县　孤竹故城在平州卢龙县南十二里，殷时诸侯孤竹国也，姓墨胎氏。（史记周本纪："伯夷叔齐在孤竹"，正义引。史记封禅书："过孤竹"，正义引作"南一十里"，又史记秦本纪："次于孤竹"，正义引作"在平州卢龙县十二里，殷时诸侯竹国也"，并有脱误。）②

（11）《卢龙县志》记载：洞山，城西十八里，古孤竹山也。孤竹城在其阴，其嶩有洞，下滦水会之，或曰即古卑耳溪，崖际镌月素风清四字，不著姓氏。清风台在其上。（旧志云山麓有青莲寺，案读史方舆纪要，洞山在城西十五里，山产铁，有铁冶在焉。地志集略肥水之西洞山之北，地称险固是也。）

卷四　名胜

清风台在城西北二十里古孤竹城夷齐庙，高后据悬崖，滦水横经其下，故入八景曰孤竹风清。

卷五　古迹

孤竹城　在治城西十五里。《汉书地理志》：令支县有孤竹城。《史记·正义》引《括地志》云：孤竹古城在卢龙县南十二里，今城南已无其迹，而祠在府城西北二十里，滦河之左，洞山之阴。夹河有孤竹君三冢，岂唐之卢龙治尚在其东北耶？又案《辽史》云：兴中府本古孤竹国。汉时为柳城地，则又在今祠东北五百余里矣。尔雅作觚竹，是北荒之总名，盖犹五岭以南言瓯言越，本其国名，后乃概而称之耳。郭造卿曰今有土筑塊垣不过千年物耳，宇内商周城其存者有几哉？未可信以为孤竹之古城也。

肥如城　治城西北三十里，《汉书》注：应劭曰晋灭肥，肥子奔燕，燕封于此。汉初为侯国，史记功臣表肥如侯蔡寅是也。后改为县，燕王传杀肥如令，郢人是也。是时肥如虽为县而属于燕，故燕王得以杀肥如令。及武帝析藩国置缘边诸郡，而肥如自此定属于辽西矣。《魏书·肃宗纪》：城平州所治肥如，章怀太子注云：故城在今平州而汉书言有元水、濡水、卢水，《魏书》言有孤竹山祠、令支城、黄山、濡河。《水经注》言肥如县南十二里，水之会也，则在今卢龙境无疑。燕慕容垂世子令说其父，守肥如之险以自保，胡三省注：以为即卢龙之塞，盖今沿边一带大山长岭，古时亦属之肥如舆。

---

① （北魏）郦道元撰，（清）杨守敬、熊会贞疏，段熙仲点校，陈桥驿复校：《水经注疏》，江苏古籍出版社，1989年，第1251~1256页。

② （唐）李泰等著，贺次君辑校：《括地志辑校》，中华书局，1980年，第110页。

新昌县　今治城。汉新昌辽东郡之属县也。在今辽东海州卫境。后魏侨置于此，属北平郡。后齐为郡治。隋改曰卢龙。

卷六　庙坛祠宇

清节庙　在孤竹故城。旧址无考。（明洪武九年，同知梅珪移建于府城内东北隅。景泰五年，知府张茂复建于孤竹故城，在府西北二十里。成化九年王玺修庙落成，奏请赐额清节。清康熙四年，知府彭士圣修建。四十年蔡维宾重修。乾隆八年、十九年两次临幸，有御制诗碑及和亲王诗嵌壁间。具庙外左一碑题曰：忠臣孝子。前明崇正间，陈泰来草书又一碑题曰：到今称圣。）①

（12）《永平府志》记载：……又北为洞山，古孤竹山也，距城西十五里，其椒产金沙，半产银矿，底产铁冶。其巘有洞，麓有青莲寺，孤竹国城在其阴，而滦汇之，或曰即古卑耳溪，其阳曰俞儿山。②

《永平府志》中图见图7-1。

图7-1　康熙五十年《永平府志》孤竹城位置示意图

（13）《夷齐录》记载：按庙制，旧在永平府治西北十八里孤竹故城，久废。洪武九年改建府城东北隅，景泰五年知府张茂复建于孤竹故城。成化七年，知府王玺奏请庙额，开设祭田。弘治十年知府吴杰修之。嘉靖二十六年知府张玭多为鼎建比昔恢丽焉。③

（14）《夷齐志》记载：清节庙志序 出北平而西二十里有夷齐庙，按庙地为孤竹墟……赐进士第正奉大夫奉　敕永平兵备道山东布政使司右布政使兼按察司检事顾云程谨序。

疆域考　郭造卿

孤竹，《尔雅》四荒，此为北荒总名，而国封其一耳。孤一作觚，因特生，竹名。《周礼》：孤竹之管是也。古国有令支，本炎帝后姜国，禹封墨怡绍烈山，后商初析离支，是孤竹分二国。孤竹既为齐斩，燕乃并于离支，属辽西郡。秦汉为令支县及阳乐地，故《汉书》令支应劭曰：故伯夷国，今有孤竹城焉。《后汉书》注亦然。《晋书地道记》：在肥如南十二里，其境为海阳及右北平石城地。东汉石城并海阳。《魏书》孤竹山有祠，《水经注》《魏氏土地记》曰：肥如城西十二里有濡水，南流迳孤竹城西，右合玄水，谓之小濡水，则城至魏有其迹矣。又曰孤竹故城，令支有焉。祠在山上，城在山侧，肥如县南十二里。唐《地理志》：今卢

---

① （民国）董天华等修，李茂林等纂：《河北省卢龙县志》，成文出版社，1968年。卷三第67页，卷四第105页，卷五第109、112、115页，卷六第128页。

② （清）宋琬撰次，张朝琮续纂：《永平府志·康熙五十年》，中国审计出版社，2001年，第73页。

③ （明）张玭撰：《夷齐录》（浙江范懋柱家天一阁藏本），上海博物馆藏明嘉靖刻蓝印本。

龙县又孤竹城。太宗贞观十九年置带州于营州境内，县一，孤竹处。契丹乙失部落隶营州都督府。武曌万岁通天元年五月营州陷，带州及孤竹迁于青州。景龙元年改隶于幽州都督府，迁于昌平之清水店，此其故城之址，仅可以百雉。盖古者封域有限，孤竹北即令支南、即黄洛，相违不能百里而。

隋裴矩以高丽本孤竹国，周以封箕子，汉分为三郡。晋氏亦统之，今乃不臣者，逢君开边，乃引而近之，然亦按图而言，未尝画无因焉。北燕大兴二年于平州置乐浪郡，仍于郡治立平州。元魏更乐浪为北平郡。延和辽西内属，迁朝鲜民于肥如及新昌，属北平郡。齐天保省北平郡，朝鲜县入新昌。隋开皇省肥如入新昌，又改新昌为卢龙，新昌本辽东县，朝鲜本乐浪县也。云朝鲜并新昌，则其城即孤竹址矣。故因假以为辞，佞之乱信如此。旧志：古迹朝鲜城不指何处，但云在府境内。箕子受封之地，况矩之遥度乎，然则志高丽者，引矩言而从孤竹可乎哉？是城也。或毁或修，岁久无考，今有土筑垝垣不过千年物耳，录云自商汤乙未封孤竹至嘉靖戊申三千三百有三年矣，遗城岿然犹存宇内，商周城所存者有几哉，故余以非魏朝鲜则唐之孤竹，因而重修之不必求其故焉[①]。

《夷齐志》中图见图7-2、图7-3。

（15）光绪版《永平府志》记载：清节庙　府井在孤竹故城，旧址无考。明洪武九年，同知梅圭移建于府城内东北隅。景泰五年，知府张茂复建孤竹故城，在府西北二十里。成化九年王玺修庙落成，奏请赐额"清节"。国朝康熙四年，知府彭士圣修建。四十年，蔡维宾重修。乾隆八年、十九年，高宗纯皇帝两次临幸。有御制诗碑暨和亲王诗嵌壁间。其庙门外左一

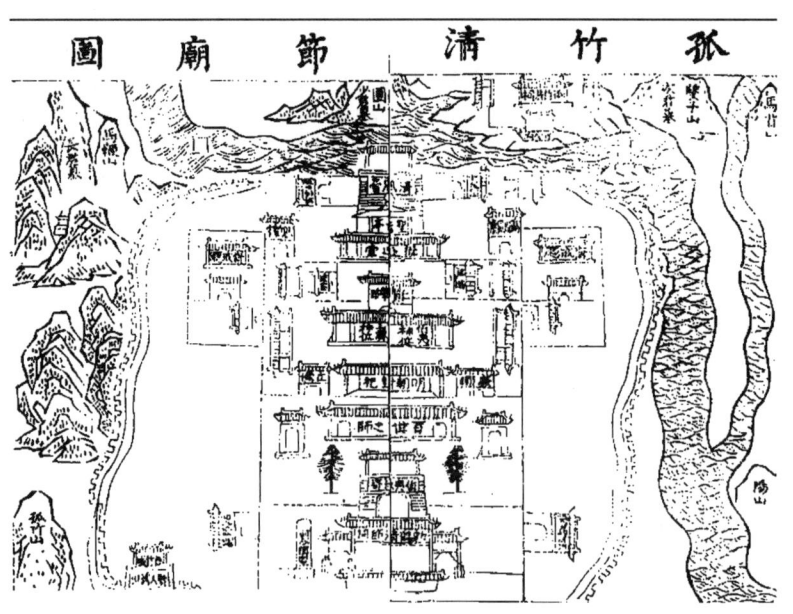

图7-2　《夷齐志》孤竹清节庙图

---

① （明）白瑜撰，故宫博物院编：《夷齐志》，海南出版社，2001年，第1、19、20页。

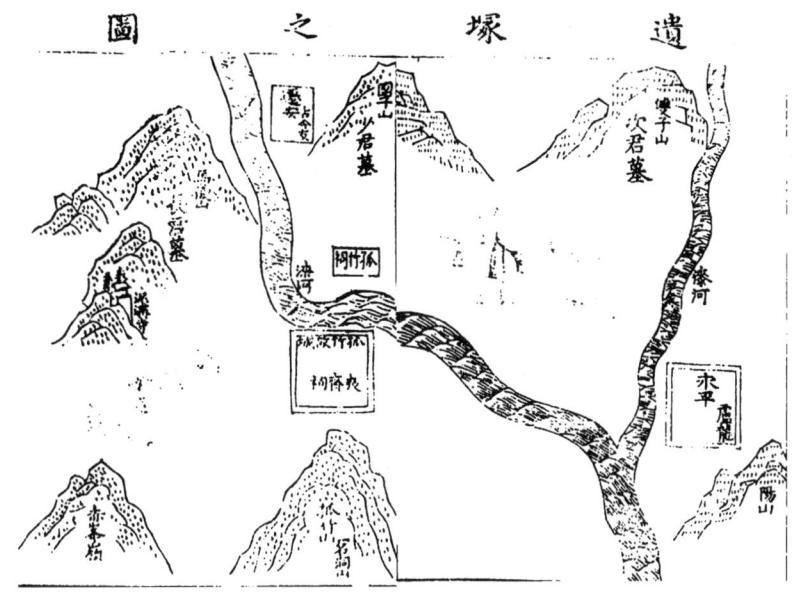

图7-3 《夷齐志》遗冢之图

碑题曰"忠臣孝子",前明崇祯间陈泰来草书;又一碑题曰"到今称圣",前明万历间,江右李颐八分书。定于春秋二仲丁后二日致祭,用羊一、豕一、粢盛肴核数器。[①]

---

① (清)游智开修,史梦兰纂:《永平府志·光绪五年》,中国审计出版社,2001年,第1415页。

后　记

《唐山地区先秦时期遗存调查报告》终于付梓，本书是"滦河流域龙山、商代城址考古调查"项目的成果，故书稿内容中遗址大部分为商周到战国时期，并不包含旧石器和新石器时代遗址。调查自2018年开始田野调查到现在也有六七个年头了，调查期间的点点滴滴仍忆心头。从一开始的编制方案到实施，再到整理文稿，经历了太多的艰辛。调查期间，好多遗址由于机耕种植，保存较差，地表已拣拾不到较为完整的标本，好多陶片亦辨不出器型，故在报告整理中部分遗址并未添加任何采集标本，部分标本是在前人调查采集标本的基础上绘图介绍的。加之本人才疏学浅，对采集标本的断代不甚清楚，有幸得到辽宁大学陈山老师、王闯老师和河北省文物考古研究院张文瑞院长指导，对整个唐山地区商周时期文化面貌有了更深层次的了解。即便如此，报告中仍不免存在疏漏之处，望读者批评指正。

田野调查工作得到了时任唐山市文化广电和旅游局书记邢京林、处长李军民和副处长王向的大力支持和帮助，还得到唐山市玉田县、迁西县、迁安市、遵化市、滦州市、滦南县和丰润区文物主管部门的大力支持，帮助协调和解决调查期间的诸多实际问题。

参与考古调查的人员有陈山、高熊、徐磊、赵立国、王兴明等，唐山市文物古建研究所徐磊、高熊、王源新参与本报告的资料整理，部分绘图由辽宁大学硕士研究生李鹏程、陈富林和于佳灵完成，其余由高熊和王源新完成。资料整理期间得到了唐山博物馆鲁杰馆长和时任迁安博物馆馆长边智慧的大力支持和帮助，对此表示感谢！

在报告编辑过程中，得到科学出版社赵越编辑的细心指导和帮助，在此表示诚挚的谢意！

编　者

2025年3月

图版1　小山东庄墓群（遗址）

图版2　万军山遗址范围图

图版3　万军山遗址文化层剖面

图版4　万军山遗址采集标本（一）

图版5　万军山遗址采集标本（二）

图版6　白塔寺遗址采集标本

图版7　封山寺遗址

图版8　封山寺遗址采集标本（一）

图版9　封山寺遗址采集标本（二）

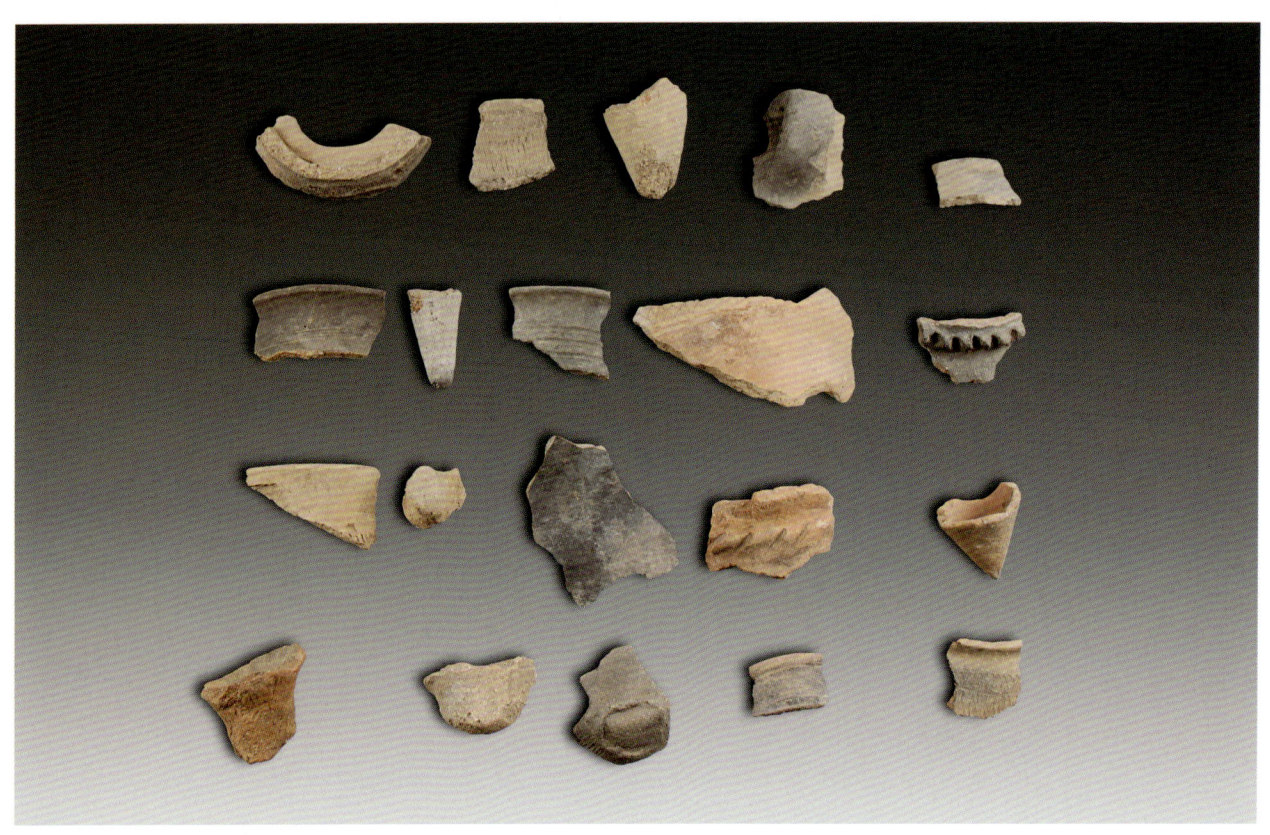

图版10　封山寺遗址采集标本（三）

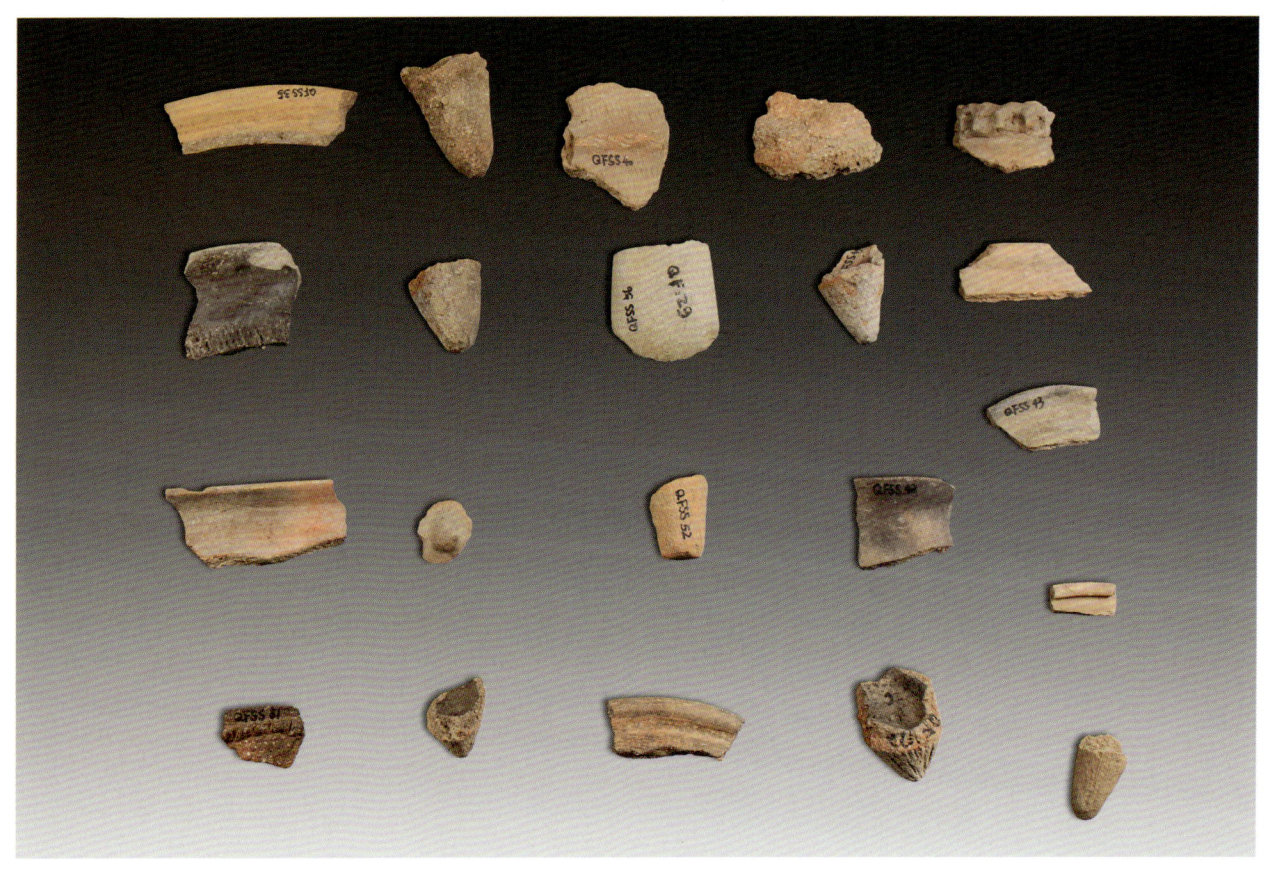

图版11　封山寺遗址采集标本（四）

图版12　龙王庙遗址

图版13　龙王庙遗址采集标本

图版14 汤辛庄遗址

图版15 白家坟遗址

图版16 白家坟遗址采集标本

图版17　金山寺遗址

图版18　金山寺遗址采集标本

图版19　小山子北坡遗址采集标本

图版20　龙头遗址

图版21　龙头遗址采集标本

图版22　倪屯东北遗址采集标本

图版23　八里塔北山坡遗址采集标本

图版24　养鱼池遗址

图版25　养鱼池遗址采集标本

图版26　龙山头遗址

图版27　梁洼遗址

图版28　梁洼遗址采集标本

图版29　四道沟遗址

图版30　蔡庄遗址

图版31　蔡庄遗址采集标本

图版32 东李官营遗址

图版33 官立口遗址

图版34 官立口遗址采集标本

图版35　簸箕柳行遗址

图版36　簸箕柳行遗址采集标本

图版37　南白庄遗址

图版38　南白庄遗址采集标本

图版39　后迁义遗址

图版40　后迁义遗址出土敛口罐（1999LQT2M7∶3）

图版41　后迁义遗址出土陶罐（1999LQT2M3∶2）

图版42 后迁义遗址出土陶罐（1999LQT8F1∶9）

图版43 后迁义遗址出土陶罐（1999LQT4F1∶2）

图版44 后迁义遗址出土陶罐（1999LQT2M5∶3）

图版45 后迁义遗址出土陶鬲（2001LQT1M2∶4）

图版46 后迁义遗址出土陶罐（1999LQT2M7∶5）

图版47 后迁义遗址出土陶罐（1999LQT2M3∶6）

图版48　后迁义遗址出土陶罐（1999LQT1M2∶3）

图版49　后迁义遗址出土陶罐（2001LQT2H24∶3）

图版50　后迁义遗址出土陶罐（1999LQT8F1∶10）

图版51　后迁义遗址出土陶罐（2001LQT3H25∶5）

图版52　后迁义遗址出土陶鬲足（1999LQT2H12∶7）

图版53　后迁义遗址出土陶壶（1999LQT8F1∶6）

图版54　后迁义遗址出土陶罐（1999LQT2M5∶2）

图版55　后迁义遗址出土陶鬲（1999LQT3M6∶13）

图版56　后迁义遗址出土陶鬲（1999LQT1M2∶1）

图版57　后迁义遗址出土陶甗（2001LQT4H16∶1）

图版58　后迁义遗址出土陶碗（2001LQT1⑥∶2）

图版59　后迁义遗址出土陶盘（1999LQT2⑤∶24）

图版60　后迁义遗址出土陶罐（1999LQT1M2：2）

图版61　后迁义遗址出土陶鬲（1999LQT2⑤：31）

图版62　后迁义遗址出土陶罐（1999LQT2M7：6）

图版63　后迁义遗址出土陶罐（2001LQT1③：21）

图版64　后迁义遗址出土陶罐（1999LQT3M8：3）

图版65　后迁义遗址出土陶甑箅（1999LQT3H33：1）

图版66　后迁义遗址出土陶器（一）

图版67　后迁义遗址出土陶器（二）

图版68　后迁义遗址出土陶器和石器

图版69　庵子山遗址

图版70　庵子山遗采集标本

图版71　孙薛营西北遗址

图版72　孙薛营西北遗址出土陶壶

图版73　孙薛营西北遗址出土陶壶

图版74　孙薛营西北遗址出土陶鼎

图版75　孙薛营西北遗址出土陶鼎

图版76　孙薛营西北遗址出土陶壶

图版77　孙薛营西北遗址出土陶壶

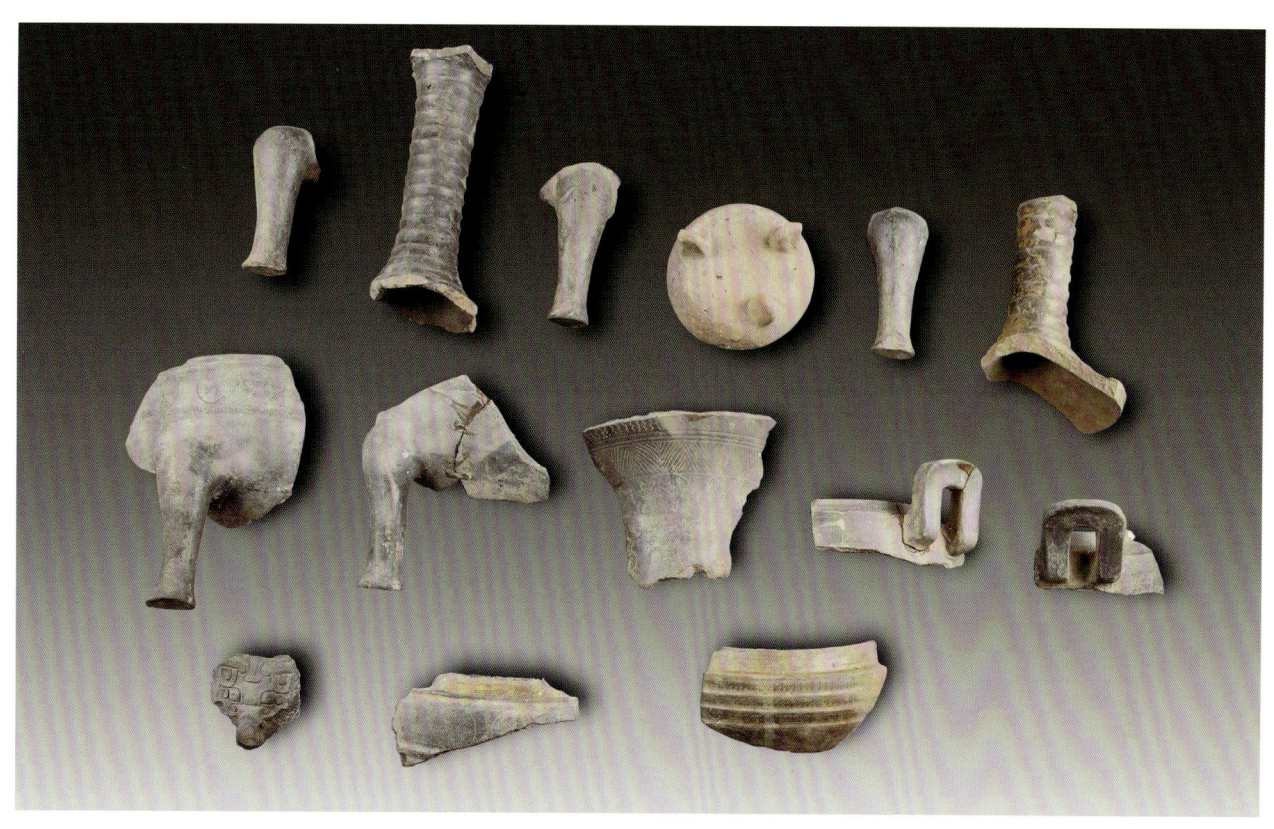

图版78　孙薛营西北遗址出土标本

图版79　贺家山遗址采集标本

图版80　兴城镇东遗址采集标本（一）

图版81　兴城镇东遗址采集标本（二）

图版82　城西峪遗址

图版83　城西峪遗址采集标本

图版84　大店子北遗址

图版85　东庄店遗址采集标本

图版86　莲台寺遗址

图版87　莲台寺遗址采集标本

图版88　西张土坎遗址采集标本

图版89　峰山遗址

图版90　麦坡村乱葬岗遗址采集标本（一）

图版91　麦坡村乱葬岗遗址采集标本（二）

图版92　麦坡村遗址采集标本

图版93　仲家山东小山遗址

图版94　仲家山东小山遗址采集标本

图版95　仲家山西小山遗址采集标本（一）

图版96　仲家山西小山遗址采集标本（二）

图版97　毛家坨遗址

图版98　古石城遗址

图版99　古石城遗址采集标本（一）

图版100　古石城遗址采集标本（二）

图版101　龟地遗址墓葬

图版102　龟地遗址出土红褐色绳纹陶鬲

图版103　龟地遗址出土金鬓环

图版104　龟地遗址出土绳纹平底鼓腹陶罐

图版105　韩家街遗址出土骨贝

图版106　韩家街遗址出土细石器

图版107　韩家街遗址出土石器

图版108　韩家街遗址出土铜镖

图版109　韩家街遗址出土骨器

图版110　韩家街遗址出土陶鼎

图版111　郎石台遗址

图版112　郎石台遗址标本

图版113　南赵庄子遗址采集标本

图版114　陈山头遗址采集标本

图版115　前小寨遗址

图版116　前小寨遗址出土陶壶（M4∶5）

图版117　前小寨遗址出土陶豆（M4∶3）

图版118　前小寨遗址出土陶鼎（M4∶7）